030

想象另一种可能

理
想
国
imaginist

理想国译丛序

"如果没有翻译,"批评家乔治·斯坦纳(George Steiner)曾写道,"我们无异于住在彼此沉默、言语不通的省份。"而作家安东尼·伯吉斯(Anthony Burgess)回应说:"翻译不仅仅是言词之事,它让整个文化变得可以理解。"

这两句话或许比任何复杂的阐述都更清晰地定义了理想国译丛的初衷。

自从严复与林琴南缔造中国近代翻译传统以来,译介就被两种趋势支配。

它是开放的,中国必须向外部学习,它又有某种封闭性,被一种强烈的功利主义所影响。严复期望赫伯特·斯宾塞、孟德斯鸠的思想能帮助中国获得富强之道,林琴南则希望茶花女的故事能改变国人的情感世界。他人的思想与故事,必须以我们期待的视角来呈现。

在很大程度上,这套译丛仍延续着这个传统。此刻的中国与一个世纪前不同,但她仍面临诸多崭新的挑战,我们迫切需要他人的经验来帮助我们应对难题,保持思想的开放性是面对复杂与高速变化的时代的唯一方案。但更重要的是,我们希望保持一种非功利的兴趣:对世界的丰富性、复杂性本身充满兴趣,真诚地渴望理解他人的经验。

理想国译丛主编

梁文道　刘瑜　熊培云　许知远

［英］拉纳·达斯古普塔 著　林盼秋 译

资本之都：
21世纪德里的美好与野蛮

RANA DASGUPTA

CAPITAL:
A PORTRAIT OF DELHI
IN THE TWENTY-FIRST CENTURY

南京大学出版社

CAPITAL
Copyright © 2014, Rana Dasgupta
Maps copyright © Jamie Whyte
All Rights Reserved

江苏省版权局著作权合同登记 图字：10-2018-284号

地图审图号：GS（2018）89号

图书在版编目(CIP)数据

资本之都：21世纪德里的美好与野蛮 /（英）拉纳·达斯古普塔著；林盼秋译.
—南京：南京大学出版社, 2018.8（2020.3 重印）
书名原文: Capital: A Portrait of Delhi in the Twenty-First Century
ISBN 978-7-305-20499-9

Ⅰ.①资… Ⅱ.①拉…②林… Ⅲ.①中等资产阶级-研究-印度-现代 Ⅳ.①D735.161

中国版本图书馆CIP数据核字(2018)第150097号

出版发行　南京大学出版社
社　　址　南京市汉口路22号　邮编：210093
发行热线　(025)83594756
网　　址　www.njupco.com

责任编辑：卢文婷
特邀编辑：梅心怡
装帧设计：陆智昌
内文制作：陈基胜

全国新华书店经销
山东临沂新华印刷物流集团有限责任公司
　　临沂高新技术产业开发区新华路　邮政编码：276017

开本：965mm×635mm　1/16
印张：27.5　字数：368千字
2018年8月第1版　2020年3月第2次印刷
定价：88.00元

如发现印装质量问题，影响阅读，请与印刷厂联系调换

为了未生者

目 录

作者说明 i

风景画 001

一 "从围城到世界之城" 025
二 1991——拥抱自由开放 043
三 印度式全球主义 053
四 离乡背井的波西米亚 069
五 时髦的私立医院 083
六 婚姻的分崩离析 103
七 男性的焦虑和女性的挣扎 119
八 1857——消逝的沙贾汉纳巴德 133
九 1911——英国人的新德里 147
十 1947——迈向独立 167
十一 旁遮普的商业帝国 187
十二 巴尔斯瓦的垃圾山 211
十三 经济难民的痛苦深渊 231

缩影 255

十四　1984——甘地之死 277
十五　印度精英的新帝国主义 307
十六　上师与富人 335
十七　中产阶级的焦虑 355

抽象画 377

致谢 403
注释 405
许可声明 409
索引 411

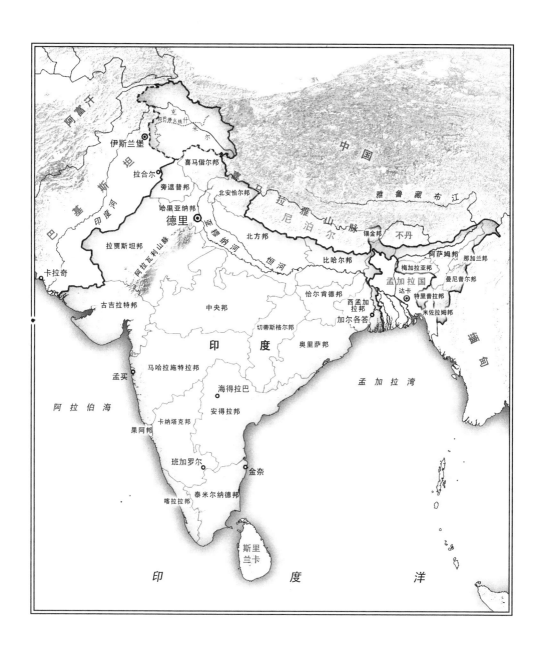

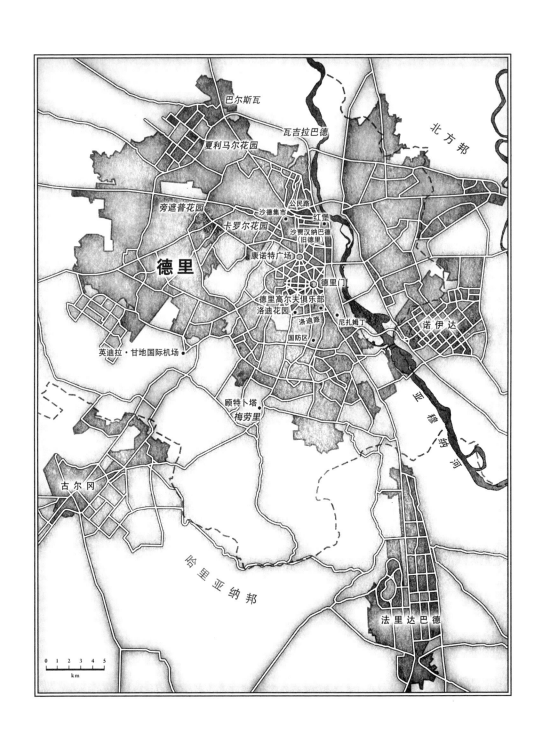

作者说明

本书得以写成，完全有赖于几位德里（Delhi）居民愿意大方地和我谈他们的生活、想法和经历。由于我们讨论的内容往往非常私密，所以除了公众人物以外，所有人的名字都做了更改，好几处细节也有变更，避免他们被认出来。我希望大家尊重他们的坦诚，不要尝试寻找他们的身份。如果有知情人士，请不要透露他们的身份信息，因为有时他们和我谈话是冒着风险的。

德里是这样一个世界，人们很大程度上根据一个人掌握英语的水平来判别他的智力。我选择让这本书里所有的人物都讲一样的"标准"英语，这样他们参差不齐的英语水平就不至于成为问题。现实中，英语是很多人的第二甚至第三语言，而且他们的英语并不标准。还有一些人根本不会说英语，我们的采访都是在翻译的协助下以印地语进行的。

按照印度人的说法，大额货币以 lakhs（10万）和 crores（1000万）计量。一个 lakh 是 10 万卢比（Rupee），约 2000 美元[*]。

---

[*] 全书作者使用的卢比对美元汇率为 1 卢比约 2 美分，这是 2012 年初的汇率。同时期 1 卢比约人民币 1 角 2 分，即 10 万卢比约人民币 1.2 万元。因汇率随时变动，本书未保留原书的美元参照。——本书脚注如无特别说明皆为编注

一个 crore 是一百个 lakhs，或者 1000 万卢比，约 20 万美元*。我保留了这些用语，以便保存印度人谈钱时候的那种独特味道†。

在世界上的有些地方，"小屋"（bungalow）就是一栋普通甚至很小的平房。但在曾经的英殖民地印度，英国人用这个词来指殖民地官员的独栋别墅，所以多数情况下，这些房子反而又大又宽敞。这种用法在现代德里很盛行，这个过去英国统治的中心到处是这样的房子。本书也遵循了这样的用法。

《资本之都》讲的是印度城市人口中正在崛起的富人，他们把自己视作全球化的主要代理人和受益者。现在这些人通常被叫作"印度新中产阶级"，我也会用这个词。然而，尽管他们的生活方式已经很接近欧美的"中产阶级"，但这个词用在印度的国情下却有点别扭。

在我写这本书的时候，那些年收入超过 50 万卢比（大约是 1 万美元）的家庭占总人口还不到 10%，这意味着在印度，所谓"中产"无论在物质还是理念层面，其实指的都是精英群体。印度的经济结构调整以这个新兴阶层的购买力为中心，这种调整引起了对土地和资源的争夺，而受害者多为农村地区的穷人，这些人的数量大大超过中产阶级，其中很多人的年收入不过 500 美元左右。所以我们需要有个很重要的意识，即印度中产的利益并不是低调或无害的。"资产阶级"或"布尔乔亚"才能更精确地描述他们的状况，而实际上我有时也使用这些词。与此同时，许多人之所以自认为是"中产阶级"，是因为他们发现这个词带着"努力工作"、"对社会有建设性"

---

* 依 2012 年的汇率，1000 万卢比约人民币 120 万元。

† 本书中，由于 lakh 和 crore 在中文中没有约定俗成的译法，难以保留印度用法，所以本书中 lakh 将直接计算为"10 万"，crore 将直接计算为"1000 万"。——译注

的意味，也因为他们希望把自己与另外一个更小的精英团体区别开来，那个团体远比他们更富有、更有权力。中产阶级认为这些政要和商界大亨自私、鲁莽，并且从根本上对社会是有破坏性的。这两种团体间的区别也很大，所以我基本上以常用的"中产阶级"和"精英"来指称他们，即使这些"中产阶级"根本不是真正处于社会的"中层"。

哦，阿拉巴马的月亮

该告别了

亲爱的老妈妈已经走了

路上钱可不能少，啊，你知道为什么。

出自《蒙哥马利城兴衰记》(1930)

作者：库尔特·魏尔 / 贝托尔特·布莱希特

风景画

3月是最美的月份,生命力顽强的鸡蛋花完美无瑕地盛开着,巧妙地点缀在院子里,和站岗的保安颇为合拍。我向着房子驶去,保安挥手示意我继续往前。

一天已经结束,只有夜里开的花儿在空气中摇曳着香气。丝绒样的天空下,我眼前的这栋玻璃大楼就像一个巨大的黄色水族馆般熠熠发光。

我按保安的指挥停好车,沿着灯光昏暗的小道走去。每个转角都有保安等着,把我指向下一个转角。这些保安接力一样地把我往下传,在我身后,对讲机不断传出确认的声音。我到了。

这个建筑好像是两个空间站,一个玻璃的和一个石头的,相互交错。其中一个不着地悬浮着,一座闪闪发光的桥不知道通向哪里,它下面闪烁着好似降落信号灯的光芒。

这里每一样东西都古朴得令人难以置信。转角的地方笔直而锐利,小路两边围着装饰性凹槽,里面整齐地铺着碎石子儿。

保安让我穿过房子去后面的游泳池,他们指向一条有地灯的走道。走道前的滑门拉到一半,遮住了入口的一边。我往另外开着的那边走,就在一瞬间,我听到保安大喊不要过去,但我已经直接撞上了一块玻璃。这玻璃门太干净了,一点反光也没有。就算我被撞得跌跌撞撞,整个人弯下腰捂着自己的鼻子,我还是没觉得面前有门。

保安们哈哈大笑起来。有一个跑来帮助我这个笨客人,他让我不要从玻璃进去,而是从门进去——正常的那种门,不是滑门。他示范了怎么开门,好让我不至于再一次弄伤自己。

穿过房子,豁然开朗。我面前是一个大厅,装修得像一个设计师酒店。颜色鲜艳的丝绒灯罩从高高的天花板垂下来,好几个水晶桌旁围放着许多设计师沙发。墙上挂着巨幅的帆布画,是类似"DJ跳舞之夜"那种活动海报上能看到的荷尔蒙爆棚又有点隐晦的色情画。整栋建筑的墙壁里都藏着喇叭,放着沙发音乐。

我出来,走到房子的另一边。这里的私人泳池泛着幽幽蓝光,把所有东西都照得神秘又色情。我被带到泳池边的一个位子,侍者在我面前放了一个玻璃杯和一瓶没开封的水。

"先生马上就来。"

在这个充满委婉语的城市,这种地方被称为"农舍"。

不过,这里当然没有什么农作物。在 20 世纪 70 年代,根据规定,这里整个土地带是作为农业用途保留的,但当时德里的精英开始夺取城市南边的大片土地来建造私人房产。为了在名义上符合规定(哪怕事实上不符合),他们把自己的新房子叫作"农舍"。这很重要,因为最早的很多"农舍"恰恰就是那些制定法规的官僚和政治家建的。他们行事必须非常正确,对他们来说,名字不合法就是对其机构的冒犯。

那以后的几十年里,德里南边的"农舍"数量大增,往往几经易手,时间足够长以后,之前抢占来的土地都获得了合法性。不但如此,这些"农舍"还变成了来自城市、拥有广阔人脉的富豪们的生活象征。只有在这样高级的地产上,令人咋舌的派对、汽车收藏、雕塑花园和大摇大摆的澳洲野生动物才可能实现。印度其他城市的都市精英都不像德里的精英这样,如此沉浸在田园牧歌式的安宁里——这便是德里的首都气质。德里的富人实际上是一群典型的大都会气质的人,他们永无休止地在数量众多的俱乐部和各种走廊里社交,钱也都是这么挣来的。所以他们居然选择远离都市的生活,让人很惊讶。不像孟买或纽约的富人,梦寐以求的是坐拥璀璨城市景观的公寓,俯瞰自己的财富之源,德里的富人反而对街上、人行道上的熙攘喧嚣都不感兴趣,尽管这些东西是令19、20世纪的大城市非常骄傲的部分。不,他们喜欢醒来时看着空荡荡、修剪过的草坪,一路延伸到顶着铁丝网的围墙。

现代德里诞生于印度灾难性的分治,这场灾难使德里的文化变得倾向安全和自给自足。最富有的市民从社会躲避进自家的庭院,而这些庭院仅仅是更普遍的孤立主义精神最奢侈的体现。毕竟,德里是印度私人城镇的先锋,这里的生活由各种公司管理,被栅栏围绕。因此,这里的人与整个国家更大的潮流分隔了开来。古尔冈(Gurgaon)是房地产巨头DLF(全名为"德里土地与金融",Delhi Land & Finance)在20世纪90年代建造起来的德里郊区,是亚洲最大的私有镇,而且现在全印度都有模仿它而建的镇。三十年前,这里还是一大片农地,古尔冈令人压抑的公寓街区和各种钢塔现在看着好像是从一个以未来为场景、背景颜色过度饱和的电子游戏里冒出来的。它完全不把自己伪装成"公共"空间,大量穷人在这里的住宅或办公室里做清洁工和保安,但无法住在这里。住在古尔冈意味着住在一个规划小区里,外面由安保摄像头和武装保安保卫,居民付钱给各种公司以获得基本需求的服务,比如收集垃圾、供水,甚至当国家电网断电时(这种情况经常发生),私人公司会负责发电。因此,这个地方吸引了这样一群人,他们寻求高效、后公共生活的飞地,对他们来说企业似乎已变成比国家更高产的社会组织。

我现在慢悠悠地喝着瓶装水的地方是一个庄严的所在。一千多年以来，人们在我脚下的土地上生活。从池边我坐的位置，抬头就可以看到冲天的顾特卜塔（Qutab Minar）塔身。某位古代中亚侵略者征服德里之后，建起了这座胜利纪念碑。巨大的塔呈锯齿状，已经在这样的夜晚伫立了八个世纪，即使到了现在，也是这慵懒静谧的天空中唯一的人造物。

这个经过造景设计的院子里，所有的美化都是为了遮住土地，但是在附近的丛林和荒地里，在路的两边，华丽的陵墓、宫殿和清真寺仍冲破往昔，倔强伫立。在四周渐渐涌来的黑暗中等待时，我甚至能透过21世纪坚硬的水泥地感受到大地所释放的灵魂。数百年来，就在这片土地上，他们放牧、种粮、拜神、建屋、作曲、请愿、埋葬亡者。而现在这里只是条寂静的小道，平坦而完美，土地被封存在翠绿色的草坪下。

从漂白粉消毒过的泳池深处，涌起了一些别的东西——关于一个梦的回忆。八个世纪前，离这里几步之遥的地方，苏丹伊勒杜密什（sultan Iltutmish）*正睡着。突然，他的沉睡之门猛地打开，出现在他面前的是骑在天堂飞马巴拉克（Buraq）上的先知穆罕默德。巴拉克望着苏丹，脸忽而是男人，忽而是女人，忽而又变成了马；它强健的翅膀上下拍动，扇出猛烈的风。苏丹感觉受到召唤，当马和骑手离开时，他便追随他们而去。到了某个地方，飞马用蹄子敲打大地，地面随之喷射出了一个水柱。

梦之柜的门再一次关上了。

早上，苏丹前往梦中他被带去的地方。到了那里，他看到地上有一个标记，正是巴拉克的蹄印，于是下令挖一个新的蓄水池。之前，

---

* 伊勒杜密什（Shams-ud-Din Iltutmish，1211—1236年在位）是德里苏丹国（Delhi Sultanate）库特布·沙希王朝（又称奴隶王朝［Mamluk Dynasty］）的第三任苏丹，任内大幅扩张领土。

那里就已经建了一个壮丽的人工湖，湖的中心有一座清真寺，能坐船到达。湖岸边围绕着许多豪华别墅，还有一个很大的营地，拥有音乐家集会演出所需的一切。人们都感谢统治者的智慧及其辉煌的杰作。

伊勒杜密什也在附近建造了一座五层深的阶梯井，周围环绕着有列柱的阳台，大家可以在水边见面聊天。数世纪后，旁边挖了第二座阶梯井，构造的规模甚至更宏大。所以，这个夏天异常炎热的地方，却因为丰富的水而在旅行者中闻名。

这些水井之所以这么宏大和它们的位置有关。它们位于一条长长的石头斜坡末端，斜坡把水从阿拉瓦利山脉（Aravalli）上引下来，这条古老的山脉纵贯印度，几乎从古吉拉特邦（Gujarat）一路延伸到德里。在这烟雾缭绕、灌木丛生的山区，阶梯井都建造在森林中，土壤被树根紧紧地固定住，没有被吹走或堵塞水系，而是像海绵一样把水储存起来，甚至还起到了过滤的作用。因此，超过六个世纪的时间里，村庄里的水井都满满是水。直到 20 世纪 60 年代，这些水井都还是村里男孩子们的运动场，他们会以惊人的灵巧潜入水底，打捞硬币。

而现在这些井只不过是干涸的环形山，井底都是塑料袋或死鸽子这样的垃圾。

经过数世纪愈发密集的抽水，这里的地下水水位急剧下降。不仅如此，几个世纪以来，这个烤炉一样的地方聚集的人口已经升至近两千万。与此同时，这些井本来依靠广阔土地精妙的毛细作用，但这块土地现在已经被现代建筑瓜分了。大面积的水泥表面阻碍了土地对水的吸收，而土地里毛细血管般的水道本来就因为森林的消失已大幅退化。工业排水系统把水从古老的水道带走，而柏油路面阻断了古老的泉水。

现代人的耳朵很少听到这些断裂声。这些后来的强加之物已经成为我们自身根深蒂固的一部分，让我们很难欣赏其他做法的伟大之处。那些不同的做法已经消失了。我们自然而然地认为现代之前的工程是幼稚的，并对中世纪帝王们的梦充满怀疑，但当你看到现代城市的妇女从滴滴答答的水管或者积水的水坑里汲取家庭用水，那些梦的宏伟和以那些梦为名的伟大工程会再度让你印象深刻。

此刻坐在泳池边，我感觉到一种深深的恰如其分。是因为这些历史吗？毕竟，水池是德里几个世纪以来的救赎。在迷信的时代，水是信仰，不是科技。现在旧水池干涸，建造它们的记忆被遗忘；居民几乎不知道自己用的水来自哪里，每个人都拼命地从土地里抽取任何还能抽得出来的东西——这个平静而丰饶的泳池散发着某种颓靡的优雅气息。

拉凯什（Rakesh）小跑着出来。我们之前从没见过，但我立刻感受到他的魅力。这种魅力部分来自于他和你说话的方式。他毫无保留，说话的时候直视我的眼睛，频繁地直呼我的名字。他为我点红酒，并确保我喜欢。这种风度对德里的商界人士来说是礼节上所必需的，他们都是说服别人的大师，但就算如此我也相当受用。

"坦白说，我之前一段时间都在回避你，"他向我微笑，"我从来不谈自己或者自己做的事。我做事不是为了让世界知道。如果我做了什么事，那是为了自己、家人和朋友，不是为了别人。别人怎么想都不关我的事。"

这时两盘丰盛的开胃菜拼盘被端了上来。我们每人一盘。

"但后来我和米奇（Mickey）聊了聊，讨论了你。他说你挺好的。所以我决定把自己的故事告诉你。"

正式和非正式之间只有一步之遥，这是德里的商界家庭让我惊讶的地方。他们的大门安全地牢牢紧闭，但一旦打开，所有的一切都向你开放。如果你是获得了一个朋友的认可而来，你就自动成了"哥们儿"。这种氏族做派有时候可爱，有时候也让人很不爽。德里的很多地方都是按照这种做派来运作的。

而在这个包容一切的时代，即便是名女性也能被称为"哥们儿"。

"我从来没喜欢过美国，"拉凯什说，"我在英国念完书，不在美国。另外，英国有我的家人，而美国离家太远了。总体上来说，我从来没喜欢过美国文化，太机会主义了，太缺乏**文化气息**了。"

"本科念完商科后，我本来应该从英国回来，跟着我父亲干。但我不想回来。幸好我们家有一个很好的朋友，他是德里人，在阿姆斯特丹开了家服装公司，和我父亲的生意还有我现在的生意都很不同，他让我在那里实习两年。"

他带着一种温柔怜爱的语气讲述着自己的过去。远处，他的妻子牵着还在学走路的儿子，在大理石步道上绕着院子散步。

"后来我父亲来阿姆斯特丹，让我回去。那时我在阿姆斯特丹过得很开心，但是他勉强说服了我。好吧，也不算勉强。所以我加入了他的公司，做起了汽车生意。我当时想着，'我一点汽车也不懂。'然后我告诉自己，最好的学习方法实际上就是用自己的双手制造产品。所以我就在车间做操作工，干了一年四个月。这是我自己的决定，完完全全自己的决定。因为这是我能学到东西的唯一方法。

"我在日本呆了九个月，在一个叫作浜松的地方，离东京大概一个半小时车程，是铃木的总部。我跟你说，没有那种学习我永远没办法搞懂一切。我是说如果我没去过那里，现在坐在这儿的我会是一个不同的人。我那时常常 5 点就起床，房间小到连个熨衣板都放不下，你知道的，日本人对纪律非常严格。兄弟，现在想起来都觉得很不真实。

"我工作的公司刚开始和我父亲合作。我们的关系非常好，通常日本人是很保守的，所有的事都很保守，但我一到那里公司主席就把我认作儿子。我的办公桌就在他的旁边。他们的办公室是开放式的，没有小隔间。那家公司当时市值 3 亿美元，我说的是 1990 年。但我只有晚上才会用到办公桌来写报告，整个白天我都在车间、经销店和其他地方。"

拉凯什的家族过去一百二十多年来一直做着北印度的珠宝生

意。对过去的那个商人群体来说,生意的意义远不只是谋生:生意是一种气质、一种生活方式和一种社会身份。他家祖先的生意网络不仅跨越印度次大陆,还沿着贸易路线西至阿拉伯半岛,东到中国。这些网络由单线交易构成,这样的设计是为了克服因信任产生的障碍,因为整个网络涉及许多不同的社区、宗教和语言。障碍也来自珠宝交易本身的性质。由于货物价值非常高,珠宝供应链的每一环都存在信用问题:商人通常不可能在收到货物前先付款。整个跨国交易系统由各个交易人交付价值连城的货物,收到的只是将来会付款的承诺。问题很明显:大家怎么确定一个被如此信任的人不会一走了之?

毫无疑问,违规者会受罚。整个交易团体会联合起来,确保违规者支付违规的款项。或者再不济,大家会不再和违规者交易。商人们大力打造自己的声誉,而这种声誉会直接转化成生意机会。他们生活奢侈,出手阔绰,这样别人就会知道他们的财务状况良好。他们向清真寺、庙宇和穷人捐款,雇诗人来颂扬自己的财富和正直。在生意场上谈判时,他们会夸张地表现出骄傲受到了伤害:"我?你这样看我?你可把我看错了。"

然而,最重要的是,他们用各种方法把纯粹的商业关系发展成各种形式的相互依赖的关系,以尽量杜绝欺骗。为了拴住合作伙伴,他们会送礼、帮忙、热情招待,甚至联姻。他们相互之间会变得非常亲密,平常说话都像朋友甚至兄弟一般,除非他们的生意出了问题,否则这种亲密确确实实在感情的深度和质量上都相当于友谊或者兄弟情。他们的生活中没有"生意"以外的东西——日常生活和家人都是用来支持和增进业务的,同时还提供可信的伙伴和继承人,他们对于友谊和社会生活的追求与建立生意人脉从来都不分开。

现在德里的商人家庭里,这种精神有所改变,但没有被完全取代。让人震惊的是他们中有很多人的灵感来自于日本企业,这点对印度在 20 世纪 80 年代、90 年代的发展影响巨大。因为对于大量印度商人来说，日本人的工作原则是对小圈子里的人非常好客忠诚，这是德里的商人能够理解和尊重的。而在美国的企业里，为了实现企业活力，似乎在个人层面有一种吝啬的感觉，人和人之间保持着不愉快的距离。如果说当代印度企业看上去像是一张令人困惑的网，联结着各种个人和裙带关系的话，这其中部分是曾经重要的跨国商业传统遗留下来的产物，虽然这些传统可能被世界通行的公司文化蒙上阴影，却仍塑造了印度企业文化的根本形式。

"我父亲退出了珠宝生意，和兄弟一起开了一家成功的纺织品公司。到 1993 年，他们友好地分了家：'你有个儿子，我有个儿子，我们分开走自己的路吧。'很得体对不对？所以父亲新开了家公司，生产汽车座椅系统，后来又制造汽车镜。1999 年我们设立了塑料制品部门，我就是那时候去日本当学徒的。他让我全权负责建立塑料制品部门和顶篷部门。"

"顶篷是什么？"

"就是车顶的内饰。有点像纺织品，但不是纺织品。是一整块很厚的合成材料，是聚氨酯，不是编织物，包含有很多东西。有一个流程会把它们叠在一起，然后压合，用水射流切割机切割，最后做表面处理。那不是一件简单的事。

"我们的转折点是 2005 年。之前我们只有一个客户——马鲁蒂铃木（Maruti Suzuki）*。当时我们在制定战略，研究如何扩张。我们有机会收购了一个金属零部件公司，是铃木的合资企业之一。你知道，铃木进入印度的时候，没有供应链，他们得自己开发。要开发一条供应链，他们就得提高大家的积极性。为了激励大家，他们就开设合资公司，其中一家就是我父亲的。我们收购的是另一家合资

---

* 马鲁蒂铃木（又作"风神铃木"）是印度国有企业马鲁蒂·乌德西葛（Maruti Udyog Limited）和日本铃木合资的汽车公司，为印度家用车市占率第一的品牌。

公司，生产燃油箱、排气系统、悬挂系统和车轴。那次收购拓展了我们的客户群。现在我们是五六家大型汽车企业的供应商。"

这时候夜幕开始降临，透过房子的全景玻璃，可以看到里面灯光璀璨。拉凯什指给我看他的父亲，他正走过休息室，看上去体魄强健，正当壮年。这家三代人一起住在这栋房子里——商业世家强烈坚持这样的传统。

"目前我们是一家市值 260 亿卢比的公司，并且我的目标是在接下来的四年里把我们的市值翻一倍，也就是超过 10 亿美元。你知道那意味着什么吗？我们花了十六年获得今天的成绩，而我要在四年内完成同样的事。有些会通过战略性收购来完成，其余的将会来自我们自身的有机增长——这些都在我的中长期规划里。

"我希望，两年以后我们 30% 的收入来自印度以外。现在这个数字大概是 5%。现在印度市场的增长太快了，让你不需要寻求在海外市场发展。走向世界需要坚实的基础，我们还在做准备。进入全球市场并不简单，每天我都有一些收购机会，但你知道，最简单的无非是上去抓住这些机会，然后就死翘翘了。我们准备好了以后，就会进行收购。目前我们正在准备中东和欧洲地区的收购，但只有知道这个收购真的行得通时，我们才会去做。"

"你的公司归谁所有？"

"公司完全专业化运营已经有段时间了。我们有管理董事会、监事会，所有这些东西。但公司的所有权很清楚。金属部门是我的，百分之百。内饰部门是我父亲的。我们计划两年内，由我接管整个内饰部门。我和父亲说得很清楚，不希望有任何权属不明确或混乱，肯定不能有别人干涉我的生意。除此之外，他想做什么都行。"

这时候有个男人步态悠闲地走过来。拉凯什把他介绍给我，这是他的姐夫。他穿着尖头鞋，一件崭新的 T 恤，戴着很多金首饰，正准备出门。他身上的香水味浓过了周围的花香。透过窗子我能看见穿着制服的侍者们正在布置晚餐餐桌，他们在白色的长桌上准备了十二人份的餐具，其他已经到了的客人在房间里喝酒，感觉像一个夜间仪式。我产生了一种印象，很多人习惯在这里结束他们的一天。

"在印度，好的一面是我们的经济基本面很强劲。唯一会拖后腿的是基础设施和教育。要不是这些当权者，孩子的教育不会有问题，路也不会还没造好。还有腐败！你知道这些污染检查员吗？他们勒索你。我有十九个制造部门，就算每个部门都百分之百符合环境法规，他们还是能把你搞死。这不是开玩笑的，真的不开玩笑。他们能查封你的公司，然后你就完蛋了。

"因为我每个小时都得向客户提供产品，从不停顿。我只保留三到四个小时的库存。你知道我平均每天向多少汽车供应零部件？猜猜看，大胆地猜。好吧，我告诉你。每天五千五百辆车。你能想象中间涉及的东西吗？供应链、保底利润、原材料……汽车这行让你要用最高标准的精确度来工作。你不能乱来，生产质量不好的零部件，有人为因此没命的。你得非常精确。我不能告诉客户我做到了他们要求的 99.9%，如果质量差的零部件出去，导致汽车召回，我整个集团都会垮。"

"你是怎么学会这些东西的？"我问。

"几乎每样都是从铃木学来的。对我来说，它是世界上最好的公司。毫无疑问。看看他们的系统、他们的流程、他们的员工，还有他们管理供应链的协作方法。不是那种'你搞砸了，滚'。如果你搞砸了，如果你好学，如果能虚心接受自己犯了个错，而且心态开放，他们会说：'我们会教你的，我们会和你一辈子在一起。'这就是那些人的做法，日本式的做法。"

拉凯什注意着屋里陆续到来的朋友们，有些走出来用印度口音的英语和他打招呼。他的下属不时过来就各种安排询问他的意见，之后，他都顺着刚才被打断的地方继续讲下去。我想象着他工作时的高效率，迅速专心地一件一件处理事情。

但他要去派对了。我们站了起来。整个房子像一个实景剧场：透过玻璃是被照亮的舞台，各种角色穿着各式各样的戏服。舞台的一头，朋友们靠在深深的沙发里，穿着意大利皮鞋的脚伸出来抖动着。另一头，一个穿着白色制服的侍者在往大理石喷泉里放鲜花，让它们在里面漂浮，头顶上是亮蓝色的穆拉诺玻璃制造的巨大水晶灯。

"我过着两套生活，"拉凯什注视着眼前的一切，"我一边做汽车生意，同时还做房地产生意。白天我穿着该死的工作服，而且我执行的管理政策是办公室的大门对任何人敞开，你能想象对于260亿的生意这意味着什么吗？但现在你面前的一切是我的房地产生意赚来的，不是汽车生意。我们已经投资房地产相当长一段时间了。有些是继承得来的财产，有些大的投资是我父亲已经做了一段时间，这些都赚翻了。两套生活。我绝不会混在一起。"

他对自己的房子很自豪，想在我走之前展示一些最精华的部分。很明显，这房子的灵感来自各种五星级酒店。有一个按摩房，还有一个用于按摩后放松的房间、一间美丽的客厅和一个铁板烧餐厅。

他很快地到处走，指给我看各种细节："一开始我就想在餐桌旁边有点水的装饰，所以就有了这个喷泉。"他纠结于各种小瑕疵，谈起建筑师，越说越尖刻（显然因为建筑师可能有自己的想法）。"有时候你要的就是对方能明白你脑袋里想的是什么，然后做出来。"为防我低估他的远见，他迅速向我解释我现在看到的不是房子的最终版本——雪茄室还要再装一套通风系统，水疗设施也还没完成。

房间里坐着的男人中，有一个看到拉凯什马上站起来。他们握了握手。

"这是我的艺术家，"拉凯什对我说，"他给我搞了很多麻烦，但他还行。"

这个"艺术家"给拉凯什送来他设计的派对邀请样张，拉凯什递给我看。这是一张大大的卡片，手感柔软，上面有烫银的框纹。"这是为我的一个大型派对做的。我每年都会办一次。"

"在这儿吗?"

"我家?绝对不行。他们会把这儿拆了的。派对在马路对面另一栋'农舍'里。我们会玩到疯。"

说到派对,拉凯什兴奋起来,他已经喝了好几杯红酒,送我出去的时候,还想着欲念那档子事。他在手机里找了一会儿,然后递给我,屏幕上是一张照片。

"这是我在伦敦的样子。看看,蓝色的隐形眼镜。看那时候我有多少头发。"

这是一张很诱人的照片,十五年前拍的。我把手机还给他的时候,他盯着屏幕,眼里充满了渴望。

"你知道,现在我结婚了,要出差,要吃饭……生活压力很大。压力有很多,我经常把自己和生意往最坏的地方想。你可能觉得我们已经有所成就,但我的野心远远比这些大。我没办法放松。兄弟,这就是个要命的事。多数时间我每天工作十二或十三个小时,一周六天。唯一放松的时候是做按摩。有的周末我也去度假,但哪怕是在海滩上我也放松不了。"

我们到了前门。如果我之前撞到玻璃留下了任何痕迹,现在都已经被擦掉了。

"说到底,拉纳(Rana),唯一重要的就是价值观。现在,做父母的没时间管孩子,他们做的就是给孩子很多钱。所以孩子们没有任何价值观,把钱大把大把地花在乱七八糟的东西上,却没有任何进步。他们只知道钱,但钱不会把你变成一个胸怀宽广的大人物。钱只是意味着神之前对你还算偏爱。"

"每个人都在努力工作,**每个人**。你看那个赶牛车的人,他很努力。那为什么我在这儿他在那儿?都是因为神。所以你要尊重这点。你是被选中的那个。神对你很仁慈,如果你不分享这些财富,这些财富有什么好处?我爱我的父母、我的家庭,我会为他们做任何事。我也会为米奇做任何事。如果他过来说,'滚出这房子,我想搬进来',我会为了他搬出去。"

米奇就是我们的介绍人,一个非常优秀的房地产大亨,比拉凯什更年轻、更富有。我问他们是怎么认识的。

"你知道,从日本回来以后,我们除了做汽车座椅,也做礼堂座椅和娱乐场所的座椅,用各种多重纹理材料。那时候他正在建他的第一个购物商场,我为商场里的电影院供应座椅,所以我去他的办公室和他的下属见面。我下楼梯要走的时候,他正走上来。他问我是谁,然后就在这楼梯上的三十秒里,发生了奇妙的化学反应。那年,我给他寄请柬,请他来参加我的派对。结果我们家那些混蛋保安忘记把他的名字放到放行名单上,他在门口被赶走了。他甚至提都没提这件事。哥们儿,他的优雅和谦逊太让人赞赏了。第二年,我再一次邀请他。那个派对真正巩固了我们的关系。那天晚上,我们走得非常近,而且之后一直如此。"

我站在外面的夜色里。拉凯什说:"但事实是在这个坏人当道的世界,你有可能会对别人太好了。他们把你的好当作理所当然。我对别人很好,我不是那种无情的人,真的,我不是无情的人。这可能是我的一个缺点。我应该无情无义一点。"

然后,他解释性地补了一句:"我们赤条条地来到这个世界,然后再赤条条地回去。"

我穿过停车场,里面停满了拉凯什朋友们的跑车。月色明亮。我坐进自己的车里,开上车道,保安为我示意指路。我一路上经过几台为这里供电的巨大发电机,接着是保安室。最后,大门打开,我开上了外面的马路。这条路两边竖着高墙,有点荒凉,沿路蜿蜒穿过各种"农舍"之后,我开上了嘈杂的主路,往城里的方向驶去。

在德里,道路是人们对**整个城市**的视觉感知的来源。这是一个有种族隔离的城市,一个有阶层和氏族忠诚的城市,几乎没人愿意看到社会区别的消失，无论他们来自何种社会阶层或群体，这里没有真正的民主空间。德里住宅区的名字都很奇怪，因为很多来自于英殖民时期，这些住宅区与人们对社会阶层和安全的偏执联系在一起，很能说明这座城市的人对家有什么样的期望。他们住在以**街区**划分的**小区**和**房产**里，这些街区本身也是**社会阶层**、**群体**以及殖民地的再次分割。在富人居住区，大门和保安把任何不速之客挡在分隔线以外。社会生活也是一样。德里和孟买不同，孟买的居民在酒吧和餐馆里随便就会和陌生人聊起来，但在德里，介绍是必须的。人们在接纳你之前想要了解你是谁，所以在社交场合的谈话中，很多内容都是谈论自己认识某位名人或者住在某个区域。如果希望能享受恰当的社会地位，人们就必须宣传自己的关系网和靠山。在高端人群中，社会空间通过价格标签来迎合人们把自己和别的社会阶层隔离开来的愿望。这就是为什么那些普普通通的夜总会门口会大排长队，而人们会等着支付2万卢比的门票入场。

即使是德里曲折蜿蜒的地铁也无法消除这种隔离。虽然每天有两百三十万人搭乘地铁，但这种交通工具却被最贫穷和最富有的人忽略。德里的主干道就像我现在开的这条，高低起伏，到处都是喇叭声，烟雾腾腾——差不多每个人都被迫和我一起移动——而德里的居民可能会从这样的道路获得城市给他们的启示：整个城市，是安排好的。

也许，人们在德里首先会发现的一件事是：这里不怎么适合步行。过去的十五年里，像高速公路一样的道路越来越多，所以德里有时候被拿来和洛杉矶作比较。这些道路都是为了汽车而造，毫不考虑其他所有的交通需求，因此出行如果靠走路会出奇艰难。来自其他城市的中产"新"德里人有时候会试着在这里步行，但甚至不用等热心的老德里人冲过来告诉他们这有多不合身份，他们自己就会发现，人行道就是个骗局。这些摇摇晃晃的人行道走着走着就断了，若人们还是坚持走下去，他们会发现自己爬过了一大堆一大堆的碎石头，遇到了一大摊一大摊的污水塘，要往里面扔砖头才能踩着过去，然后还得像疯了一样穿过八车道的公路。最后他们很快决定，还是买辆车吧。这就是德里在印度火爆的汽车市场中不成比例地占了很大一部分的原因，也正是这蓬勃的汽车销售为拉凯什雄心勃勃的增长计划添了一把火。在街道狭窄的孟买，有很好的火车服务作为城市交通的延伸，让开车的好处越来越少。而在德里，路都是宽阔、放射状的大街，只有自己开车才是最方便的。所以在这个首都，1980 年时汽车牌照号码只是四位数，但现在整个城市都因为堵在路上的车子的重量而沉降了。

  因此，中产们是透过车窗玻璃来观看德里这座城市的景象的。如果一个画家要画这种中产视角，就像许多 19 世纪的画家试着从全新的、有都会感的林荫大道的视角来描绘巴黎一样，那么相应地，德里不会有柔和或亲密的感觉。正如印象派画家们不会仔细描绘人物服装和姿态的细节，画德里的画家也不会耐心地表现投在路人脸上的咖啡店的灯光，不会捕捉公共空间中陌生人之间很难察觉的互动。这些都不会出现，有的只是许多闪光灯照亮的毫不相关的瞬间：《名利场》（*Vogue*）或《汽车》（*Autocar*）杂志的封面在窗前一闪而过，因为卖杂志的小贩们在等红灯的车辆之间穿梭；被风吹得头发乱飞的女人和她的孩子坐在飞驰而过的摩托车后面；流浪狗被车头灯照亮的一只眼睛；婚庆乐队里金光灿灿的乐器和舞蹈队伍的旋转，还有新郎不可思议的白色高头大马；一群变性人把脸贴上车窗时留下的口红；公路中心分隔带上盖着毯子的模糊人形；另一辆车里的人脸上来自拐弯时后视镜的反射而略过的条形光斑……还有很多其他不成型的印象和难以分辨的动物和人。

  以下是我开车时的视野。每个方向上都交织着车灯，都是能把人照得什么也看不见的大灯。眼前飞快地闪过各种昏暗的人影，在夜色里无从辨别。车喇叭不断地响着，因为车流不是让你随波前进的顺流，而是需要劈出一条路来的丛林。人们开车的方式好像别人都是敌人，而事实也正是如此：凡是没有开足马力抢占的空间或机会，都会立刻被其他人抢走。你在这里会看到，红灯时，每个人都在到处张望，以确保别人不能耍滑头抢占自己的先机。

有些在前面的车就这样直接开过路口，穿过对向的车流——这些人希望在诸如交通信号灯这种对老百姓的限制中维护自己的自由。其他车也都一心一意地往前挪，占领每一寸能占领的路面，努力挡住旁边的车，不让别人在红灯灭了的时候超到他们前面去。一堆车就这样挤着往前，慢慢涌向路口。

等红绿灯的时候可不是休闲时间。恰恰相反，战场的焦虑正是在这段"停火"中爆发的。司机们饱受焦虑的折磨。他们点烟、骂娘、拍打方向盘，徒劳地按喇叭。这种紧张的等待让人无法忍受。

灯终于变绿了。就在这一刻，前面车的发动机开始酝酿，眼看就要起步了，却失去控制熄火了。

这时候身后响起一片愤怒的喇叭声，好像哀嚎着：灯绿了，绿灯的承诺却没有兑现，太糟糕了，我们一直都知道这世界会变成一个骗局……然后熄火的发动机跟跟跄跄地起死回生，这一大堆车开走了。

这是种奇怪的"行为焦虑"。

有一次我开车的时候，旁边坐着位以色列的心理学家，这种情况令他很困扰。"以色列有过大屠杀，"他说，"但我们没有这样的行为。我们把那些经历放在身后。我在这里看到的是奴隶的行为。这是一种求生模式。为什么他们这么害怕得不到自己想要的东西？"

印度其他城市的人不是这样开车的。但德里是这样一个地方，当地人普遍认为（甚于班加罗尔［Bangalore］或孟买），整个世界都在全盘否定他们，所以如果要过好日子，就需要不断争抢、篡改规则。每个人，包括我自己，用行贿和个人关系获得自己需要的东西——签证、驾驶证、快速了结官司、上学、邀请函。如果一座城市的生活看上去完全要靠社会地位，那是有很好的理由的——权力、财富和关系网能让生活轻松美好很多。学校和医院的管理者很多时间都不是花在管理上，而是用来关照那些重要的大人物和他们的依附者，那些叫嚣着要获得优先对待的人。在学校和医院这样的地方，整个系统都变得和道路交通一样混乱不堪，但没人想做一无所得的无名大众。可能有人认为，像德里这样一个不平等根深蒂固的地方，会孕育出对民主的渴望，但事实不是这样。德里人的幻想是封建式的。即使是那些几乎没有什么社会权利的人，也非常尊重有权阶级的特权。他们或许是希望，有一天自己也能同样享受那凌驾于法律和习俗之上的特权吧。看看我们周围所有的广告，这些广告把大众文化和贵族派头乱七八糟地搅在一起——一件轻易可得的消费品能把你变成所向披靡的人，而其他人则被挡在身后。

特权也控制着道路。对行驶机会的争夺并不是平等的。染色玻璃车窗后的人，其地位和身份或许难以精确辨别，但这个新时代用"价格"这一单一且四海通用的标准，把在过去相对难以解释的身份和地位形式重写了一遍。现在一切变得很简单，优势属于最贵的车。梅赛德斯们狂闪马鲁蒂，示意它们让路，好让自己开过去，马鲁蒂们则顺从地开到一边。宝马车的隔音效果太好了，好到乘客们甚至听不见司机蛮横地按喇叭，赶走一切挡在他们面前的东西。浅黄色的悍马冲破堵得一塌糊涂的车流，越过水泥路肩，开到空着的公共汽车专用道上，然后加速超过旁边的车。这当然是违法的，但交警扭过头看也不看，他们凭什么拿自己的生活来冒险，挑战这些富家子弟的特权？没错，如果需要，这些按照品牌排名的特权会以暴力实现：现代车的司机从车里出来，踢着马鲁蒂的车门，因为他被一直挡在后面。同时，梅赛德斯里的年轻人追着一个开塔塔（Tata）*的

---

* 印度的塔塔汽车公司（Tata Motors），为当地商用车市占率第一的品牌，曾推出全世界最便宜的汽车 Tata Nao。2017 年位列《财富》杂志评选的全球五百强企业的第二百四十七名。

司机，他居然敢隔着车窗骂他们。他们追上他，扇他的耳光，仿佛他是个不听话的孩子。所以，很容易就看出来为什么大多数人只要买得起就不会开一辆便宜的车。在能力范围内买辆最好的车，这种投资带来的好处实实在在。

可以想象，这一切把所有其他人置于什么境地。汽车霸道地在路上占了主导，却只承担不到两成的道路运输。大多数人出门是坐机动黄包车、公共汽车和小型摩托车，还有为数众多的市民在这些拥挤的道路上骑自行车或者步行。这些人绝大多数来自经济底层，机动车很少在意他们。因交通事故而死亡的人数在德里高得吓人，这些人就是其中的主要群体。因为当车子一天到晚撞在一起，车速倒很少高到使自己的乘客受伤，但这个速度足以对这些在钢筋铁骨前毫无防护的血肉之躯造成严重伤害。

对无数德里居民来说，街道并不只是通道，而是家。他们的血肉之躯从来不会离路上的车很远。

现在这个时间，我已经能看到他们在晚上的休息地安顿下来。很多人是因为"开发"或"房地产"而成为难民。他们过去过着相对稳定的生活，后来在印度的经济繁荣中出现的新工厂和私人城镇把他们从自己的家园赶走。还有一些是劳工和宗教朝圣者，他们来到这座城市做完自己的事，然后离开。他们背井离乡，穷到甚至没法儿给自己搞个帐篷，所以他们就睡在这里，在车灯强光的流转中把头埋在毯子里。

这条繁忙道路中央高起的隔离带大约是两个成年人能躺下的宽度。也许看上去不像一张舒适的床，但两边的车流挡住了野狗和其他动物的干扰。当然这个地方不能抵御炎热、寒冷或蚊虫，而且对于那些清醒的人来说，晚上只能半睡半醒着。半睡半醒是因为永远不能放松警惕，毕竟穷人也会被抢劫，而且即使再有经验的露宿者也可能滚到路上去。即便她没有滚到路上，那么她的孩子也有可能，孩子们在梦里更多动。

人力车夫和他们的车睡在一起。车子提供了些隔离，但带来另外的问题。脚踏人力车的座椅虽然比人行道要软，却只够半身大小。司机们因此以各种奇怪的、体操般的睡姿扭曲在一起。现在你能看到他们的脚和腿要么伸出车子的栏杆外，要么勾在树上垂挂下来的绳子里。

这些流动人群把自己的财物用品存放在城市的"家具"里。晚上，你会看到人们爬上屋顶，把早晨扔上去的铺盖拿下来。几乎每根树杈、每个水泥壁龛里都塞满了街头生活者的衣服和塑料瓶。每堵墙上只要有凸起的地方，都挂着布袋子。从已拆的帐篷中留下来的防水布和竹竿被捆扎在树冠上，准备成为另一个建筑。

对成千上万居无定所的人来说，这个城市的外在功能是他们巨大的卧室、浴室和橱柜，这赋予公路和街道一种破败的气息。但这些磨损的边缘角落却是这条热闹的路上最有画面感的景象——有人靠墙而睡，磨蚀了墙上的卡通画，钉子上绕着绳子，栏杆上晒着被子。让这座城市运转起来的那些人的建筑同样破败，甚至更惨。比方说我现在开的这条路，最近拓宽了，两旁一排排房屋的前立面都在拓宽的过程中被拆掉了。有好几个月的时间，这段路看着就像是战区。冲击力更强的是，每个开车经过的人都能看到：在被挖断的房间里，生活照旧。即使在较高的楼层，上面的人可能从地板断裂的边缘掉下来摔死，但房间里仍然亮着灯，桌子靠墙放着，职员们打电话的时候，捂起耳朵隔离街上的噪音。卡车开过的风把墙上的日历吹得翻起来，天花板上的电扇则搅动着汽车尾气的烟雾。

外面，枯萎的树杈在碎石堆里，像烧过的火柴棍。

我从一座斑驳的立交桥下开过。德里这些用立交桥连接的道路，像过山车轨道一样上升下降。这些巨大的石头工程这里一个、那里一个，感觉不像是一个系统，它们每一座都宣告着不同的交通规则，而且和下一个看上去一点也不像。它们是由好几个不同的建设公司所造，每座设计都不一样：用的砖头不同，街灯也不同，装饰风格各成一派。从一座开到另一座，你会发现路一会儿变宽，一会儿莫名地变窄，让人一会儿往前冲刺，一会儿又只能慢慢挪，德里交通的很大一部分都是这种节奏。有两座立交桥的下匝道出口在同一个地方，好像根本没有通知对方，于是快速行进的车流变成了一摊参差交错的大堵车，要二十分钟才能从里面挣脱出来。

像这个城市里很多其他基础设施一样，这些露天的立交桥尽管刚刚建成，但看上去已经很老旧了。德里最近耗费几十亿美元进行城市美化，这些工程在2010年英联邦运动会（Commonwealth Games）举办前刚好及时完工，可现在已几乎看不出来了。在主要路段中间，大量新建的隔离墙已经破损，倒在路面上。体育馆生锈的屋顶也在往下掉，停车场破破烂烂、空空荡荡。为了调和大量新水泥建筑硬邦邦的感觉，当时种了几千棵树，可这些树枯萎已久，好像本来就没打算用到运动会以后。在德里，时间令人毛骨悚然。这里的时间是一种强力溶剂，使公车站和公寓甚至在完工之前就开始漏水掉砖，让新建好的道路凹陷出水坑（这些路只在通车剪彩的那一刻是完好的）。这里的时间能使刚建成的大路变得多余，这些路蛮横地穿过贫民窟，通向顶级的体育场馆设施，但这些设施早已关闭荒废。存在于在德里，就是存在于这种时间里，每一样东西都未老先衰，每一样东西都已经向腐朽和荒芜低头。

没有什么是持久的，每件东西都在人们眼前逝去。在这种大趋势下，任何东西的灵魂都很难保存。也许这就是拉凯什古色古香的私人花园那么夺人眼球的原因。以德里的情形，它的力量几乎是存在主义的。拉凯什似乎寄希望于每一块被园丁们扫回原处的碎石，试图让自己摆脱这普遍的无常。

我拐弯穿过旧时英殖民德里的中心，这里仍被保留为城市的行政中心，所以基本不受这个城市其他地方拆除和重建工程的影响。在这里，头顶上的树木郁郁葱葱，交通畅行无阻。我经过了两头大象，它们稳稳地沿路漫步，这里停停那里停停，把树枝拽下来，一面放到嘴里安安静静地嚼着，一面跋涉回家。汽车的头灯照到它们膝盖的位置，被照亮的只有它们弯曲的腿。又圆又大的象背上坐着昏昏欲睡的驯象人，象背上升，高过一切，遁入黑暗。

每次看到这些动物，我心里瞬间就会涌起对德里满满的爱。就算在这样一个大都市，这些象看起来还是大得惊人——大得足以成为城市冲突的洗涤槽，如雨林一般驱散空气里的毒气。

就在大象上方，看上去有个东西在缓慢地移动。那是一个巨大的水箱。德里有一大片区域（不只是贫穷的区域）没有自来水，所以必须用卡车灌满住家的水箱。这种方法又贵又费人工，而且这些水箱都漏得一塌糊涂。这好像是这个城市冷幽默的一部分——在这里，水是如此珍贵，甚至有专门的水资源委员会来管控，但是这些水却在尘土飞扬的路上洒掉了一半。

这辆又锈又破的卡车下面有好几个地方不时地会有水漏出来。仿佛是为了增加喜剧效果，操作人员未关上车顶的灌水口，所以一刹车就会有很多水晃出来。

这辆车在交通信号灯前停了下来，我也和它一起停下来。

交通信号灯是红灯，黄灯也在闪。在德里，我还看到过黄灯亮着绿灯在闪、红灯和绿灯同时亮着，或者所有方向的黄灯都在闪。你可以把这种拓展开来的交通信号灯语言视为欢快喜庆的，但它的出现确实源自政府的无奈和忧虑，因为他们无法阻止司机晚上经过这样的路口时，不管信号灯是什么颜色都高速冲过去，害了别人也害了自己。想要阻止金钱、酒精和当代的匆促，传统的红灯太静态，或许太过时了，所以要用一些更新鲜带劲的东西。同时闪烁不同颜色的信号灯可能只是给人们一个刺激，就算他们不停下，至少得犹豫一下。

另一些情况下，威力渐弱的信号灯会加上文字来助阵——"红灯不准动，绿灯才能走"。

堆在人行道上的是大批上一代信号灯生锈的尸体。

一个断臂男人到停下来的车窗前乞讨。很明显,他没办法接钱,但他把裤子口袋伸给任何想表现一下大方的人。我想的是,一个没有手臂的人怎么吃饭,怎么解开裤子的纽扣?

这是一个很大的路口,周围闪烁着光线强烈的霓虹灯。道路被突起的三角形路岛分隔,上面都是在睡觉的人。一辆空调大巴从我面前横穿而过,上面坐满了退休的欧洲游客,有的在读旅游手册,有的也在睡觉。

路口周围全是大幅广告牌。有一块是个新的商用房产开发项目,叫"好望角",上面是电脑画的效果图,有光线通透的公寓、停得整整齐齐的宝马车、漂亮的花床,还有浅色皮肤的富豪们在泳池边欢笑。十年前,这样的项目会取个美国地名,但那段时间德里的消费者变得越来越世故,他们意识到对自己的品味来说,美国郊区太民主、太开放了。他们追求的是华丽魅惑,于是就转向了南非、俄罗斯和迪拜,在那里控制的力量更强些。

另一块牌子是个大商场的广告,上面有一个因为能试穿很多不同衣服而心情大好的男人。广告语是"变化把无聊赶走"。我看了一会儿才看懂这句话是什么意思。我刚刚开了四十分钟车,穿过一座千疮百孔的城市,现在立刻被带进了一场脑力训练,被带进转变期的德里在意识层面上打开的巨大裂口。但我接着意识到,这个广告说的是一个新词——无聊。在这个充斥着暴发户和帝国野心的忙碌都市,十五年前还没见过微波炉的人们现在开着兰博基尼——显然,最大的威胁是倦怠。

广告牌旁边有一个巨大的垃圾堆,猪在塑料袋和腐败的食物中拱来拱去。我看了下垃圾堆上那块脏兮兮的牌子,上面写着"大便不限"。我吃了一惊,又看了一遍,这一次上面的字变成了"优秀无限"。

我一定是累了。

信号灯变了。水箱颠了一下,又一波水从后面翻出来打湿了路面。我在一个洞穴般的立交桥下拐弯,这里晾着一排排衣服,大人在睡觉,小孩拿着棍子玩。我马上就能到家了。

忽然间,周围的车子都在刹车或绕行。面前的车都分流了,我看见我所在的车道上站着一个穿得破破烂烂的年轻人。我把车速慢下来,期望他能让开。但他站着,傲慢地看着我,向我举起手掌,我只能停车。我停在离他只有几英寸的地方,有那么一会儿,我们互相瞪着对方。他大概十六岁,头发乱糟糟的,脖子上带着好多串亮闪闪的花环,上面装饰着神力元素图案,有迦梨女神(Kali)、杜尔嘎女神(Durga)和湿婆(Shiva)*。真的有很多串,整捆东西从脖子一直堆到耳朵,遮住了他半张脸。

在这些花环上面,他戴着差不多数量的公司门禁卡,这些磁卡穿着编织带,上面印着数码照片,是许多企业员工挂在脖子上用来进出办公室的。他戴着三十到四十张卡——这些是通往新全球网络的钥匙。

这是一种技能,对长久以来生活在这个被严重掠夺的地方的人而言,这是有利的。这个技能就是:挂着你信仰的旧神,但也别忘了新神。

我看着他,他抓起一张卡片,大摇大摆地举到我面前,"我说你能走,你才能走"。他瞪着我的眼睛,容光焕发的样子。我们互相瞪着,不知道过了多久。他毫不躲避我的目光,直到满意地认为我已经接受了他的权威。然后,他慢慢走开,走到了车流的快车道里。我看着他走掉,把脚从刹车上拿开,再一次启程往家开去。

---

* 三者皆为印度教的神。湿婆为三大神之一,为毁天之神,兼具生殖与毁灭、创造与破坏之双重性格,形象为三眼四手。湿婆之妻为雪山神女(Parvat),有两个凶相化身,分别为迦梨(又作"时母")及杜尔嘎(又作"难近母")。前者有四只手臂,全身黑色,脖子上挂一串人头;后者有十手三眼,手持多种武器、法器,职掌降魔。

一 "从围城到世界之城"

> 有人说，印度城市中，加尔各答（Kolkata）是英殖民时期的首都，拥有19世纪；孟买是电影和商业中心，掌握着20世纪；而德里，作为政治活动的所在地，是21世纪的主人。

在1911年英国人把行政机构全搬到德里前，印度的首都是孟加拉邦（Bengal）东部的加尔各答。当地人和英国人在那里交流互动了几十年，创造了一个英国化的中产阶级，为英属印度提供了大量官员和专业人员。我的祖父就是其中之一，他是个会计，为北印度的很多英国公司工作过。

1947年的印巴分治将英属印度领土分为了两个新的国家，即印度和（东、西）巴基斯坦。那时，祖父生活在拉合尔（Lahore）*，是商业联合保险公司首席会计。我父亲的记忆也是从那时候开始的。所有的记忆都很美好：家庭富裕、城市和谐。回忆往昔，父亲满是深情。他记得学校里不同种族的同学相处愉快，有印度教徒、穆斯林、锡克教徒，还有亲切的穆斯林校长。但很明显，从他十岁起，宁静的生活就被政治打破了。随着印巴分治的到来，拉合尔的警察总长（也是祖父的桥牌搭档）阿拉丁·汗（Allauddin Khan）开始担心他这位印度教朋友的安全。他用自己的车把父亲全家送到

---

* 位于巴基斯坦，曾是莫卧儿帝国（Mughal Empire，1526—1857）首都。——译注

火车站，然后派警卫陪他们一路到了分治后属于另一边的阿姆利则（Amritsar）。阿拉丁·汗或许真的救了他们的命，因为在随后的暴力骚乱中，父亲家住过的房子被烧毁，印度教房东全家也遭到杀害。

父亲一家回到孟加拉——孟加拉东部当时也在闹分治，发现自己来到了游戏的另一边。他记得被屠杀的穆斯林像战利品一样被排列在加尔各答街道的两旁，那种场面不像是真实世界的人能做得出来的。

经历了这些剧变，祖父心里好像有什么东西断了一样，变得喜怒无常、沉默寡言。他顺利获得了另一份收入不错的工作，却因为坚持原则而离职，这个有九个孩子的家庭忽然间没了收入。家里被断电，也买不起食物和蜡烛。祖父从放债人那里借钱付账单，债主派流氓来讨债的时候，十三岁的父亲不得不在街上替祖父恳求他们。不想面对这一切的祖父，把自己关在房间里抽烟，读英语间谍小说。

朋友和亲戚都躲着他们。后来父亲找了一份工作，挨家挨户卖食用油，使全家不至于挨饿。

他先是卖给认识的人。一天，他敲开一个亲戚阿姨的门，阿姨看他那么瘦，就拿了午饭给他吃。接着他把货又拿到了另一个阿姨家，她也给他吃的。父亲接受了，坐下来吃饭，因为他不知道什么时候才会再有下一顿，但刚吃到一半时，第一个阿姨正好过来看到他又在吃东西，嘴里塞得满满的。即使是六十年后说起这个故事，父亲依然因为羞愧而颤抖，因为他当时的境地是如此绝望，无处隐藏。

后来情况好些了。祖父找到了另一份工作，在一家英国拖拉机公司做首席会计。因为职位在德里，所以全家就搬去了首都，住在一个叫卡罗尔花园（Karol Bagh）*的区。从名字就可以看出，以前这里是一个莫卧儿花园。20世纪初，因为要建英式城市而被拆迁的村民们到这里住下，后来很多因为分治成为难民的人也来到了这里。

---

* Bagh 在印地语中是花园的意思。——译注

但到20世纪50年代,这个地方依然绿意盎然。父亲记得上学的时候会走过公园和慵懒的街道。"德里那时候很美,"父亲说,"我经常借辆自行车,骑在宽阔空旷的路上,跑遍整个城市。"

那个年代,每个印度中产家庭所认为的理想状态就是家里有人有一份终生的工作,但祖父的这个差事只干了一年。他嫉妒自己的苏格兰上司麦克弗森(McPherson)先生,决定向在加尔各答的总经理投诉他。他利用自己是高级会计的机会,胁迫出纳从备用金里拿出钱来买了一张到加尔各答的头等火车票,去寻求满意的结果,但他立刻就被解雇了。

祖父是个亲英派。他最著名的育儿理论就是:"他们必须说英语。"他要求晚饭时必须说英语;出门时,他会用优雅讲究的英语给孩子们写信。但离开拉合尔失去所有根基之后,他在英国公司里的状况似乎暗暗地、深深地折磨着他。他陷入沮丧,由于觉得受到侮辱,时不时爆发,而这些侮辱有时候是真实的,有时候是他想象出来的。整个家庭再度陷入贫困,搬回了加尔各答。祖父后来又做过各种各样的工作。有个英国上司要求祖父不要在办公室里抽烟,被他看作反印度人的蔑视,于是甩手走人。

我的祖母出身于富裕家庭,那几年快被逼疯了:因为恐惧和饥饿,因为社会耻辱,也因为孩子们只能在楼梯间学习——孩子们学习的时候,有个好心的锡克看门人会特地为他们把灯留着。她不停地回忆拉合尔,那里现在属于巴基斯坦。在那里,他们的生活曾经富足快乐。

这种情况下,父亲想了个计划来挽救家庭的危机。当时德国为愿意去做外籍劳工的人提供廉价交通,而且保证就业。父亲决定以此作为跳板去英国学习。他觉得,等他回来就不会再有失业或饥饿的问题了。

父亲出发前的几个礼拜,亲英的祖父坐在阳台上,朝着来往行人骄傲地大喊:"我儿子要去英格兰了!"

父亲在孟买上船，那是他人生中最无忧无虑的两个礼拜。船航行穿越了阿拉伯海，经过苏伊士运河到地中海，最终在热那亚靠岸。父亲从那里坐火车到斯图加特（Stuttgart），作为无技能劳工在一家造纸场干了一年。1962年，他到了伦敦，开始学习会计，为英国铁路公司工作。他用第一份工资为祖父买了一支派克笔。祖父写信感谢他说："我可以充满信心地说，你送我的钢笔是印度最著名的钢笔。至少在加尔各答，没有一个长眼睛的人没看到过它。"

父亲去东伦敦一对年轻的犹太人夫妇家看房子。这家的妻子是希特勒统治时期的难民，是全家唯一从纳粹集中营里活着逃出来的。父亲喜欢这对夫妇，他们也喜欢他。但另一间房间已经租给了一个南非来的白人，他发现父亲想要搬进来之后很警觉，慌忙把女主人拉到一边说："我不能和有色人种住在一起！"

女主人回答他说："那你今天就可以走了。"她把南非人赶了出去，而后父亲在那栋房子住了很多年。

他原来的打算只是在伦敦暂住。他的家在加尔各答，那是他会回去的地方。他想念深爱的印度斯坦尼音乐（北印度古典音乐）。那时候这种音乐正在加尔各答风行，他青春期的很多时光都是整晚流连在音乐会场地的窗口外，不买票听音乐度过的。而且，他也不反对家里在出发之前为他安排的婚约。大人们希望他在离家期间不要受到西方女孩儿的关注，他们觉得这会害了他。

但20世纪60年代初的伦敦让父亲兴奋不已。他一直都想要摆脱束缚，现在发现自己身处一个可以随心所欲的世界——可以认识各种人、体验各种经历。他阅读欧洲史，喜欢上了爵士乐，去皇家阿尔伯特音乐厅听艾拉（Ella）*和路易斯（Louis）†。他

---

* 指艾拉·菲兹杰拉德（Ella Fitzgerald），20世纪最重要的爵士乐歌手之一。——译注
† 指路易斯·阿姆斯特朗（Louis Armstrong），爵士音乐的灵魂人物。——译注

发现自己身处一个很专业的体制中，只要努力工作就能升职，一切都简单得让人开心。很快他就能给家里寄钱了。他周围也都是和他一样新来的人，都是忽然之间摆脱了所有羁绊准备好要努力生活。他交了女朋友，也去看了电影和西区的表演。

1965年11月12日，父亲午休时买了一份报纸，读到罗德西亚（Rhodesia）*宣布从英国独立的消息。新闻是前一天通过电报传回伦敦的。经历了之前印度从英国的突然独立，又一个国家大胆独立的消息让他非常震惊。他走进一家餐馆，被领到唯一的空位上，对面坐着个漂亮的年轻姑娘。父亲一直沉浸在报纸上的新闻里，直到发现服务生把他和姑娘点的餐弄混了。两个人大笑起来，换回了盘子，开始聊天，约定第二天再见面。

其实，这段关系开始时，更值得一提的是我母亲。父亲二十七岁，远离家乡，而且已经有了些见识。母亲当时才十八岁，是一家保险公司的职员，仍然和工薪阶层的父母一起住在埃塞克斯（Essex）的一个小镇，生活里就是宗教节日、邻里八卦和只有鱼吃的星期五餐点†。1965年遇见父亲的那天前，严格地说她只见过一个印度人。她身边的很多人都被这段新的友谊吓到了。她的父母很生气，朋友们不再和她说话，但这段罗曼史坚持了下来。他们去意大利度假，父亲给加尔各答的家里寄照片，展示他现在有能力过欧洲的田园生活。他把照片剪掉一半，这样家里就看不见和他一起旅行的西方女孩儿了。

父亲仍然抱着玩乐的态度，觉得一切都是暂时的，自己终将回家。但随着时间推移，他发现自己陷了进去。不久他就结婚了，住在肯特（Kent），在村里的板球队打球。又不久，他有了孩子，在一个跨国公司里获得了很好的职位。他很快安顿了下来。

---

* 后来的津巴布韦（Zimbabwe）。——译注

† 依据天主教传统，星期五是不食肉的斋戒日，故常以鱼代替肉。

父亲的事业很成功。他把两个孩子送去牛津念书，还因为对国家的服务受到认可获得了大英帝国员佐勋章（Member of the Order of the British Empire）。在很多方面，他堪称成功移民的楷模。但这不是故事的全部，因为这一切无法解释他退休后的无精打采。他总有一种感觉，觉得从来没有真正"到达"。这也不能解释他依然矍铄的外表下隐藏的早年的苦痛——一种甚至都无法真正说清的苦痛，只有在他关上门躺在浴缸里听印度斯坦尼音乐的时候，它才出来肆意游荡。这是一种放逐的苦痛，虽然并不是强加于他的，甚至是无意识的，但却和真正的放逐一样。这种放逐是来自生活于某地，而那里的人完全不明白那些塑造他的强大经验——那些折磨人的经验。这还是一种"再也回不去"的放逐——因为对加尔各答的家人来说，他慢慢变成了一个难以理解的外国人，他们的生活无法沟通。在他身边，他们变得手足无措、谨小慎微。祖父和祖母很早都过世了，一些兄弟姐妹去过他在剑桥的家，但他们的到来从来没有真的为父亲带来他渴望的完满。生活的物质面——房子、照片、各种物品，从某种意义上来说没能表达**生活**本身，甚至在他自己家也会发生不理解的情况。与此同时，他自己的加尔各答之旅，在那个他仍称为"家"的地方，更让人失望。因为半个世纪过去，他长大的地方已经了无痕迹，在那里他找不到任何自己。这些日子里，连名字都变了的加尔各答*眼看着父亲长久地徘徊在愤怒的边缘：这不是它应有的样子，大家都变了，他无法告诉兄弟姐妹自己到底是怎样一个人，甚至在这座房子里，墙上颇有仪式感地挂着父母照片的地方，也没有一个人懂他。

在这一切发生之前，回到 1963 年，父亲最开始到伦敦的那段时间。那时候，他还没认识母亲，事业也尚未成功。有一天，他在伦敦坐地铁，从面前黑黑的车窗上看到自己的样子。同时在余光里，

---

* 加尔各答现名 Kolkata，旧名 Calcutta。——译注

他看到了别的东西：在加尔各答，去世的祖父被放进一辆灵车。一切生动得好像就发生在地铁车厢里一样，他甚至能看到车子侧面殡仪公司的名字。到了朋友家，他告诉他们刚才的事情，然后失控地大哭起来。他的朋友们一下子不知道要怎么开口告诉他刚刚收到的电报，一直到那天深夜，他才知道祖父真的去世了。

那时，父亲离开加尔各答才十八个月。这是他觉得自己的成功并不完满的另一个理由：为了那个人，那个他反抗的人，他一心逼自己有所成就，而那个人却没能活到他功成名就之日。

本世纪伊始，我在纽约的一家营销咨询公司工作，渐渐地，工作成了负担。我越来越沉迷于自己晚上写的小说，还爱上了一个女人，她住在地球的另一端——德里。所以，2000年底，我向着反方向，走上了与父亲相仿的旅程。

我带着一个行李箱到了德里，还有一盒为写作收集的笔记和文章。所有其他东西都寄放在新泽西一个叔叔那里。我觉得自己不会待很久。我不知道写一本小说要花多长时间，但肯定不会超过六个月。我没有想待在德里，小时候去加尔各答的路上经过德里好几次，记忆里这是一个污染严重、毫无吸引力的大城市。我一点也不怀疑能说服我的爱人放弃这个地方，和我一起回到璀璨的曼哈顿。

但到德里以后，这种想法很快就变了。不能简单地说我爱上了这座城市，因为同时我也深深地憎恨它。但可以肯定的是，我完全沦陷在这里。德里有一种吸引力，仿佛它的魅力超越了单纯的让人喜欢或不喜欢。2000年，我所有安住于过去的舒适和安稳将被打乱。这座城市是一个关乎预言和可能性的漩涡。纯粹是碰巧，我被卷入了这个时代最汹涌的洪流之一。完全出乎计划地，我留了下来。

现在我还在德里，在这里。十多年过去了，新泽西的叔叔每次搬家都得把地下室里我的那些落满灰尘的东西搬到下一个家的地下室。

我到德里的时候，这里已经历了十年由 1991 年"自由化"带来的变化。也就是说，自印度独立起，打破封闭的措施和对中央计划经济的改革打开了印度的国门，把这个国家开放给全世界的产品、媒体和资本。

我来之前的十年，这个城市的生活里发生的主要是所谓"软件"的变化，而它的"硬件"相对来说变化不大。中产阶级的房子里回响着新的广告和外国电视节目，陌生的梦想在白色的房间里展开，但原来的建筑——分别为夏天和冬天修建的背阴房间和阳台——仍然原封不动。以前只有那些有海外关系的人才能买到的进口牛仔裤现在在商店里随处可见，但这些牛仔裤仍然要么放在康诺特广场（Connaught Place）老旧狭窄的屋子里（那是英殖民时期的商业街），要么放在 20 世纪 60 年代建造的已经摇摇欲坠的本地集市中。一场大规模的拆除和重建运动还未发生，它即将主宰我熟悉的德里，以追求全球主义之名，大肆拆除这个城市的硬件设施。一家主流报刊给这场运动起了个口号——"从围城到世界之城"。

那场拆迁将使很多已经在德里沉淀下来的东西消失殆尽。几十万穷人被迫搬家，空出来的地方则用于建造商厦和公寓——大量财富和资源从城市最贫困的人那里转移到最富有的市民手里，很多穷人在自己的城市里成了难民，工薪阶层的生活总体上更边缘化和动荡。21 世纪初，以美化市容之名，很多小本生意被毁掉了。比如那些非正规的茶摊儿，在那儿你能花 2 卢比点一杯甜甜的热茶，坐在一把塑料椅子上，感觉自己与周围的人和车流神秘地隔绝开来。拆除的大潮中，大量富人房主的房子也被拆掉了。他们的情况是，在那十年的房地产繁荣期里，他们拆掉自己原来的房子，建造公寓出售，从中套现获利。这些新公寓为了获得最大的建筑面积并提升售价，不像以前的建筑那样会建阳台。住客的生活退回到有空调的室内，从前各家在午后的阳台上聊着家长里短的场景不再有了。

但在2000年，这些都还没发生。这座城市的很多地方，人们继续生活在一种老式的时光里。分治难民从自己的家乡小镇把这种无精打采的状态带到这里，坚持在自己多年前建立起来的生活氛围里度日。我发现，那年冬天自己占据的这间小小公寓位于一个原本分配给这些难民的街区。从公寓望出去，我能看见他们——现在都是老人了，裹在披肩里，坐在室外，在屋顶上、阳台上，一动不动。印度北部的冬天很冷，为夏天设计的屋子有石头台阶，却没有暖气，屋里的温度和外面一样。所以我的邻居们和他们农村里的祖辈一样，同样珍惜冬天的慰藉品——手里冒着热气的姜茶，还有下午照在脸上的浅黄色阳光。他们的子女们外出工作，孙子辈在学校上学，这些散发着庄重气质的邻居给我周围带来了另一个时代的宁静：收购废纸和玻璃的人骑着自行车，不紧不慢地穿梭在房子之间；卖蔬菜的小贩推着推车在阳光斑驳的街道上叫卖，耐心而平静。有时候，一个老年妇女会叫住他，要一点菜，谈一个价钱。她会把钱放在一个篮子里，从自家楼顶放下去，小贩拿了钱，把菜放进篮子里，她再慢慢把篮子拉上去。

过去的德里休息得也很早。现在已经难以记起那时的情况，因为来这里之后的几年里，我的记忆里都是这座城市各种灯光闪耀的咖啡店、餐馆、酒吧和俱乐部。现在周末的晚上，城里街上挤满了泡吧的人，寸步难行。但2000年的时候，这些都还不存在。那时候，以往的保守氛围统治了这个城市的夜晚。很多地方的商店9点左右就关门了，之后街上空空荡荡。我的邻居们绝对是相信家庭美德和早起早睡的人，晚上几乎不会出去干什么。分治带来的恐怖和损失深刻地塑造了德里这一代的中产阶级，他们生活节约，对外出疑心重重，觉得在餐馆吃陌生人做的菜是一种诅咒。这就是我到达时候的德里，一个和我刚刚离开的纽约非常不同的城市——这座城市很少企图引诱或娱乐你，每天一结束就送你回家。

即使是现在我身边的这些波西米亚分子，那时候的夜生活就是待在家里，和过去几十年没什么两样。我们晚上不出去，因为没有地方可去。大家在各种公寓里聚会，这些公寓又小又简陋，而且很便宜。房间里因为抽烟而烟雾腾腾，我们垫着垫子坐在地板上，围着一堆朗姆或者威士忌酒瓶谈话。

所有的谈话都被其所在的时刻充满。正是通过那些聊天的夜晚，我意识到自己在一个非凡的时期来到了一个非凡的地方。

我发现自己身处德里的艺术家和知识分子之中，他们说话的那种感觉我之前从来没有在别的地方碰到过。实际上，在那之后，就算在同一个地方，那种感觉也再没出现过。当然，他们是一群才华和创意都无与伦比的人，但他们谈话中那种热烈的能量也来自外面的这座城市。旧的正在死去，新的正在酝酿，我们生活在这之间，没有什么已然决断，一切皆有可能。每个人都试着吸收、想象这座城市会变成什么样，自己会变成什么样。他们饿着肚子，用书本和谈话果腹——因为当所有边界和约束都不复存在时，那些来自稳定时代、被看作正式而遥远的思想形式会变得切题而有必要。人们需要哲学，因为他们迷失，不知道如何理解自己身上发生的剧变。他们需要更多创意、更多词汇、更多语言。他们投入到谈话中，丝毫不在乎睡眠。

其中有些是来自本地的奇妙能量。这座城市正在以令人吃惊的方式改变，有一种感觉是这里的生活会变得奇妙，它将摆脱过去的束缚获得解放，很多未知的美好会在这片土地上生根发芽。有一位新人作家写了一首诗叫作《德里地铁的最初岁月》("In the Early Days of the Delhi Metro")[1]，这个题目抓住了那些年里那种划时代的感觉以及新的地铁系统带来的巨大的理想主义。就在我刚到德里之后，这里就开通了第一条地铁。在没有出现任何这种项目通常会有的扯淡和腐败的情况下，高科技的列车和车站似乎开创了一个高品质公共基础设施的新纪元——**没错，印度也能做到！**不仅如此，地铁轻快地在城市地面下滑行，绕过德里道路上你争我夺的喧闹，飞速穿过那些或富有或贫穷的区域，似乎预示着一种新的流动性，也是社会和经济的流动性。因为这座城市传统上对于界限和层级有着深深的迷恋。

但那些年里的期待超出了这个城市本身的范围。它来自一种普遍的感觉：**这里将要发生的事会改变整个世界。**

我遇见的人都是世界主义者，他们乐于见到围着印度的墙倒下。他们蔑视民族主义，并且热爱那些通过网络结识的新兴富人。但他们忠于自己的怀疑主义，忠实于这片土地上的反帝国思想传统，所以他们同样批判西方社会的经济和社会基础——他们最不希望从此刻印度的开放中产生的，就是建立起一个和西方相似的社会。他们很多智识上的灵感来源于西方资本主义内部的批判者——从美国的免费软件理论家到荷兰的寮屋居民运动，从英国艺术家对大众食品系统和财产权文化的挑战，到哈佛和牛津的法学学者对于种子、图像和创意所有权的其他可能的想象。对于后自由化的印度来说，没有什么比在这些领域的探索更相关的了。这里的一个大问题，正是"所有权"。印度生活的许多领域里，最基本的资源比如特定类型的土地、知识和文化，一直以来都是没有所有权的。但是当印度签署了国际贸易协定，私有化这些曾经是"公共的"东西成了趋势。在我的德里朋友中有一种看法，认为虽然公司文化标榜自己是创造丰足的秘方，但如果不能从根本上根据印度的情况进行调整，这将预示着一种新型的稀缺。

而且大家有一种感觉，通过这种调整适应，也许能想象出一种新的混合制的资本主义，不只在这里为印度提供灵感，而是在所有地方都能变成一种激励。毕竟，正是在这个时期，纽约遭受了"9·11"事件重创，西方社会开始感觉到对伊斯兰焦虑的压力，而他们的多元文化主义（实际上是他们的优越感）似乎脆弱不堪。这种多元文化主义可能已经接纳了许多来自不同背景和信仰的人，但也期望他们能接受一种深层次的同质性，即每个人都应该遵守一个单一的法律系统，比如摒弃一切与国家高效、节制的社会氛围不符的行为。在德里，这里的一千五百万人已经习惯了和其他那些与自己的生活毫无交集的人生活在一起。这里的生活景象比西方社会更多样、更矛盾，甚至到了深不可测的程度，然而德里依旧让人觉得运作顺畅。这座第三世界国家的城市，拥有一种无条件拥抱模糊和晦涩的能力，这种能力不是"让我理解你，然后我们可能共存"，而是"我会无条件和你共存，因为我永远理解不了你"。这种能力似乎不仅仅在深层意义上更人道，而且作为一种全球化下的普遍风气也更有前途。因为它很清晰，在全世界互相联结的时代，我们全都和不相识或不理解的人纠缠在各种关系里。也许，这座长久以来被视作荒芜和绝望之地的第三世界的城市，实际上暗藏着会让所有地方都受益的知识形式。

这不只是说说而已。德里的新文化也在崛起。我意识到对写作来说，德里是一个比纽约能提供更多灵感的地方。因此当我坐下来写第一本书的时候，我发现周围所有的人都在做相似的事。有一个德里作家叫阿兰达蒂·洛伊（Arundhati Roy），是其中第一个获得国际关注的，她最近赢得了布克奖。仿佛忽然之间，在这座一点儿也不文学的城市里，所有年轻人都在写书拍电影，其他二十几岁或三十几岁的人开始成立出版社、杂志社和报社，而咖啡店和酒吧则决定用诗歌朗诵活动和电影放映来吸引更多顾客。

其中最有活力的是萌发中的艺术圈。各式各样的人被德里高质量的大学和租金便宜的工作室吸引到这里。有些人也许只是单纯地听到这座城市耳语般的承诺，说它会让你看到一个新的自己。但在那些日子里，这个承诺十分切实。我记得早年在一栋废弃的房子里有一场实验表演，房子的地板上有水塘，昏暗的照明让人在走廊里只能摸索前进。大家在浴缸里聊天,艺术作品画在浴室墙上或藏在厨房的抽屉里。表演抓住了这座城市在那些日子里的分崩离析,以及即将涌现的神秘而美妙的新现实。那场表演酷得不容置疑,看到碧安卡·贾格尔(Bianca Jagger)在场也一点不觉得怪,她穿着一件朴素的白衣服,穿过那些潮湿的房间。大家现在依然会谈起那个晚上,那天我们见证了一些即将到来的东西——之后的几年内,当时在场的艺术家中有几个成为了国际艺术界的宠儿。全世界的艺术品藏家都期望拥有一件代表印度崛起的作品——一件能把东方崛起的传言和孟买股票市场飙升的吸引力变得更有形的东西。藏家们购买钢和大理石的雕塑,这些雕塑尺寸巨大,似乎诉说着它们诞生于史诗般的大环境。艺术家们搬去像飞机仓库一样的工作室,凭着自己的实力跨越国境:像所有21世纪优秀的公司那样,在中国制造作品,然后以一次100万美元的价格出售。他们迅速从社会边缘的顽主变成了精力旺盛的有钱人,即使是在这样一个看不起艺术的社会里,这整个过程也不可能不引起关注。很快,艺术家们在印度名流中受到欢迎。由于他们已经是有钱人了,人们想当然地觉得他们从来没想过别的事情。但我以前就见过他们,那时候财富还没一点儿影儿,他们唯一想的就是如何将形式赋予一个伟大的声音——在这里,早年德里的地铁里,那个声音咆哮着,我们那么多人都听见了。

十年以后,当时这些乌托邦似的喧嚣不复存在。

惊人的早年岁月似乎已经很遥远。未来已经到来,而且没什么可惊艳的。这个城市四处都显得无精打采,德里似乎再一次成了无关紧要的外围城市。如果我们曾经认为这座城市可以教给世界其他地方如何在21世纪生活的话,现在我们要失望了。土地抢夺和习以为常的腐败后来变得明目张胆;精英的权力以其他人的利益为代价肆意扩张;所有曾经的缓慢、私密和独特都变成了快速、巨大和同质——已经很难再梦想一个能给人惊喜的未来了。金钱统治着这个地方，我们周围所见的新兴生活方式是一种对于西方社会生活方式无聊而拙劣的复制：办公街区、公寓街区、商厦，还有所有周围的建筑，数以百万计的人从未进去过，也许除了作为清洁工进去拖地。

城市里暴力激增，而且表现形式非常骇人。情节恶劣的性犯罪一再发生，让人难受，并且在大范围里引起了对这个飞速变化的大都会里正在成型的社会的惊慌失措。数万人走上街头表达对受害者的同情，愤慨于现在每个人在自己城市马路上的不安全感，德里变成了一个充满自省迷思的地方。有些人希望在现在这个印度经济崛起的时期，能永远埋葬那些来自殖民时期影响印度人和外国人的态度；这些态度认为印度文化是低劣、返祖的。德里报纸上的残忍报道使他们对这种希望的合理性产生了深深的怀疑。现在这座城市不再是正建造一个能鼓舞世界的天堂，而是努力把自己从地狱的边缘拉回来。

在那个十年结束之际，我决定写一本书，写这座我选定的城市，部分原因是为了理解它转变的本质，因为我和数以百万计的其他人一起在生活中经历了这种转变。我的感受是，作用于其中的是非常狂乱的人类能量，这些能量不仅关乎金钱、改变和野心，还关乎焦虑、苦行和历史创伤——只有询问住在这里的人实际上如何生活、做何感受才能发现这座城市的现实。人们喜欢用统计数据来讨论印度的改变，否则还有什么别的方法能表现如此迥然不同的10亿人的存在？但印度繁荣时期平滑向上的图表曲线，根本没有表达出每个新的一天到来带给这座城市居民的紧张。这种紧张来自深深扭曲的日常生活，存在于愉快和恐怖之间、旧的和新的价值体系之间、自我实现和自我消灭之间。没有图表能总结一个正在全球化的社会所经历的痛苦，而对于统计数据的热忱以及随之而来的对于矛盾、梦想和怀疑的忽略，正是部分问题所在。人们总是假定：一个明显正在致富的群体，其内心生活应该和外部的经济指标一样一帆风顺，但在这个新兴世界的大都市,加速的变化经常成为一场让人混乱的狂风暴雨。人们赚的钱越多,事情越不可理喻。

但问题并不必然出在现实里,同样关乎想象。德里从某种意义上来说,还没有被赋予想象。不像那些住在巴黎、纽约、孟买等地已经对城市拥有丰富概念的居民,在德里我们就像还没有写出代码的程序员,无法整理周围乱糟糟的数据。这座"城"还没有存在:现在的它只是一个力场,充满原始暴力的刺激源——这也是它让我们所有人如此暴躁疲惫的原因之一。"毫无意义!"当地报纸每每要表达对新事物的厌恶,就列出这样一个大大的标题,重申在德里流传了几千年的一种古老智慧:每件事从根本上而言都是没有意义的。但我很想知道是否能为历史找到一个新的角度。尽管我们正遭遇变化的漩涡,但意义似乎无所不在,哪怕是"恐惧"都好像有东西要表达。个人,即使对他人绝望,也必然对自身的重要性深信不疑。我决定从个体开始,从德里内部生活的洪流开始,寻找那里的节奏、历史和关联,从这些东西里可能会浮现出一座城市的轮廓。我觉得,一切都是有其意义的,确实有一座"城"是可以被描写塑造的。

但我开始写的那本书只有部分是关于德里的,整本书有一大半写的是全球系统本身。我不觉得对于周遭的所见所闻仅仅关乎此地,也不觉得这些见闻是全球系统里"原始"的那部分,正在挣扎着要"赶上"先进的西方。这里更多让人觉得是超现代的场景附带着些变体,被复制到了当代全球资本主义表面世界的别处。确实,开始时我写的东西感觉像是一份来自未来世界的报告:这些"新兴的"中心错过了对国际资本主义最具包容和希望的 20 世纪中期,而似乎只有在这些中心,人们才能更好地观察全球最新的脉动。我觉得,不再是在西方,而是在这样的地方,来自全世界的人才能找到对自己命运最清晰的书写。

从这层意义上来说,我仍然忠实于自己早年在德里奉行的普世主义。但这是普世主义里较黑暗的一种，它必须更努力才能揭示其内在的理想主义。

我搬去德里的时候父亲很紧张。他一辈子花了太多时间来逃离这个国家，并不是为了看到自己的儿子淡定地搬回去。但随着时间过去，他开始从这意料之外的情况中看到可能性。我成了一条通向过往的道路，成了他青年生活和成年生活之间的使者。当他和母亲来德里和我住的时候，表现出了我从没看到过的轻松愉快。他少年时期的自己又跑出来了：他开始说印地语，离开德里后他几乎再也没说过这种语言；他逛音乐商店，浏览自己喜欢的印度斯坦尼音乐CD。有一天他情绪很好，叫我带他去20世纪50年代全家在德里住过的房子。

父亲、母亲和我，我们一起出发去卡罗尔花园。"15/64 西延伸区，阿吉马汗路。"他坐在后座郑重地说出地址。我们开过政府办公区域宽阔流畅的街道，然后向卡罗尔花园方向拐弯。已经是傍晚时分，路上都是卡车，为卡罗尔花园数不清的商店装货卸货。1947年搬来的旁遮普（Punjabi）商人生意越做越大，现在整片区域拥挤不堪：商店和仓库扩建到外面的路上，公寓能利用到每一处空隙，要么往上盖，要么往外面盖，剩下的地方都停满了车。我们错过了应该拐弯的地方，要掉个头，为了这个错误我们多花了半个钟头。我们坐在车流中，看着人力车在前方穿行，在纱丽店门口把女乘客放下。在德里烟雾缭绕的市场里，汽车是最不合适的工具，而且没有一个市场比卡罗尔花园更烟雾腾腾。

我们在市场收市的喧闹里越陷越深，父亲越来越气愤。"卡罗尔花园以前真的是座花园，"他说，"一座花园。我以前在这些路上骑自行车。到底怎么回事？"我们一而再再而三地询问地址。"15/64西延伸区？"没人知道。母亲读着路边的门牌号码，眼看就要到了，号码却跳掉了，又从一个新的数字序列开始。那个门牌号码好像已经不在了，应该是房子旧址的地方现在是一排钢门面的仓库。一次又一次掉头让人很累。"我们回家，"父亲激动地说，"在这一堆乱七八糟的东西里根本没法开车。走吧。"

　　回去的路上，父亲一路沉默，这是又一次令他失望的回乡之旅。当时我想，他的震惊其实并不必然是因为六十年没有回来过。哪怕那些从没离开过卡罗尔花园的人，那些过去六十年来见证了这里每个变迁的男男女女，现在回想起过去也会出现片刻的犹疑。实际上，你会常常听见一些老人试图告诉那些没在这里生活过的人，**以前这里是什么样的**，但他们往往也说不清楚。语言和回忆交织，乱成一团，因为人体组织有很强的适应性，会用一种神秘的能力重新调整自己来适应已改变的环境。于是，要记起以前的样子，或者过去自己的样子就变得难了。这个调整适应的过程在21世纪初的德里飞快加速。变化发生的速度让人目瞪口呆，以至于不管是哪个年纪的人都和自己最近的经验发生了断裂。现在，他们看着各种大得让人不适甚至有点害怕的巨型商场，甚至想不起来以前这里是什么，或者为什么自己那么强烈地抗拒这些商场。父亲失败的重访故居之旅只是普遍情况中的一个例子：没有人，哪怕是年轻人，能重访塑造了自己过去的德里，因为那个德里已经消失了。

　　我们倾向于把人口迁徙看作空间中的活动，但从某些方面来说，时间上的迁徙是一种更宏大的、向前出走的侧向步伐，这种更宏大的出走是"在时间平原上的迁徙"，每个生活在资本主义洪流中的人都涉入其中。

　　因此，我觉得父亲上了年纪之后喜欢收集钟这件事很有意思。他没有收集其他东西，比如能代表对于失去之地的执着的地图。像很多移民一样，他一直都着迷于"传家宝"这种概念。因为公司的成功，他进入了英国资产阶级家庭的圈子，那些人的家里摆满了祖上传下来的东西：柜子、装饰品、画和花瓶。相比之下，他没有一件能展示自己根基和传承的东西。所以，素来简朴的父亲近几年开始大把花钱，收集法国 19 世纪的旅行钟。他不是狂热的亲法派，这个爱好对他来说也并不浪漫。(浪漫之处只有一个，就是根据钟表制造史，这些钟是在巴黎制造的。)重要的是，这些钟从他出生甚至更早之前就在走，悠长的历史使它们不仅曾在整个独立印度的历史时期中报时，还曾在之前的英国统治时期报时。所以，当高低参差的钟声在剑桥的家中响起时，所有缺席的过往得以重现。这些古老庄重的钟让时间沉静而完整，它们收集起所有历史并保存起来，永不消散。

二 1991——拥抱自由开放

> 我现在对自己是印度人感到很骄傲。小时候,别人问我从哪儿来,我说是印度的时候会很尴尬。但到了20世纪90年代,有些东西变了。现在我会非常骄傲地说我来自印度。你知道,以前这里什么都没有,而且这个地方很脏。现在我们的路上有宝马车。到我五十岁的时候,印度的时代会真正来临。我们的下一代会见证一切。现在到处欣欣向荣,一派活力。
>
> 这一切正在这里发生。
>
> ——英迪拉(Indira),珠宝设计师

1991年7月24日,印度的新财长曼莫汉·辛格(Manmohan Singh)在发布预算时宣布——他的祖国将接受开放市场和自由企业的经济原则。生活一下子改变了,甚至连最基本的元素都发生了变化,新的景观出现了,正如有人告诉我,"之前,我从来都没见过粉红色"。

可以说,印度放弃自独立以来一直施行的正统中央计划式封闭经济,这一步来得很慢。毕竟,印度的传统榜样苏联早已成为历史。自由市场的信条"华盛顿共识"(Washington Consensus)在上一个十年已经掌控了世界权力的中心,导致很多拉丁美洲和非洲国家的经济体制接二连三地被迫转变。而在印度国内,自由市场的倡导者们自20世纪70年代就开始推动放松国家的管控,比如曼莫汉·辛格(他自己就是备受尊敬的经济学家),但这些诉求被认为是"利商"

和"反平民"的，缺乏政治可行性。即便是1991年前推行的亲市场优惠政策，也经常会因为选举需要而被撤销。事实上，任何政治家如果站出来说所谓的"社会主义"系统不起作用，就暗示着他或她背叛了国父贾瓦哈拉尔·尼赫鲁（Jawaharlal Nehru）留下的神圣财富。

像半个世纪后的曼莫汉·辛格一样，尼赫鲁在剑桥上学。他在印度独立过程中的对手英国国王乔治六世（George VI）以及印度总督蒙巴顿公爵（Lord Mountbatten）也在剑桥读书（尼赫鲁是三人中唯一完成学业的）。去剑桥之前，他念的是哈罗公学，1905年到1912年本科毕业期间都住在英国。比起之后由他统治的三亿五千万印度人民，他在任何方面都和被自己赶出去的英国统治者更接近，但他自己要在印度建设的社会愿景和离开的英国统治者完全不同。在剑桥，启发他的不是大英帝国的自由放任主义，而是费边社社会主义（Fabian Socialist）知识分子的社会工程。他不喜欢英国大地主贵族、实业家和银行家的过分奢华，认为他们在现代共和国里没有立足之地。他希望印度不仅摆脱英国的统治，也摆脱英国用来剥削这个国家的经济体制。1757年到1947年，印度的人均收入一点都没有增长过。[2]

尼赫鲁的个人观点并不缺少赞同者。印度独立运动部分源于1901年出版的《印度的贫困和去英国统治》（Poverty and Un-British Rule in India）一书，书里对印度的经济流动进行了细致的分析，发现当代印度贫困的主因是英国统治时期对其财富穷凶极恶的榨取。无论是17世纪还是当时，这些财富都相当于全球GDP的四分之一，数量惊人。作者达达艾·纳奥罗吉（Dadabhai Naoroji）不是个头脑发热的外行，他是一位作家、出版商，同时也是孟买大学和伦敦大学学院的教授。纳奥罗吉还是一个成功而富有的棉商，并成为第一个在英国设立子公司的印度巨头。除此之外，他还成立了一个协会，是最早致力于提高印度人民地位和利益的几个协会之一。随着越来越多地涉足政治,他成了巴罗达市(Baroda)的市长,之后又成为芬斯伯里中央选区(Finsbury Central)的自由党(Liberal Party)国会议员。作为第一个被选入英国国会的印度人,他在伦敦的权力机构中阐述了自己对大英帝国在印度和爱尔兰不公正统治的分析。尼赫鲁从剑桥回国时,纳奥罗吉也回到印度,第三次担任印度国民大会(Indian National Congress)主席,该组织最后成了独立运动的政治马车,也是后独立时代国大党(Congress Party)的前身。国大党主导印度民主直到 20 世纪 70 年代,尼赫鲁自己后来也成为其领导人。

尼赫鲁在回到印度十年后开始了自己的政治生涯。得知"十月革命"的消息后,他欣喜若狂。在整个独立运动中,他是支持中央计划经济的最响亮有力的声音。尼赫鲁是一个现代派,满心现代梦,梦想着整个社会中的不公正、不公平和所有人类的低劣本性都将被完美的国家体制击败。1927 年,他到苏联参加了"十月革命"十周年庆典,这次访问让他充满希望和激动。后来他写了一本关于那次苏联之行的书,里面洋溢着对苏联成就的敬畏——工业、艺术、品格高尚的官员,这个国家太伟大了,以至于难以对其败缺做出太严苛的评价。在俄国,尼赫鲁没有或者说没能见到奢靡的少数凌驾于悲惨的多数之上,留在他印象里的是苏联中央执行委员会主席米哈伊尔·加里宁(Mikhail Kalinin)作为一国之首,穿着农民服装,领着和工人差不多的薪水。"所以我们对俄国感兴趣,"他写道,"他们也许能帮我们找到某些方法,应对如今世界所面临的重大问题。我们感兴趣,尤其是因为两国的国情一直以来都没什么特别的不同。两个国家都是农业大国,刚刚开始工业革命,都要面对贫穷和文盲。如果俄国能找到满意的解决方法,我们在印度的工作就更容易了。"[3]

于是,作为印度总理,尼赫鲁开始着手一项大胆的实验,其中的不协调之处只有他和自己独特的光环还在的时候才能确保不会坏事。一方面，他令人不可思议地在这个大部分还是封建制的国家迅速地、无一例外地推行民主化。宪法不理会反对者的意见，赋予成年公民普选权，虽然全国只有12%的人识字。反对者认为，把国家的命运交给这些完全不了解民主的人是危险而且不必要的，因为这些人甚至永远都不会主动要求民主。尼赫鲁和制宪会议的同僚，也就是宪法的起草者、令人尊敬的自由主义者，他们心怀动人的信念，毫不犹豫地给予所有公民公正、公平和自由的保证，同时给予媒体自由。事实是，这场关于民主和稳定的自由主义体制的冒险取得了成功，并延续下来，被理所当然地看作印度政治奠基人的非凡遗产，使清廉和远见成为尼赫鲁身后近乎神化的光环。

另一方面，尼赫鲁学习了在日本和苏联发生的高速工业发展，觉得只有国家才有能力高速推动经济扩张到足够的程度，为雏鹰初啼的祖国实现恢弘的梦想。受苏联经济体制启发，他制定了一种中央计划经济体制，计划通过一系列"五年规划"来实现印度的增长和现代化。这些规划会驾驭国家资源，形成协调向前的推力。其中"第二个五年规划"在学术严谨性方面达到了顶峰。这个计划由一个名叫普拉桑塔·钱德拉·马哈拉诺比斯（Prasanta Chandra Mahalanobis）的人构思，他是印度统计所（Indian Statistical Institute）的创始人，拥有众多尼赫鲁必然喜欢的背景，包括对大型体系的欣赏、剑桥物理学学位以及对古代印度哲学的热爱。他在规划委员会的任期内访问了英格兰、美国、法国和苏联，与世界一流的统计学家、经济学家讨论国家投资怎样才能在恰当的时机以恰当的量，最优地进入需要的行业和部门来确保整体经济长期的增长。

在马哈拉诺比斯的概念中，基本的战略产业，如：石油和天然气、核能、防务、航空、钢铁、发电输电、重型电机、电信、煤炭和战略矿产由国家专属专管。在第二类行业中，国家和私人企业都可以运营，包括化学、医药、化肥、纸浆和纸张、公路运输。剩下的行业——例如消费品，则向私企开放，但私企应受到严格管控。

没有政府的特定执照，企业不能引进新产品、设立新工厂、开除员工或进行大笔投资。这是一个非常严格的体制，却对现有利益集团回报颇丰，因此印度的大企业普遍都不反对。国大党严密地关注着那些从国有化中逃脱的大企业，为回报他们的顺从，便以宽松的条件向他们发放商业牌照，消除市场竞争，保障他们即使在实际产品质量极差的情况下也能获得高额利润，而且这种情况非常普遍。（那些年印度在物质生活方面的缺陷反而成了之后为这个体制进一步辩护的理由，因为如果开放市场，外国公司就会涌入印度，带来几乎完美的产品，那么本土公司在印度的土地上也将不复存在。）

但尼赫鲁并不特别在意消费品的质量。他深深沉醉于纪念碑式的感受。他喜欢和大坝一起拍照。大坝带来了两种对发展必不可少的力量——电力和灌溉，因此他对宏伟的巴克拉大坝（Bhakra dam）满怀激动之情，认为它将自己奉献给了国家，把它称为"印度复兴的新神庙"——因为尼赫鲁不仅笃信现代化，还是一个世俗主义者。那几年里建造的三座大钢厂也同样深得其心，因为它们展示了印度在没有外来帮助的情况下，利用自身矿产资源生产重要工业原材料的能力。他渴望让印度拥有令人骄傲的优秀高等教育和研究机构，因此拨了一大笔钱给在剑桥受过教育的理论物理学家霍米·巴巴（Homi Bhabha），后者设立了两所高阶研究机构——印度塔塔基础研究院（Tata Institute of Fundamental Research）和特朗贝原子能研究所（Atomic Energy Establishment, Trombay）。他自己则建立了奢华的印度理工学院（Indian Institute of Technology）和印度管理学院（Indian Institute of Management）等学术体系，为未来实现技术专家治国而培养有本国教育背景的领导者。

事实上，直到这个世纪，这些机构都还持续扮演着重要的角色，从里面出来的很多人不仅成就了印度的技术繁荣，实际上还成就了美国的技术繁荣，因为很多人最终去了硅谷。但总的来说，尼赫鲁关于如何繁荣经济的愿景不如他在政治方面的愿景持久。从最后的结果来看，即使对于他那些如此天才的规划者来说，实际的经济过程还是太复杂了。第二个五年规划被废弃了，因为其理论在未预料到的现实世界发展面前一败涂地（比如当时出现的外汇短缺和通胀）。到1964年尼赫鲁去世的时候，也就是第三个五年规划的末期，早年的承诺看上去已经很遥远了。经济体系里的很多行业由于法规制约和缺乏资金而停滞不前，同时国家遭受着严重的农产品短缺问题。尼赫鲁留下了失败的经济，经济复苏成为接下去近三十年间被激烈争论的话题。

然而，争论之所以持续那么长时间，部分原因是尼赫鲁设想中的印度继续在理论层面享有很高的威望——虽然基于此理论的经济体系已经萎缩了。这是一个崇高的婆罗门式的构想，鄙视追求金钱和世俗虚荣，将私人企业、买卖消费品特别是奢侈品视作俗物，在这些方面人们甚少有自由，也鲜有尊重。这个国家自身是愿望的一个适当载体，封闭的经济是某种禁令，也反对过多的人居住在外面的世界。随着尼赫鲁的世界主义在他死后逐渐消散，即使对于受过教育的人和富人来说，更广阔的世界也正变得更遥远和禁闭。一种特定的、以自身为中心的结构进入了印度生活。比如在20世纪70年代和80年代的大部分时间里，个人因私出国虽然在技术上没有问题，但即使是买得起机票的少数人也很难成行，因为换汇的控制太严格了；打国际长途要提前一天预约；只有极少数的外国公司能投资印度企业或在印度设立运营机构；进口外国货物普遍遭到禁止。

随着时间过去，在这种压抑中升起了对外面世界的奇思异想，就像囚犯的美梦，模糊而萎靡。一方面，任何和国外有关的事都会让人激动异常：比如那时候出国的人变得好像来自另外一个世界，全镇人都会戴着花环到机场欢迎他们回家，去看他们从外国带回来的收音机和香水。但同时，人们也从心底里害怕外国会对他们使坏，那些保护印度纯真的屏障看上去让人相当安心。回想过去长期处于其他国家阴险的统治中，印度对外国的渗透和腐化保持着一种偏执——比如巴基斯坦和美国中情局就以一种超自然的方式被刻画为会带来霉运的扫把星。

也许这一切能让人理解，为什么即使经济已经明显失调了几十年，即使周边的韩国和中国台湾地区的经济在20世纪70年代和80年代取得了惊人的增长，印度仍然不考虑取消国家管控并接纳全球资本，直到它别无选择——仅仅是因为这种想法太渎神了。可是到了1991年7月，现行体制已经支离破碎,确确实实没有其他选择了。国大党因丑闻声誉扫地，党首拉吉夫·甘地（Rajiv Gandhi，尼赫鲁的孙子，也是前总理）刚刚被暗杀，党内动荡，经济也正遭遇致命危机。官方一方面用陈词滥调说能自给自足，但另一方面，出口额永远不够支付进口费用。年中，印度的外汇储备跌至5亿美元多一点，只够支付大约三周的进口必需品货款。为了渡过难关，政府和国际货币基金组织（IMF）谈判，获得了20亿美元的紧急贷款。贷款是有代价的——首先的代价就是纯金。为了获得贷款，印度政府被迫将六十七吨黄金储备作为担保抵押，其中四十七吨立刻由飞机运往英格兰银行，另外二十吨运往瑞士银行。另外一个获得贷款的条件就是马上进行自由市场改革。

曼莫汉·辛格被指派为财政部长，正是因为多年来他一直呼吁进行这样的改革，甚至是在这些改革被视作反印度禁忌的时期。而且，他似乎是最有能力实施这些改革的人。他在1991年宣布的改革对当时的危机来说，事实上远远超过了必要的程度。改革包括构建一整套体系，一套他自60年代起就在心里设想的体系，他的博士论文就是关于对外贸易的。这套体系预示着一个经济新纪元的到来。正如他在其划时代的预算案演讲中明确表示的：这套体系不能实施得过快——"政府和经济都不能年复一年地超出自己的能力运作；借贷或拖延时间这样的操作空间都不再有了；任何对于宏观经济调整的进一步拖延和逾期，都将意味着现在已经相当艰难的收支平衡会变得更难以处理，同时已经很高的通胀水平会超出可容忍的限度"。

自这个讲话以来，印度经济年增长率达到10%，超越加拿大和俄罗斯，跻身为世界十大经济体之一。所以回想起来，辛格推行他的改革体系时的谨慎和谦逊很异乎寻常。以我们的事后之见，这个体系的出现是必然的，但他做出了最奇怪的表现，把自己的观点放到了很低的姿态。尽管给出了清楚的计划，要深思熟虑地全面瓦解旧的经济制度，他却用各种对社会主义和尼赫鲁的赞颂作为铺垫，就好像要展示出这种分道扬镳的唯一可行方法就是把它表述成一种"延续传承"，甚至是既有成就的顶峰。他似乎非常迫切地想要表达他的计划有很深的印度根基，而且印度对外部世界的"传统"态度会被保留下来——比如他反复强调大家熟悉的对于"我们从西方富裕社会借来的盲目无情的消费主义"之厌恶。最终，在宣布印度将加入全球化经济后，他发布了自己的战斗号召："我们要战胜一切。"这句话来自一首著名的抗议老歌，尽管他或许是用这句话向他的听众再次保证过去的价值观不会改变，却和当时的情形完全不协调——现在指的是要反抗哪个压迫者？但这个演讲中的混乱使其愈发具有启发性，因为如果辛格的隐喻在当时的情境中让人困惑的话，那是由于这些隐喻是从尼赫鲁那儿穿越而来的。辛格自己并不擅长演说，从他的抑扬顿挫里可以看出，这位财政部长很明显地试图向这个国家伟大的演说家尼赫鲁坚定地表示忠心：

> ……正如维克多·雨果曾说的，"当一种想法的时机已到，这个世界上便没有一种力量能够阻止它"。我向庄严的议会建议，印度作为世界主要经济力量的崛起就是这样一种想法，要让全世界听到它的响亮和清晰。印度现在已经觉醒。我们将压倒一切，我们将战胜一切。

辛格使用了一种不太合理的表达——他引用了尼赫鲁在红堡的城垛上宣布印度独立时的讲话。1947 年 8 月 15 日就要到来的时刻，尼赫鲁慷慨激昂地说道："当午夜钟声敲响，当世界还在沉睡，印度将觉醒于生命和自由。"由于印度在 1947 年的觉醒异常瞩目，1991 年当然也是有些略为平淡的东西可以宣布——那就是这个国家仍然是觉醒着的，但是你可以看出辛格想要做什么。

辛格有充分的理由为要如何解释清楚这场革命而焦虑。已经有人对这个国家的黄金流向前殖民者的金库感到非常愤怒，而且现在对于新的经济战略和外国人（IMF）在战略制定中的角色也弥漫着不安的情绪，如《纽约时报》写道："在印度，这个仍自视为不结盟社会主义运动领导者的国家眼里，经济改革被视为是痛苦的，甚至是难堪的……它将会被看作对印度自治的一种干涉。"[4]

在这个时代，我们忘记了曾由苏联发起的世界体系的强权，也忘记了尼赫鲁倡导的"不结盟运动"，我们只认可一种"全球化"。因此，对我们来说，很难再去更多地想象一个大国本来可以选择把自己从这个特定的全球主义形式中抹去，也很难再想起仅仅是二十年前，拥抱这种全球主义的前景也许会显得多么危险和不守信。印度进入全球化体系，就像同一时期许多其他国家一样，并不如我们现在在无缝的资本主义世界中想象的那样，是顺畅地回归一个自然状态（现在的这个资本主义世界已经失去了太多对于多样化和非主流的理解和同情）。在许多方面，进入全球化体系的过程对于这个国家所有伟大的根基来说是一场耻辱的溃败，并且产生了一种自相矛盾的后遗症。印度"继承了"全球化，就如同某人"继承了"一项遗产——既充满了新的经济可能性，又满是撕裂的丧亲之痛。金钱会到来，但一切高贵和滋养都不在了，替代它们的是如洪水般涌来的卑劣。

三　印度式全球主义

我开车路过一块广告牌，上面是一个商业电视频道的广告，广告画面上是一个女商人容光焕发的脸，广告词是这么写的："观看一小时，臀线有改变。"

照片里只到女人的脖子，看不见她的"臀线"，我估计这句话其实想说的是"底线"*。但这个女人看上去确实对某些事很得意。

"我们面试的第一批人没有接受我们的工作邀请。因为他们觉得我们一定是疯了，居然幻想能为在外国的国际企业工作。他们都觉得印度的标准太低了。"

我坐在 Quatrro 公司的 CEO 拉曼·罗伊（Raman Roy）[†]的办公室里，这是一家做业务流程外包的公司。拉曼戴着小圆眼镜，穿着休闲格子衬衫，五十岁出头，整个人有着一种长辈式的慈爱，待人的态度异常平等。

"很多人都不相信，"他继续说，"他们不相信我们能达到那种质量。他们从根本上就有问题，不能想象印度人能做白人的工作。在这个国家，我们还是把白皮肤的人看得高人一等。"

但是结果恰恰相反。

"有时候，我们的员工不得不道歉，就因为他们比教自己的人

---

* 英语中"底线"（bottom line）的拼写比"臀线"（bottomline）多一个空格。——译注
† 此为真名。——原注

表现得更出色。这改变了他们的看法，他们意识到不需要觉得自己不如别人。"

尼赫鲁关于印度独立讲话的开头是 21 世纪演讲中被引用最多的段落之一，但其中有一个很明显的错误。

印度的午夜时分，"世界"**并非**在沉睡*。印度的午夜是伦敦的下午茶时间，是洛杉矶早上的咖啡时间，而且 1991 年之后将有数百亿美元的生意建立在这个最基本的地理事实之上。

如果说有一种商业项目成了印度全球化的新标志，那就是"业务流程外包"（BPO）。其背后的想法是：基于现代通信，一个公司的不同职能不需要全都在一个地方执行。这些职能现在可以被分配到全球各地，运作顺利，丝毫不受影响。这样公司就能把非核心业务转移到薪酬较低的地方，节省大量成本。尽管这种职能的重新分配已经在别的国家开始出现，但却是市场自由化之后的印度企业家们首先把这种理论变成了改变世界的现实。拉曼·罗伊就是其中之一。

印度市场自由化时期，拉曼在美国运通公司工作。这家公司是自英殖民时期以来一直留在印度的外国企业之一。在 20 世纪 90 年代的新环境下，拉曼协助说服了他的美国上司们，加强公司在亚太地区的会计工作，因为这里的成本更低，而且有很多受过教育且能说英语的人。

也许现在很难回忆起这种情况的出现在当时是多不可能。印度对于大部分美国人来说既遥远又原始，而且退一步说，把一个美国金融巨头的一大块业务搬到那里也不合传统。但就像很多古怪的点子一样，这个想法让那些对此有所担心的人们用一种不同的方法看世界。随着时间推移，美国运通公司把越来越多的"后勤"业务转

---

* 尼赫鲁讲话原文："当午夜钟声敲响，当世界还在沉睡，印度将觉醒于生命和自由。"——译注

移到了德里——于是拉曼意识到,这里面有一种迄今为止还没有被挖掘的价值。

到20世纪90年代中期,大量企业集中进行这项小小的实验。由于印度持续快速地解除各种对商业和资本的限制,大量投资掀起了一股创业浪潮,有一类公司异常迅速地崛起,它们就是新兴的IT公司。这些公司大部分创立于印度南部,其中最耀眼的就是总部位于班加罗尔(Bangalore)的印孚瑟斯(Infosys)。这家公司1999年在纳斯达克上市,一年后估值达到了300亿美元。这些公司的优势并不仅仅在于他们能以美国同行一半的价格向跨国企业交付软件系统,不——他们的所在地印度不仅能让他们压缩成本,同样重要的是,还能压缩时间。印度籍的顾问和美国客户一起在美国白天的工作时间里工作,然后把简报发给印度,印度的软件团队在自己的白天(美国的晚上)工作,这样美国客户第二天早上一上班就可以看到结果。于是,一个工作日就变成了两个。到了拉曼·罗伊想到把美国企业的职能分割并放到不同地方的时候,他知道印度还有其他几个人也在用差不多的方法试图改变世界。

在一个过去由国家控制的封闭经济体里,这种想法的出现并非偶然。从这样的环境中走出来的企业家充满改革热情,非常乐于抹去他们童年生活中无所不在的国界。实际上,从一定程度上来说,当很多美国人和欧洲人后来发现自己生活中的很多事务是由地球另一端在处理时,他们觉得很焦躁。这些印度企业家非常聪明,善于打破成规,相信科技和企业,希望用这些力量颠覆几乎所有1991年前的东西。但他们仍然是印度人,看待美国商业世界的时候,他们用的是一种奇怪的外国观点——"他们怎么会从来没想到要这么干?"他们喃喃自语,然后就着手去创造改变了。

也许,他们的灵感来自自己的家乡,那里做贸易的家庭数世纪以来都把家庭成员分散到不同的地方打拼自己的商业天地。当你和这些家庭的成员谈话时,即使那个人在个人习惯方面非常狭隘(比如为自己的孩子安排种姓内的婚姻），你也会常常发现他们对地点和距离出人意料地不在乎。实际上，正是家庭结构的管制性使他们不受地点约束，并与其保持一种灵活且不掺杂感情的关系。只有成本和收入才是他们关心的事实，如果后者超过前者，那就是一笔好买卖，无论地理上看有多奇怪。

这种印度式全球主义释放的时刻使它正好可以和全球经济的另一次重大转型相融合，这并不完全是巧合。过去十年，美国企业一直在把需要人工的工作转移到海外，既作为一种降低成本的做法，也作为对美国工人的政治攻击。美国本土的工人比那些远在印度的工人享受着更多讨价还价的权利，而后者正越来越多地取代他们。当时，这种分散在全球的低损耗企业形式对美国以及很多欧洲公司的董事会有着极强的吸引力。随着新通讯科技开始缩短不同地点间的信息距离，他们很自然会问，是否有其他不需要人工操作的职能可以转移到海外，以在财务和政治方面获得类似的利益呢？由于这些职能很多都需要大量能说英语的人，印度——鉴于其大大低于其他地方的成本基础，成了显而易见的选择。用印度人而不是美国人——软件开发公司展示了这个想法的巨大潜力，条件已经为美国企业创造好，他们开始剥离自己内部运营的各种部分，向印度转移。

外包业务在印度兴起的另一个要素是：这里有一个巨大的高科技不动产区。这个区域就在首都德里的外围，所有从美国剥离的职能都可以在这里落地。这便是古尔冈新区。20世纪80年代早期，房地产开发商DLF就开始在德里的西南边缓慢而持续地购入农田。外国公司进入印度的限制取消后，这片地区释放出了惊人的价值。古尔冈为在印度的主要全球企业提供了必要的基础设施。这里位于和德里相邻的哈里亚纳邦（Haryana），离首都国际机场很近很方便，对于企业来说远远优于德里的另一个邻邦北方邦（Uttar Pradesh），那里以犯罪活动高发闻名。到了90年代末，各种企业陆陆续续进驻，很多都是从拥挤的商业之都孟买搬来的。

引领这场向哈利亚纳邦灌木丛搬迁的惊人大潮的是通用电气（GE）。这家世界第七的企业宣布它将在古尔冈设立一个新的运营公司，名字叫作通用电气金融国际服务集团（GE Capital International Services，简称 GECIS）。这个新的实体将为通用电气金融服务公司（GE Capital，通用旗下的金融公司，后简称 GE 金融）运营全球的后勤业务。1996 年，拉曼·罗伊接到一个电话，问他有没有兴趣在 GECIS 进一步发展他在美国运通的实验。他去了德里的欧贝罗伊酒店（Oberoi Hotel）和 GE 金融 CEO 加里·温特（Gary Wendt）讨论这项业务的前景。

在一个企业能量熠熠发光的时代，温特是一个推动者，他深知全球放松管制带来的全新机遇。在他任期之初，GE 金融在美国以外没有运营机构，而到他来德里的时候，这家公司已经进入了四十五个国家。在他的带领下，金融服务成为通用电气集团最大且最赚钱的部分，超过了这家以制造业起家的公司的其他所有部门。温特的成就部分归功于在运营方面的天才，他了解在这个全球化的时代该如何彻底重组成本和营收。

"那是个特立独行的家伙，"拉曼说，"他太快就意识到了我们在美国运通做的事的潜力。他问我，'你觉得如果这事儿没成，我们会损失多少？'我在原来已经谈过的数字上加了 300 万，说'1000 万'。'好的，'他说，'这就是点小钱。我会把钱打到一个账户给你，没人会过问你怎么用这笔钱。你就弄一个和你给美国运通做的差不多的东西。'如果不是他，一切永远不会发生。我永远不可能有这么多钱来买卫星天线和其他的东西。"[5]

拉曼进入 GECIS 的时候，他已经在外包业务的最前线干了十年，对外包的未来发展比他的美国上司们有着更具体的概念。1998 年，他在古尔冈办公室进行了一个临时实验。那是印度的第一家国际电话中心，在那个办公室里，员工们负责接听信用卡客户从美国打来的电话。通用电气驻印度的董事会成员已经明确表示禁止他的这个实验,所以他瞒着他们进行,并邀请加里·温特过来看看。

"我把那地方弄得像那种老式理发店。我在员工之间装上帘子,把他们隔开。如果有同事看到这些,我肯定就被炒了。屏幕上会有敏感信息,而且整件事非常不牢靠。我没有预算,开始的时候只有二十个人。

"加里·温特来了,他看了看这个理发店,惊呆了。我看到他一边下楼一边摇头。他说:'我觉得你根本不知道自己开始了怎样的一场革命。'他走后就开始在通用电气大力推广这一实验。我们的单位成本比当时原有成本的一半还低,而且质量更高。在美国,他们雇的是辍学者,而我们雇的是有大学学历的人。很快我们就不只服务于 GE 金融,而是为整个通用电气集团服务。

"做到那种程度需要大量的游说工作。国际电信业务仍然由政府垄断,他们的疑心很重。我第一次去给那个理发店申请国际宽带的时候,他们觉得我肯定是在搞间谍活动,因为之前从来没人申请过那样的高速带宽。而且,尽管可以租用一条私人国际线路,但把它和任何公共网络连接起来都是违法的,因为绕开了政府的垄断,罚款是大概每天 15 万美元。我们花了八个月拿到了罚款豁免,而且那个许可只能用于试点。他们不明白我们在做什么,我们不得不从网上找了'话务中心'的定义,打印出来给政府官员看,然后他们才理解了我们要做的事。"

拉曼是那些满足于看着自己安安静静的成就变成全球革命的人之一。他说:"开始时,我们的雄心是最终实现大概一千人的话务中心。但公司的发展远远超过了这个设想,变成了几十万人,并改变了整个社会。"很快,这里的职位热门到每次公司开招聘会都被迫要通知警方的程度。人们带着全家从很远的地方赶来,他们会在办公室门外坐好几天,公司只好给他们发放食物和水。

GECIS 为通用电气的下属公司提供一系列范围很广的服务。

顾客服务电话只是被转到印度的很小一部分企业职能。这部分业务随着时间推移变得更复杂、更专业化。系统和培训都发展到了一个高效的水平,并且印度雇员并不只是做简单重复的工作,很多人去了美国述职,然后成了受这家跨国公司重视的员工。

过了一阵,拉曼开始觉得正在错过一个更大的机会。"在企业里待着很不错,能开豪车、去俱乐部,还有各种各样别的好处,但我看到了能做一番大事业的机遇。我告诉通用电气,真正的机会是为其他公司提供外包服务,但他们希望独享这项业务。所以我在2000年成立了Spectramind(印度最大的后勤服务外包公司),为所有大企业提供这类外包服务,其中包括微软、戴尔、惠普、思科、美国在线、美国运通和花旗银行。几年后,通用电气也跟着学样,他们卖掉了GECIS,它于是变成了一家叫简柏特(Genpact)的独立公司,对外提供外包服务。"

简柏特的总部仍然在古尔冈,现在它的年收入超过10亿美元,和客户中一些财富一千强的公司相当。它收购了其他一些外包公司,这些公司远在危地马拉、中国、波兰、南非和菲律宾,并在全世界雇佣了超过五万人,以差不多三十种语言提供外包服务。简柏特在外包方面的能力太强了,甚至开始在美国进行大型并购。公司的专长使其在运营非核心企业职能时,比大部分企业自己做的效率和质量都更高。它还接手了实体业务,比如沃尔格林(Walgreens)的会计部门,把其作为美国的外包职能运营。

Spectramind被印度计算机巨头威普罗公司(Wipro)收购后,拉曼依旧不安分于大公司文化,他离开公司创立了Quatrro公司。随着印度的工资上涨,同时一些更基础的外包工作被转移到其他国家,Quatrro公司在价值链上的探索愈行愈远。公司雇佣了数千人,有医生、律师、工程师和记者,用自己的专长为全世界的公司服务。Quatrro公司的目标是另一个不同的市场。"那时候没人为美国的中小企业服务,"拉曼说,"这些企业需要各种服务,但他们不想自己做，原因各种各样——从风险管理到报税。这样的公司非常多，他们付的费用很少，平均我的每个客户每月只付5000美元。但是我有一万个客户。"

拉曼估计已经积累了大量个人财富，但这似乎不是他最在意的事。令他激动的是"改变"。他从自己的财产里拿出钱来投资更年轻的创业者，因为他觉得企业家精神是世界上最强大的救赎力量。

"外包行业是催化剂。现在在印度，这个行业大概赚了150亿美元，雇佣了八十万人，间接创造了四百万个就业岗位。人们开始写关于这些人的小说，拍摄有关电影，这都不是偶然。因为在很多方面，他们都是新印度的开路先锋。他们工作努力，精通技术，而且他们身处全球环境，是巨大变革的一部分。

"直到20世纪90年代，工作机会都太少了，所以很多人一直在学校里学习。学一个文科硕士就为了面子，掩盖他们找不到工作的事实。所以GECIS成立的时候，我们发现德里有一个很大的受过教育的群体在等着我们去吸收。但我们很快就招完了德里本地的人，只能到更远的地方去招人。那时候，古尔冈超过一半的公寓里都住着从别的小镇搬来的人，他们都在我们行业做事。

"这些人想过不一样的生活。那时候，年轻人受电视节目影响，有了新的抱负，我们正是得益于此：忽然之间，年轻人开始想要工作，有自己的钱。在外包行业，大家能在年纪很轻的时候就实现财务独立，这完全改变了他们的生活，尤其是女性。对于年轻的单身人群来说，这里是印度第一个有热闹夜生活的地方。这里的夜生活很棒，和德里的很不一样，那里都是由官员和富人家庭主导的。但如果去古尔冈的派对，你会遇到更多聪明和谦逊的人。这里是未来开始的地方。"

在我们那个世纪之初，有一个年轻人来到了德里。这里有许许多多和他一样的人，所以他可能来自任何地方，但是他来自加尔各答。他的名字叫悉达多（Siddhartha）。

那时候印度大量中产阶级家庭的孩子在很多城市里晃荡失意，悉达多就是其中之一。他被家里呵护着长大，那几年曾经试着投身于贸易大潮，但失败了。他的个性非常适合收入丰厚的公务员铁饭碗，但那个年代很早之前就结束了。腼腆的个性和普通的成绩让他完全无缘进入企业高层，而那些人正是中产阶级成就的新代表形象。

"我们来的时候对德里一无所知，就带了一包衣服，住在一个很小的公寓里。公寓是我们一个朋友的，那里是穆斯林区，而我们是印度教徒，碰到任何出乎意料的事都吓得要命。那里的街道很脏，到处都是牛。我并不是找了工作而来，而是我们在加尔各答活得很累，觉得这里的前景可能会更好。在加尔各答，人们常说一个人在德里和孟买会发展得更好。对于中产阶级来说，德里比孟买更吸引人。上班族更喜欢德里，演员则更偏爱孟买。"

悉达多做出这个大胆的决定并不容易，但弟弟的经历鼓舞了他。弟弟仅仅是在外面闲逛，到各个店里去询问，就在一个星期里找到了工作。

"这就是我来这里的原因。但是要找到一份符合你期望的工作并不容易，之前我没意识到这点。那时候，我母亲是加尔各答一家服装店的助理，弟弟在德里的一个书店找到了工作。当时我觉得，如果我也在一家商店工作，我们全家就不会有任何出息，所以我想试着进入企业。我在报纸上看到一个广告招聘销售人员，就去面试。我坐着公交车，一路穿过德里，然后就彻底迷路了。最后我到的时候，满身是汗，当场就被拒绝了。其他所有来面试的人都是骑着摩托车来的，而且带着所有应该有的东西。我什么都没有。

"过了一段时间，我不知道该做什么，而且花光了积蓄。于是我去了欧贝罗伊酒店，那里在招门童，薪水是一晚上200卢比，从晚上11点一直干到第二天早上7点。

"第一天晚上，我到了那里，他们让我穿上制服。我穿了，但觉得非常别扭。干了三四个小时以后，我想，'这不是我'。于是我把制服脱下挂起来，凌晨3点离开了酒店，一路走了十五公里回到家。一路上，我都在想，我要怎么办。如果我的自我这样重要，我要如何生存下来？"

绝望中，悉达多有机会拜访了家里的一个熟人，在他的装修公司里获得了一份工作，工作内容是到各个工地上去检查油漆和木工的工作进度，工资是每月2500卢比。

悉达多讨厌这份工作，但工作很清闲，空下来的时间多到足够让他听说了一个以前从来没听过的词——"业务流程外包"。

"我理解的'外包'就是'呼叫中心'——我不知道公司还把很多除了客户服务以外的职能也外包出去。所以我想去呼叫中心工作。我英语说得很流利，但是去那些国际呼叫中心面试的时候，他们说，'你的口音太重了'。所以我就去印度客服中心，在塔塔公司（Tata Indicom）找了份工作。我上班的时间是从晚上11点到第二天早上8点，会有一辆巴士把我们送到呼叫中心。顾客们遇到了问题就会打电话来，比如他们的短信功能不好用了，他们的电话断了，等等，我们会帮他们解决。我主动申请晚班是因为白天的来电量太大了，而且如果我晚上上班，白天就有一整天的时间来找其他工作。有好几个月我几乎都没怎么见到弟弟，因为我回家的时候他正要出门上班，而他回家的时候我就要走了。

"上晚班很好玩。我们上晚班的都是男的，打电话来的顾客中一半是想要聊天的女性，大家会发展出固定的关系：慢慢地我们能认得出对方的声音，会把电话转给她们想要聊天的人。你会听到房间里有人大喊：'卡西克（Karthik），桑托希（Santoshi）女士要你打回去。''哦，对。今天是她生日，我答应过要打给她的。'这些电话不会很长，因为一切都在监控中。但是这些调情中有一些变成了真正的恋爱关系。

"晚班也有不好的地方，主要就是经理从来都见不到你，你就是一个人头数目。所有上白班的人都升职了,所以我决定要去面对面地见一下经理。在企业里,如果不要求,你就得不到想要的。

"一开始,他们让我过几天再来。我过几天再去的时候,他们说'我们不会给你升职的'。我说,'为什么?你们提出的要求我都满足了。'不知道那天怎么搞的,反正我非常坚持。最后他说:'你要么干要么走,总之没有升职。'所以我说:'那我不干了。'就走了出来。"

此刻我们正坐在悉达多的公寓里。他住的小区是德里开发局（Delhi Development Authority, DDA）造的,被叫作"DDA 公寓"。这种公寓的构思产生于 20 世纪 50 年代,以苏联集团的公寓复合建筑群为样板。新的 DDA 公寓小区遍布德里,其设计一直到 80 年代都几乎没有大的变化,但随着 DDA 的理想主义逐渐消失,后几年建造的建筑质量大大下降。早期的开发项目,比如我们现在所在的这座公寓,宁静的氛围和施工质量依然让人惊艳,但后期建的房子已然在颓败。

对于那些在 60 年代到 80 年代间搬到首都的中产家庭,也就是那些在德里新兴的大机构里工作的人,比如老师、医生和学者,DDA 公寓提供了家庭景观的完美典范。公寓有长长的黄色点画墙、一排排的信箱；院子里的草坪郁郁葱葱,上面开着花,还有小孩子的秋千；迷宫般的楼梯上经常标着批量刷上去的相同的数字,其中许多数字的油漆现在只剩了一半——这一切是许多德里人童年生活的背景。

一个周末的午后,我们坐在可以俯瞰花园的客厅窗户前。花园里,有个园丁正在给一排排盆栽植物浇水。悉达多的母亲在厨房里准备午餐,他弟弟在看板球。

"事后,我意识到自己犯了多么大一个错误。我又回到了起点,我不知道要怎么办。我不能回去说,'对不起,我不是这个意思。'所以我开始试着找另一份工作。工作真的很难找,我整天坐在家里,对在加尔各答的母亲撒谎,对她说我要去上班了,因为我还没把发生的事告诉她。"

最后,悉达多在报纸上看到一场招聘会,他一个人去了,获得了去古尔冈参加 GECIS 面试的机会。

"那时候我根本不知道要怎么去古尔冈。为了能在 9 点准时到,我早上 6 点就出发了。我得到了那份工作。我的当班时间是美国的白天,也就是说我从德里晚上 8 点开始工作,一直到早上 4 点,处理所有的保险理赔电话。

"我非常快乐,我是说所有人都兴高采烈、得意洋洋。我在外企工作了,拿的还是月薪。之前,我是外包员工,工资不是由塔塔公司而是它的服务商呼叫中心发的。所以面试的时候我问通用电气的一个问题就是:我的工资是不是由他们发?那就是一切的开始。

"我开始在 GECIS 工作后不久,通用电气就卖掉了它的股份,公司换了名字叫作简帕特。公司不再是通用的一部分,也可以为其他公司提供服务了。我开始在业务开发团队工作,接触诸如辉瑞、美联银行和吉百利这样的公司。由于我们已经为通用电气服务了很多年,很容易就说服了其他跨国企业把后端流程转到古尔冈处理。"

悉达多的机会来了。他管理简帕特为辉瑞公司提供的服务,获得了体面的收入。他的弟弟那时候也在一家呼叫中心工作,两个人每月一共能赚大约 1500 美元,他们把其中的一半存了起来。

"我的母亲辞掉了加尔各答的工作,搬来和我们一起住。之前,我们两个单身汉很多事情都是将就一下,但家里有女性了就不能这样。我们搬到一个更好的公寓。我会去欧洲和美国出差。后来,我进了巴克莱银行(Barclays Bank)。我们在加尔各答买了块地,造了一栋房子,搬了进去,就是现在这个地方。"

悉达多并非对自己的好运气没有概念。

"由于全球化,对中产阶层来说每件事都变了。加尔各答更早的一代人,也就是我还是少年时三十多岁的那代人,他们从来没找到过工作,大学毕业以后都成了私人家庭教师,那是他们能找到的唯一工作。偶尔有人在公司里找了份工作,从加尔各答搬走,大家都会把他们当作谈资——他们是特例。但现在,因为这个'外包'世界,找工作很容易。这样来说,年轻人的生活变得非常好。"

悉达多的妈妈叫我们去吃午饭。我们走到餐厅,桌上已经放好了三份餐具,是给我们三个男人的。他妈妈会先照顾我们吃饭,自己之后才吃。我们坐下来,面前放着米饭、鸡肉和扁豆汤。

"我跟他说,"他母亲一边往我们每个人的盘子里盛饭,堆得像小山一样,一边说,"该结婚了。现在我们过得很好,该想想找个老婆了。十年了,他们两个除了工作,其他什么事都没做,自己什么都还没有享受过。"

悉达多什么都没说。他等着他妈妈离开房间。

"很长一段时间我都没想过结婚,因为不希望任何人打扰我工作和存钱。现在我想结婚,但结不了。包办婚姻对我来说不可能,因为我不能和一个女性聊一小时就做出关乎一辈子的决定。而且所有和我同龄的女孩子都已经结婚了,更何况我不是那种很会和女孩子相处的人,不知道要怎样出去和年轻的女孩子聊天。

"现在二十多岁的那些人不知道真实的印度曾经是什么样的。他们生活浮夸,因为他们从来没见过现实,也从来没见过生活的艰辛。大家已经不再严肃地对待生活,因为他们知道找个工作很容易。我不喜欢和这代人讲话,我觉得和年纪更大的人讲话更愉快,他们经历过艰苦的日子,他们说的话更有意义。"

悉达多心里对这个为他提供物质基础的世界怀着巨大的矛盾情绪。对他来说,这个世界好像充满了道德威胁,他没结婚这件事只是他在工作之外维持的一般性的、近乎修道士般隐居的一部分。尽管在过去十年里,他把所有的精力都用于从新的商业机器中获取回报,但同时,他也一直渴望能把这个商业机器的社会和精神影响拒之门外。年轻的同事们组织了很多派对和郊游活动,他从不参加。

在首都待了十年的悉达多对这里文化的不信任一点都没有变。他希望有一天能回到加尔各答，再一次和那些有相同价值观的人生活在一起。

"在德里，我没有发现那些价值观。我绝不会和一个穿着露肩装来上班的女人结婚。一个女人不必暴露自己也可以非常有魅力。在加尔各答，你几乎很少看见女人穿着暴露。穿这样的衣服到底是为了什么？印度是有文化的国家，我们不是美国。印度有自己的文化，但是我们正在失去它。我们不再重视任何事。现在一切都来得太简单了，大家想的全都是花钱和找乐子。"

也许这就是在德里住了十年之后，悉达多和他的弟弟几乎没买什么贵重东西的理由。这间公寓空得引人注目。除了房主提供的基本家具以外，几把折椅、一个小电视机、一个空调几乎就是兄弟俩添置的所有东西。每个房间的墙上都有电子钟，除此之外什么都没有。他们母亲的房间里有一个小小的神龛和她过世丈夫的照片。衣服和个人物品锁在钢制的衣橱里。客厅角落有个嵌入式书架，上面只有很少几样东西，好像只为了显示这个客厅有多大多空。书架上有个埃菲尔铁塔的小模型，一套从来没从包装盒子里拿出来过的杯垫，上面画着巴黎的地标和大道，还有一尊象头神甘尼许的雕像，一盆塑料盆栽和五本孟加拉语小说。

一切都让人觉得他们好像一直都住在"暂时"里，不想要任何可能阻碍他们回归的东西——从这个没有文化的地方最终回归。

"印度得有一些从祖先那里继承的文化。拿这些酒吧来说，印度文化从来就不习惯这些。现在的年轻人去酒吧，而且还变成了他们的生活方式。所以如果以前他们一个月2万卢比就够花了，现在他们需要3万。不是说不应该去酒吧，而是你不能迷失自己，丢掉自己的文化。否则这就会变成一个狗咬狗的世界。"

最近悉达多在家里的安排下结婚了。参加他婚礼的时候，我想到，从某种意义上来说，很显然他保留了先辈的文化。悉达多其实是我的表亲，我们的祖父是同一个，很久之前就过世了。祖父几乎神经质一般地崇拜英语，以至于我们整个家庭的英语能力传承至今，且在很多年以后这种能力还帮助悉达多在德里的呼叫中心找到了工作。

四　离乡背井的波西米亚

> 第一次去德里的派对，我看到一对情侣在接吻。我问自己，**怎么会有人公开干这种事？**我很震惊，但又觉得不错。我明白了这里会有什么样的机会等着我。我将拥有打破陈规的青年时代和事业。
>
> —— 拉梅什（Ramesh）

企业的出现解除了封印，生活，尤其是年轻人的生活中注入了强大的新能量。1991年后，整个资本主义的基础都需要建设，每个行业都有激动人心的工作。作为印度新闻业的中心，德里成为报纸、杂志、电视台和广告公司爆发的主场。年轻人学的一些专业，比如英国文学或历史，以前被认为是没用的，但现在他们发现自己在管理公司可以得到高收入，于是他们非常努力地工作。他们很多人的父母在政府部门工作，每周工作时间不超过四十个小时，对自己的孩子晚上11点才从办公室回家，只是为了接不睡觉的老板的电话而感到困惑。这些家长也不能理解为什么孩子能不以为意地每年都跳槽，而且每次收入都会更高。他们成长中的信仰是：避险是最重要的准则，如果找了一个好工作就干一辈子。但这些年轻人似乎受到某种无法抗拒的吸引，就是要亵渎现状，好像只有依靠这样，才能得到资本主义的真正保佑。

很多年轻人在办公室待到很晚，不是因为必须，只是因为喜欢。这个年代，公司似乎常常能用一种家庭做不到的方式赋予人生命的活力，所以很多年轻人转而向公司寻求和工作完全无关的需求，包括（很简单的）一个逃避回家的地方。企业的使命是全新的、英雄主义般的，而且能提供看上去无畏而深刻的同僚关系。年轻人常常会说他们的父母或配偶不理解他们是谁，在做什么，有什么意义。在企业热潮兴起的最初几年，公司本身常常变成了家庭，年轻的主管们开始发展出一种做作的企业说辞，意在把自己同血亲的气质区分开来。他们有的不再是**声誉**，而是一个**品牌**。他们做得好的事叫**核心竞争力**。他们不再**思考**，而是进行**头脑风暴**。他们的 DNA 来自公司，他们试图越来越多地把公司的特质化为自己的。

人们通过这种来自公司的能量从全球资本主义的新制度里寻找目标感，而这种能量和过去理想的凋败有很大的关系。事实上，人们观察到受这种对企业的狂热影响最大的，正是那些之前最全心全意拥抱节俭、服务和国家思想的家庭。当原来的体系在20世纪70年代失去了遮掩的帷幕，许多那样的家庭最终感到失望，似乎帷幕下没有任何东西能拯救以权力和金钱为追求的挣扎，而且也不再能轻易地蔑视那些看重权和钱的人。许多失望的中产阶级从高尚的尼赫鲁愿景中醒来，后遗症之一就是怀疑理想典范本身。很多在20世纪80年代和90年代成年的人嘲笑上一辈对抽象概念的信仰，而自己则放心地投身于利益至上原则。这是一个新的现实原则，他们重塑自己，急切地集结在这个原则周围。

拉梅什的父亲在拉贾斯坦邦（Rajasthan）一个小镇的政府部门工作。拉梅什对童年那个保守狭隘的世界感到非常压抑，所以他离家去德里念 MBA 的时候怀着一种特殊而郑重的心情。之后他留在德里，在几家报社做行政工作，完全没有什么目的性。直到进入广告业工作的时候，他才好像被打了一针兴奋剂。

"我开始做广告的时候才发现了真正的自我。之前，我的工作朝十晚五，而且5点一到你就收东西回家，和家人坐在一起度过一整个晚上。做广告的时候，我凌晨1点才回家，有时候两三天都不回去。我在车里放着毛巾和牙刷。因为我的工作太刺激了。"

拉梅什看上去快乐得不得了，几乎到了荒唐的程度。我几乎从来没见过任何人能这样完全正面地看待世界。而他把这一切都归功于工作，他说起工作来好像在说一种关乎灵魂的学科。

"唯一有效的（工作）方法就是你把那些品牌当作生活，把它们当作自己。这就像佛教。它进入你的每个部分，也接管你的个人生活。我把自己负责的品牌解释给父母听，解释给妻子和朋友听。这些几乎是从我身体里涌出来的，因为我把这些品牌装在心里。"

拉梅什的妻子怀孕时，希望他俩能离开德里回老家。但他做不到。

"在那里我很受打扰，我找不到任何内心的平静。所以我说服妻子留在德里，否则我会憋屈死的。对她来说是很艰难，她希望我在身边，可我每天半夜才回家。她花了很长时间适应这种情况。我用类比法一点一点让她理解，就像是做广告活动。她怀孕的时候常常抱怨我的工作时间，我说，'你看，你身体里面有一个生命，我也有，而且是**每天都有**。我每天都能感觉到我的广告活动带来的痛，所以我了解你看见生命在自己体内成长的那种幸福。'然后她就理解了，现在她很为我做的事感到高兴。"

毫无疑问，拉梅什工作很努力，但他也有很多时间花在同事关系上。

"我们是个十二人的团队，而且非常亲密。我们互相支持，如果任何一个人在生活里遇到什么事，我们全体都会支持他。我们工作都很努力，就是我为人人，人人为我。工作中有好事发生的时候，我们会作为一个团队去喝酒庆祝。"

拉梅什这样的年轻人很快就转向两样世界性的企业资本主义毒药——咖啡因和酒精。

21世纪初最显眼的新消费设施或许就是连锁咖啡店了，因为购物中心建造的速度根本来不及消化那些四处找去处的年轻人。人们在咖啡店里谈论各种话题：家里的、办公室里的；到了周末，里面坐满了欢快聊天的人。和暗示着酒精和深夜活动的酒吧相比，咖啡店对保守家庭的年轻人来说是背弃家庭边界的一个相对无害的理由。家的边界，对于很多这样的保守家庭来说，代表着一种分隔线，线里面是健康和积极向上，外面是有毒腐化；而新的咖啡店交际给很多年轻人带来了一种不同的、甚至相反的感觉。像其他印度大都市一样，位于印度北部的德里在历史上和咖啡没有任何特别关系，却突然之间到处都是咖啡。每座商厦和办公楼都充斥着咖啡香，这种棕色的液体涌入缺乏睡眠的新一代人的血管里，他们往往和自己的美国同事一样，不是从一个杯子里"喝"咖啡，而是从一个密封的无臭容器里"吸"，仿佛依偎在资本主义的塑料胸脯里。

　　但下班以后，许多年轻人确实需要些更让人陶醉的东西。这十年里，对于酒精的犹疑烟消云散，尽管很多年轻人还是选择不告诉父母他们到底干什么去了。20世纪初，一帮年轻人一起在酒吧里公然喝酒仍然会感觉不自然，而且很奇怪——女孩子们坐在桌子一边，互相嬉笑，男孩子们努力让自己看上去不那么紧张，每人手里都拿着啤酒瓶，不太自在的样子。但这很快就过去了，新的工作和社交文化带来了自己的麻醉节奏。女性也开始直接跳过酒单上原本为她们准备的"无酒精鸡尾酒"。对很多人来说，无论男女，酒精成了帮助他们应对工作和家庭压力的必需品。那段时间酒吧遍地开花，每天晚上里面都坐满了上班族，这些在21世纪被再造的印度人正在大肆发泄。

　　在波西米亚圈子里，年轻人正经历着一场对既有价值观和社会结构更大规模的质疑。我到德里时，认识的大部分人十七八岁就离开父母独自生活，这在印度北部的中产家庭里并不常见。多数情况下，迈出这一步需要很大的勇气。即使过了好多年，这种做法还是不被接受：那些父母从来不去子女的公寓，那里的生活得不到认可，他们甚至常常不知道自己的孩子住在哪儿，和谁住在一起。而在自己的圈子里，父母觉得有义务为孩子不在家编造种种借口。只有结

四　离乡背井的波西米亚

婚能挽回这种情况，可这些年轻人似乎少有结婚的。他们中的许多人最初就是因为讨厌结婚压力而被迫离家。他们渴望做有创意的工作，往往很少获得父母的赞同和理解，而这样的渴望只是更广义抱负的一部分——他们渴望的是重塑生活本身。创造力即是全部，创造力不仅仅是生产出创意产品的职业才能，还是生活的指导原则，指向对伦理、情感和人际关系的大规模再想象。他们中的许多人在成长过程中见证了父母并不幸福的婚姻，有些人在家里见过虐待儿童和其他暴力行为，而这些暗地里的行为却不受责罚——一种普遍的看法是北印度社会的外在体面已经变得伪善，正崩溃瓦解。这些年轻人选择从事艺术工作，以藐视崇尚规避风险的家庭文化，并潜在地放弃了本可在1991年后的经济发展中凭自身天赋获得的物质回报。选择非传统的生活方式，背井离乡并将情感信念置于自己选择的新家庭——显然，他们试图尽可能少地复制上一代的社会风气。他们实践种种随性的浪漫关系，着手建立一个有同性恋的社会场景，探讨"友谊"并向这个问题注入丰富的想法。家庭才是一切，友谊只是暂时、投机的事件——有着如此观念背景的许多德里艺术家和知识分子寻求将友谊作为一种更绝对和原生的羁绊进行重新想象。

这些人中有些在德里长大，另外一些则不是。但是对他们所有人来说，那些年德里提供了轻松的赚钱机会和便宜的生活成本，这对任何地方的艺术家群体来说都是必要条件。能写作的人从全国甚至很多其他国家来到这里，在新的杂志社和报社工作赚钱，这样他们下班以后就可以做别的项目。艺术家们给迅速壮大的广告业做平面设计，以获得收入保障；做电影的在做电视新闻，那时候新的电视频道要填满二十四小时，却很缺哪怕只懂一点点怎么用摄像机的人。有些人为了支持自己的简朴生活和另类性取向，借用自己的创造力为城里的富人们操办奢靡的婚礼派对。德里一流的大学和研究机构是另一块吸引这些聪明年轻人的巨大磁石，也能为这些非主流人群提供合适的就业机会，其他能提供就业的还有首都的外国大使馆和文化中心。

20世纪90年代的生活开销很低。在城市最安静的区域，很多房子的屋顶上都建有小公寓留给家里的佣人。这种安排反映了早期富人家庭和家里员工之间的家长制关系。但现在情况变了，这种关系也变得越来越单纯。现在德里有很多农村来的移民，他们方便地住在离富人区很近的贫民窟，这样富人可以花很少的钱就获得需要的服务，而犯不着给佣人提供住宿或承担照顾他们整个家庭的责任。（富人们还常常要求拆掉自己附近的贫民窟；有时候，有些贫民窟真的被拆掉了，他们却又惊又气地发现家里的阿姨不来上班了。）作为替代，他们把这些留给佣人的公寓出租。这些顶楼公寓对一个家庭来说太小太不方便，但很多都带有梦幻般的阳台，是冬天在阳光里抽烟的最完美空间。那时候，这些公寓每个月的租金约五十美元，这个价格对于很多有技能的人来说很容易挣到，同时还能留下多余的时间给自己。所以，这些房子里住满了想要独立地过一种创意生活的年轻男女。

按照定义，这些人属于亚文化群体，并不能代表整个城市。这个群体能在德里壮大起来的部分原因，实际上是因为没人对他们有兴趣。这个中产阶级城市漠然、冷淡，只顾自己的文化，让那些过去一直生活在过度监视和议论中的人在其热衷于自己想法的飞地里发现了一种珍贵的自由——匿名。

但是这些人很多精力旺盛、天赋非凡。当名气和影响力与日俱增时，他们的举足轻重在这个城市的文化中显得不成比例。如其中一个杰出的艺术家所说，他们是德里的"杂种"，没有立场或传承，他们把自己的生活押在一种不同的未来上，而且确有很多人出人头地了。年轻一点的人尊敬并仰慕他们，因为他们为这座刻板城市的生活增添了一系列新感受和可能性，把荒瘠的官员和移民之城变成了21世纪印度的文化中心。

四　离乡背井的波西米亚

曼尼什·阿若拉（Manish Arora）*现在是一位成功的时尚设计师，但1991年来德里的时候，他并不知道自己想做什么。当时他一心想离开父母在孟买的房子，独自生活。

"在我们家，自己住并不是一件很平常的事。你会和父母一直住到结婚。哪怕表达一下我可能想去德里学习的想法都是件很大的事。"

"那性呢？"

"我从十三四岁起就有性经验。那不是个问题。我猜想来德里的话性会更容易。但这不是我来的理由。那时候我十七岁，在孟买学商业，我不太擅长学那个，过得并不开心。当时正好在报纸上看到这个学校的广告——国家时尚技术学院，然后我想，'为什么不申请呢？'我有表亲在德里，他们把申请表格寄给我，然后我来参加入学考试，根本没多想自己在做什么。我去了，发现有上千个申请人，他们都带了很多绘画工具，而我口袋里全部的东西就只是一支笔，我甚至不知道考试要七个小时。我记得中途休息的时候，我跑到一个公用电话打电话给母亲，告诉她我还活着。

"后来他们邀请我去德里面试，即使是那个时候我都没多想。我父母也没多想，他们觉得'这是他去找表兄弟们玩的借口'。甚至面试结束了，我都没有想过自己会被选上。但是当我回到孟买，已经有一封信在等我了，上面说我被录取了。那时候，学校只有一个校区，每年在整个印度只招三十名学生。我非常非常开心。但哪怕到了开学的时候，我都没怎么把学习当回事儿。第一个学期我没及格。但到了学制中间的时候，不知道发生了什么，我忽然觉得**找到了自己正确的位置**。然后，一切就开始了。"

从曼尼什设计的服装，就能看出它们出自一颗异常自由的心。这些衣服灵动而不拘一格——有一种马戏团的感觉，融合了孟买的媚俗和波普艺术，同时让你觉得乐趣无穷。但服装的剪裁、刺绣和

---

* 此为真名。——原注

缝制都如微缩画一般精致——曼尼什也是一个传统主义者，他对于悠久的印度技术的绝妙运用展示了他是多么深刻地吸收了这些技术的要点。这种自由和约束之间的平衡，在他身上激发出喷薄的生产力。除了自己的品牌"曼尼什·阿若拉"，他还设计了一个叫作"鱼苗"（Fish Fry）的运动服装品牌，由锐步生产，同时他还为其他公司做过数不清的一次性设计。

最近，他应邀到巴黎担任帕科·拉巴纳（Paco Rabanne）的创意总监，他的事业又更上了一层楼。这是法国时尚品牌第一次把创意控制权交给亚洲设计师。事实上，这个品牌选中曼尼什来复兴其衰落已久的时尚财富，不仅很能说明他的原创性，也说明了法国时尚和世界之间正在变化的关系。曼尼什现在在巴黎和德里两头生活。

"虽然说我父母现在在孟买，但他们其实来自旁遮普。他们的家庭都经历过分治。我父亲已经在孟买工作了四十年，但他们完全没有受到这个城市一点点的影响，他们仍然和旁遮普小镇上任何人的父母一样。我的母亲从未出过国。他们非常淳朴。

"我是独生子，对他们来说我的成功非常重要。现在他们不太介意我没结婚，所有结婚的事一下子都被忘掉了。这也是我必须保持事业顺利的一个原因，这样他们就会对我非常满意。但他们完全不知道我在做些什么，只是很开心看到我的照片登在报纸上。比如说，他们不知道我和帕科·拉巴纳一起工作，他们只知道儿子在巴黎工作，对他们来说这已经足够了。现在你懂了，他们就是这种类型的家长，他们甚至不知道帕科·拉巴纳是谁。这样很好，我也很开心。

"但我小时候有过很糟糕的经历。我父母关系不合，而在我们家根本不会有离婚这种事。就算现在，像我老家那样的地方也不会有人离婚，夫妻吵吵闹闹，但还是和对方一辈子生活在一起。当然，现在他们年纪都大了，所以没什么事了，但我的童年毁了。这也是我离开孟买的一个原因，因为还是孩子的时候我的心理就已失常。

我爱德里,因为它使我摆脱那段经历,给我自由,给我友谊,还给我独处的空间。"

曼尼什带着讽刺的意味笑了笑,来缓和这段严肃的对话。他是个小个子,我们互相看着对方的眼睛,他的长相让人有种说不上来的感觉——下巴略尖,收窄的地方有一簇山羊胡,眉毛挑得神气活现,眼睛深陷,隐约显得有点凶相。你会有一种感觉,他的自信来自于生命的某个时刻,他用了很大的自给自足的力量来度过一切。

"但我觉得今天我能说,那就是我努力做自己想做的事的原因。如果童年时代我的家庭一切顺利,或许现在我会成为一个最无聊的人。我可能就在做些蠢兮兮的生意,和一个女人结婚,掩盖自己是同性恋这件事。但是不,我想离开,而且我把今天的自己获得的很多荣誉归功于离开这件事。因为我在内心深处告诉自己,我想摆脱这一切,为自己感到骄傲。或许,我不太受父母关注这件事让我去寻求其他人的关注,也就是说,在你自己的领域做出成就,并获得赞赏。你可能就会像这样贪心。有时候,你努力工作仅仅是为了被欣赏。也许那就是我从来都对钱不感兴趣的原因。我对于生活的需要是:人们不断地告诉我,我在工作方面很厉害。并且我已经真正地获得了这种欣赏,而不是因为我在一个电影里演了个角色接着就一夜爆红。我猜这就是我的追求。因为我没能在孩童时代获得很多赞赏。

"我在德里另一段非常极端的经历是在我二十多岁的时候。有好几年,我完完全全地迷恋着一个人。为了他,我什么都可以做,简直到了疯狂的程度。那不是小打小闹,而是持续了五六年。朋友们说我瞎了、着魔了,但是事情就这么继续下去。很可怕。然后五年之后的一天,我不知道自己到底怎么了,忽然摆脱了出来,我想着以后的生活,说,'哇哦。现在……'你懂吗,那种时刻?你需要拯救自己。这些事逼我成功,并追求远远不止是金钱的东西。

"我并不需要很多钱。我没有孩子要养。只要能见到朋友我就很开心。我不是那种想要买豪车的人。典型的德里男人，无论直男还是同性恋，想要的都是开着豪车到酒店，停在门廊，然后在众人的注视下走出来，他们买保时捷就为了这一刻。也许我在法国待得太久了，我不在乎这些。在巴黎，你去一个著名艺术家的派对，最有钱的人和最穷的人都会有，都在同一个水平。没人关心这些。或者你很有钱，但还是骑着最老式的小型摩托车，因为你就喜欢它。这里不是这样。在这里，如果你有钱，即使不喜欢车，你还是会买，因为你就该买最好的车。我喜欢法国的那一面。他们不会只根据你有多少钱来评价你。而在这里，大家都是直接问你：'你做什么工作？'这经常是别人会问你的第一个问题。"

意料之中，曼尼什是个工作狂。

"我为工作而生。我相信这点，没有别的事能插得进来。我完全专注在工作上，这使我有机会涉入时尚的整体业务，而不只是设计。我有时间做所有的事。在巴黎，设计师是一个工作。这是个工作，就像律师也是个工作一样。在巴黎，我早上6点半起床，从8点半开始工作。我自己拿自己的服装，我带着好几箱衣服去坐地铁。你能想象这里的设计师自己拿服装吗？这里的设计师都觉得自己是大明星。他们忘了自己的工作是每一季做出更好的衣服。这是份工作，非常难的工作。即使你天天上报纸，你也不能忘记，你也不能像个明星一样。你看到报纸上有多少关于时尚设计师的报道吗？他们没别的更好的事可以做吗？

"印度的艺术气息还不浓。没人了解时尚。没人对自己有足够的了解，知道自己想要什么。现在的情况是大家有钱了，开始对品牌有了概念。你在德里遇见那些所谓的时尚达人或者时尚女神，他们手里拿着正确的产品，但他们什么都不知道。不像日本，即使那边的时尚历史并不长，但是人们了解时尚。在德里问一个拿着LV包的女生，她会告诉你这是应该背的包。而如果是问一个日本女生，她会告诉你LV的整个历史。

"但我在德里起步的时候,这些无知很有用。现在我在巴黎,我太觉得自己是在对的时间、对的地点起步的。那时我在德里给印度的著名设计师们当助理,每个人都很天真。我边干边学会了所有的东西,因为我什么都不懂。比如说(这很傻但这是真的),在我的衣服上《访问》(Interview)杂志之前,我从未看过这杂志。我没有被杂志吓倒是因为我从来没看过。我的天真烂漫对我很有利,因为我总是有太多要学的东西。如果是一个伦敦的设计师,他起步的时候已经了解所有的事了,对他来说就更难做出自己的东西,并且要一再证明自己。如果我是在伦敦的话,现在大概早就精疲力尽了。"

他拿出手提电脑,给我看他最新一场在巴黎的秀,这场秀做成了魔术的形式。他给我讲解怎么办秀,怎样构思一个能同时兼顾欧洲、美国、亚洲和中东买家的系列。他一上来就说,"我知道你不感兴趣,但是……"然后他就继续讲材料和质地,讲怎样缝,怎样在电脑上进行设计然后用激光剪裁。他还讲了他给Lady Gaga做的衣服。

"我希望父母能了解我做的事,但这是我和很多人之间都有的问题。因为经历的关系,我成长得太快了,没有人能理解这些。每天获得的知识让我的内心越来越丰富、越来越敏锐,让我能够处理所有的情况、应对各种各样的人。我给Nespresso设计了两百家店铺——想象一下和一家咖啡公司打了八个月交道。我也看过他们参与制造奔驰车。学到这么多东西太神奇了。我生活中的每一天都有惊喜。每一天。帕科·拉巴纳觉得我的热情难以置信。**我让他们惊喜**,因为在印度长大,你对什么情况都习惯了。你知道吗,没有什么事会成问题。我可以听十个人讲他们的观点,然后说服他们,最后还是做我想做的。两年前,我做不到这样。这来自和像Nespresso这样的品牌的合作。他们有各种限制、制度,能做什么不能做什么——这些都让我学会了圆滑处事,现在我什么都能搞定。

"我仍然对自己说:'天!我是帕科·拉巴纳的设计师!'我就

是这么觉得——为什么我不应该分享这种感觉？这感觉很棒的。能有这种感觉是很爽的一件事。没错，我是得像个婊子那样地工作。但是我准备好了。"

他的朋友在别的地方等他，已经给他打了一阵电话。

"我不再像以前那样爱德里了，"他说，"十年前，我真的很爱德里。或许那时候我不太知道周围都发生些什么事。但现在，你打开报纸，这里发生的事情太可怕了。我明天晚上就要飞回巴黎，我都迫不及待了。但是有一件事我要告诉你，现在这里的同性恋场所非常赞。整个星期，每天晚上都有派对，有时候会有成百上千的人去参加。我刚来德里的时候，没有这些。男同性恋唯一能发生关系的对象就是那些饥渴的出租车司机，因为他们把老婆留在老家的村子里没有带来。没有可以找到其他男同的渠道，能找到的只有那些性压抑的异性恋男人。男同会去康诺特广场的公园，那里有压抑的卡车司机等着别人给他们口活。现在要遇到同性恋就很容易了。没有其他的印度城市在这方面能和德里媲美，而且我会说，这里比很多西方城市都更好。我男朋友是博洛尼亚人，现在如果是要去同性恋派对或者同性恋酒吧，德里的选择比博洛尼亚更多。而且现在这是合法的，大家都更有自信。那些酒吧里会有一些年轻人其实是去不起那种地方的，但他们存下所有的钱就为了去那里，因为他们觉得自己有权利去。这太棒了。"

曼尼什准备走了，作为结束语，他告诉我，我穿得很糟糕，并且建议我从头到脚换个新形象。我有点受伤，因为来见这位时尚设计师之前，我还花心思打扮了一番。

我们结账的时候，我问他是不是找到了自己在寻求的那种欣赏。

"我在东京有个粉丝。我爱东京，那里的人和全世界其他地方的人都不一样。我的头号粉丝就来自东京。她太疯狂了，一点都不夸张地说，她连呼吸都是为了我。一知道我生病了，她就开始哭。无论我在哪里表演，在世界上任何一个地方，她都会从东京飞来，只待一天就为了看这场秀。去年她生日,我给了她一个惊喜,他们安排我特地飞去参加她的生日派对。她是一个真正的粉丝。如果全世界只有一个人爱我,那就是她。"

有一种说法,有的人只需要一个人爱他,有的人需要很多人的爱,还有的人需要被整个世界爱。但即使是最后那类人,似乎也只有拥有了某个人的单独关注,才看得到其他多数人的爱。[6]

五 时髦的私立医院

> 过去七个月来，两姐妹把自己关在诺伊达的住所，生活在一种非人道的环境里，于周二被当地警方救出。这对姐妹都四十多岁，据悉她们被紧急送往医院时，其中一人已因严重营养不良和脱水导致病情危重。
>
> 两姐妹都有博士学位，而且之前都事业有成。据说，她们的父亲是一名军官，一年前过世，她们因此陷入了严重的抑郁。她们还有一个久未联系的兄弟，独居在德里。据报道，在过去四年里，他和他的家人都没有和她们联络过。据说两姐妹家里的一只宠物狗几个月前去世了，这也因此加重了她们的抑郁。此外，她们的母亲也在更早之前就去世了。
>
> 医院的一位医生说："这对姐妹被送来的时候极度消瘦。姐姐没有意识，体内和口腔都在流血。妹妹对时间和空间都严重丧失了辨知力。"
>
> ——新闻，2011 年 4 月[7]

在全球市场的老牌中心里，观察家们觉得他们完全了解遥远印度的发展意味着什么。科技公司、咖啡店、下班后一起喝酒的男男女女、非主流的生活方式——美国人一眼就认出来，这些都是美国的东西。熟悉印度的出版物，如《纽约时报》，通过卡布奇诺咖啡饮品的盛行，向读者"解释"这个正在崛起的亚洲巨人是什么样的：卡布奇诺越来越流行，这个国家正以飞快的速度变得越来越像美国。

有一篇报道的标题是"印度是如何变成美国的"[8]，文章里这样写道：

> 最近，星巴克和亚马逊都宣布将进入印度市场……如一家印度报纸所写，这将是"全球化的最终标志"。对我来说，尽管这两家公司的到来不仅象征着美国的消费主义，也象征着美国西海岸科技文化已经渗透进印度自身蓬勃发展的科技行业之中，它们的到来其实标志着一件更加不同寻常的事，即印度超凡的美国化进程的最新篇章。

2000年3月，印美两国间的冷战猜忌归于平息。彼时，比尔·克林顿（Bill Clinton）访问印度，这是自1978年来美国总统第一次对印度进行国事访问。访问正值纳斯达克科技股一派繁荣的巅峰之时，克林顿迅速认可了印度人对于美国资本主义这个非凡时期的贡献。他说："现在，仅仅在硅谷，印度裔美国人负责运营的公司就超过七百五十家。"他还特别提到并赞赏了印度的科技教父们，其中包括维诺德·科斯拉（Vinod Khosla），他从德里的印度理工学院毕业后就去了斯坦福，然后和别人共同创立了Sun Microsystems*；还有维诺德·达姆（Vinod Dham），之前就读于德里工程学院，后来移民美国，是英特尔奔腾芯片背后的开发主力。但是这位总统又补充说："印度正从人才流失转向人才回流，因为很多人正在回国发展。"他引用成功公司的例子比如印孚瑟斯，认为印度"正在飞速成为计算机软件世界超级大国之一，这证明了在一个全球化的世界里，发展中国家不仅能成功，还能领先"。[9]

克林顿的祝福不像是来自一个冷淡的置身事外的超级大国，更像是来自一个情绪激动的老大哥。毕竟，美国和印度的DNA有很

---

* 原中文名为"太阳计算机系统有限公司"，现已被甲骨文公司收购。——译注

多相似之处,美国也是从英国赢得独立(虽然比印度早一百七十年);而且事实上现在两国间非常紧密的商业联系也部分源于这段殖民历史留下的共同语言。两个国家都是民主国家,都极度多元化,其统一都基于一部自由宪法,而且两个国家似乎都同样表现出对自由企业的先天倾向。在一份声明中(可以被看作是对这种不可或缺的兄弟情的宣言),克林顿总结道:"我们未来的很大一部分取决于我们是否和印度建立了正确的合作关系。"

这是一个印度理论家将在接下来的十年里精心发展的主题。随着中国的崛起,以及和伊斯兰的战争使美国涉入印度邻国巴基斯坦和阿富汗的事务,印度的精英们热忱地为自己的国家和这个超级大国间的"天然"伙伴关系做出证明。"在政治实验的规模和雄心方面,只有我们是能够和美国相提并论的。"印度历史学家拉马钱德拉·古哈(Ramachandra Guha)对《时代》杂志如是说。[10]当然,这个论点可能完全服务于自私的目的,其最引人关注的结果——2008年的印美核协议就是一个证明。由于印度拒绝签署《不扩散核武器条约》,印美核协议实际上与美国现行法律是相冲突的,但在那段亚洲局势动荡的日子里,印度很有技巧地把游说的基础建立在印度的利益即是美国自身利益的前提上。"核协定被印度视作对其大国地位的认可",《新闻周刊》的专栏作家、著名的印美关系促进者法里德·扎卡瑞亚(Fareed Zakaria)如是说,而且即使协定打破了全球核平衡,也不需要因此焦虑,因为"印度的目标和美国是完全一致的"。[11]

随着美国的全球优势受到越来越多方位的挑战,美国也发现把印度想象成"美国第二"能有所安慰。如果全球力量的中心要转移到亚洲,如果美国的霸权将要衰落,也许印度能保证美国的价值观可以继续盛行。未来,管理世界的经理人可能看起来有所不同,但他们的内在是完全一样的。换句话说,将来的世界不会有不愉快的惊喜,将来的世界会和现在一模一样。

但美国报纸田园牧歌式地描写商场里的情侣，还有企业高管喝着波旁威士忌听着爵士乐，这些描写的重点似乎对于真正身处印度转型中的人来说，完全是外国人的视角。"全球化"不是同质化，更不是美国化。事实上，印度是一个远比美国贫穷的国家，它和西方资本主义的关系充满了和历史相关的矛盾情绪，美国品牌的出现不会对这一事实有任何改变，而且现在印度正在萌发的东西是从来没有在美国出现过的。那些在商场里喝咖啡的印度人获得的满足感和地球另一边在商场里喝咖啡的人的满足感，是非常不同的。商场只是印度割裂景观的一部分，这种割裂既是外在的，也是内在的。因为商场里面的世界和它墙外的世界没有连续性。顾客们走出商场，等着他们的是小贩、棚户区和堵塞的交通。此外，商场本身就是作为贪婪的经济洪流的一部分出现的。这条洪流把一切搅得天翻地覆，摧毁了人性和神性，把各种东西和能量搞得散乱不堪，在一片残垣断壁中放下了舶来品和外来仪式。全球资本主义也许在其古老的中心地带显得宁静而文明，但这与它在某个新的地方突然壮大的感觉是不同的。这就是为什么这个体系没能在其边缘造就出平和温良的公民——西方人往往假设这是全球资本主义内在的一部分。

对于印度正在崛起的中产阶级来说，简单生硬的唯物主义叙事认为他们现在的收入已经是二十年前的很多倍，他们的快乐也一定会增加很多倍。但很多把生活里的快乐夺走的东西也在那段时间里相应膨胀，实际上，很多人在精神层面并没有任何获益。人们确实能愉快自由地赚钱和花钱，但相应的保障却很少——如果发生了什么坏事，只能自己应对。从新的自由市场获益的中产阶级往往太晚才意识到，尽管收入可能很高，但在很多方面他们的生活比社会中最穷的人都更脆弱。

我把车停在德里一家新商业医院的停车场，然后朝医院大楼走去。在大楼前，我被吓到了。在大门口有一个已经死去的妇女，脸

五　时髦的私立医院

朝下躺在担架上。门被她堵住了,我只能绕过她进去。她身材敦实,是个中年人。我在候诊室坐下,等着见几个人。他们还没来,我透过玻璃看着担架,一直很担心,于是决定出去看看情况。

站在死者旁边的是一个年轻男人——她的儿子。

"她在医院住了三个星期。他们让她出院后,我们就把她带回家了,但她的病情恶化,今天早上过世了。我们不知道要怎么办,就把她带到这里来了。"

他一直在哭。他摆弄她身上盖着的围巾,帮她把脸遮起来。

"我们要了一个担架把她从车里抬了出来,但我们要把她抬进去的时候他们不让。他们说她已经和医院没关系了。所以我们不知道要怎么办。"

我们两个都为她担心,因为她正躺在早晨炙热的太阳下。

一辆车在入口前停了下来,下来了一个人,是这个男人的兄弟。他下了车,两人一起把母亲从担架上抬起,试着把她放进车子的后座。她块头很大,这辆车却很小。这两个苦恼的男人没办法弯曲她的腿,他们不能硬把她塞进去。这真是一个让人难以承受的场面。

就在这时,他们家另一个亲戚开车过来了。他匆忙拥抱了这两个男人,然后思考着眼前的场面,感到非常愤怒!他冲进医院,接着和医院的两名工作人员一起出来。他们大吵起来,期间医院的代表一再重复:"她不是医院的病人。我们没办法为她负责。"

"他们的母亲刚刚去世了!"那个亲戚大喊着。"他们需要你的帮助!你要他们怎么搬得动她?"

围观的人越来越多,形势变得对医院工作人员很不利,他们只好认输让步。几分钟后,开来了一辆救护车,死去的女人被装了进去,一小群人离开前往火葬场。人群散了,我继续回到候诊室坐着。

房间里人很多,就像全世界很多这样的候诊室一样,这里有精良的设备,但挂着很糟糕的画。入口的地方有一幅标语(每个印度医院都有这条标语),告诉病人"产前胎儿性别检测"是违法的。

尽管并不是完全管用,但这是反对妇女堕胎的一项重要措施。由于这里是一家私立医院,所以房间里还有各种各样有用的企业风格的东西,比如有一个意见箱,还有一个信息咨询台,上面放着一个友好的标志写着"我能为您效劳吗?",有个显示屏上滚动着能在这里购买的医疗服务。海报上的广告有关于激光矫正视力的,还有各种对疤痕、妊娠纹和皱纹的治疗;海报上的照片里是快乐健康的家庭,就像许许多多当代印度广告那样,是个白人家庭。

像这样的私立医院在印度是一个很显眼的新事物。一直到20世纪80年代,所有的医院都由国家运营。印度的医疗普惠做得非常好,而且还有好几家优秀的公立医院,比如德里的全印医学科学学院(All-India Institute of Medical Sciences,简称AIIMS)。这家医院由尼赫鲁于20世纪50年代建立,作为国家的旗舰研究机构,在全世界以极高的医疗水平闻名。这些相对较老的机构仍然为大部分人提供医疗服务,但就是因为这个原因,他们无法提供中产阶级从医疗主题的美剧里所了解和熟悉的尖端医疗仪器。为了获得这种"一流的"医疗服务,富人们转向新的私立医院,这些医院几乎都由那些商界的亿万富翁家庭所有。这些家庭都是权力根深蒂固的精英阶层,在政府有关系,能够获得在城市建造不动产的必要土地。三个这样的医疗大亨住在德里,而且属于同一个旁遮普家庭。这个家庭就像德里大多数最富有的商人家庭一样,因为分治而变成难民来到德里。他们同时拥有金融公司、保险公司、临床研究公司、电影制作公司和航空公司,还有数以百计的医院,不仅仅是在印度,而是在全世界。在印度,这些私立医院为印度的中产阶级创造了焕然一新的医疗健康体验——时髦、设备齐全,当然价格也很昂贵。不仅如此,这些医院还通过巡诊和远程医疗,成为全球医疗健康市场上的先锋。

候诊室里挤满了人,到处都能看见虚弱的登革热病人,身旁陪着一脸焦急的家人。现在雨季刚刚过去,正是蚊虫高峰期。我对面是一位坐在轮椅上的老人，他的太太正拿着手机打电话，儿子轻抚着他的手，在耳边安慰他。我旁边是三个澳大利亚妇女，穿着印度服装，脚上的脚环叮当作响。她们在争论应该什么时候到机场。

有个样子很显眼的女人从前门进来，向我招手。她穿着一件纱丽，戴着很大的眼镜。我只在一个派对上见过她一次，她叫阿尔蒂（Aarti）。她带着两个年轻人走过来，大声地为我介绍：

"这是阿米特（Amit），我和你说过的，"她说，"这是他的表妹希巴尼（Shibani）。"

我们互相问好。希巴尼礼貌地微笑，阿米特好像不太自在。我提议一起去医院的咖啡店，于是我们就往那个方向走。我们经过所有等在门诊室外面的人时，阿尔蒂一直和我聊天。我看到一个穿着长袍的阿拉伯家庭，心想总是在医院里才会让人意识到，这座城市里住着多少外国人。我们去了一间知名的连锁咖啡店，弥漫着和其他分店一样恶心的味道——这是麦芬的味道，他们会用微波炉把它加热到发烫，然后配上刀叉端来。

电视静音了，放着MTV台。每个人都点了卡布奇诺。

"你们都是在这个医院认识的，对吗？"一边问，我们一边坐下。

"我们是在重症监护病房认识的，"阿尔蒂说，"那时候我们天天都在那里，分享彼此的故事。"

我觉得她快六十岁了。她是德里有钱的旁遮普精英，说话声音很大，而且很自信。和她相比，阿米特讲话的声音就和老鼠一样。

"我从来没想过自己会再到这里来。"他说。

我问他，他的母亲怎么了，他让表妹来回答。

"他母亲去世以后，他受了很大的打击，"她说，"好几个月不能工作。现在他工作很努力，因为他不想再待在家里了。"

她开始讲述细节。几年前，阿米特四十四岁的母亲开始觉得吞咽困难，他就带她去了德里一家大型私立医院。他们在那里的两个月做了各种检查，还是查不出问题。医生建议带她去看全印医学科学学院的专家,但那里没有病房了,而且专科医生也没有时间,因为一半的专科医生都辞职去一家私立医院了(也就是我们现在坐着的这家)。有一位专科医生让阿米特来这家医院挂他的号,阿米特照做了。医生花了三天时间做各种检查,做出诊断说他母亲得的是多发性肌炎,一种肌肉炎症疾病。

希巴尼和阿米特大约二十四五岁。希巴尼安静严肃,穿着修身的"莎瓦尔克米兹"(salwar kameez)*。阿米特穿着衬衫和牛仔裤。希巴尼说话的时候,他默默地给我看手机上一张他母亲的照片。照片上的女子穿着纱丽,胖胖的,在微笑。

"那是她生病之前,"希巴尼继续之前的故事,"医生马上告诉我们他要给她做注射,要花40万卢比。阿米特没那么多钱,所以他给他叔叔打电话,问能不能借钱。医生告诉我们注射这种药物能恢复他母亲的肌肉,除此之外没有别的办法,所以我们只能同意了。"

他建议的是静脉免疫球蛋白注射,这种注射有助于多发性肌炎的恢复,但医学界对其原理所知不多,而且很少在使用类固醇药物之前就做这种治疗。注射后,医生让阿米特的母亲回家,并告诉阿米特和希巴尼通过鼻胃管喂她蛋白粉。但回到家以后,她的肺里都是唾液,既咽不下去也咳不出来。他们害怕她会噎死,半夜马上把她送回医院。医生给她戴了氧气面罩,并且诊断是肺炎。第二天,更多化验表明她的肾脏也感染了。她马上被转到重症监护病房。

"那个医生一直很镇定。他说:'我知道会出现这种情况。但如果我告诉你们这些免疫球蛋白的所有副作用,你们就不会做了。'"

他给阿米特的母亲做肾脏透析治疗。最后她手臂上一根临时的

---

* 印度传统的三件式的日常服装。上衣"克米兹"(kameez)是及膝的宽松长衫,下身"莎瓦尔"(salwar)是上宽下窄的裤子,另配一条披巾。因源自旁遮普一带,故也称为"旁遮普服"。

管子被胸腔一根永久性的管子代替。然后医生开始处理她呼吸系统里的唾液。他又给她注射了一剂免疫球蛋白,增强她肺部的免疫功能,然后切开气管把唾液从气管里吸出来。

"他们说只需要治疗十五天,"希巴尼说,"但是十五天以后,他们说她需要装一根永久性的管子,现在只是临时性的。永久性的还要再出 7.5 万卢比。

"我们花了很多钱。重症病房每天收费是 1.6 万卢比,氧气和透析每天 4.5 万卢比。每天晚上,阿米特只能去德里所有亲戚家借钱。有亲戚把准备用来结婚的钱都借给我们了。

"你不知道该怎么办。当那个抚养你长大的亲人躺在病床上,你会非常激动,没办法思考。他们就是这么得逞的。

"一连好几个星期,他们每天都说,'你母亲正在好转。'我们就会燃起希望。然后他们又说,'她没有好转。'"

我们几个很安静。希巴尼的声音很软,我们都围着凑近听她说。阿米特一边看着喝了一半的咖啡一边听,阿尔蒂则注视着外面这个炎热的清晨和修剪过的花园。

"同时她的血小板水平降到了很危险的程度。唾液还没有控制住,所以她都不能再说话了,更不用说自己吃东西。医生建议用另一种药,要 17 万卢比,号称能恢复她的身体系统,控制唾液分泌。但结果还是没用。医生说,'当然没用。所有的药都被透析冲走了。'

"那里像地狱一样。重症病房里病人的死亡率非常高,时时刻刻都很慌乱,没人照顾阿米特的母亲。医生从不去看她,他们和病人之间没有任何联系。我们不能进去看她,他们从来不告诉我们任何事,只会说'她需要用更多药'。我们除了付账单以外,什么都做不了。每天晚上,我们会收到白天的账单,然后用从亲戚那里借来的现金付清。你去会计部的时候,能看到大把大把 1000 和 500 卢比的钞票被送去银行。"

阿尔蒂一脸挖苦地大笑起来。希巴尼继续说,"我们要求带她离开重症病房,那里太贵了,所以他们就把她安排进普通病房,我们总算可以和她在一起。但她的情况非常差,得了褥疮。她一直在哭,说的话只有一句,'带我走!'

"我们问医生要怎么办。他们说,'她不吃东西,我们要在她胃上开一个洞,这样就能喂她了。'就在我们和医生讨论的时候,一个护士进来,告诉我们阿米特的妈妈走了。"

希巴尼回忆这段的时候,阿米特泪如泉涌。

她说:"然后你知道那个医生说什么吗?他说,'也许如果我们把她送回重症病房,给她用呼吸机,她就会活过来。我们可以试试。'然后我说,'有个条件,我要一直在她旁边看着。'医生说,'家人是不能进重症病房的。'于是我们说,'那我们不做了。'医生说,'没问题,如果你们不希望你们的母亲活过来……我是说她有 1% 的希望可以活过来。你们是什么人,能决定她不应该活下来?但是如果你们没钱了……'

"但我们不干了。一切都结束了。我们这么告诉医生,他就走了。

"我们进去看阿米特的母亲,马上有人来收剩下的治疗费。他们隔着她的尸体对我们说,'你还有 20 万卢比没有付,请先付清。'没有表现出一点尊重,他们在她的尸体前就这样说。在印度,我们尊重死者。你知道吗,他们很无礼。"

阿米特插进来说:"火葬我母亲的时候,祭司告诉我们,她的骨头都变成粉末了。"

随着这些回忆的涌现,希巴尼开始变得非常愤怒。

"人们无缘无故地死去,"她说,"至少我们还有点钱。我们遇到过有些人保险金用完了就被赶出医院,医生连刀口都懒得给他们缝上。当然,一点钱都没有的人连一点机会也没有。"

"这些医院完全就是腐败,"阿尔蒂说,"病人只是他们获取利润的工具,除此之外什么都不是。任何诊断不了的病,他们都说是癌症，因为这样就可以给你用最贵的药。人性正在从这个崇尚宗教和灵性的国家消逝。现在这里行善少，作恶多。"

"你丈夫怎么了？"我问她。

"他也是在这里去世的，在阿米特母亲去世之前。他是一个很好的人。我们在一起生活了四十三年，非常美好。现在很少有人能这么说了。我嫁给了一个一直都为我着想，而且照顾着我的男人。"

我意识到阿尔蒂的年纪肯定比她看上去的要大。

"他的家族很有名望。他家有著名的记者和学者，还有电影明星。他事业很成功，我们也进入了很好的社交圈，德里的权贵我都认识。"

阿尔蒂得花一分钟来讲清楚自己的阶级地位。她的故事格外有分量，因为她是有来头的人。

"我家这边也很有名望，"她说，"我外公和祖父都是有爵位的。祖父来自贾郎达尔（Jalandhar），后来成了国家铁路的首席工程师，被封为爵士，还获得了大英帝国官员勋章。他们家族在德里很有名，以前和英迪拉·甘地（Indira Gandhi）*很熟。我母亲的家庭来自拉合尔，1974 年他们失去了一切，随后搬到了德里。我外公在商界非常成功，在使馆区买了一栋很气派的房子。"

她太德里了。我都快疯了。

"我丈夫从来没生过病。他身高约一米八五，很魁梧。他从来不戴眼镜，这辈子没看过牙医，所有牙齿都是自己的，没一颗义齿。他打羽毛球，七十岁的时候，连三十五岁的年轻人都经常不是他的对手。他从来不午睡。我们结婚的四十三年里，除了几次感冒，还有一次严重受伤，我不记得他生过什么病。

"2009 年 10 月，所有的事都乱套了。11 月 4 日，他开始住院，第二年的 2 月 5 日，他就走了。

---

* 尼赫鲁的女儿，1966 年成为印度史上首位女总理。

"到底他是什么问题,一直都没弄清楚。我把他的报告给很多医生看过。一开始说是病毒性发烧,后来他变得很虚弱,又持续了一段时间的低热。我们做了很多检查。他们让我们去看内分泌科,医生开了很贵的药。他吃了药以后一开始是出冷汗,然后就中风了。

"你看,他这辈子从来没吃过什么药。以前如果一定要吃阿司匹林,他会切一半吃。他不能吃那么多药。他们开始往他身体里注射抗生素,一天四次,就因为每次要5000卢比。我说,'你们在干什么?你们只知道用药赚钱,但是我爱他,我能看到这些东西在他身上起什么作用。'

"他们没做诊断就开始化疗!他们根本不知道他到底怎么了。医生们都很有名,我觉得他们说什么我就得做什么。但是每次听他们的话,我丈夫的情况就更差了。只有我不听他们的时候,他才好一点。

"我把他从那家医院接出来,去了另一家医院。我把他所有的报告都带过去了,但他们仍想把每个指标都重测一遍,绝对是很夸张的过度化验。他们说想给他做淋巴结活检,结果因为用了太多药,他的淋巴肿起来了。这个检查应该就是在局部麻醉下进行的简单操作。

"做那个检查的前一天晚上,我睡在病房里。中间我忽然醒了,病房里很暗,肯定已经是凌晨1点了,我看到房间里站了一个很美的护士。如果你看见她,你会说,'多美的一个女人!'我睁开眼睛,看见这个美丽至极的女人站在我丈夫床边。她拿了一张表格给他签字,让他同意医院用全身麻醉做一个贵得多的检查。你能想象吗?我丈夫因为那些药几乎都神经错乱了,他难道能在半夜醒过来看见房间里这位天使并在一张纸上签字?我让她走,我对她说医生不是这样说的。第二天早上,我就带着我丈夫离开那家医院了。"

印度医疗体系阴险地结合了价格高昂和信息透明度低的特点,导致病人们极度恐慌,这只会让事情变得更糟。病人们会去看二十个医生,因为他们哪个都不值得信任。于是他们中断治疗,更换医院,结果就是无法获得持续的治疗。

"我们去了另一家医院,我丈夫开始好转。他们开的药少一些。我们来这里之前,他的血小板降到了每微升四万五,正常值应该高于十五万,但是他的血小板又开始上升了。过了几天,他可以出院了,可他们想从他身上赚更多钱,于是就在验血结果上造假。

"他已经准备要出院了,他在戴围巾。他讨厌在医院里,很高兴可以走了。往常,验血结果会自动显示在房间的显示器上,那天早上却没有。他已经穿好外套,化验结果出来之前我们不能走。没理由担心——在那家医院,他的血小板已经从四万五升到了九万。

"我去问结果为什么没出来,没人能回答我。医生说:'我来给化验室打电话。'他看着我,完全没有听电话那头在讲什么,然后就告诉我,我丈夫的血小板降到四万三了,他需要紧急输血。

"我一下子就慌了。如果他的血小板在十小时里降了那么多,那接下来还会降多少?如果回家的话,他肯定会昏迷的。'对不起亲爱的,'我说,'但你要输血。'我很慌乱,完全没想到可能有任何不对劲的地方。我得马上找一个献血的人。我侄子从古尔冈赶过来献血小板。他太贴心了,尽全力赶过来。知道要献五升血的时候,他脸都白了,但他还是献了。现在他就像我的第三个儿子,我永远不会忘记他做的这件事。

"到了晚上,所有献血的准备工作都做好了。开始前,他们按照流程又验了一次血。这次我坚持要看结果,结果我丈夫的血小板是九万。也就是说,从一开始他的血小板就没有降过!那天早上他们不给我们看化验结果,这样他们就能卖掉一次要5万卢比的输血疗程。

"整个过程中有一个在德克萨斯的锡克教医生一直在监控我们的情况。他是一个癌症专家,给我的一个朋友看过病。他是唯一一个真正把我送去的报告放在心上的医生。每天晚上,他会自己花钱给我们打电话,询问情况。他的声音非常善良。他知道会发生什么,而且给我建议。他说:'他可能会开始肺部积液,你们要当心一点。'于是我告诉这里的医生们,但他们一点也不在意我们说的,这群混蛋——后来他的肺部就积液了。德克萨斯的医生告诉我一定不能给他用类固醇药物,但这家医院给他用了很多,造成他整个生理系统衰竭。

"是这家医院杀了他。他们太喜欢乱开药了,就这么杀了他。之前,他已经开始好转。他来这里的重症病房之后,这个病房(也就是我认识阿米特和希巴尼的地方)了结了他。我就离开了几分钟,回来的时候他浑身都是管子。他大声呻吟,喘得很厉害,脖子两边都有烧伤的痕迹,这些我从来都没得到过解释。我把他从重症病房带出去,我说他会死在我的怀里,而不是在这些盯着他的陌生面孔前。他们给他做中心静脉置管,因为他们没有耐心处理输液造成的水肿。我查了病历,发现管子放进去两分钟后,他的心脏就停止跳动了。

"他走了以后我自己展开调查。开始的时候,每次只能做一点,因为会痛苦得要崩溃,但现在我开始更加严肃地做这件事,我研究每样东西。知识是从来不会被浪费掉的。钱会被浪费,派对狂欢会被浪费,但知识从来不会。

"二十年前,我丈夫的姐姐说服他们的父亲签字把家里的房子过户给她,这样她不用我丈夫同意就能把房子卖给开发商。当时我就进入了战备状态。那时候我自己的生意经营得很好,但我把工作都放在一边,投入到这场法律纠纷中。我丈夫没办法做这件事,看到姐姐和父亲背叛他,他已经准备放弃。整整两年,我别的事都没做。我看教科书,自学法律,学会了整个体系是怎么运作的,学会了从法官和律师的关系入手。我自己打了那场官司,对方是一大帮建筑商和地产商,但是不到两年我就赢了。那段时间,我把他们每个人的生活都弄得一团糟,最后他们一起求我放过他们。没人相信这种官司能在两年内结束,一般都需要二十年。没人相信我拿得出那些很久以前在旧德里就已遗失的产权文件。

"那时候我学会了法律，现在我也能学会医学的。我自己的官司之后，我已经帮助了至少二十个人打官司，一旦弄清楚我丈夫的事以后，我会帮助更多的人。我渴求知识，崇拜知识。对我来说，只要能回答困扰我的问题，不管是谁，他都是一个优秀的人。

"我们没有医疗保险，所有的费用都是我们自己出的。医院想让他用一个月呼吸机，这样他们就能收费300万卢比。他们还想让他做透析，因为他们有一个新的透析机——但他的肾完全没有任何问题。

"可怕的事情一直都在发生。我遇到一个妇女，她来看心脏病。由于做了各种化验测试，她的两条手臂从手腕到肩都发青。一个心脏病人需要做多少化验？但你不能问这种问题，法律上医生完全可以不回答。他们让你在每个阶段签各种表格，好让自己免责。他们经常给你开些奇贵无比的特效药或者其他什么万能药，你花了四五百万卢比倾尽所有之后，他们交给你一个死人，让你滚出去。"

我们的咖啡凉了。

希巴尼和阿米特在一旁点头。这对表兄妹的默契里有些特别的东西很引人注意。希巴尼外表很温顺，给人感觉很有力量，印象深刻。

"你们已经为母亲、为阿姨做了一切能做的，"我对他们说，"这些对她来说一定很有意义。"

希巴尼看了阿米特一眼。

"实际上我们不是表兄妹，"她说，"我们在恋爱。但因为还没结婚，没人觉得我在阿米特母亲的事情上能扮演合法角色，所以我们说自己是表亲。一开始那些医生和我说，'她不是你妈，你们也没结婚，所以你是什么人要这样照顾她？'但是我得照顾阿米特的妈妈，因为他要工作。"

听到他们故事里这个突如其来的转折，阿尔蒂很惊讶，但她没说什么。背后咖啡研磨机轰鸣了几秒钟。我们的对话沉默了，大家都耐心地等着，没人愿意先开口。

阿尔蒂说：" 我丈夫以前跳探戈、跳华尔兹，还是个运动员。他是一个非常健壮的人，热爱生活。刚开始生病的时候，他对我说，'如果我的腿没有了，我就不想再活了。'我对他说，'我会照顾你的，我们一起过了四十三年的健康生活，如果现在我们其中一个生病了又有什么关系？我们还能在一起过很多年，我会放下一切来照顾你。'

"我们那样过了三个月，我从来不留他单独一个人。我从来不让他们把他的病床停在走廊里，他们经常那样做。我说，'他不会睡在床上在走廊里排队，让每个人都能盯着他看的。他会待在自己的房间里，医生准备好了才会下来。'

"但最后，当我在这里的重症病房看到他浑身都是管子时，我的精神垮了。我说：'走吧，走吧，亲爱的，不要再多留在这个世界了。这不是你要的生活。'我把他带回自己的房间，放着我们锡克教优美的传统祷告音乐，整晚为他按摩头部。他很安详，没有喃喃自语也没吵闹，他只是静静地走了。我一整晚都在他旁边，但那个时候他还没走。他知道，如果他走的话，就只剩我一个人了。他一直等到第二天下午，所有的人都来了，围着我们的时候，他知道可以把我交给这些爱我的人。甚至连死亡他都那么周到。

"我给了他一个美好的离去。所有这一切里，这是我唯一满意的一件事。"

阿尔蒂说这些的时候态度非常实事求是。没有外露的情绪，除了（也许）某种热忱，因为她是一个在逆境中反而被激起能量的女人。

"这四十三年里，"她说，"每年情人节他都送我玫瑰。有一年我们在孟买，买不起十二支，他就买六支。其他的时候他都会买十二支甚至二十四支。

"今年，有一次我和在伦敦的姐妹聊天。我说，'我得要习惯情人节没有玫瑰了。'但是14日那天，我晚上到家的时候收到了她送来的很大一束玫瑰。她在卡片上写道：'阿尔蒂,他从来没有离开你。他会永远爱你。这些是他送你的。'"

对世界上大部分人来说,大病医疗是财务危机最大的原因,印度也不例外。但在经济自由化之前,医疗成本相对低了好几个数量级,不仅因为医生收费较低,还因为整个医疗体系相对地不那么依赖于科技。比如说核磁共振造影设备非常少,大部分医生在没有这种昂贵检验的情况下做出诊断。药品也是相似的情况。在经济自由化允许世界各大制药公司进入印度前,药物只有基本的品种,价格也更便宜。所以如果有人得了重病,有段时间免不了遇到财务压力,但对于中产人群来说,开销水平基本上是能在家人和朋友的财力范围内解决的。

那时候医疗体系运转顺利的另一个原因是医生们有很高的声望和信誉。尽管很多公立医院的医生通过晚上到病人家私人出诊来赚外快,但他们在医院的工资是固定的,收入不会和诊断治疗挂钩。在病人眼里,他们的医疗判断是毋庸置疑的。病人看病时有充分的理由觉得有安全感,相信医生和自己的利益是一致的。

自由化以后,这种平衡被打破了。公立医院那时的资源已经变得非常匮乏,中产阶级全都涌进了新的私立医院。但在私立医院,如果病情非常严重或者耗时很长,其收费水平可能让一些人倾家荡产。尽管在同一个时期中产阶级开始投资私人金融机构发行的新型健康保险产品,但这些保险通常只能覆盖范围相对较小的治疗项目。即使最全的保险也不涵盖几种慢性病,包括某些癌症、所有HIV引起的疾病以及被保人六十五岁以后发生的疾病。而且单一病人一年内的最高理赔额度也很低,通常在5000到2万美元之间,完全无法保障最具摧毁性的那部分支出。

这种情况已经相当危险,而私立医院明显的盈利动机带来了新的疑心,使情况更加严重。毫无疑问,这些医院是**企业**,它们看上去像企业，以企业的速度扩张，互相收购卖出，而且还由这个国家的一些主要金融寡头管理经营。这些医院里的病人完全能感受到大型印度企业运营时的侵略性。他们也知道公司类似于封地，其所作所为基本上不受任何独立机构的审查，因此自身遭遇中的不确定性令他们深受折磨。花的钱是治疗必要的吗？还是说这个企业就是想榨干他们的钱？

众所周知，搬到另一个国家生活的时候，新的医疗体系往往是最后才能习惯的事。在印度，医疗体制的转变本来就可能会引发疑虑，即使其正当性无可挑剔。而在很多情况下，这个新体制确实引起质疑。医疗机构内部也有很多不安，许多医生也承认了病人心里所担忧的并不是无端臆测。一家一流公立医院的外科医生认为，自己的职业完全受到新的私立医院的威胁。

"它们都是赚钱机器，"他说，"它们追求的是收入最大化，简单纯粹，而这已经导致了医疗判断和伦理的危险沦丧。

"我给你举个例子，我工作的公立医院有个主任外科医生离职去了一家大型私立医院，给他的年薪是2400万卢比，是他之前薪水的十倍。但他要负责为医院每年赚取1.2亿卢比的收入。现在，即使他把一年的手术量做满，也还是没办法达到这个数字的一半，所以其他业绩要由诊断化验来贡献。这就是化验数量大大增加的原因。病人被要求反复做核磁共振，这样医生才能完成指标。有些病人因此受到了极大剂量的辐射。

"有些病例根本没有需要手术的迹象。但是任何人如果上腹疼痛，就会被做胆囊切除手术。这些手术中的四成是不必要的，但病人不知道。基本上，病人不可能发现任何不当治疗的迹象。

"看看剖宫产手术率吧，有些著名产科医生接诊量的七到八成会采用剖宫产。这座城市几乎很少有医院提供顺产服务了。为什么？因为剖宫产比正常生产赚的钱要多。更重要的是，这样医生就能安排日程给更多妇女接生，这样更有效率。

"医药器材行业在选择治疗方案的决定中扮演了很有分量的角色。因为很多医生直接为这些公司工作,而病人们并不知道。医药公司会给肿瘤科医生10%的化疗费用回扣,一个月疗程的常见回扣金额是1000万卢比。胰腺癌是医生最喜欢的,因为如果是已经到了需要化疗的地步,无论如何你都只有六个月可活了,那医生爱怎么给你治就怎么给你治。

"这些医院很黑,甚至在商业层面也是如此。政府为这些医院征地,付出极高的征地补助,通常还为医院的建立捐款,条件是医院要为穷人保留三分之一的床位。但医院从来不会兑现承诺,他们肯定会把这些好处一笔勾销。随后,他们把公司股票卖给公众,获得数亿美元,于是报纸歌颂他们是白手起家的亿万富翁。但他们的财富很大程度上是建立在公共财富之上的。"

他说话的时候很平静,但充满了愤怒。

"你应该整本书都写这个,"他对我说,"这件事我不能做,因为这些人都是我同事,但得有人把这些写出来。你假装成病人,看看会怎么样;去告诉别人你要买个肾,看你会被带去哪里。在我工作的医院里,有个麻醉师和德里一个很大的肾移植黑市有牵连。肾移植很简单,在普通公寓里就可以做了。而且印度是世界糖尿病之都,很多人不可逆转地向晚期肾病发展,非常悲惨。同时有很多穷人希望卖掉一个肾,其结果是显而易见的。

"整个行业已经变得非常邪恶。比方说,到哪里去找医用尸体?有了这些新的制药公司和研究实验室,对尸体的需求大幅增长。组织库需要尸体,移植公司也需要在尸体上做测试。根据1958年迈索尔解剖法(Mysore Anatomy Act)的规定,只有无人认领的尸体才能被用作医学实验。但大规模商业制药的需求远远超过了合法尸体的数量,所以现在到处都有尸体被偷。尸体从办葬礼的人家消失,最后出现在外科医学院和公司。"

我告诉他,最近我遇到一个人,他给口腔医学院提供尸体。我问他是从哪里获得的尸体,他告诉我,是从亚穆纳河(Yamuna)的一条叫欣登河(Hindon)的支流钓上来的。他每天就坐在河边,等着尸体从上游漂下来。

医生笑了。

"那条河流经加济阿巴德(Ghaziabad),那里有很多人在财产争夺战里被对手杀掉,尸体最终被先进的牙科行业所用。这也是对如今医药行业的恰当描写——利用我们社会的混乱,把它们变成利润。"

六　婚姻的分崩离析

一个男人向我讲述他婚姻的分崩离析。故事的一部分是他妻子在办公室有了外遇。从他讲述的方式，我不太相信有这回事，所以我故意说得很直白，看他会不会坚持自己的说法。

"所以她出轨了，"我说，"那一定……"

"至少我**觉得**她在出轨……"

"你**觉得**她出轨？"

"她觉得我在出轨。所以我觉得她在出轨。"

我意识到他知道得很清楚，他的妻子并没有出轨。但他还是这么**觉得**，这是一种报复。

这个时期，不满是德里城中挥之不去的刺激物，就像寄居在城市肚子里的坏香料。

通常，这种不满是一种非常实在而且明显的不满。占少数的富人群体觉得广告里描述的那种宁静、有产的生活方式是为他们准备的，但大多数人开始意识到在新印度的生活并不会自动变成那样。无忧无虑的大人、宽敞的厨房、有钱的年轻人——没有一样看上去会如他们被引导相信的那样来得容易。实际上，这些东西似乎变得越来越遥远，因为房地产价格上涨的速度甚至比中产阶级的收入增长速度还快。

这种特定群体感到不满的问题是尖锐的。那些年里，中产阶级有一种强烈的感觉，觉得财富是他们应得的——因为那是之前承诺要给他们的。而现在的承诺是：这是印度的时刻，而且这样的时刻可能不会再来。这就解释了那段时间报纸上记录的中产阶级"非常规"的赚钱方式：学生通过偷窃或者卖淫来赚外快，更普遍的是创业公司的员工用巧妙的方法将公款中饱私囊。

但也还有很多其他形式的不满，这些不满更神秘莫测，对于人们的生活或许有着更深刻而苦痛的影响。比方说，很明显，家庭就处于巨大的压力之下。家庭是印度社会象征性的支柱，许多人以家庭之名，把家作为累积狂怒的首要之地。在父母和孩子之间、男人和女人之间仿佛是这个新系统的扭矩在不对称地运行着：家庭中的不同单位被朝不同方向扭动，牢固的联系变形并被打破。这种情况明显地体现在中产阶级的婚姻中，那些年婚姻破裂犹如结婚时候放的许许多多喜炮爆炸一样。

"我觉得如果我们夫妻和他母亲分开住会更好，"萨克温德（Sukhvinder）说，"至少不会经常吵架。而且分开住的话，我丈夫对新想法的态度会更开放一点。在这个家里他好像被困住了，总是用同样的方法做同样的事情，不存在'改变'这种事。"

我们坐在德里一家高端商场的楼顶，头上顶着地中海风格的阳伞。别桌的人有的在用手机打电话，有的在啜饮颜色鲜艳的饮料。

楼下的商场外围是一个舒服的天井，开着各种咖啡店和餐厅。有块广告牌，一面是一张大过真车尺寸的奔驰S系的照片，另一面是放着时尚广告的屏幕墙。整栋建筑模仿意大利文艺复兴时期绘画中体现出的完美几何学的城市——有古典的圆柱和柱廊，还有方形的广场，人们很惬意。广场中间有喷泉，隔段时间会有表演，伴奏着约翰·施特劳斯的华尔兹，音量很大。这时候人们会中断谈话，看喷泉的水柱起伏流转，像合唱队女孩子那样互相追逐——他们也没别的可看。华尔兹最后在一堆激昂的和弦中结束，所有的喷泉同时喷射，感觉这个时候好像每个人都应该结婚，或者接吻，诸如此类。

六　婚姻的分崩离析

但大家继续刚才的谈话，广场也回到了之前的样子。

德里很晚才有商场，而且最初的商场规模都很小。21世纪初，商场吸取了这座城市越来越多的资源和注意力。大片公共土地被放给私人开发商，后者疯狂建房，飞快地掩埋（比方说）所到之处的古代遗迹。到本世纪初第一个十年结束的时候，这片平原上有着数千年历史的宫殿目录里，已经增加了好几个有空调的大型消费者据点。

我们现在所在的新商场就建在机场旁边，所以头顶不断有低飞的飞机轰鸣而过。从很多方面来说，这座商场吸收了所在之地的精气神。地下停车场的指挥人员好像是从隔壁的飞机跑道上借来的，他们挥舞手臂给你的信号让你感觉自己像是坐在飞机的驾驶舱里。商场就像机场一样，与周围的空间完全隔绝。如果我们往阳台另一边看，越过沿墙的那排树，就能看到丰饶的外围景观，和商场又是草坪又是喷泉的景象相比，外面就像CNN里常出现的那种残垣断壁的镜头。现在，有一辆卡车正过来给下面的大型贫民窟送水，妇女和儿童从家里跑出来，手里拿了尽可能多的塑料容器。

商场里有许多戴着飞行员墨镜的男男女女，延续着这种机场的感觉，仿佛购买法国时尚产品或者美国科技产品需要的勇气仅次于驾驶战斗机。每样东西都有种航空的意味，就好像能在这里购物的少数群体，他们的会员身份自带一种愿望，希望从当代印度城市的混乱中起飞，飞到空中某种与外界隔绝良好的免税店里。这座商场折射出欧洲大都市成就的记忆——意大利的广场、维也纳的舞厅，商场似乎把自己作为理想城市悠长历史中的一部分来呈现。但这座完美的城市当然根本不是城市，它甚至没有真的"在城里"，因为这里只通高速公路，所以只有很少一部分人能来这里。入口处要安检，所有的交易似乎只为了一个同样的目的。正如对许多德里的富人来说，理想的家就得像五星级酒店，而理想的城市似乎就是一座机场。

"硕士一毕业父母就开始为我物色丈夫，"身材高挑、机灵搞笑的萨克温德说，"我是锡克教徒，所以我们结婚一般不会拖到很晚。"

不要把家里安排的婚姻想象成守旧的父母把"传统"强加给不情愿的"摩登"子女，因为事情往往比这复杂得多。很多情况下，现在为子女安排婚姻的那些父母自己却是自由恋爱结婚的，而且他们也没有强迫子女。因此，很多包办婚姻的出现不是来自传统，而是来自于当代环境的匆促。在这些充满不确定和变化的日子里，选择单打独斗对很多人来说是一个太孤立、太危险的前景。远离父母的孩子们觉得应该有**某种事物**把自己牵绊住。包办婚姻在一个非常缺乏保障的时代提供了很多保障——在这样的联姻里，夫妻对于财产和幸福的责任不只属于自己，还属于两家的结合体。

但对于萨克温德来说，还有额外压力。她有腭裂，所以她的父母觉得给她找个丈夫会更难。德里有数以千计的家庭团体，随时都坐在德里的餐厅或酒店里和另一个家庭面对面，尝试搭讪攀谈，萨克温德也加入了他们。

"每个周末我都要去相亲，每次坐在那里我都完全提不起兴趣。因为你知道，你心里对想要嫁给什么样的人有概念，但我见过的所有对象都傻不拉叽的。我不知道为什么每个人表面上都装得很现代，但是内在都是些白痴。他们会出去派对，打扮入时，戴很贵的墨镜，诸如此类。但他们一开口讲话，你心里的独白就会是'我的天。'"

家长们会用很多办法给子女找未来的配偶。职业媒人服务于一个特定的种姓群体或社会阶层：他们来回传递相簿，里面满是单身男女的简历和照片；特别是女孩子的照片，本身简直就是小小的杰作——照片上的妆容由专业化妆师完成，精心造型的发型由美发沙龙的风筒吹出。但这些媒人只能为少数特定人群服务。长期以来，报纸上的"婚姻"版是大范围昭告整个城市的主要方式，而且对于守旧的人来说，这仍然是唯一可以信赖的方式。但过去几年中，网络婚姻中介横扫了市场，部分原因在于他们也提供额外的服务，比

六 婚姻的分崩离析

如侦探调查和占星。侦探会调查一个人的婚姻和性方面的历史,并且核实对方提供的信息,比如说他们是不是真的HIV阴性、是不是真的吃素或者视力良好。占星家则确保未来要成家的两人的生辰星象不会太犯冲。

"我想和一个能聊得来的人结婚。很多男生说完'嗨'以后就没话可说了。'不要把真正的自己展示出来,'我父母一直这么和我说,'不要把嘴张得太大。'所以我努力闭着嘴,坐在那里听这些男的说话,然后他们就会说,'那么你会做饭吗?'我就说,'做饭?不会。我一直上班的。''哦。'"

萨克温德模仿那些男生和她对话,那种迟钝的语调很难用文字表现,但她的表演让我笑得眼泪都出来了。

"然后他们会说,'你愿意辞职吗?''不。''哦。因为我们家的女人都不工作的。'我说,'我觉得这事现在和我没关系。''哦。你很有主见。'我就说,'是啊。'然后对话基本上就结束了。"

萨克温德和她的姐姐在她们父亲的公司担任总监,公司为印刷行业制造设备,她负责运营,这意味着下班时间经常很晚。她反应很快,而且很有决断力,很容易就看出为什么她做什么都做得很好。

"所以最后我认识了德鲁夫(Dhruv),我现在的丈夫。第一次和他见面,我说不出他有什么真的不好的地方,而且他家也不太愿意我们多见面。因为我很爱说话,所以没意识到他不怎么说话。他就是问什么答什么,但他自己真的没什么可说的。我父母希望我尽快结婚,因为我姐姐当时婚姻不顺利,如果有什么事的话,我就更难嫁出去了。所以事情进展得很快。我父母看了他们家的房子,觉得挺好。父亲还去看了他们家的工厂,看上去也不错,尽管后来发现根本就经营得不好。

"事情一开始就往坏的方向发展了。我们是非常不同的人,结婚前我就告诉他,'我抽烟喝酒,而且没打算戒。我了解你的家庭背景,如果你觉得这是个问题,现在可以告诉我,那我们就不结婚了。

我们还没有订婚,我也没有爱上你,而且我敢说你也不爱我,所以我们可以怎么想就怎么说。''没问题,这方面我绝对没意见',他说。我说,'那好。'

"我们去度蜜月的时候,我带了五盒烟。我们在新加坡中转,我很想去抽烟,但他更想购物,所以我就没抽。然后我们到了巴厘岛,入住酒店之后的第一件事,我就点了一支烟,走到阳台上,一边看风景一边想着这个美丽的假期。他看着我,吓了一跳。之前他从来没见过我抽烟。他说,'你就不能把烟放下吗?你不想休息会儿吗?你不想躺下看看电视吗?'

"我说,'我知道蜜月是会做很多爱的,但不只有做爱。我们要计划下在这里干些什么,因为我们以后大概不会再来了。'我从机场拿了很多小册子,希望他和我一起看看,然后决定想要干什么。

"他这个人非常没意思。我不得不拖他去潜水。这家伙不会游泳而且很紧张,所以当我发现他需要准备很久,我就自己跳进水里,开心地玩了二十分钟。上来的时候他还坐在船上,他说,'我正要下去。'于是我又下水了,回来的时候他不在了,我知道他肯定下水了。我累了,就上了船,船上有个男的在抽卷烟,我问他还有没有。

"所以我丈夫浮上来的时候,我正坐在那里抽烟。他看着我说,'这烟哪里来的?你没带自己的烟来啊。'我说,'没有啊,烟是他的。'他真的惊到了。他说,'但是你不认识他!'我说,'好吧,对不起。'然后就把烟灭了。

"其实烟已经抽完了。我不浪费烟的,不会为这个世界上的任何人浪费烟。

"我说,'我们别纠结这事了。'

"然后我们就去购物。你知道的,通常新婚夫妇第一次去旅行,会给对方家里带礼物,所以我就把他家和我家所有的亲戚都列了一张表。他自己想买一个木刻雕像,就在那儿看雕像看了四十五分钟。我都疯了。他说,'别不耐烦。'不耐烦?我想拽他头发!我说,'你选你的雕像吧，我去买礼物。'我去买了二十五件礼物，回来的时候，他还在看他的雕像。

"他说，'我只是不像你那么乱花钱，我对钱很谨慎。'我说，'对钱谨慎是一回事，我也对钱谨慎，但是浪费神赐给你的时间是另一回事。'

"那天我意识到，我以后再也不会和他一起去买东西了。我们回到德里以后，我量了他所有的尺寸，以后他需要任何东西，我就自己去给他买回来。因为我不能忍受浪费时间在购物上。

"但是后来我发现他的财务状况并不好，所以花钱的时候才那么别扭。他的生意经营情况不佳，我发现之后，在两个人出门的时候，我会故意把他的钱包留在家里。这样，如果他看上了什么东西，我们就能直接买了，他也不用犹豫太久。再后来，我开始不在他面前买东西，这让我有一点负罪感，因为多半我得偷偷地把东西拿回家，还要对买东西的时间撒谎。但他在钱方面渐渐产生了一种真正的自卑感，这成了我们之间的一个问题。

"有一次，我正好撞见他叔叔对他说，'你可以去接手她们家的生意，然后一切都是你的了。她们家有那么多财产，最后都会是你的，你真的能从你老婆身上赚一大笔钱。'我一点也不喜欢那段对话，因为在我们家，比起钱，我们更重视彼此的关系。哪怕当爸爸的生意刚起步的时候，我们过得很难，钱也从来都不是问题。我们有过父母为了省钱每天只吃一顿的经历，但这对我们的生活并没有产生什么影响。

"钱对我们来说，真的从来不是件事。有就有，没就没。但在他家，钱就真的是一件大事，大过人和人之间的情谊。我真的觉得这样很奇怪。为什么有人会优先考虑某些明天可能就没有的东西，而不是那些可能在你老了会帮你或为你做其他事的人？但他就是那样的，所以他的自卑就冒出来了。因为这个，我们开始常常吵架，而且说的话都很难听。"

太阳正在下沉,夜晚的感觉落在阳台上。白天的暑气蒸发了,于是高速公路上的轰鸣在某种程度上更响了。头顶上很多乌鸦叫着,服务生过来在桌子上放上了蜡烛。二十出头的年轻人成群结队,下班了过来小酌一杯——就像这座商场里其他人一样(除了那些清洁工和保安),他们都是高种姓、浅肤色的。

有个女人在用手机给她的同事拍照,每次闪光灯都亮得不可思议。她背对着我们,我能看到她米色西服里黑色皮带的精致轮廓。

"搬进丈夫家不久以后,"萨克温德继续说,"我发现他和他母亲对彼此的依赖感很强,这让我非常不舒服。特别是因为他父亲很多年前就过世了,对他妈妈而言,他又像丈夫又像儿子。我绝对不反对母子之间关系好,但他母亲会干涉我们关系的方方面面。有些事应该是保留在夫妻之间的。每次我和德鲁夫说了什么,他妈总会在第二天来奚落我。我经常很惊讶,'你也知道那件事!你还知道什么?'于是我就和我丈夫谈,但他完全不愿意听我说关于他母亲的任何事。

"我以前常和她一起坐下来——我是一个开放的人,相信谈话能解决很多问题——所以我经常坐在旁边和她讲话,觉得自己能成为她的朋友,因为她没有人陪。但这完全是打自己耳光。每次我和她聊完,她就会到我丈夫面前说,'她说你坏话。'

"她觉得我要把她儿子从她身边带走。她认为我家更有钱,所以某天我会收买她儿子,搬到另一个房子,让他彻底把她忘掉。这真的很怪。我经常都说我们永远都不应该搬出去,因为那样他母亲会很孤单。她另外一个儿子从来不和她说话,对她很差。所以我对我先生说,'我们对她有责任,我们会照顾她的。'

"但她会对德鲁夫说,'你不知道她在搞什么鬼,我听到她打电话了,她坏透了。'这太荒唐了。那之后我从来不在家打电话,因为我知道在家打电话的后果。

"我常和德鲁夫说:'她并不相信她自己,也不相信她给你的价

六　婚姻的分崩离析

值观，也不相信被她塑造的那个你。否则她为什么这么没有安全感？你照顾她，她知道你关心她，她到底害怕什么？一个进了你家门的女孩子？我不是来破坏你家庭的。'

"他们觉得我应该每天早上起床后做饭，准备每个人的午餐盒，开车一个小时去上班，管理工厂，然后准时下班，为晚饭买菜，然后在7点前到家做晚饭。开始的时候，我不会做饭，她教我，我仍然感谢她这件事。但是如果我7点01分才到家，她就会在厨房里不让我进去，然后就会闹成一件大事。我只能在7点前到厨房，这样德鲁夫回来的时候就不用面对某种可怕的场面——没人希望下班回到家里发现吵成一团。我意识到，我唯一能帮到德鲁夫的就是准时回家。有段时间我下午4点半就从办公室走了，我的意思是说，因为是自己的生意，我能有一定的自由。但是这成了个大问题：你不能太过分了。

"后来，有一次他告诉我他妈妈不喜欢我去上班。我对他说，'我以前就告诉过你，我不会放弃工作的。'但这就把我之前所有的努力都毁了，整整一个月我都没去上班。

"他们不允许我有社交生活。我唯一的社交是有时候回我父母家住两天，或者是下班回家的路上，给朋友打打电话。在家里，他们讨厌任何打给我的电话。有时候设备发货后中间耽搁了，我是负责人，我不能说'我在家不能打电话'。所以我就会接电话，处理事情。然后我婆婆就会说，'她就是在炫耀自己比我儿子的工作多。就因为她管着那么多人，并不代表我儿子不好。'这样的事情会让德鲁夫心里有疙瘩。要不是她这么说，他不会真的那样想。

"我还不能拥抱男孩子，就算是自己的兄弟也不行。我就是不能拥抱任何人。在我家里，我们非常喜欢肢体表达。你知道吗，如果我父亲要出门，我们会拥抱还会亲吻。有一次德鲁夫出门上班，我拥抱了他。结果他说，'不要这样，妈妈在那儿站着呢！'我说，'该死的，我们是夫妻好吗？'然后他说，'不，等会儿她会和我说，

你不应该在外面做这些事。'

"她完全是另一路的想法。就像有一次我下班回来,把车停在外面,然后街上有孩子在打羽毛球,我就拿了一个球拍和他们一起打。她打开门直接就朝我喊,"快滚回来!"进门之后我们大吵了一架,她说,'这个家的媳妇儿不会做这种事!真不知道你父母是怎么教你的。'

"另一件事是性。其实他这方面挺开放的,比我开放。我结婚的时候不是处女,尽管我必须装作是,因为我知道自己要进的是什么样的家庭。但一开始,他母亲不让我们关卧室的门。从第一天起,她就希望我们有孩子,旁遮普家庭想要的就是这个。于是我对她说,'你都不让我们关门,我怎么给你们生孩子?'如果我们把门关上,她会捶门,用'敲门'这个词来形容她就太礼貌了。

"她会说,'干什么你们要关门?如果你们不是在做坏事,就不应该关门。'我们就是在里面睡觉,或者很难得的情况下我们在那儿聊会儿天,她也会过来大喊:'请把灯开一下,我不喜欢你们关着灯在里面。'

"德鲁夫倒完全不觉得有什么。'这有什么问题吗?'他会说。'我们会开门的。'有几次,我对他说,'你什么事都告诉你妈,为什么不告诉她你和我试了什么体位?'我常拿这个开他玩笑。"

她说话的时候有个男人走到我们这桌,一句话也没说就在她旁边坐下来。她没怎么在意这个男的,所以我推测她知道他会来,但我还是稍微有点惊讶,对任何人来说,这都算是缺少反应。我们决定来这家咖啡店之后,萨克温德就没碰过手机,所以她不可能告诉他,而他还是能找到这里,一句话都没有就在旁边坐下来。我很喜欢他们两个对对方在哪儿表示出的无动于衷。我不知道这个男人是谁,肯定是她非常熟的人,因为她继续在他面前讲很私密的事。

"德鲁夫家不信锡克教。他们是西旁遮普来的印度教徒,属于婆罗门种姓,喜欢去见祭司和占星人。我们结婚四个月后,我婆婆开始对德鲁夫说她的祭司觉得我是股邪恶力量，有我在家里会不顺利，他的生意是因为我才失败的，诸如此类。

"她开始对他说我在用黑巫术，我就大笑，因为我甚至都不相信这些。但是他们开始用各种仪式来保护他们家。我到家的时候，门口经常会有奇怪的用来阻止恶灵进门的东西。但因为我们家是锡克教，所以我根本不知道那些东西是什么，我会把它们捡起来扔掉，这更使得他们相信我是邪恶的了。我婆婆非常害怕会有外面的坏东西进来，除了到街上一个小贩那里去买蔬菜，她从来不出家门。出门的时候，她要准备三双鞋，会从一双换到另一双，保证家里面的东西和外面的没有接触。

"有天她翻我的东西，找到一个穆斯林朋友给我的护身符，上面有伊斯兰符号。我觉得挺有意思，挺喜欢的。她把护身符拿去给她的祭司看，祭司说，'这就是你所有问题的根源。'然后他们就作法要净化这个护身符。她把这件事告诉家里的每个人，于是所有人都开始避开我，整个家都看不起我。他们是一个'分治'的家庭，这就像分治一样，我就是分治里的巴基斯坦。让我伤心的并不是其他人都相信这种疯事，而是德鲁夫相信了。他不会质疑他母亲说的一切。

"我真的不希望自己的婚姻失败，所以任何能做的事我都尝试了。我以为自己可以改变一切，让每个人开心。我婆婆从十五年前她丈夫过世起，就一直很伤心。你不会相信的，我搬进他们家的时候发现整栋房子里一张他父亲的照片也没有。这让我觉得，他们还没有接受他已经不在世的现实，而且我认为这就是他们这么不正常的原因。所以有天我们出去买东西，我买了一个很漂亮的相框，冲洗了一张照片，然后把照片放在客厅。她看见的时候整个人都歇斯底里了。她尖叫着，'把它拿走！'我说，'看，这个相框很漂亮，他的这张照片也很美。我觉得这会让你高兴的。'结果她朝着德鲁夫大喊，'这女孩子就希望我一直哭不停。'

"她睡觉的时候会把房产证压在屁股下面,因为觉得我想偷。我不喜欢这么说话,但私下里,我对她说:'你见过我家的房产吗?我自己已经有好几栋房子了。你的房子会平分给五个孙辈,你觉得我会在意偷这个破房子的五分之一?'不过我觉得,既然她这么在乎钱,也许可以用钱让她开心。于是我开了个户头,根据自己当月的收入情况,每个月存5000到1万卢比进去。我把提款卡给她,对她说,'你要用钱的时候不需要找德鲁夫,这些钱给你,我也是这个家的一分子。'但是我猜我从来都不属于这个家。她天天都不高兴,而且对我很恶劣,只有到我要打钱的那天,她会突然对我非常非常好。你知道,这很明显,那种好是让人感到恶心的那种。但我无所谓。我觉得,'如果这样能在这个家买到太平,你可以拿走我所有的薪水。'

"家里关系恶化的时候,我常对婆婆和我丈夫说:'你们到底想让我做什么?你们希望我怎么待人处世?给我列张表,我照着做好吗?因为无论我做什么你们都不高兴,而我要是不做了,你们还是不高兴。'一年以后我对她说,'每个星期我都坐下来和你一起,问你希望我做什么,每个星期你都会告诉我某件特定的事。我其实把每件事都记下来了,但每次你让我做的事和前一个星期都是矛盾的,好像你就是故意不想让我做好。'

"德鲁夫有个弟弟嗓门很大,他对他母亲非常粗鲁,吵架的时候还会打她。这真的让我很震惊,因为第一次看到他打她的时候,我就想,如果他连自己的母亲都这么不尊重,有一天他也会杀了我。那天我完全吓到了,他一直在踢她打她,我上去护住她不让她受伤,因为她有急性关节炎。但在她心里,她儿子是完美的,第二天早上她给一个亲戚打电话说,'萨克温德昨天要打我。'我心里当场骂娘了。你个婊子!她永远看不到儿子做错了什么,如果他们做了坏事,她马上就忘了。

"我无法理解这些,而且我总是错在太诚实了。如果我丈夫和婆婆在吵,德鲁夫就会把我叫过去问,'你觉得我们谁对谁错?'那我觉得你既然问我了,肯定对我的回答是有准备的。所以我会说,'我觉得她这里错了,你那里错了……'然后他们两个就都怒了。他们会同时忘记在吵架这件事,简直要把我生吞活剥。他会说,'你怎么能这么说我妈?'然后他妈会说,'你怎么能这么说我儿子?'

"总之,有一次我下班回家真的很晚了。每年我们都会参加一个贸易展会展示我们的产品,我得一直在那儿工作,所以我从展会回来时已经非常晚了。我真的很想上卫生间,于是我进门的时候,完全忘了要换鞋这件事,直接跑进了卫生间。我婆婆非常生气,和我说了各种奇怪的话。我说,'对不起,我真的忘记了。我只是想去上厕所。''不是的,'她说,'你是想使坏。'我说,'不要这样想,你说的完全没道理。'于是我就去洗澡了。

"洗澡的时候,我听到婆婆和我丈夫在外面很大声地说话。出来的时候德鲁夫说,'你不应该和妈妈吵架。'我和他解释了整件事。他说,'不,你打了她耳光。'我说,'我打你妈耳光?'他说,'是的。'他又说,'好吧,你没打她。但是你要打她。'我说,'我们结婚一年半了,如果你觉得我能打你妈,那神保佑你。'然后我就去厨房做饭了。

"他跟着我进了厨房,抓住我的手,把我拖到餐厅。他说,'我们现在就得解决这个问题。'我说,'我知道自己比你年轻,但我懂得一件事,就是生气的时候不应该讲话,因为这样只会吵翻。你会说出并不是真心想说的话,事后又觉得抱歉。我也会回敬你,事情就会变成比赛看谁伤害谁更多。''不,我们现在就得解决。''好吧',我说。然后我们就开始谈,我们只是谈话,然后他直接朝我脸上挥了一拳。

"他真的很高,约一米八八,很壮。他打了我,我昏倒在地上。

"事后我完全懵了。我打电话给两个女性朋友并去和她们见面。

我不停地号啕大哭，我问她们：'这正常吗，这样正常吗？这是大家庭里普遍会有的情况吗？'因为我朋友都是在大家庭里长大的，而我们家是核心家庭。然后她们说，'没关系，他就是真的很生气。'她们只是想让我镇静下来，因为我真的失去理智了。但她们很愤怒，你知道，我能从她们脸上的表情看出来。我没把这件事告诉其他任何人，甚至没告诉父母，因为那时候我不知道这算不算一件大事。我完全迷失了。

"我想我就试着忘记整件事吧，把这一页翻过去重新开始。但每次我们再吵架，我都真的很害怕，因为我觉得他可能会再动手。有时候确实又发生了，有时候没有。但时间一长，他打我的频率越来越高，让我非常恐慌。后来我得了抑郁症。然后有一天，大概是我们结婚四年后，我离开了，再也没回去。

"那时候我还没告诉父母他打我的事，还有所有这些，所以我花了大概三个月说服他们。除了德鲁夫和我自己，还有他的一个阿姨，没人知道发生了什么，我以前常和那个阿姨说心里话。我觉得和父母说他们家发生的事不合适，所以我说，'有的事情你们不知道，我能保证这不是我一时冲动做出的决定。'但最后，我试着说服他们几个月未果，我告诉他们经常被打的事。他们非常愤怒地去和德鲁夫家讨说法，而我再也没回去过。

"有段时间我很愤怒，我真的很想让他和他母亲坐牢。但最后我冷静下来。很长一段时间里，我都希望能狠狠地扇他们两个耳光，哪怕就一次。但现在我甚至都不想这么做了。那是他的生活。我相信神和公正。我知道在我的婚姻里，自己没有做任何坏事导致他们那样对我。所以没关系，我觉得没关系。

"我已经尽自己所能做到最好了，甚至超出了我对自己的认识。但我对他的尊重没有了。我不信任他，之后事情就结束了。在培养出爱情之前，就已经结出了苦果。所以我们之间绝对什么都没有。

"你知道是从哪次开始我真的不再尊重他,而且知道我们之间彻底结束了?不是他打我的时候,奇怪吧?是另一件事。

"我总是喜欢打开所有窗户,但他家喜欢把所有窗都关死。我常常觉得很闷。我有哮喘,有时候真的很严重。有一天晚上,我醒过来,发现不能呼吸了。我很慌张,于是把德鲁夫摇醒,让他把吸入器递给我,因为吸入器在他那边的床头。但他不肯去拿,我就昏过去了。那之后,事情再也无法回头了。"

她讲了很久,天已经黑了,人们进来又离开。我们隔壁桌是一个非常胖的扎着马尾辫的男人,他和一个很漂亮的女人坐在一起,女人比他高一个头,腿上趴着一只吉娃娃。

我们结了账,走回商场里。我和萨克温德道别,并和陪她的男子握了手,尽管我还是不知道他的身份。

我思考着她的故事,走进电梯去停车场。有个男人和我一起进了电梯,手里拿着一个古驰的袋子,袋子非常大,使他浑身上下透着一股炫耀劲。这是个奇怪的现象:德里这些商界家庭的男人们,总是喜欢用手袋来展示自己的男子气概。

电梯门开了,我走进灯光黯淡的地下车库,这里又热又臭。空调把商场里变得凉爽适意,而北印度平原的热度仿佛被存在这地下了。很快我就开始冒汗。

我上车开到出口的收费亭,一边把停车卡交给亭子里的男人,一边想他每天得在这个地下烤炉待多少时间。"50卢比。"他对我说。我开始在钱包里摸零钱。

正摸着,他从窗口伸出手,在我的挡风玻璃上捡起个东西:一朵巨大的红色花朵,是从我屋外的一棵木棉树上掉下来的,它卡在雨刷里,和我一路从郁郁葱葱的城市来到这城外的不毛之地。

男人翻来覆去地仔细看它,好像这花是刚刚从外太空来的一样。

"能给我吗?"他问。

"当然。"

他把花放在亭子里面的架子上，着了魔般地凝视着它，仿佛树早已灭绝，只存在于儿童书里。

七　男性的焦虑和女性的挣扎

穿着库尔塔*戴着头巾，那个政治家微笑着站在台上。
"这里有人能告诉我贾瓦哈拉尔·尼赫鲁女儿的名字吗？"
会场里每个人都举起了手。"英迪拉·甘地！"他们喊道。
"对！"政治家满脸笑容。

"那现在谁能叫出圣雄甘地的儿子的名字？"

台下一片难堪的沉默。没人举手。政治家装作很惊奇，
"多有意思！"他说，"每个人都记得一个女儿的名字，却没人记得一个儿子的名字。"

他走到台边，向观众提问。

"那为什么我们要杀死我们还没出生的女儿，我的朋友？为什么我们的男孩子长大了找不到女孩子可以结婚？"

当广告希望向你展示某些新鲜、当代的东西时，总会借助一个穿着西装的女性形象。

年轻的职业女性是新印度的代表性标志。女性的工作通常在经济体的最底层，虽然也有不少在最顶层，但这些在印度市场自由化后就职的中产阶级女性，许多人从事的工作和以往全然不同。很多人不得不和自己的家庭做斗争，才能做自己想做的事。然而，总的来说，这场革命很快就胜利了。部分原因在于，即使是那些不喜欢这场革命的人，也能看到所有的变化与其所想背道而驰。

---

*　kurta，印度无领长袖衬衫。——译注

印度市场自由化之后的几年里,中产阶级的总体自尊大大提升。自尊来自工作和收入,也相应地削弱了家庭主妇和妈妈这种没有报酬的角色的力量,而在20世纪的神话里,这些角色是显得非常崇高的。年轻女性满腔热情地追随时代潮流,因为对她们来说,从家里搬出去利远远大于弊。因此在很多方面,她们是新印度最决绝的拥护者,这就是她们的心意那么坚定的原因,也是她们在职场那么成功的原因。企业的世界比设想中的更平等,印度的性别平等和西方的性别平等的结构从来都不一样,企业办公室里的情况和家庭里的情况也不相同——女性很快就升到了印度企业中的最高层级。她们在很多方面都是企业里的模范员工,因为她们和老一套体系没有牵扯,能冷静客观地分析情况,并且对于变化无所畏惧。

男性就不一样了。男性确实和过去的体系有更深的纠缠。他们内在的平静来自这样一个想法,即女性在家主持家务,这种关系的深刻程度超出了他们自己的意识。忽然之间,女性整天都在外面,还和他们挣的钱一样多,而且从这个重要的意义上来说,她们不再需要男性的支持。因此对男性来说,印度社会的变革附带着威胁。如果在这本书里,男性比女性出现得更频繁,只是因为印度变革中巨大的矛盾心理常常在前者身上更直接可见罢了。女性不得不忍受这些备受困扰的男人们的爆发,其遭遇常常是非常痛苦的,但她们的心却更忠于自己。萨克温德在自己的故事里是有自制力的"现代"女英雄,所以我们不需要费什么力气就能认同她。但如果真希望弄懂21世纪早期的德里在价值观和情感上的痛苦乱流,我们就必须试着了解她周围的那些人都在想什么。

萨克温德是"现代的",并不意味着她丈夫和婆婆是"传统的"。年轻女性和婆婆之间的摩擦在妻子和丈夫家庭同住的家庭体制里肯定是根深蒂固的。毕竟,很多婆婆自己也是在某个时刻被带到一个不熟悉的家庭,遭遇了各种各样的惩罚和羞辱——这样的循环常常悲剧性地重演。更早些时候,当年纪大些的妇女自己的地位更安全

七 男性的焦虑和女性的挣扎

一些,她们可以扮演导师的角色,指导向她们求教的媳妇。[12]

但在21世纪初,像萨克温德的婆婆这样年长的中产阶级妇女,她们自己的地位可能远远谈不上"安全"。她们时常觉得自己的知识在这个新世界里没什么价值,现在所有的价值似乎都消失并且让位于单一的价值观:金钱。年轻女性拼命工作,频繁社交,穿着大胆,对家里所有的礼仪和家务都不感兴趣,而这些却是让婆婆一直以来受到尊敬的缘由。这些女性似乎代表着一种暗暗的诋毁,诋毁婆婆的地位所倚仗的一切。而婆婆们会觉得(有时候这种感觉是对的,有时候是错的)自己在为生存而和这些年轻的女性作战:"如果我儿子学会了爱这样一个女人,他就永远不会再爱我了。"终极噩梦就是:这个没什么价值的媳妇儿,受到新的毫无根基的消费主义生活方式的过度影响——这种生活方式中,自由自在的双收入夫妇不顾所有其他羁绊——媳妇可能因此坚持和丈夫搬出去住,抛弃丈夫那对没用又惹人生气的父母,甚至切断对他们的财务支持。而很多情况下,这些父母退休后除了依靠儿子外,确实收入微薄。诸如萨克温德婆婆那样的女性,她们在自己的生活中被剥夺的自由现在由活跃在职场上的"新"女性所享受,而这些女性进入了她们的家庭,这一事实只会使她们感到更强烈的不安。作为职业女性的儿媳就像一个活生生的提醒,提醒着她们自己不能自由去做的事。还有,儿媳面对自己拥有的自由表现出的不以为意,看上去纯粹是一种傲慢。

年轻的已婚男性自然常常和自己的妻子(而不是母亲)有更多的共同点。通常,妻子的生活节奏和生活方式和他们相似,而且能和他们讨论许多母亲完全不了解的日常事物,比如出去玩、各种产品以及工作上的事。但恰恰是这种世俗生活让男性非常矛盾。即便在享受着由两份工资带来的生活方式时,他们也经常为自己的妻子涉足外部世界的程度而感到烦恼不安。这些男人往往已经从自己母亲那里形成了对家庭女性那种单一的印象。他们的母亲从来没和外界有什么接触，她们寻求的是：为在男性世界中竞争和挣扎的男人们提供慰藉的家庭港湾。因此，在年轻职业女性身上，男性可能会感到一种令他们不安的误识。这些年轻的女性甚至连外表都不像上一代的女性了。消费主义和与之相伴随的节食、健身以及纤瘦的模特，带来的不仅是不同的服装，还有截然不同的身材。这样的外表充满诱惑，但也可能引起和堕落有关的感受。年轻男性经常困惑地发现，他们无法在女性伴侣身上感受到他们觉得自己应该有的感受。

这种母性精神的至高无上看上去可能有些奇怪，但它确实拥有最高的权威。印度教中，宇宙中活力和生产力的能量是女性的而非男性的，而在生殖活动中，每一个母亲个体都引导着整体的宇宙力量。她们的母性来自一种原始能量，正是这一神力给予了印度的"政治之母"——英迪拉·甘地和她之后其他有纪念碑式意义的女性政治家如此令人敬畏的高度。母亲们或许只不过是待在家里，但在儿子们心中，她们是温顺谦恭的代名词。是她们为儿子的成就提供了所有的原动力，还保护他们不会受到外面无处不在的邪恶力量的伤害。北印度的男性很喜欢引用拉迪亚德·吉卜林（Rudyard Kipling）的话："神不能无处不在，所以他创造了母亲。"这样看来，母性精神绝对不是虚无的。

因此，妻子和母亲间的矛盾让男人们害怕。实际上，很多男人最重要的择偶标准，就是未来的妻子要像自己那样尊重自己的母亲。因为他们知道，如果她们争斗起来，自己会被这两股女性力量从中间撕成两半。男人对这两个女人都有同情和共鸣，但就像流行的视觉游戏一样，给你一张图让你分辨是兔子还是鸭子——男人可以理解另一方的观点，但没办法让两个观点共存，他们通常没能力把两个观点综合起来。他们可能赞同妻子的话，说房子里的老鼠有时候会在衣服上咬洞，但当母亲给他们看 T 恤上的洞就在心脏位置的时候，他们无法否认这就是邪恶黑巫术的证据。在母亲面前做儿子和

七　男性的焦虑和女性的挣扎

在妻子面前做丈夫，是两件无法共存的事，他们也在巨大的压力下必须做出选择。这两个位置间的断层线分裂了他们最原始且不可言说的部分。很多情况下，他们迅速站到母亲那边，因为对母亲的背叛是更不能想象的。而且，不管是温和还是蛮横的男性都常常会对妻子诉诸暴力，因为他们无法用语言来反驳头脑更清醒、表达更清晰的妻子。

这种新爆发的情况，即在家庭内部惩罚女性，只是对女性更广泛的厌恶逐渐加剧现象的一部分。这在印度北部，尤其是德里最为严重。如果有一种犯罪能为这座 21 世纪的首都代言，那就是强奸。报纸把德里称为印度的"强奸之都"，由于以性侵闻名，其他城市的女性都害怕到德里去。

当然，强奸并不新鲜，就像世界上其他地方一样，强奸案一直都在发生。然而在德里，历史上的强奸案主要都发生在家里，因此强奸的程度和事实有很大一部分被掩盖了。21 世纪早期的强奸与以往的不同之处在于，其发生的场所是公共场所，并和虐待结合在一起，相当可怕。每桩强奸案似乎都在竭力挖掘残忍的可能性，同时耸人听闻的性暴力越来越多地占据了这座城市的媒体和居民的谈话内容。妇女遭到绑架，并以半仪式的方式被强奸。有一些被丢在街上的受害者受了重伤，样貌悲惨，让人更多想到的是报复、灭绝和战争，而不是性犯罪。

这就是重点。发生在德里的是一种层次低、传播广的针对女性的战争。女性新近拥有的行动自由不仅使她们成为印度社会和经济变革的偶像，更成了其替罪羊。

强奸是攻击女性最戏剧化的表现，但在一些很平常的场合，也能看到相似的报复性恐吓。女性独自在街上走的时候畏畏缩缩，低头看地，避免受到众多男性的直视，因为直视也被视作一种威胁。电影明星和模特在网上的性感照片经常受到评论，比如，"告诉我为什么我们不应该强奸穿成你这样的女人？你父母把你养大是为了让你穿成这样吗？"评论的男性都留了名字，他们显然不认为在网上浏览这些内容并留下这样的评论是对别人的侮辱。女性晚上独自在城里走路，或者一个人坐在酒吧，经常会有男性过来问"多少钱？"在这些场合或者太多其他情况下，会有很多男性努力去提醒女性，家才是她们应该待的地方，即使这种斗争在他们现在生活的社会里已经显得很奇怪了。

但是女性应该在家的这种想法，在印度有一种特别而重要的地位，这种重要性来源于这个国家的殖民历史。19世纪时，男性和女性的性别角色开始分化。商业和政治受到殖民控制，意味着男性为了从事自己的事务不得不妥协并改变印度式生活——在外屈服于英国的法律、语言、着装、技术和社会习俗。于是，民族主义的责任落到了女性身上，她们要代表其他人来保持印度的纯正存在，这意味着要置身于已经腐化的公共领域之外。女性要留在家里，把家维护成一个精神纯净的堡垒，能够抵御对灵魂的殖民，成为已婚男性获得重生的庇护所。在殖民时代的背景下，女性这样的角色未必是消极的，正如一位历史学家写道：

> 我们想要把这称为"保守主义"，仅仅视其为一种对于"传统"规范的防卫。但这是错的。殖民时期的情况以及民族主义在意识形态上的回应，赋予这些指称全新的本质……世界是欧洲权力挑战非欧洲人民的地方，并且欧洲凭借优越的物质文化征服了非欧洲人民。但是它没能侵入东方内在和本质的身份人格，这种身份人格来自东方独特而出众的精神文化。这是东方未被统治的部分，这部分的东方独立并主宰自己的命运。……在国家挣扎的整个阶段，最重要的需求是保护、保存和巩固国家文化的内在核心，即它的精神实质。不能容许殖民者对此内在圣所的任何侵犯。在外面的世界，对于西方规范的模仿和

适应都是必需的；但在家里这等同于毁灭一个人真正的人格和身份。[13]

于是，"精神纯净"的概念撑起了一张情绪和历史的大网，并将印度女性禁闭在其中。这就是女性形象在印度整个 20 世纪的大众文化中被神圣化的原因。对于有些人来说，这是印度本身的基石。如果女性放弃了她们在家里的角色，那么印度文化将无法与世界上其他没有宗教信仰的地方文化相区别，相当于"毁灭一个人真正的人格和身份"。而且最重要的是，男性自身无法维持这种区别，在某种意义上，他们的自我意识并非来自自己所掌控的东西，而是来自母亲和妻子为他们保管的东西，而她们可以在任何时候让这些东西土崩瓦解。

就此而言，也许更容易理解为什么大量中产阶级女性对于家庭的理性放弃会引起混乱的反响。毕竟在 21 世纪初，印度中产阶级的生活已经因更一般的身份认同问题而受到抨击，因为许多中产阶级家庭的生活节奏已经和国外没什么两样，而传统上印度正是通过这种节奏上的区别来定义自己的。而且人们觉得，在某些领域，如果不努力维护印度本身的传统的话，整个秩序将化为乌有。也是在那个时期，很多年纪较大的男性，其拥有的权利被和风险、竞争有关的新社会精神所剥夺，因此很多男性失去了地位和确定性，感到困惑。然后，每件事都动荡不定，甚至是在其他领域情况不错的男性，也常常感到身边的社会正向某种灾难走去。他们把这种情况理解为价值观的丧失，并且无休无止地骂骂咧咧。女性，尤其是公共视野中的女性，就成了这种抵触情绪的目标。发生在家里的报复只是这种普遍情况的一部分，即男性把焦虑发泄在年轻女性身上，因为后者的独立和行动自由被视作造成不稳定的原因。

政治家和记者经常声称首都强奸案数量的飙升是由于数量庞大的穷困移民——在中产阶级乏善可陈的想象中，那些人完全没有文化或者价值观。印度文化尊敬母亲、妻子和姐妹,这样想来,没有一个"正常长大的"印度男人会对她们行为不端。但问题恰恰相反,而且远让人更沮丧。问题恰恰是出自"印度文化"对于完美家庭妇女形象的崇拜,因为这种崇拜在某种程度上暗含着对"公共"女性的憎恶,并且当"公共"的两种含义(在公共场所的和公有的)被运用到女性身上时,会不可避免地被混为一谈。暴力的出现并非来自没有文化或价值观的男性,而恰恰来自最在意这些事情的男人。比方说,很显然,警察、法官和政客们即使被要求对此类罪行表达愤怒,他们的言论中也几乎很少压抑自己的感觉,认为走夜路的妇女受到任何对待都是理所当然的。事实上,大量强奸案的记录中,犯案者都是这些政客自己。而这些人,从某种意义上来说,是承诺过要用自己的生命来保护"价值观"的。不幸的是,在21世纪的德里,这些男性并不必然会为女性所受到的粗暴对待而感到愤怒。

德里正处于人类历史上最疯狂的时刻之一。换句话说,在施暴者的想象中,这些恶劣的暴力行径是有建设性的、有原则的。在印度市场自由化后不断变化的世界中,对女性的暴力不仅仅来自没有教养的少数边缘群体,也来自主流社会以及任何社会阶层,其出现根本不是因为价值观的缺失,而是因为过度的疯癫。

"我来自一个非常富有的家庭,"阿尼尔(Anil)说,"我叔叔是一家大型茶叶公司的老板。我们在阿萨姆(Assam)有茶场,有几个叔叔在自己的茶场发现了石油,他们现在是亿万富翁。他们住在伦敦的一栋大房子里,有二十四个佣人。我们家的姓很少见,所以大家都知道我肯定和他们有关系。"

阿尼尔是马尔瓦尔人(Marwari),这个社群源于拉贾斯坦邦,出了名的有商业头脑。印度最富有的女性萨维特里·金达尔(Savitri Jindal)就是马尔瓦尔人,她继承了丈夫的钢铁王国。另一个钢铁大亨——英国最富有的人拉克希米·米塔尔(Lakshmi Mittal),也是马尔瓦尔人。马尔瓦尔人之所以出名还在于其严格保持饮食和家庭生活的传统。他们在商业上的成功，实际上部分也是源自每一代人的忠诚传承，他们传承的不仅仅是家族生意，还有背后禁欲、勤奋的生活方式和工作方式。

阿尼尔三十五岁左右，胖得要命，就像大胃王一样，走路的步态都变形了。他说话的时候把话都含在嘴里，像个大舌头，似乎所有的辅音都受到了影响。

"我母亲决定让我结婚的时候，我正在亚特兰大工作。我要管理自己的生意，所以不能来德里，我是通过报纸结婚的。母亲希望确保有人照顾我。广告一放出去，就收到了很多应征——因为我的名字。所以我们选了个女孩，我回德里结了婚，然后去毛里求斯（Mauritius）度蜜月。

"蜜月非常完美。那时候我没现在这么胖，实际上，我那时候是跆拳道黑带。我们两个跳舞都跳得很好，所以常常一起跳舞，其他人都会停下来看我们。我太太唱歌也很厉害，所以每次有卡拉OK环节她都会唱歌，大家都爱听。她长得并不美，但我不介意。蜜月的时候她是完美的——每天晚上她会帮我按摩头和脚，还帮我洗衣服、擦鞋子。"

我们坐在德里高尔夫俱乐部的吧台边。

沿着德里市中心尘土飞扬的拥堵道路开车，你不会觉察到道路两旁高墙背后郁郁葱葱的景观：只有当你站在高处，比如泰姬酒店（Taj Hotel）的屋顶往下看时，才会看到这些带状的贫瘠道路穿过了一片广阔的绿地。政客们的"小屋"的草坪有数英亩之大，一起形成了巨大的花园地带。洛迪路两头的莫卧儿王朝陵墓群有面积巨大的草坪和喷泉，蔓延其间的是洛迪花园（Lodhi Gardens）美丽的植物，这个花园是喜欢慢跑的外交官和未婚情侣的乐园，情侣们在树丛里牵手接吻。

这个区域的绿化最好，面积最大的是高尔夫俱乐部，由英国人在1931年建成，在市中心占地约90公顷，是只有德里的精英才会了解的地方。俱乐部极尽奢华，与世隔绝，甚至拥有一套自己的生态系统。进门的时候你会经过一堆闪闪发光的豪华奔驰车，它们都是俱乐部的招牌。外面街道上的喧嚣消逝在缓冲树林背后，里面遍地飞舞着一对对纠缠在一起的黄色蝴蝶，这个品种我从来没在别的地方见过。三百种不同的鸟让整个地区充满了鸟鸣，孔雀在草坪上懒散地走来走去，人少的时候还能看到黑鹿。还有完美的树篱和莫卧儿陵墓群，这是城里保存得最好的陵墓群——红色的砂岩和高尔夫绿相映，美极了。

在高尔夫俱乐部的酒吧里，坐着德里的地主、律师和商人。他们友好地握手，谈笑风生。"我们从蜜月回来，她以为自己的生活会像我叔叔那样，有二十四个佣人，住在伦敦的豪宅里。但我们不是那么生活的。我们不是家族里有钱的那一边。我给她买了辆丰田SUV，她很失望。她以为自己会有辆奔驰。

"我们又在一起过了仅仅十二天。那几天她说服了我妈妈带她去放珠宝的银行保险箱。她说，'妈妈，我能跟你借你在婚礼上戴的那条项链吗？它好漂亮！'于是我妈妈带她去保险柜，她借了三条项链，每条价值1000万卢比。我妈对她说，'好吧，你要当心一点，因为这些值很多钱。''我肯定会的。'

"之后，她说要回老家和她母亲住几天。我说，好——我以为也许第一次做爱以后，女人会想要和她的母亲谈谈。但她再也没有回来。她一直找各种借口，然后她母亲在电话里对我说，'你好像不怎么爱她。'我说，'你说什么呢？我们在一起的时间只有二十八天！'

"她对我父母说，'你儿子不爱我女儿。他只想着工作，在毛里求斯度蜜月的时候还在查邮件。'我说，我该怎么做？邮件都不能查了？事实上，她一天想做五六次爱，这不正常，我做不到。

"最后我们协议离婚了，我们付了她100万卢比，她把项链还了回来。她不得不还，因为我们有所有的收据和照片。

七　男性的焦虑和女性的挣扎

"这件事对我影响很大,因为离婚对马尔瓦尔人而言是很不好的。关起门来你做什么都可以,你甚至可以打你的妻子,但是不应该离婚。

"她走之后,我迷失了。我喝很多酒,开始吃肉,我以前从来没有吃过肉。我胖了很多。也是那时候我开始和妓女有瓜葛。我想要羞辱女孩子,因为我的妻子喜欢性,我就专门对付喜欢性的女孩子。

"我不和这些女孩子睡,只是羞辱她们。如果我的任何一个朋友想叫小姐,我会帮他们安排。我会和男方说好,不管有多少人在场,我们要能对女孩子做任何事,要不然就拉倒。我会去挑选女孩子,然后让她在车里免费给我口活,不是为了快感,只为了羞辱她。把她送到朋友那里之后,我们会坐在一起喝威士忌,然后我让她在所有人面前脱衣服,做各种各样丢脸的事,比如把钱放进她的私处。

"因为我为我妻子做了一切。我给了她她想要的一切,我放弃了在美国的生意和她在一起,我给她一辆丰田SUV只因为我希望她拥有这车。我让她获得了社会的尊重,因为她是印度这么有钱人家的媳妇。我给了她一切,她却耍了我。我该怎么做?"

我问阿尼尔婚前有没有交过女朋友。

"我不能说我结婚的时候是处男。但是我只在国外有过女朋友,在印度从来没有过。婚前我从来没碰过印度女孩儿。"

"那些妓女,她们是印度人吗?"

"是的。"

阿尼尔固守着界限与界限中的纯粹。对他来说,在国外有婚前性行为是可以接受的,但是不能和印度女性乱来。和美国企业以及超级保守的穆斯林做生意都可以——有些钱他是从阿富汗塔利班那儿赚来的,但他得保持身体的纯洁,不吃肉不沾酒。然而,结婚使他放松了自己的界限。他把自己的私密世界开放给一个外人,获得的回报却是彻底的幻灭。他发现自己想象中纯洁的孔雀之国女人不仅在性方面的胃口大过他,还会背信弃义。结果,他在由此产生的情感混乱中开始玷污自己的身体,还发展出对女性仪式般的虐待狂行为。

他讲述这一切的时候颇为自然,一点歉意都没有,似乎并不觉得自己在道德上有所妥协。事实上,他还会长篇大论甚至沉闷地发表道德观点。

"你不应该有欲望,"他说,"你应该让自己对生活给予你的东西感到喜悦。我每天都通过静坐来控制自己的欲望。比如说,我可以抱怨自己在德里,并且希望能在别的地方,但那样只会让我不快乐。我厌恶在德里女性不受尊重的事实,但是你得安于自己的所在。人都充满了欲望,尤其是女人。女人不知道怎么控制自己的欲望。

"真正的快乐是和牺牲有关的。爱是牺牲。当你爱上某人,你只想为那个人牺牲,就像拉达(Radha)为克利希那(Krishna)、悉多(Sita)为罗摩(Rama)所做的那样*。如果有人要你的命,就把命给他。如果要血,就给他血。就像圣雄甘地说的,如果有人打了你脸的一边,那么把另一边脸也给他。但现在的问题是,人们没那些耐心。

"现在我在试着改善我的业力。我已经不再找妓女了,也放弃了吃肉。当你的业是善的,自然就会遇到对你有益的人。但如果业是恶的,就会遇见对你不利的人。所以我在做一个好人,尽我所能地帮助别人。比如说,我最喜欢的按摩师来家里,他想要袜子,我就把自己的袜子给他。他很穷,他每天都来为我做全身按摩。明天,如果他想要一件衬衫,我就会给他一件。尽力做你能做的一切。善是流转的,就像钱一样。世界上好事和坏事的数量一直是一样的,

---

* 在印度史诗中,拉达和克利希那(又称"黑天")是甜蜜的爱侣,拉达唯一的欲望就是满足克利希那的愿望。悉多和罗摩则是史诗《罗摩衍那》的主角,悉多一路陪伴被流放的丈夫罗摩,被丈夫质疑时选择走入火堆,以死证明自己的清白,被视为贞洁的象征。悉多和罗摩的故事可见本书第十章。

不增不减，只是从一个人手里转到另一个人手里，不会永远属于你——你只是保管人。如果你不用，其他人就会拿走。如果我做了什么好事，我就从你这里拿走了福报，你的部分就减少了，而我的部分增多了，就像双倍积分，取决于你尽可能多地从别人那里拿走福报。因为这就像钱，在不同的人之间流转，所以唯一的方法就是从别人那里拿。我给按摩师袜子的时候，我就拿走了他的福报。"

现在还比较早，吧台没什么人，所以很难不注意到有个男人朝着对面角落里的一个人大喊，问他晚上去不去一个工业大亨的晚宴。他故意把晚宴主人的名字大声说了两次，于是一个年纪比较大的锡克教男人站起来抗议。

"安静点！"他的语气里带着威严，"我们都被邀请去同一个晚宴，不需要从你这里听说。如果你想来这里，就去学学应有的举止！"

八 1857——消逝的沙贾汉纳巴德

> 我心不住于这被毁坏之地,
> 谁能在一个不稳定的世界中欢愉?
> ……
> 告诉这些遗憾去安住他方,
> 这颗烧焦的心哪里还有空间?
> ——出自莫卧儿帝国末代皇帝巴哈杜尔沙·扎法尔*
> 在最后一次流放中写的一首诗[14]

如果说德里特别恐惧价值观的失落,那部分原因是由于它所在地区的价值观被摧毁了很多次。数世纪以来,来自北方和西方的侵略者一直被印度次大陆的富足所吸引,而德里正位于侵略者的必经之路上。这一事实使一切都变得脆弱,不管是有形还是无形的东西。至今,一些旁遮普家庭中还保留着一句谚语:"吃下去的才是你的,别的都是(阿富汗)侵略者艾哈迈德沙汗†的。"这样的想法来自最坏的打算,即更好地生存下来——财富总会被偷走的,所以要用尽手上的东西,至少保证这部分不会失掉。对很多人来说,甚至对那些从中获利的人来说,全球资本主义是另一种外国侵略。尽管它让

---

* 巴哈杜尔沙·扎法尔(Bahadur Shah Zafar,1775—1862)于1858年被英国殖民政府流放至缅甸。

† 指阿富汗杜兰尼王朝的创建者艾哈迈德沙·杜兰尼(Ahmad Shah Durrani,1722—1772)。他曾攻打波斯、印度,征服旁遮普,洗劫德里、马什哈德等城。民间流传除了已被旁遮普人民放入嘴里的食物,艾哈迈德沙吞下剩下的所有食物,丝毫不留给当地人。

人们疯狂消费，却平息不了对于失去的焦虑。

通常，人们把德里视作一个古老的城市，认为最开始它的前身是《摩诃婆罗多》（Mahabharata）中描写的印德拉普拉沙（Indraprastha），但是严格来说德里并不是印德拉普拉沙。很多被认为是德里前身的城市在物理空间上并没有连续性，没有一个城市有机地并入下一个。这些城市被入侵者洗劫一空，无法居住，然后被遗弃。或者有的城市建设一完成，就因为缺水而不得不被废弃，然后这些居住点的石头就被运走用来建造下一个城市。每当一个新的政权来到这里，就换一个地方从头再造一座新城，把之前的所有消耗殆尽，任其溃朽。这种对现有存在的不满并没有终结于现代——英国人在一片荒野中建造了"新德里"，而全球资本从无到有建成了古尔冈。这个地方的精神一直是不连贯的，充满了断裂。

莫卧儿王朝统治时期是这里最稳定的时期。这个王朝源于中亚，传奇的财富和辉煌在17世纪到达巅峰，也是在这个时期，皇帝沙贾汗（Shah Jahan）* 把首都从阿格拉（Agra）搬到了德里，在亚穆纳河（Yamuna river）岸边建起了一座新的都会。新城建立在一座14世纪被洗劫过的城市废墟上，那是一个到处都是穹顶建筑和花园的灿烂天堂，并且令人惊讶地在不到十年的时间里迅速壮大。当时的城市叫作沙贾汉纳巴德（Shahjahanabad）†，现在称为"旧德里"，这样叫是为了区别于"新德里"，后者是英国人1911年迁都到这里之后建的。但是那些辉煌岁月里所建的带露台的凉亭、无节制的显赫、令人难以置信的大道，还有大道旁散发着玫瑰香的喷泉、精品商铺和皇家队列，这一切似乎都是不朽的。

但是莫卧儿帝国衰亡了，衰落的速度和其崛起时一样快。18世

---

* 沙贾汗（1592—1666）为莫卧儿帝国第五任皇帝（在位：1628—1658），他为第二任妻子慕塔芝·玛哈（Mumtaz Mahal）修建了泰姬陵（Taj Mahal）。
† 意指"沙贾汗的居所"。

八 1857——消逝的沙贾汉纳巴德

纪,帝国的皇权在宫廷暗斗、腐败和军力衰退中渐渐瓦解;帝国一些重要的部分,例如海得拉巴(Hyderabad)和孟加拉分裂并独立了出去,其余的部分被新的次大陆帝国马拉地(Maratha)的国王们匆匆吞并。德里不断遭受袭击,最具破坏性的一次是1739年,波斯帝国的军队在纳迪尔沙汗(Nadir Shah)的带领下,洗劫了整座城市,屠杀了两万居民。这场溃败证明了莫卧儿帝国势力的终结——纳迪尔沙汗带着孔雀王座回到了波斯,这个王座是为沙贾汗打造的,用了超过一吨的纯金,上面镶嵌了230公斤重的珠宝,其中包括了全世界最著名的光之山钻石。

距那次袭击一个世纪后,一个名叫艾玛·罗伯茨(Emma Roberts)的英国旅行者站在顾特卜塔的塔顶,眺望远处沙贾汉纳巴德晦暗的光辉。她书中的"旧德里"是那些中世纪王朝(被她统称为帕坦人[Pathans]的王朝)和前莫卧儿帝国崩塌了的城市,即使与旧德里曾经的恢宏相比,她眼前的景象仍然让人敬畏:

> 莫卧儿帝国的首都……现代城市,或者按照当地人的叫法,叫沙贾汉纳巴德。这些人还没有习惯和欧洲人一样叫它新德里……伫立在一片沙土平原中心,四周被旧德里的废墟围绕,和它形成奇异对比的是一个新的郊区、居民区里欧洲人的别墅和新近为三个兵团的印度兵建起的兵营……在(顾特卜塔的)顶上,眼前是最让人敬畏的景象。一片沙漠,上面到处是美丽异常的废墟,包围着这座城的每一面。这里由蛇形的亚穆纳河哺育,它银色的宽阔水面蜿蜒着,流经宫殿和陵墓的残碎遗迹。背景里是一座古堡高高耸起的暗色围墙和层层叠叠的塔,这座古堡是帕坦首领们的要塞。这些曾经宏伟的建筑体量巨大且依然美丽,视线在其中游走,最后落在现代城市里熠熠发光的白色清真寺和尖塔上,其郁郁葱葱的树林和繁花似锦的花园与视线下方的孤单和荒芜形成了精致的对比。

在穆斯林入侵前，（这塌陷了的城市）已经是非常著名的地方，许多残存的印度教建筑与穆斯林征服者的建筑瓜分着这座城市——据说，在所有的寺庙和宫殿塌成无法辨认的荒地之前，人们还能在残垣断壁中找到属于忠诚的十八万名圣人和殉道者的坟墓，但现在这片荒野只显得整个景象更为荒芜……

从外面看（沙贾汉纳巴德的）景色非常壮丽。穹顶和清真寺，塔楼和尖塔，伴随着层层叠叠的帝国宫殿，如一座红色花岗岩的山在树林中若隐若现。树林非常茂密，以至这些建筑在东方意象中被比作从翡翠海洋中升起的珍珠和红宝石。从亚穆纳河东岸往这座城市靠近，所有关于东方的壮丽想象都在此成真——清真寺和尖塔在阳光里闪耀，有些被野生藤蔓缠绕，有些装饰着华丽的金饰，塔楼的外墙覆盖着闪亮的金属；从麦仑山（Mount Mejnoon）上看去（山上现在通了一条很好的路），亚穆纳河的河水在远处闪闪发光，隔开了萨林加尔（Salimgarh）古堡，然后在放着孔雀王座的厅堂和帝王们的宫殿背后消失，为整个场面增添了另一道美丽的风景……（然而）莫卧儿帝国的荣光已逐渐暗淡，他们的伟大也消逝了……夏利马尔（Shalimar）最负盛名的花园，连同那栽着柏树的大道、绚烂的喷泉、玫瑰色的凉亭，还有雪松的黝黑而宜人的树荫（据说全世界最有品位的君主沙贾汗为这些雪松豪掷了1000万卢比［100万英镑］）——所有这些几乎完全坍圮，成为一片荒芜的废墟。[15]

和周期性发作的、笼罩着整个城市的乡愁相比，这种触动外来者的伤感根本不算什么。艾玛·罗伯茨到来的数年前的秋天，沙贾汉纳巴德的贵族们在写作和欣赏某首诗歌时找到了乡愁的残余功用：这首诗歌以比其他诗歌更夸张的方式，表达出他们对于逝去的甜蜜痛楚。诗歌由两种语言写成，一种是莫卧儿的宫廷语言波斯语，

八　1857——消逝的沙贾汉纳巴德

还有一种是乌尔都语（Urdu），后者是印度的一种土著语言，在过去的近千年间兴起，是梵语中德里方言与波斯语、阿拉伯语和土耳其语这些来自西方侵略者的语言杂糅的产物。从这个意义上来说，这首诗与来自侵略者土地的诗歌一脉相承，在那些诗歌里，俗世转瞬即逝的本性（关于爱、美和欢愉）是数个世纪以来不变的主题。归根结底，这个主题诉说的是一种全情投入的痛苦——因为虔诚的诗人必定生活在凡尘世界暂时的奇迹中，每时每刻都知道自己最终是要离开这些奇迹退入不朽的。不过，18世纪印度的艰辛生活为这种哲学气质增添了一种特别的经验性的东西。在这首米尔·塔基·米尔（Mir Taqi Mir）所写的诗中，"荒凉"完全不是隐喻。1756年，波斯人又一次袭击了这座城市，米尔被迫逃离，来到了辉煌的勒克瑙（Lucknow），在那里迎接他的是穿着长袍的诗人，后者鄙夷地看着他的破衣烂衫：

> 何处是我之所属？你，东方之人，问道，
> 还嘲弄取笑一个可怜人。
> 德里，曾为这世上独一无二之城：
> 神的选民和天才能人之家，
> 现在已被命运之锤夷为平地，沦为废墟。
> 我便来自那片荒芜。[16]

这首诗很能说明德里的精神——直到现在，这种心情、这种生活在创伤中的感觉仍旧主导着这座城市的文学作品。这座城市或许是一个高速发展、人口密集到令人眩晕的国家的首都，但德里的作家始终将其视为一座废墟之城。他们用自己的创造力来表达那种精神上的憔悴，这种憔悴来自与自己过往的隔绝。这既是德里的现实，也是德里的幻梦——这座城市总是处于一种已经被毁的状态。大多数远道而来的人似乎体会到一种奇怪的绝望感，而这种感觉正源于

此——似乎每个人都由于在德里而变成了一个幸存者，一个失去了所有珍爱之物后仍活下来的人。尽管这本书明显写的是当代的内容，但或许只不过是重复这古代文学中的心绪，因为在这座没有任何东西能长久的城市，我最根本的经历也是恍然若失。也许，我父亲也会说同样的话。

在艾玛·罗伯茨造访德里约二十年后，对18世纪夸张的遗憾被强化成了世界末日，罗伯茨曾经热切描写的城市严重衰败，而且正是被她的同胞所捣毁的。

到那时，在这片次大陆上的主要力量是英属东印度公司，那是一家规模庞大的垄断企业，业务涉及丝绸、棉花、靛蓝燃料、硝石和鸦片等商品的生产和贸易。这样一家企业需要大范围地控制印度的土地、劳动力和法律。整个18世纪，这家公司以野心勃勃的军事行动达成此目的，征服这片次大陆的许多地方，并且镇压了马拉地人。莫卧儿的皇帝成了空架子，他的军队被解散，自己则住在红堡（Red Fort）里，由东印度公司保护。

1857年，德里的"西帕依"（sepoys），也就是为东印度公司效力的印度士兵（罗伯茨曾从顾特卜塔看见他们的军营），参加了一场突如其来的反对公司的暴动。德里的西帕依杀死了英国士兵，随后官方接管了这座由城墙围起来的城市。英国人在震惊和恐惧之下重整军队，用炸药开道入城，在一场毁灭性的战役后，叛军被镇压了。随之而来的是一场洗劫和报复，其失控程度让肇事者自己都觉得恐怖。城里数以万计的居民被吊死或开枪打死，更多人逃走了。尽管之前参与暴动的印度教徒和穆斯林比例相当，英国人的严苛报复却大多针对后者，因为他们控制着政治机构，也因为英国人害怕他们会以穆斯林君主的名义发动圣战。那位君主被审判后流放到仰光（Rangoon），好几个家族成员遭处决。大多数穆斯林难民被永远禁止回到德里；多年后，他们仍然偷偷住在南边莫卧儿陵墓的废墟里，财产被剥夺，受着风吹日晒。他们中有些是最有修养的人，还

八 1857——消逝的沙贾汉纳巴德

有一些直到最近都是全世界最富有的人。沙贾汉纳巴德的莫卧儿文化——花园、后宫、商人和诗歌，终结于一夜之间。

米尔扎·迦利布（Mirza Ghalib），一位穆斯林贵族，也是沙贾汉纳巴德的许多乌尔都和波斯诗人中最伟大的一位，在信中描写了1857年的惨景。由于他和英国人的关系很好，所以被允许留在城里，但他大部分朋友都逃走了：

> ……身后留下的是满是家具和无价之宝的房子。这些……血统高贵的人拥有好多栋房子、礼堂还有宫殿，全都毗邻彼此。可以肯定地说，如果有人丈量他们所占的土地，即使没有一个镇那么大，也有一个村那么大。这些伟大的宫殿被抛在身后，无人照看，被彻底洗劫一空，弃为荒芜，尽管有些价值较低、更重一点的东西，比如说大厅的窗帘、亭子、天棚以及……地毯，被留在那儿没有动。突然有一天晚上……这些东西着火了。火焰蹿得很高，石头、木材、门和墙全都被火焰吞噬。这些建筑就在我家的西边，离我家非常近，半夜我能从屋顶看见跳跃火光里的一切，我的脸能感受火的热度，眼睛能感到浓烟，还有灰飘到我身上，因为那个时候吹的是西风。邻居家的歌声如昔日所说，是一件礼物；那么为什么邻居家的火不能送来灰烬作礼物？
>
> 关于王子们，能说的就是有些成了来复枪子弹的受害者，被送进死亡之龙的嘴里，有些人的魂魄则冻在绞刑吏的绳子套索里，有些人在监狱里，还有一些流浪在这地球上。[17]

对迦利布来说，这座城死了，陪葬的是它的文化和语言。英国人为了给自己的林荫大道、兵营和军事训练场腾出空地，不仅摧毁了房屋和清真寺，还摧毁了无价的图书馆。因此，很多乌尔都文学的实体记录都不复存在。很多践行和保护乌尔都语文化的穆斯林贵族也消失了,而那些取代他们的人,在迦利布看来,是一伙粗野的乌合之众。他引用一个朋友来信中赞美乌尔都语的句子——"我的朋友,这是德里人民说的语言",最后这样写道:

> 朋友,"德里人"现在指的是或是印度教徒,或是工匠,或是士兵、旁遮普人、英国人。他们谁说的语言是你赞美的语言?……这个城市已经变成了一片沙漠。既然井都没了,水也成了稀有而珍贵的东西,那么这里将会变成一片像卡尔巴拉一样的沙漠。我的神!德里人还在因为德里的语言而为自己骄傲!多可悲的信仰!我的朋友,乌尔都市场都没了,哪儿来的乌尔都语?感谢老天,德里不再是一个城市,而是一个兵营。没有城堡,没有城市,没有集市,没有河道。[18]

"很难再理解德里这座城市,"萨迪亚·德维(Sadia Dehlvi)*说,"尤其是很难再理解德里的人。"

作为德里最古老显赫的穆斯林家族之一的成员,萨迪亚仍然会回顾迦利布在1857年后的日子里所悼念的文化,并把这种文化视为**自己的**文化。

她已经写了好几本有关苏菲派(Sufism)的书,这是伊斯兰神秘主义的一个分支,在1200年左右从波斯传入印度次大陆,并且在印度北部创造出一种特别有生机的知识、精神和美学文化。它吸收了印度教、锡克教和伊斯兰教的传统,反过来也影响了它们。苏菲派的泛神论倾向推动了这种融合,认为区别和差异的表象是错误的,并宣称至善是唯一的,没有标签或者偏好。苏菲神秘主义者还喜欢避开教士的权威,发展出一种拒绝外部法则和准则的道德语言,主张正确的行为来源于内在的智慧和良知。自由主义者,尤其是年

---

* 此为真实姓名。——原注

八 1857——消逝的沙贾汉纳巴德

纪较大的精英们怀念苏菲派,将它作为北印度不复存在的催情剂而铭记在心,它曾经使不相干的团体聚在一起,并从中孵化出一种拥有丰富音乐、哲学和寓言的共有文明。

"唯一一个我真正理解的地方,以及我从心底里爱的地方,是尼札姆丁·欧里亚(Nizamuddin Auliya)的神像。它代表了这座城市的连续性,至少是过去七百年的连续性,包括它的文化、灵魂、语言和诗歌。现在,如果你去那里,你会看到富人和穷人、印度教徒和穆斯林、印度人和外国人——因为哈兹拉特·尼札姆丁(Hazrat Nizamuddin)*继续鼓励一种平等的文化,正如他在世时所做的那样。"

14世纪的圣人尼札姆丁·欧里亚是德里历史上一位形象崇高的人物,也是少数几个能为德里散乱零落的历史提供真正一致性的人物之一。每年尼札姆丁逝世的纪念日,仍旧会有朝拜的信徒从北印度四处赶来,在附近的街上睡一个礼拜。他们在人行道上煮饭,并为了安全,睡在载他们前来的近百辆公共汽车下方。

尼札姆丁布道克己,满怀爱意,宣扬一切形式的精神生活的统一,他避开那些当权者,并建议他的追随者也这么做。但他是一名直率的政治评论者,不只斥责政府的不公,也会表扬他们的明智。比如,他说苏丹伊勒杜密什,"是因为他为德里人民建造的供水设施,而不是他的战争或者他的胜利为他在天堂里赢得了自己的位置。"

尼札姆丁·欧里亚最显著的成就是通过他的弟子阿米尔·胡斯劳(Amir Khusrau)的帮助,扶植了一种被称为"卡瓦里"(qawwali)的狂喜音乐形式,这种音乐将印度、阿拉伯和波斯的音乐风格融合在一起,为尼札姆丁在其收容所举办的音乐集会带来了新意。卡瓦里成为苏菲派表达虔诚的特色形式,这让正统的穆斯林

---

* 尼札姆丁·欧里亚的全名是Hazrat Shaikh Khwaja Syed Muhammad Nizamuddin Auliya,因此两种叫法皆可。

惊慌，因为苏菲派是自觉的多元论，吸收了更加古老的印度教风格音乐和诗歌，因此建立起一个跨越宗教分歧的灵修社群。到今天，人们仍旧每周四晚上在尼扎姆丁神像前唱卡瓦里，唱歌的是不变的几个家庭，他们的祖先七百年前从阿米尔·胡斯劳那里学习了这门艺术。

萨迪亚的家在尼扎姆丁东部附近，是以这个圣人命名的居民区的一部分。这一区有很多公园和鲜花，还有莫卧儿陵墓梦幻般的景色和散发着贵族气质的低调店铺，这些都让它受到外国新闻记者的喜爱。

"我的家族自沙贾汗皇帝时代起就生活在德里。我们是成功的商人，几乎拥有整个萨达尔集市（Sadar Bazaar），控制着大量批发交易。我们有自己的法庭，不去英国人的法庭。即使到现在，我的家族仍然会避免在官方的法律系统打官司。"

萨迪亚对于法律程序的评论很能说明她所承袭的流派。英国法律被引进后，就被莫卧儿政权视作一种来自外国的、不敬神且不合法的强加，所以苏菲神秘主义者教导他们的信众，说他们并没有向英国法律陈述事实的道德责任。萨迪亚的家族似乎从那时起，就一直沿袭着这种历史上的反叛。

英国法律体系被强烈地反对，以及这个体系从未在北印度获得广泛认可的事实，其实和它未能承认诸如苏菲派这样的当地道德权威有关。苏菲派在莫卧儿时期的部分社会力量源于其充当了一种平民的政治力量：苏菲派圣贤的威望之高，使其能够对莫卧儿王权不受约束的权力进行约束。皇帝会就伦理和政治事务征询他们的意见，并且不愿违背他们的话语，因为这些话语承载着宇宙的力量，这样就在王权中为公正规则建立了一种双方达成一致的公认机制，否则王权就是独裁。

但自英国法律体系以降，近代的法制系统给这样的中间人提供的空间更少。而如今，当政治和法律机构常常被视作腐败、谋私并远离普通人的需要时，仍旧有一种普遍的渴望，渴望有无所畏惧的圣人或许能带着宇宙性的权威和统治者对话，并且只用一句话就将一切改变。

"我成长的过程中，家里总是充满了音乐和诗歌。我们家族有个出版社，出版很多乌尔都语和印地语的杂志，包括著名的叫 Shama 的乌尔都语文化杂志；它的发行量非常大，所以我们很有名。我们还有一栋很美的小木屋，从前所有的诗人和电影明星经常造访。任何稍微有点重要的文化人物都来过我们家，包括作家和艺术家，比如伊斯马特·秋泰（Ismat Chughtai）、柯莱特林·海德尔（Qurratulain Haider）、艾力达·普利特姆（Amrita Pritam）、费兹·艾哈迈德·费兹（Faiz Ahmed Faiz）、古泽尔（Gulzar）、M. F. 侯赛因（M. F. Hussain）、萨迪什·古宙（Satish Gujral），等等；电影明星中的纳尔吉丝·达特（Nargis Dutt）、拉杰·卡普尔（Raj Kapoor）、米娜·库玛里（Meena Kumari）、狄力普·库玛（Dilip Kumar）、达尔门德拉（Dharmendra）……

"随着乌尔都语的衰落，我们的杂志也一本接一本停刊。几年前，我们卖掉了祖传的房子，那栋房子是我的家族从老城搬来时住的地方，也是我出生的地方。房子的买主是玛雅瓦蒂（Mayawati），北方邦的邦长。

"我对复兴家族生意不感兴趣。那个时代已经过去了，我对自己的时代很满意。我很高兴专注于自己内心的东西，并以灵性为主题来写作。我们的城市精彩、现代。我不想消极，但我们的灵魂受到了影响。某些东西断裂了。我说不出是什么。"

确实，也许这个已经断裂的东西难以辨认。也许它不是源于一个事件，而是源于这座城市的某些状态，这种每一件有意义的东西都已经被摧毁的感觉——萨迪亚悲叹的内容几乎与一个半世纪前迦利布的悲叹滑稽地相似。

"如果没人能读懂记载历史的语言，你怎么能期望德里在乎自己的历史？这座城市的整个历史都是用乌尔都语和波斯语写的。政府在1947年以后刻意消灭了乌尔都语，因为它被当作一种穆斯林语言。但是乌尔都语和宗教一点关系也没有——它是德里的语言，是德里每个人的语言。巴基斯坦把乌尔都语作为其官方语言，但乌尔都语并非起源于巴基斯坦的任何地区。失去这种语言，我比任何人都更哀伤。当你想要毁掉一个民族，你只需夺走他们的语言。

"德里人过去很讲究语言的优美。他们热爱诗歌，拥有真正的诗人。以前，说起德里，想到的是美味佳肴、温柔和优美的生活。下雨的时候，店主会关了店，到梅劳里（Mehrauli）的空地上去享受这样的天气。他们花时间准备精美的食物，热爱赛鸽子，也爱在贾玛清真寺（Jama Masjid）的台阶上听说书人讲故事。他们没什么营销技能，所以被淘汰了。他们信仰精致，他们制造毯子和家具，装订书籍。在乌尔都语里，我们把这叫作'saleeqa'，一种高雅的敏感。"

和迦利布一样，萨迪亚非常纠结于未开化的外来者——那些对这样的敏感毫不关心的人。

"对德里文化的第一个打击来自英国人，然后是分治后涌进来的旁遮普人。德里的原住民不知道1947年以后重创他们的是什么，他们完全被旁遮普移民的吵闹、好斗和企业家精神弄得惊慌失措。我父母那时候很震惊：'他们是从哪里来的，这些人？为什么他们这么吵？他们都吃什么东西？'他们试图保留1947年之前的文化。他们不断地纠正我们说话的语言。'我们有一门语言，'他们常这么说，'我们拥有一门优雅的语言。我们要用它。'旁遮普人夺走了这座城市所有的土地，他们消灭了它的语言和礼仪。他们吃烤鸡和黄油鸡。黄油鸡！这些东西我只在外面看到过，从不会出现在家里。

"当然，后来我变得更愿意接受其他文化。但是我很高兴自己是在旧德里的文化里长大，因为这是一个很美好的文化，一个热情友好的文化。任何人到你家门口，你都会给他水；家里来了客人，你会把自己的房间让给他们住，让他们吃好，给他们披肩。

"分治彻底摧毁了这座城市，永远地破坏了它的气质。看看我们那些雄伟的纪念碑，除了五六个被当作旅游景点，剩下的都逐渐倒塌倾颓。它们现在是垃圾场。自分治以来，几乎没有创造过什么美的东西。看看这些五星级酒店。要创造美，你自己必须是美的，我不认为现在的人还拥有那种内在美。现在和我们的城市联系在一起的，是侵略性、愤怒、不平等、腐败和个人利益，当然还有消费主义和商场。几乎没有空间让人反思和雕琢心灵。我们没有美能留给我们的孩子。"

这间房间的墙上挂满了乌尔都语书法作品。萨迪亚十几岁的儿子在另一个房间练习演奏音乐——他在用吉他弹奏中世纪的苏菲派音乐。萨迪亚说话很快，在乌尔都语和英语之间转换，她的句子一个紧接一个，因为她已经在头脑里把这些话预演了很多遍。

"我以前很喜欢去派对，因为以前的人待人更诚恳。现在，你遇到的人一边和你讲话，一边东张西望，心里则盘算着要给谁递名片。我和社交文化没有关连。"9·11"事件以后，真正的歧视开始出现。一开始我以为是自己太敏感了，但其实不是。我看到自己的朋友圈内有一部分人流露出歧视。现在我很难再和他们碰面打交道，因为他们内心有对穆斯林深刻的偏见。这些日子里，他们会说出真的很异想天开的话。他们想知道为什么我们不能不做那么穆斯林的事。"

和我们在一起的有萨迪亚的两个朋友，一对巴基斯坦夫妇。男的开了一家公司，制作莫卧儿珠宝的仿制品，在巴基斯坦很受欢迎。但现在还有手艺能制作这些珠宝的工匠不在巴基斯坦而在印度，所以他经常过来和他们一起工作。

"我朋友昨晚去了一个派对，"萨迪亚说，"遇到个旁遮普女人——她是旁遮普人对不对？——嗯，然后她说她害怕巴基斯坦人。他们就对她说，'你为什么不去巴基斯坦看看？'她说，'不不，我们太害怕了。那里的人可能会在你房子里放炸弹。'然后她大笑起来。

'而且我们的丈夫永远不会让我们和巴基斯坦男人待在一起！'我说怎么会有人允许别人这样和客人说话？我是说，这样太粗鲁了！如果有人在我家这么说话，我肯定会说，'对不起，但是你不能和我的客人这样讲话！'"

她的朋友补充说："她丈夫还去过巴基斯坦！而且回来以后还说了好多你能在巴基斯坦体会到的美好事情！"

"任何从巴基斯坦来这儿的人都得听这些话，"萨迪亚说，"以前，那些人至少还把这些想法放在心里，但是现在他们会公开这么说了。这就是为什么我不再出去了。我没办法听那些人那样讲话。

"看看穆斯林怎样在这座城市生活。看看那些年轻的穆斯林，无论什么时候想要去租房子，都会被拒绝。你知道披萨外送不送穆斯林区域吗？那天，我在一个朋友家，打电话叫披萨。对方说，'女士，我们不送那几区。''那几区是什么意思？'我在电话里朝他大喊。"

她转向那位来自拉合尔的朋友。

"昨晚派对上那个女的对你说什么来着？她问要不要送你回家，然后你告诉她你住在尼拉穆丁。然后这个女的——她还是他们的朋友！——这个女的说，'你疯了吗？我不能晚上 11 点到一个穆斯林区去！'你能相信吗？这些人都在最好的地方上过学。他们觉得去尼拉穆丁不安全。这些人都住在乔巴格（Jor Bagh），穿着高级时装、喝红酒，还送孩子去美国读大学。他们想要相信自己是非宗教的、世俗的，但他们不是。他们不停地这么说，因为这是他们对自己的幻想。"

萨迪亚对她的巴基斯坦朋友体贴关怀备至，向他们展示至少在她家里古老的文化依然存在。他们也谈起以前一起吃过的盛宴。过几天，她要在家里办一个苏菲音乐之夜。她邀请我也来参加。她儿子会演奏，还会有一个她支持的年轻卡瓦里歌手以及伊朗来的音乐家。

"我最近很累，"她说，"我想要一个夜晚来充盈我的灵魂，和我爱的人在一起，有诗和音乐。"

九　1911——英国人的新德里

> 我不否认德里这个名字的魔力，也不否认那些附着在它身上、已经死亡且被遗忘的城市有着引人入胜的故事。但我冒险说一句，如果我们希望为将来画下幸福的预兆，那么越少谈德里的历史越好。现代德里只有两百五十年的历史。它只是莫卧儿统治苟延残喘时期的首都，它作为他们集体统治的首都只有一百多年。当然，在德里之前，那个地方也是首都，但一切都已经一一逝去了。我们知道德里的整体环境是一个巨大的荒地，满是被遗弃的废墟和坟墓。我认为，这些呈现给来访者的，是你所能设想到的关于人类伟大无常的最庄严的场景……如果试着去创造一个生气勃勃的未来首都，而不是谈论这些已经死去的首都之过往，那么国王陛下的政府统治将更有保障。
>
> ——柯曾（Curzon）爵士，印度前总督，1912年2月在英国上议院发言，反对英国政府当时要把印度首都从加尔各答迁往德里的决定。[19]

随着1857年的骚乱，似乎又一座大都市加入了德里土地上城市相似而反复的命运。在之后的岁月里，德里对于欧洲旅行者来说变成了一幅描绘关于无常和人类野心的愚蠢的肖像。1912年，一位意大利诗人来到那儿，希望通过炎热来减轻他的肺结核。他从沙贾汉纳巴德往南，穿过通往顾特卜塔的平原，展现在他眼前的是这样一幅景象：

……从生机勃勃的城市转换到这座死城。最终,房子里不再有人类居住,而逐渐被猴子占领……废墟无穷无尽地延伸;整个大草原,举目所及和所不及之处,都是一座巨大的墓场,在它之上,四千年间,一座城市被摧毁和重建了十次以上……在这里,在这垃圾的荒漠中,横行着一种忽视和遗忘的混乱,使得研究者必定一阵头晕,因为他们被抛回了五百年、一千年甚至三万年的时间深渊——从伟大莫卧儿帝国最后的伊斯兰辉煌,到令人印象深刻的早期耆那和巴利结构中黑暗的婆罗门,再到已经黯淡的吠陀原型。

我发现本地和欧洲的学者在这里工作:考古学家、专家、建筑师在制作模型,测量尺寸。英格兰已经准备好要大干一番:进入埋藏着这些死城的藏骨洞穴,修复遗迹,然后在白天的日光下恭敬地把它们重新排序。这是一项值得做的事业,尽管我怀疑这么做是否有利于书写承载这些记忆的诗歌。我真心感谢上天让我能够在今日造访,在其还是荒凉和被忽略的时候。[20]

但是这位诗人是透过肺结核的阴霾观看这一切的*。英国人准备好的"大干一番"不是要整修。他们的项目,就像他们之前许多德里的统治者一样,是要平整好土地再建一座新城。从那年起,这些"无尽废墟"中的大部分被夷为平地,而下一个"新德里"展开了,就像在昨天的隔夜饭上铺了一块崭新的桌布。

1911年,英国国王乔治五世宣布英属印度的首都将从加尔各答搬往德里。加尔各答对英国人来说已经变成了一个问题中心。受过教育的孟加拉人越来越因为自己被剥夺的政治权利而灰心丧气,他们已经把这个英属领地的首都变成了反帝国思想的主实验室。通

---

* 诗人圭多·戈扎诺(Guido Gozzano,1883—1916)三十二岁时死于肺结核。

九 1911——英国人的新德里

过"分治"这样的政策笨拙地尝试控制孟加拉人的骚乱效果适得其反。英国人决定逃往别处,而德里是个明显的选择。总督哈丁(Hardinge)爵士在1911年的一封信中写道:

> 德里仍然是一个重要且有巨大影响力的城市。它在印度教徒的心里和神圣的传说紧密地结合在一起,这些传说甚至可以追溯到有历史记载以前……旧堡(Purana Kila)仍然是他们曾经创立的城市印德拉普拉沙所在之地的标记,距离现代德里的南城门仅仅三英里。对于穆斯林来说,看见莫卧儿的古都在其骄傲的位置被修缮并作为大英帝国的王座,将是无穷满足感的来源。印度全境,往南一直到被穆斯林征服的地方,每一座有城墙的镇都有自己的"德里门"……这种改变将前所未有地冲击印度人民的想象力,并向整个国家送出一波热忱,使英国在印度维持统治的坚定主张被所有人接受。它将受到印度北部统治长官和各个种族满怀喜悦的赞颂,而且将受到大多数印度人民的热烈欢迎。[21]

但英国人不顾这些来自德里过去荣光的吸引力,决意在那里建一座将否定它自身所有过往的城市。帝国主义者将设计一座在几何学上非常欧洲的城市,这座城将用自己的规划布局击败所有过往岁月中落后的东方主义,并为一个启蒙的新未来搭起舞台。

在这座英国人的城市,不会有那些狭窄的街道,沙贾汉纳巴德和无数其他气候相似的地方(从托莱多到威尼斯到巴格达)用这种狭窄的街道来使行人免受太阳的直射。这些小巷,兜兜转转让人猜不透方向,两边的围墙也没有窗户,这些都让英国人不舒服。英国的城市理论依旧由19世纪的"毒气"病理学神话所控制,认为疾病来源于有害或者不新鲜的空气,而且在英国人看来,沙贾汉纳巴德是一片温床,不仅潜伏着咒语和东方共谋者——这些共谋者是白人在如此蜿蜒曲折的巷子里永远追不上的；这里还滋生着肮脏的蒸汽、疯癫和疾病。而英国人的城市构想是引入光线和空气来驱散污浊难闻的空气：建筑师埃德温·勒琴斯（Edwin Lutyens）钟情于英国的乡村风格，并且受到埃比尼泽·霍华德（Ebenezer Howard）的理论启发。那时，霍华德在他的书中提出了花园城市在物质和精神两方面的优势，并在大西洋两岸都引起了一场思想运动。路特恩斯决定将德里建设成城市和乡村的结合体，就像霍华德的乌托邦那样：低层建筑物间隔疏松，之间有广阔的花园；宽阔的道路和公园会令城市保持新鲜和通风；通过在亚穆纳河上建起大坝来形成一个巨大的湖泊，而这个湖能为城市居住者提供水源和开阔的天空（尽管计划的这部分从来没实现过）。总而言之，这就是一个逆转：沙贾汉纳巴德的街道狭窄，如迷宫一般，而新德里会有宽阔的几何形大道；老城的商业在众多熙熙攘攘的市场，而在新城，商业会被限制在一个有立柱的圆形区域，最终被叫作康诺特广场。沙贾汉纳巴德是一座城市，新德里则可以说是一座官僚的村庄——因为尽管它有着极其宏伟壮丽的行政大楼，但是分散的田园式规划和宏大而空旷的开放空间，几乎没有给城市留下任何喧嚣吵闹的空间。规划里几乎没有为娱乐活动或宗教集会提供空间，也没给商人和他们的交易提供空间，当然更没给穷人的住宅提供空间——所有这一切都曾经是旧城显而易见的特色。

就像之前在这亚穆纳河左岸的建筑项目，新德里是一个项目，一个史诗般的事业。三万劳工用镐和炸药平整土地，同时火车沿着专门铺设的铁路源源不断地运来一车又一车石头和钢材。令人窒息的灰尘云团笼罩着约90平方米大的工地，伴随着巨大的噪音，在那儿石头被切割凿磨成形，同时还有几十个烧砖的砖窑冒着滚滚浓烟。从那位意大利诗人所谓的"巨大公墓"中浮现出了一座城市的轮廓，一座大得不可思议的六边形广场在其中心摊开，向外朝着德里的古城辐射出六条大道，宽得惊人。观察者们一定会觉得这样很

九 1911——英国人的新德里

傻,因为尽管这些建筑第一层的体量大得让人神魂颠倒,风格让人眼花缭乱,但是这座城市本身仍然是极度概念性的,没有居民,也没有文化。它正如所有新的开始一样激进——它根本不管要怎样运作起来,或者能不能运作起来。实际上,第一次世界大战已经耗尽了建造者的金钱和精力,因此有很多声音要求放弃;但是建造工作仍然坚持推进——这座英属印度的新首都在二十年内建成了。

这是一座充满惊艳建筑的城市——这样的建筑比同期在伦敦建成的还要多——这座城市有意识地让人想起雅典和华盛顿的超凡壮丽。当这座外国的城市从草图变为现实,两边种着树的大道最终消失在尘土缭绕的树林中,这座城市也为这里带来了全然不同的氛围。

为了把这座巨大的空城变为一座真正的城市,英国人需要人们住进来,但几乎没有人愿意。大部分管理建筑项目的人,无论英国人还是印度人都把家人安顿在老城,或是城墙外的公民路(Civil Lines),那里有商业、社会生活和娱乐活动。为了能让这些人(他们提供劳力、石材、家居、酒精、食品等)搬到新城里,城市管理者以非常优惠的价格向他们提供大面积的土地。所以承包商来了,将市中心的土地一抢而空,纷纷建起自己的大厦,并囤积了大量城市土地作为投资。在建设德里的阶段,这些承包商用公平或不公平手段赚来的钱已经使他们富有起来,而现在在这个将来的首都市中心拥有的房产,确保了其家庭在接下来一个世纪里的财富和声望。这些承包商,实际上成了德里的新贵。

他们是和沙贾汉纳巴德衰颓的贵族非常不同的一个群体,大多数是来自旁遮普的锡克教商人。在他们的世界中,赚钱的方式各种各样,封建地主、贸易商、土匪,都可以。如果说他们完全成功地挤进了英国人的财库,那是因为他们是拿下合同的大师,而且从那时起"拿下合同"就成了定义德里商业精英的标准。这些锡克教商人身材魁梧,给人印象很深,他们热爱政治喧嚣,当后代谈起他们无畏的创业精神时仍然带着敬畏。而正是通过这种创业精神,他们建立起了自己的王朝。兰吉特·辛格（Ranjit Singh）是市政厅（现在叫作国会大厦）的建造者，还是德里豪华酒店——帝国酒店（Imperial Hotel）的拥有人，在他孙子的回忆里，他的创业精神就和英国人完全一样。

"我祖父在柯曾路（Curzon Road）的隔壁邻居是拉拉·史瑞·热姆（Lala Shri Ram）爵士，德里纺织公司（Delhi Cloth & General Mills）的所有者。他们两人都习惯早上6点半在自家的草坪上喝茶。1932年的一天早晨，拉拉爵士在早茶时间匆匆来到兰吉特家，态度里有一种不同往常的焦急。他穿着三件套西服，戴着帽子，拿着手杖，身后还跟着带着一本分类账簿的助理。'你看新闻了吗，辛格？'他大喊。

"那时候，英国人正试着从荷兰人手里夺走亚洲的糖贸易，印度大部分地区供应的荷兰糖都来自爪哇（Java），那里是荷属东印度群岛的一部分。1932年，英国人对荷兰糖发动了一轮攻击，对进口到大英帝国的糖收取高额关税。这个举动马上给能在印度生产糖的人带来了机遇。而且，由于爪哇的糖业马上就会被毁掉，他们就能以很低的价格收购爪哇制糖厂。

"拉拉爵士告诉我祖父这一切的时候，我的祖父飞快地把这些记录下来。爵士走后，祖父自己把数字算了一遍，意识到拉拉爵士发现了一个真正的机遇。当天他就写了封信给他的姐夫，这位姐夫在昌巴（Chamba）的一片封地上过着悠闲的生活。祖父随信还附上了一张40万卢比的信用证。

"他姐夫坐火车去了加尔各答，再从那儿搭蒸汽船到爪哇。他看了四座制糖厂，选了其中最好的一座，把它拆光，然后将所有设备运回印度，并在英属印度联合省的卢克索（Laksar）把糖厂建了起来。他监督了整个过程，直到制糖厂完全重新装配好，然后他就回自己的封地读小说去了。他对制糖一点兴趣也没有，纯粹是找点乐子。

"兰吉特让他的兄弟负责糖的生意。这家厂今天还在运转,我还是它的股东。

"我多希望自己能用摄像机把他讲这段故事的时候录下来。因为对他来说,这件事再简单不过了,里面根本没有什么了不得的地方。就是去爪哇,把厂买下来再带回来。他太不可思议了。

"但是他总是维持一种简单的生活方式。他只有一辆捷豹车。他从来没给自己买架飞机或者类似的东西。他有萨维尔街(Savile Row)*最好的西装,但他待人处事非常脚踏实地。他抛弃了封建生活,而且他知道倒退到那种环境里有多容易。他的一个表兄弟在旁遮普有近4900公顷的土地和一整个车队的劳斯莱斯;他看着所有的财富在几代人手里就消失殆尽。那些封建地主们活在一个泡沫里:他们关心的只有金钱、汽车、香槟和打猎。我能和那些男人聊四小时武器。

"那是兰吉特的噩梦。他总是告诉家里的每个人,让他们学习和工作:'如果你没有正经手艺,你就会变得封建,失去一切。'这种情况确实发生了。家里有人卖掉了价值连城的财产,把钱全花在派对上。有个表亲连续开了三十年的派对。"

从这最后的回忆里,我们很好地理解了德里最早的承包商们的财富多年来是如何被稀释的。他们后代中的一些人仍然住在市中心的房产里,统治着德里的生活,但其他人已经没了声息。财产被分了卖掉,很多力气都用来打官司,争夺剩下的部分。土地就那么消失了,年复一年,大片土地被其他人占用,并在上面修起建筑,随着时间过去,地契也搞不清了,大家也渐渐没精力再去争论。这些人中,很多人现在住在经过财产分割的豪宅裙楼里艰难过活,维持自己地位的方法是偶尔去很贵的地方喝茶,傲慢地蔑视那些代替了

---

* 伦敦的一个购物街区,以高级定制男士服装行业闻名,被称为"西装裁缝业的黄金道",包括丘吉尔、拿破仑三世、纳尔逊子爵、查尔斯王子皆曾光顾。

他们的新贵。他们的脸上写满了家庭成员的自杀、癫狂和酗酒。他们对过去有着古怪的妄想，会把威士忌藏到挂在墙上的曾祖父威严的肖像画看不到的地方，他们的曾祖父是个爵士或者别的什么，建造了这座他们现在深居简出的房子。

有法律争议的房屋不能出售，而且维护成本太高。康诺特广场周围的豪宅里空空荡荡，电力已经被切断了很久，里面只有些做清洁工作和守卫这疲倦庭院的人。远离这座城市奔腾的脉搏（尽管一切只是在墙的另一边），这些人在价值 3000 万美元的房产里过着杂乱无章的生活，偶尔清扫草坪上的落叶，用木头生火煮饭。他们撬开生锈大门的门栏，走到外面的街上，但他们几乎从来没有离开过。他们在阳光下睡觉，有时候抬起头，徒劳地向一只入侵的狗扔石头，而狗和他们一样昏昏欲睡。他们看着自己的孩子在杂乱又破败的院子里玩耍，又睡了过去，接着，他们看着自己孩子的孩子在那里玩。

如果说新贵是对于老一代贵族的背离，那么他们来到英属德里也代表了对他们自己生活的一次重大背离。他们继续获得合同的能力取决于他们是否能成功地融入这个英式社会的新世界，他们确实做到了，并把自己曾经拥有的留在了身后。

比如说，他们曾经在庭院风格的房子里长大，这种风格是从中亚来到印度北部的。在这种风格里，空地不是在边缘而是在中心——那里有一个露天的庭院，多数有树木和喷泉，为整个大家庭提供了一个公共区域。院子周围是房子，家族的各个分支拥有自己的私人房间，有的还有供家里的妇女在日间活动的独立场所。这种风格有很大的吸引力，至今仍是一些德里老年人的梦想。他们出生在这样的房子里，但几乎之后所有的日子都生活在风格完全相反的住宅里。在 20 世纪 20 年代，为了迎合英国人，德里的承包商无情地抛弃了这种亚洲风格的住所，转而建造被草坪围绕、有大客厅的豪宅，在那些客厅里，男人和女人可以进行"英国式"的、没有隔阂的交往。

九　1911——英国人的新德里

英国化的回报是巨大的。英国人关心这些新贵族的培养,不仅奖励他们商业合同,还奖励他们骑士称号和其他国家荣誉。英国人让他们成为自己俱乐部的会员,帮助他们把儿子们送到牛津和剑桥。于是,一个新的统治阶级崛起时迅速地接受了英式作风。他们将英国人的穿衣风格消化成自己的。他们打网球和高尔夫球,周末时去狩猎,他们在毯子上野餐,用闪亮的银器喝下午茶。

但他们的成功首先取决于他们重新创造自己语言的能力。一个建筑承包商的儿子这样写道:

> 我的父亲,索伯哈·辛格(Sobha Singh)……非常超前于自己的时代。他意识到,如果要和英国人相处,就必须懂得他们的语言。他登广告找了一个辅导老师……三四年内,他就能说一口非常流利的英语。他试着让我母亲也学说英语。他请了一个印度裔的英国人赖特(Wright)夫人教她。苦苦学了好几个月之后,我母亲只学会了几个词:早上好,晚上好,晚安和谢谢。她常常自嘲,还会把谢谢转换成'非常感谢(thankus very muchus)'。训练她使用英语几乎就是一场灾难……父亲放弃了把她英国化的战斗。
>
> 我父亲身高一米八,体型苗条。我母亲身高还不到一米五。父亲对自己的穿着特别讲究。他穿着英国西装:外套和条纹长裤,戴领结或丝绸领带,还有晚礼服。我从来没有见过他穿传统的印度服装,他唯一的印度服装是晚上在家休息时穿的。他对饮食的要求很高——早饭分量很大,有玉米片、鸡蛋、烤面包片和水果;午餐前喝几杯金汤力也很重要;喝茶的时候要有蛋糕或酥皮点心;他喜欢在晚餐前喝几杯苏格兰威士忌,晚餐也是一件很复杂的事情,要有好几道菜,随后是一两杯干邑白兰地。[22]

这些人在印度北部印度教和穆斯林的共同文化中长大,正如我们所看到的那样,这个地方以其优美精巧的语言而自豪。大多数人在成长过程中都使用好几种这个地区的亲属语言,包括用阿拉伯字母写成的乌尔都语、印度斯坦语(和乌尔都语几乎完全相同,只是文字用天城体)、旁遮普语(文字为与天城体相近的古尔穆奇字母)以及可能还有其他一两种方言。语言不仅仅是一件用来做事的工具,即使对于他们这样的商人来说也是如此。他们爱好诗和歌曲,许多人自己写诗,通常用的是乌尔都语——虽然可能不是他们的母语,但被普遍认为是最适合写诗的语言。然而突然之间,他们用自己最弱的一门语言来生活,或者说一门他们甚至都不会说的语言——英语。他们用英国官僚和军人之间的黑话互相咆哮,他们与那些人("六尺大汉")过从甚密,而从前的文化在他们身上萎缩了。英语成了他们的语言,虽然他们给后代留下了梦幻般的财产,却没能让他们继承自己的语言。

当你看着新完成的英国行政综合大楼的照片——巨大的、完全现代的建筑,周围方圆几公里一片空无,你不禁感觉到有一些妄想的东西在里面——因为有许多城市曾经建在这个地方。确实,从这个意义来说,英国人完全是"传统的"德里统治者。在他们的故事中,他们被迫放弃自己的首都,使用的时间比建造它的时间更短。1947年,他们匆忙离开,随后,独立印度的管理者就搬进来了。

这些管理者有意无意地完成了英国人起头的事——破坏北印度古老的印度教和穆斯林共有的文化。分治的毁损过去后,在极度痛苦中,新的国家决心抹去所有会让他们想起这道伤痕的存在。那种共有文化将被遗忘,其中伊斯兰的痕迹被消灭了。语言是一个重要的领域。

1950年的宪法为一种新语言——"印地语"——规定了明确的传播目标。印地语是对传统印度斯坦语的重新发明。传统印度斯坦语是一种北印度语言,其中乌尔都语被用来进行最高水平的文学和哲学研究,是最复杂的一门。现在,印度斯坦语将被重新组织,尽

九 1911——英国人的新德里

最大可能去掉其中所有波斯语、阿拉伯语和突厥语带来的影响,并用从梵语中找回或创造的词语来取代它们。从今以后,印度人的舌头不会再发出穆斯林的声音。

印度人的手也不会再写下穆斯林字母,这种语言已经不再用阿拉伯文字书写,印地语只用印度本土的天城体(Devanagari)书写。中央印地语管理局成立了,职责是在这种语言的街头巷尾巡逻,同时保卫它的边界。官方通讯比如学校教科书或者全印度广播电台的新闻报道,都被制作成这种新语言的展示样品。这是一种糟糕的学术展示,因为里面梵文过多,完全不像真人在说话。

也许有人会想象,一个独立的国家会比殖民地发出更多的声音。也许有人把独立想象成为这样一个时刻——从前沉默的声音以谈话和歌曲的形式爆发。但在印度北部,真相更为复杂。人们不再阅读印度斯坦尼最伟大作家的作品,因为里面包含了太多不被许可的元素,并且他们很快就将无法读懂这些作品使用的文字了。从前以文学素养自豪的旁遮普人家庭,自己也开始不喜欢书籍。大多数书籍,尤其是那些对一个人的职业生涯没有直接促进效用的书籍,成了没有回报的支出。事实上,这些书代表着对生活在分治后的家庭的威胁,在这些家庭中,重建物质基础是唯一正当的关切——对深奥幽微世界的关注现在被视为是危险的,父母应该保护自己的孩子免受其影响。此外,在充满恐惧的新家庭气氛中,父母对孩子拿着一本书自得其乐感到不安,他们希望孩子需要他们,正如自己需要孩子一样。他们堵住了通往孤独和遐想的道路。

德里这座城市延续着自己久已有之的名声——语言的死亡之所。分治的难民不仅用一代人的时间就遗忘了乌尔都语,他们甚至难以把自己的旁遮普母语传承下去,他们的孙辈中很少有人了解这种语言,除了只字片语。这里许多中产阶级的成员最终哪一门语言也说不好。他们说不好英语,尽管在职场里英语用得越来越多;他们也说不好印地语,虽然在家里说,但除了日常词汇以外也知之甚少。关心语言被看作是毫无价值和娘娘腔的,而且口语特有的模糊性和对语法的故意忽略成了一般的风格。书本和报纸上到处都是拼写和语法错误,更不用提广告和街道标志了。很难找到能在印度诸语言间进行翻译的人,因为很少有人能够同时掌握高水平的书面印地语和书面英语。以往的宽阔视野逐渐消失。人们对于和自己不相像的人的了解越来越少,阶级和种姓变得更加孤立而可疑。

倒是来自小镇的贫困移民往往保留了关于优美语言的观念。登陆的分治难民计算着自己的房子和存款,面对后来到达的那些衣衫褴褛的人,他们陶醉在自己的优越感中。但有时他们听到来自其他地方的工人阶级说的话——在那些地方印度斯坦尼诗意和狂喜的元素还没有变得陌生——他们才意识到自己已经变得多不善表达。

对诗歌和精致语言的挚爱现在失去了表达的对象,也许这些爱被转移到了孟买的电影艺术那里,使其在分治后的几十年里享受着偶像式的崇拜。孟买的电影制片厂,成了许多乌尔都语诗人和剧作家迁徙向往的地方。在那里,他们创造了一种蕴含着精致感觉的电影艺术。在这些电影中,英雄说的是讲究的波斯印地语,情歌里的隐喻让人回忆起乌尔都语诗歌的艺术高度。那个时代的三个超级男星,拉杰·卡普尔(Raj Kapoor)、狄力普·库玛(Dilip Kumar)和戴夫·安南(Dev Anand)都是从现在的巴基斯坦来孟买的。如果说 20 世纪 50 年代和 60 年代的印地语电影甚至在晚于那个年代很久出生的人之中仍然带有这种情感力量,那是因为它成了印度斯坦尼文化中浪漫和诗意最后的避难所,而这种文化很大程度上被独立国家更加严酷的氛围赶到了地下。有一点也许意义重大,那就是孟买的电影艺术是印度公共生活中极少数穆斯林男子能享受毫无顾忌爱慕的领域之一,尽管他们起了印度艺名。

富有启发意义的是,这种电影艺术在整个苏联集团里产生了狂热的吸引力,那里的观众经历过严厉的肃治,并在 20 世纪 30 年代至 40 年代的生活里饱受沧桑。因为这是一种与日常世界有一定距离的电影,其中的生活就像以前那些更美好的事情一直都在(比如,电影故事几乎完全不提分治,好像它并非生于那场阵痛)。对于那些失去了自己东西的人来说,这无比辛酸,不管他们在哪里。

国防区(Defence Colony)是德里南部绿化最好、最让人喜爱的街区之一。在印度独立之后,这里宽阔的地块被分给了军官。最初的居民们现在已经老了,他们以一种古老的节奏生活着:早上6点在国防区的许多公园里快步散步,有时伴随着一阵阵充满活力的拍手声,或者一群人不约而同的大笑声;接着,7点在阳台上吃早餐看报纸。午餐和遛狗由在家里工作的"男孩们"安排,这些男孩通常是他们在军队时就认识和信任的仆人的儿子和孙子。下午,茶和饼干如同军事纪律般雷打不动地被送到露台。那些5点就起床的人早早吃过晚餐上床睡觉,但晚上也有可能到当地俱乐部喝一杯,在那里分享关于往昔的回忆。他们会聊20世纪40年代的军事学院,那时分治还没有将军队分裂成两半。分治时,一半的军校同学成了敌人,并和他们在三场大战中作战,但这并不妨碍他们的老交情(有时甚至包括越界的暗中合作:"老伙计,别打那个目标,我侄子躲在那儿。"),现在他们仍然与边界另一边的前同事保持着友谊。他们聊过世已久的上司们,那些被取了伍德豪森式(Wodehousian)笑话里的绰号,并能一口干掉威士忌的人。

他们是彪悍的男人和女人,同时拥有强烈的责任感和对乐趣的追求。"不打仗的时候,"有一次,一个年纪虽大却整洁美丽的军人妻子对我说,"那是你能想象的最好的生活。我们所有人一起在一个军事基地,晚上喝酒、打台球,还有许多穿制服的高个子男人……"她说话带着桑赫斯特(Sandhurst)*口音,面前是满满一杯金汤力。

---

* 桑赫斯特皇家军事学院(Royal Military Academy Sandhurst)是英国的陆军军官学校。——译注

他们是俭朴的人,有舒适的住宅和不错的养老金,生活里没有什么特别想要的。他们享有社会声望和关系,孩子受到良好的教育,婚姻和职业都很好。然而出乎意料的是,在他们的老年时光里,他们的生活超过了普通的富足,变得非常富有。

在21世纪初的房地产热潮中,他们生活的地块价值达到了200万美元,然后是300万美元、400万美元。社区里流传着数字。他们中很少有人真的想改变自己的生活,但他们面临着释放其中价值的压力,这些压力常常来自他们正处于职业生涯鼎盛时期的孩子。于是,老人们搬出去到别的地方租房子住,一个接一个,房子破败下来。这些都是很有特色的房子,大多由房主自己设计,但都有一种优雅和匀称:房间宽敞,天花板很高,有屋顶露台可以在冬天晒太阳,底层房间在夏季通风很好,花园由恰到好处的树荫遮蔽。在很短的时间里,大部分房子只剩下了瓦砾,国防区也变得走风漏气的。坑洞里出现了棚屋,里面住着建筑工人和他们的家庭。深色皮肤的农村孩子白天在街上玩,女人们晚上用木头升起火烤烙饼,这时你会听到忧郁的歌声。随着建筑的升高,劳动者的住宿条件也迅速提高。很快,他们住到了五星级公寓里,洗好的衣物被高挂在大理石大厅,他们的歌声也都变得更快乐了。然后工作完成了,这些家庭去了别的地方,再次住在帐篷里。

这些新建筑与旧的非常不同,它们是国际风格公寓的伟大堡垒。不再有花园了,因为这对房地产来说是不可能的牺牲;不再有露天阳台了,也没有阳光照耀下的白墙,没有遮阴的树木,没有任何古老建筑智慧的迹象,这些智慧可是在这个气候严苛的地方经过多个世纪积累下来的。这些新的庞然大物高耸入云,比树顶还高;石头材质的大楼冷冰冰地面对太阳;因为落地窗而产生的温室效应被空调的强大力量所抵消。高墙、安全门禁和闭路电视摄像头完成了"国际生活"的承诺。

原来的业主在这些街区为自己和孩子们保留了几栋公寓,其他

九 1911——英国人的新德里

的以每栋 100 万美元的价格出售。

所有这一切解释了当我快到欧贝罗伊上校（Colonel Oberoi）的房子时，马路就像是一个建筑工地的原因。拆除和施工造成的粉尘扑面而来。空气与切割意大利大理石的巨大噪音一起尖叫（事实上，这种说法是不必要的——这里所有的大理石都叫意大利大理石，不管石头是从哪里来的）。其中一栋房子前，有一队人在操作一个专业电钻，要把一口非法的私人水井挖得更深一些，这些房子都有这种井，好绕过市政供水的配给。地下水水位不断下降，这些井不久之前还只需要深入地下十五米，现在却必须得深入六十米了。拥有钻探专业知识和设备的公司现在业务多得处理不过来。

我去见欧贝罗伊上校的时候迟到了，而且我从车里给他打电话道歉并没有让他感到一点安慰。"我给你五分钟时间到这里。"他在电话里大声咆哮道，然后就挂了。

欧贝罗伊上校的房子没有被拆掉，是极少数仍矗立在这里的原有房屋之一。欧贝罗伊上校自己设计了这座房子，现在这座房子显得非常古怪——在一片满是新德里规划排屋的土地上，非要应用旧式庭院的设计。

"我母亲坚持要有一个院子，"他说，"在 50 年代我们造这个房子的时候。"

对于一栋已经有人居住超过五十年的房子来说，里面的设施少得惊人。墙是裸露的，灯泡也一样。餐具柜上有几张孙辈的照片和军队授奖仪式的照片。

上校九十多岁了，已经退休好几十年。他有点聋，所以他军人式的嘶吼显得更加响亮。他穿着一套皱皱的猎装——以前印度公务员的制服。他坐下来，坐在一张写字台前。写字台上有用乌尔都语写着笔记的笔记本，本子是他自己用使用过的 A4 打印纸做的，每张纸被裁成四小张，钉在一起。他示意我坐在桌子对面。

"在我长大的村子里，"他说，"房子都有院子。你从街上走进院子里,那里会有家畜和干草,还有床可以让你露天睡在外面。房间在院子的尽头排成一排:它们都在一楼,由泥土和木梁建成。屋顶伸出屋子的墙壁很多,所以房间总在阴影里。所有这些房间都是卧室:起居活动区域就是院子。如果有客人来,院子里就会摆上一张桌子,倒上茶。我们不在家里办大型活动——婚礼和宗教活动会在社区中心,那里是我们所有人一起帮着建起来并维护的。"

欧贝罗伊上校在西北边境省(North West Frontier Province)的一个部落地区长大,那里的自然美景令人叹为观止,很多地方都能看到喜马拉雅山,同时也是印度河河水最澎湃、水量最丰沛的河段。1947年8月,那个地区成为巴基斯坦的一部分,欧贝罗伊上校一家成了印巴分治区的难民。

"当时我受命在孟买参加军事训练。我的家人滞留在马尔丹(Mardan),靠近希贝尔关卡(Khyber Pass)。他们无法动身去印度,因为我妻子怀孕了。我的一个穆斯林同事照顾着他们,他叫贾巴尔(Jabbar)上尉,他让他们住在他的军方住所以确保安全,其中有我的姐姐和姐夫、两个表亲和他们的孩子,还有我阿姨和母亲。那些地方传来的消息非常吓人,我很担心。独立后两周,我去了阿姆利则(Amritsar)的避难者组织。我的朋友在拉合尔有家人,他们由军队护送越过边境去接家人,但是马尔丹太远了,没办法这样做。我非常担心,不知道要怎么办。最后他们答应用飞机把我家人接出来。我还记得扩音器里播出公告的那个时刻:'欧贝罗伊中尉的家人将会被空运出来。'

"但是我的家人还没准备好接受空运。我的妻子不能移动,所以她不得不一直等到10月我们最大的儿子出生。那时候空运已经太晚了。于是贾巴尔上尉亲自把他们护送到了白沙瓦(Peshawar),把他们交给了一个来自哈里亚纳(Haryana)的将军照顾。那位将军把我的家人带过边境,送上一辆军列。那时候的德里一片混乱——所有的火车都停了。我和他们都去不了德里。一个月以后我们才最终团聚。"

欧贝罗伊上校一边说一边画了很多画，有房屋的设计图，也有家人活动的地图。

"那些年我并没有驻扎在德里：我随着军队到处移动。1949年，我被送到英格兰参加长期炮术训练。之后，我被派到印度各地。但是我没有自己的住所，这是个大问题。我的大家庭仍然和一个亲戚一起，住在德里一栋只有一个房间的房子里。德里全是难民：有几十万人仍然挤在数个难民营中，住在帐篷和茅草屋顶下，政府在努力为他们安家。我的一个同事让我去问问避难者的房产。他们给我看了一个被穆斯林家庭遗弃的房子。我到负责安置的主管那里去问是不是能把那个房子分给我。他说我不符合条件，因为我不在德里服役。'但是我们在建一个防卫定居点，'他说，'在那里你可能符合条件，分下一块地。'"

政府为军人提供分期付款计划，让他们很容易就能买这些地。独立后，在德里人的概念里，这个城市是属于品格高尚、忠于国家的人的。当局使军队男子很容易购买这些地块，提供多年分期付款计划。埃德温·勒琴斯设计的这座英国行政城市中，新的"殖民区"迅速萌芽，遍布全城，其中比较好的区域被分给了工作对国家至关重要的非政府人员。除了国防区，还有为记者、律师等保留的街区。相比之下，商人的行当被认为更加庸俗和自私，因此被安置在德里西部相对偏远的街区。

"我坐下来写了一封申请书。第二天他们给我打电话，告诉我申请成功了。我买下了地。等我回到德里的时候，我们建了这栋房子。"

我来见欧贝罗伊上校是为了参观他的这座庭院式住宅，房子建在新城，仿佛有些与时代脱节。他希望按照原定时间结束会面，但因为我迟到了，损失了一半的时间，所以我们就没时间参观房子。现在到他去市场的时间了。我们站了起来。

我问他，他在笔记本上写的是什么。"这是我的诗"，他说。"你用乌尔都语写吗？""我用很多语言写。我的母语是西莱基语*，属于旁遮普的一种方言，是我出生地那里的语言。我以前常常和说普什图语的部落的男孩子一起玩。作为 20 世纪 20 年代的孩子，我每天要说六种语言：西莱基语、旁遮普语、印地语、普什图语†、英语和乌尔都语。我以前写信会用三种语言写三份，印地语的写给母亲和姐妹，英语的写给朋友，乌尔都语写给我叔叔。我也写英语诗歌。但是写诗最好的语言是乌尔都语。"

提起诗歌，欧贝罗伊上校忘记自己急着要走了。他想读给我听。他到书架上拿了一堆写满诗歌的笔记本。

"我写诗已经写了七年了。"他说。

大部分诗写在没用过的旧日记本里。他翻着本子，寻找他想念的诗。这些本子有些令人触动的东西，上面从左到右用灰色印着英语的日期和月份，这个字序对于拉丁文字的读者来说是从前到后，然而本子里却以反过来的方向写满了诗歌——诗歌让时光倒流。他用一种深沉而带着音乐性的声音朗读，读完每一首诗都稍作停顿。这些是古怪的韵文，给人一种带有不同寻常的好奇心的印象。"我们感觉到的对其他人类的所有情感，在天堂里有任何位置吗？ 因为如果没有东西把我们绑在一起，那就不是我的天堂。"

> Jaise nadee ke bahaav main ek pathroon ka jaloos hai
> Bahe jaa rahe hain ludak ludak
> Wajood use na thahraav hai
> Na lagaav hai na dosti hai

---

* 西莱基语（Saraiki）属印度-雅利安语支，主要流通于巴基斯坦旁遮普省的西南部，常被视为旁遮普语的方言。

† 普什图语（Pashto）为中亚和南亚普什图族的语言，与达利语（Dari）同为阿富汗的官方语言。

九 1911——英国人的新德里

> Na hai dushmanee
> Chaahat nahin, nafrat nahin
> Jannat hai uska naam agar jannat hamein nahin chahiye.

> 如石块行进
> 在一条河流中翻滚跌落
> 没有身份或根
> 没有对友情的依恋
> 或是对仇恨的
> 没有欲望,没有憎恶
> 如果你把那叫作天堂
> 我一点也不想要。[23]

欧贝罗伊上校的态度总的来说严格而死板,但我们谈论诗歌时,他身上流露出了一些温柔和甜美的东西。这部分来自这个人心中对于宏大自然的记忆,他在这个巨大的城市中已经生活得太久了,但他的乌尔都语诗歌还坚定地维护着对一种已经失去的文化的忠诚——一种像他这样的印度教徒曾经与穆斯林共享的文化、一种多语言的大都会文化,在那种文化中,诗歌和精神的生活曾经有过更充分的表达。

朗诵完了之后,我问他:"你怎么看印巴分治?"

"最开始,我非常恨。我是说,我们期望的是独立,得到的是什么?国家一分为二。"

然后他用了一个印度的隐喻来详细解释,这个隐喻之后会一再出现。

"两个亲兄弟最后斗起来,然后分了地。"

他把怨恨的矛头指向了那些推行英属印度分治的政治家。

"我们服役的时候有行为准则。人民和国家的福祉优先,个人利益最后。这个誓言是写在我们军校墙壁上的。但是政治家不是那样的。他们考虑自己的利益,吊死了国家。"

"你仇恨穆斯林吗?"

"我为什么要恨穆斯林?我和这些人一起长大,他们遭遇的是和我们一样的情况。年轻的一代被教着去恨穆斯林。过去我们和穆斯林之间亲人般的关系现在没有了:年轻人听着恐怖的故事长大。但是我们爱那些人。"

他摸着自己浓密的白胡须说:"我给你倒点茶好吗?"

十 1947——迈向独立

> 汽车驶近主路口的时候欢快地鸣笛,就好像街上只有十辆车一样,就好像这些喇叭声丝毫没有淹没在街上的喧闹声中。在发出了自己的警告以后,这辆车子看也不看,就从容地驶入了属于一千六百万人的狂暴街道和车流人流之中。
>
> 我觉得这个地方一点都市感都没有。没有哪的大都市精神是从那么多如此生活在一起的人里冒出来的。那么多创造这座现代城市的人是作为难民从小村镇来到这里,在德里待了几十年以后,他们还是住在小城镇里。

印度于1947年8月15日起成为自治领（Dominion of India）,当时还有几百个土邦散布全国,独立于中央。新国家的领土看起来就像被蛾子啃过的衣服。它曾经是英属印度帝国的一部分,大得多,而且连成一片。然而在20世纪中叶陆续出现了四个新的国家:缅甸（1938）、印度（1947）、巴基斯坦（1947）和后来从巴基斯坦中分裂出去的孟加拉国（1971）。

之所以叫作英属印度帝国并不是因为它是大英帝国的一部分——虽说它曾经是——而是因为它自己本身就极大,又包含了数量众多的国家和文化。其人口大致与全欧洲相当,语言的种类也和欧洲差不多。在其他情况下,这里完全可以出现很多国家,就像欧洲那样,甚至比欧洲更多。从这个意义上来说,旧帝国提出的概念上的挑战要比成立新国家少得多。帝国是多个民族的人造产物,这个事实不需要隐藏。相比之下，一个"国家"必须依赖于某些自然逻辑，这就成了反复出现的问题。就像 20 世纪数百个新国家中的大多数一样，南亚的新生国家除了曾被同一个帝国征服外，其存在并无其他历史依据，这些国家也不具有能给予其一致性的单一语言、文化或者种族。它们太大，也太小，无法与任何经验范畴对应——而且这些国家的新管理者，一门心思寻找象征和口号，把这种不自然的结合重新定义为不言自明的家园。

"巴基斯坦"这个名字就是这样一个尝试，尝试从差异中像变戏法一样地变出一致来。这个名字是由数个不同区域的首字母缩写拼写而成的，由一位名叫乔杜里·拉赫马特·阿里（Choudhary Rahmat Ali）的剑桥学生发明。1933 年，他写下了一个梦想，就是为"三千万住在 PAKSTAN 的穆斯林兄弟——PAKSTAN 在这里指的是印度的五个北方行政单位，即 **P**unjab（旁遮普）、North-West Frontier Province（**A**fghan Province）（西北边境省，即阿富汗省）、**K**ashmir（克什米尔）、**S**ind（信德）和 Baluchis**tan**（俾路支）"——提供一个共同的家园。选定了这个新词后，巴基斯坦首任总统穆罕默德·阿里·真纳（Mohammad Ali Jinnah）发现，边界另一边的新国家准备把自己叫作"印度"，这令他非常愤怒。他曾想象他的邻居们会抛弃这个英国人的词汇以及一切会与殖民时代产生关联的东西，为将要到来的新时代创造一个纯洁无垢的名字。它把自己叫作"印度",是把一个新生的国家冒充成那个古老的存在，假装所有和这个名字联系在一起的历史都是他们的，假装数千年来整个地区所有的伟大文明、对于印度河（一条在巴基斯坦的河！）对岸土地的争夺——无论过去是否存在于现在这个新印度的领土内，都唯独属于他们那片缩水了的土地。

印度不仅拿走了这个名字，还得到了德里。过去的两个帝国都曾将首都搬到德里，而且这两个帝国都是伟大的建造者，他们在德里建成了那些不朽的建筑和景观，让人能够直接感受到国家的威严。

十 1947——迈向独立

就在巴基斯坦政府在卡拉奇（Karachi）暂居了超过十年，等待新首都建成时，用来彰显英国在印度权力的令人叹为观止的议会建筑全都归印度官员享用。在这些设施上，大英帝国用上了多名国内最优秀的设计师，花费了数百万英镑。当英国管理者收拾完行李登船之后，印度的新部长们就搬进了他们留下的种着三角梅的小木屋。

但是这座城市永远不会再像英国人过去熟悉的那个行政中心一样了。当独立印度的旗帜飘扬在他们这座花园城市的上方，这座城市很快就被数以百万逃离帝国分治恐怖的人淹没了。而当代德里不是诞生于别的，正是诞生于此。

这片英属次大陆的领土分治为新的"印度"和"巴基斯坦"之后，就导致了被称为"历史上最大的人类动荡之一"的浩劫。[24] 数月的时间里，一千四百万人跨过西北和东边的新边界，从一边到另一边。多达一千两百万难民穿过西北边的边界，这条离德里不到四百公里的边界把旁遮普邦一分为二：印度教徒和锡克教徒主要搬往印度这一边，穆斯林则搬往巴基斯坦那一边。很多人搬离的原因是害怕身为宗教少数派的自己，将在把他们团团围住的新国家中遭到暴力对待。而事实上，这些宗教信徒本来融合得很好，其分解的过程却伴随着惊人的暴力。约一百万人在印巴分治过程中死亡——有些是因为饥饿和疾病，但是大多数是死于大规模的屠杀，这痛苦的回忆至今依然深藏在旁遮普的家庭里——不仅仅是在印度和巴基斯坦，而是在全世界。生活在成为印度的穆斯林和生活在成为巴基斯坦的印度教徒和锡克教徒，在自己的家里和街上被砍倒，或是从要出发的轿车和巴士里被拖出来杀死。在一个后来被说烂了的关于分治的故事里，载满难民的火车遭遇猛烈袭击，车上所有的人都被杀死，然后火车仍然行驶到分治的另一边，就像来自地狱的预兆。七万五千名妇女在这场大混战中被强奸或被绑架，在次大陆的这个地区，这件事依然影响着两性关系的结构。简短来说，印巴分治是一场巨大的灾难,是 20 世纪中由于官僚主义的草率导致难以想象的大规模苦难和死亡的例子之一。在这个例子中,英国政府和等待接管的印度和巴基斯坦政府都是极其草率的,但没有任何一个政府为其在这么多人被赶出家园、被杀死这件事中承担过责任。

是什么造成了如此放纵的暴力?很难有令人完全满意的方法来弄清楚这些事件的核心。回顾过去的时候,甚至施暴者自己都难以理解。因为在某种意义上来说,在那个时刻,他们是被愤怒操纵的工具,而不是愤怒的主人;自那时起,愤怒把他们从自己紧握的手里放开,让他们和其他人一样只剩下困惑。显然,没有任何实际的解释——比如自我防卫或者为财产抗争——能给予分治过程中异乎寻常的强烈暴力公正的评判。阿姆利则和拉合尔等城市之前是如此惬意平和,但分治期间却完全变了样子,这是完全不遵循常理的那种自发的大众狂想的结果。看上去,这种狂想的目标是要完全消灭其他宗教社群。过去,社会生活一直以来都是和这些社群亲密分享的,但是现在一切都被一条"国界"动摇,突然之间这些社群似乎变得让人厌恶。(德语中有一个词"unheimlich",通常译作"离奇的",但其字面意思是"不像家的",用在这里很适合。)这就是人们从暴力的灭绝行为中必然会得出的结论。就像之前各个社群几乎无法区分,然后在政治分离中爆发骚乱的地区——比如前南斯拉夫——一样,这里发生的不是无形的疯狂。它具有特定的结构,不仅针对人群,而且严重地针对其生殖潜力:不仅有不分青红皂白的屠杀,还有重复暴露未出生的胎儿、展示阉割的仪式,以及大规模的强奸,其目的是基因征服:**他们的孩子不会是自己的。**

这些社群就只是互相憎恨吗?仅仅是文明状态的中止就让一直存在的凶残激情涌现出来了吗?当然,冲突和紧张一直都有。人们通过加入不同的宗教和种姓社群了解自己,所造成的分歧和怀疑被所有统治政权利用(不仅是莫卧儿人和英国人,还有后来独立印度的各个邦政府和联邦政府),并具有可预测的腐蚀性结果。也许并不奇怪的是,"社群"这个词在英语世界的其他地方指的都是和谐和共享的东西,而在印度却被用来谈论社会的崩溃——因为"社群"被认为必须是局部的、沙文主义的,它的利益总是与整个社会的利益相抵触。

但是这些日常冲突在宗教团体内部也一样激烈——比如不同种姓的印度教徒经常被卷入冲突。而且奇怪的是,分治前,北印度文化中的主流记忆里并不包含敌意,反而是不同宗教间的尊敬与和谐:像欧贝罗伊上校还有我父亲这样的人,生活在英属印度教派杂处的环境中,反而胸襟开阔,感觉充实。当他们忆起往昔,总是快乐和懊悔交织。那时候的文化是由所有的宗教共同创造的,而且,几个世纪以来,无论他们之间有何种历史矛盾,他们共有的那个世界都比随之而来分裂的世界更加丰富。关键就在于此。

很难向不了解它的人们表达,一种文化的死亡是怎样一种巨大打击——那就像是一个社会的所有根基都灰飞烟灭了,由此其成员的自我也不复存在了。1947年的分治消灭了一种文化——一种古老的共有文化,于是物质生活中的暴力作为疯狂热潮中的一部分让人在这种心灵的死亡中生存下来。独立国家的新政权比旧文化更狭隘,为了使人民能够挤进来,需要有巨大的牺牲——净化和根除的进程基本上是无止境的,因为它真正的舞台不在外部,而是在自我之中。不仅是穆斯林害怕在新印度没有一席之地,有些印度教徒已经太"穆斯林"了,也会因此无法生活在新印度。在暴怒的狂潮中,他们杀死的不是穆斯林,而是伊斯兰教——作为他们自我一部分的伊斯兰教,他们自己内在的伊斯兰教——如果他们曾经属于过它,那么现在就必须消灭它。

人们通常认为仇恨是导致暴力的一大原因,但或许连仇恨也没有这样大的力量。爱和生存的力量更强。分治的暴力是想要活下来的人的暴力,不仅是身体上的,还是精神上和政治上的。而他们的生存取决于牺牲掉一种爱,一种在现代世界中已被禁止的爱。

对于一般大众来说，恐惧和暴力是在几乎没有预警的情况下突然爆发的，根本没有时间计划如何逃跑——他们锁上屋子，开车、乘公共汽车或者火车出发，但大部分人是随着成千上万的人的队伍步行。穆斯林往一个方向走，印度教徒和锡克教徒往另一个方向走，不知道未来会发生什么，也不知道自己是否还会回来。除了某些例外，这次可怕出走中的幸存者将失去所有没能带走的东西——房子、财产、土地、生意，他们1947年以后的生活要从零开始。

在印度这边，难民只要有地方就安顿下来。有些人和自己大家族的成员住在一起。许多人被安排住在难民营，有的在里面住了长达五年之久。在旁遮普古鲁格舍德拉（Kurukshetra）一个迅速聚集起来的营地里住了二十万人，这些居民很快把这个地方变成了一个临时的城市，热热闹闹地搞起学校、医院、市场和宗教节日，其中一些节日是为了纪念《摩诃婆罗多》中的事件，这部古代史诗描绘了在古鲁格舍德拉发生的一场两个家族间的毁灭性战争。所有人都一定很清楚这个故事在当代的回响。

随着时间的流逝，这些数量庞大的难民在德里定居下来。相比到其他地方去，进入德里要更简单些——作为新国家的首都，德里在为分治难民提供住所、福利和商业贷款方面显示出了最大的决心，同时作为在一片广阔空地的中心新建起的城市，德里在为人们提供长期居住地方面的灵活性也很大。在20世纪的上半叶，也就是这座英属首都建立的时期，德里的人口从大约十五万攀升至近一百万；分治后，这里一夜之间多了一百万新居民，而更多的分治难民在随后的许多年中不断到来。1947年后，这座城市的一项伟大工作，就是为这些新来者分配之前属于地主（多数是1911年时的贵族）而现在属于国家的土地。

然而在所有这些巨大的混乱和破裂中，并非全是输家。逃走的穆斯林留下的房产被早有准备的印度教邻居抢占，特别是在旧德里。德里有很多拥有地产的家庭无法解释清楚财富来源。国家也从离开的难民那里获得了数量巨大的财产，包括曾属于老穆斯林贵族的无价财富。然而，大体而言，精英比其他人过得更好，原因不仅仅是他们有逃离的钱，更重要的是他们有情报来源。大多数人不知道将会发生什么事，只能相信流言，但是那些和政治机构有联系的人能更清晰地了解到未来会是什么样子，以及自己怎样在其中拔得头筹。拥有重要房产和生意的人总是特别积极地去获取关于收购分区言论的最新情报，他们中的许多人很早就出手变卖手中的产业，只为安妥。这样的精英也能将国家资源为个人目的所用——很多情况下，是军队帮助他们将家庭成员和财产向南边和东边转移至分治后属于"印度"的领土。许多人赶在分治冲击前就在德里购买了房产，并建立了生意，他们的后代现在仍旧属于这座城市里最富有的人群。

通过它的赢家和输家，通过那些到来者的文化和离去者的缺席，正是分治而不是别的成为了当代德里文化诞生的标记。这座当代城市诞生于一场规模宏大的创伤，而它的文化正是一种创伤文化。即使是那些分治后出生的人，即使是那些从其他地方和历史背景中来到德里的人，比如我自己，也很快就染上了这座城市的许多很突出、来自创伤后的"抽搐"。这就是为什么对于那些从别的印度城市来的人来说，这座城市在情感层面似乎非常支离破碎，同时也非常骇人。

和通过政治、法律、纪录片等多种手段广为传播的犹太人大屠杀不同，英属印度分治过程中的多数事件仍旧尘封在沉默中。大屠杀为新成立的以色列国带来了巨大的凝聚力，但是对于印度和巴基斯坦来说，分治中的暴力是污染其独立的耻辱，他们不会将其广而告之。这两个国家都没有关于分治的官方档案，也没有国家纪念碑或纪念仪式。在个人生活中，经历过那些事件的人民通常不曾告诉任何人他们当时的所见所为。到现在，虚假的记忆已取代真实的回忆，因为能回到那些事件中的一连串经验被切断了。每个经历了印巴分治的家庭都讲述着同样的故事：武装的穆斯林成群结队地从天而降，家家户户惊恐万分，妇女为了避免受辱跳到井里，到处血流成河，婴儿在屠杀中奇迹般得以脱逃，在某些村子"他们没放过一个女孩儿"——这些委婉的说法比直接说出来听上去更恐怖。"他们挥舞着明晃晃的弯刀。"那些人说。这里提到的弯刀，是指和中世纪穆斯林统治者有关的华丽弯刀，显示出1947年的恐怖是如何在述说中崩解成一个关于永恒而神秘的脆弱性的故事。对于从那场灾难中幸存下来的锡克教和印度教家庭来说，他们有一种超验的恐怖感，并且这种恐怖感等同于伊斯兰本身。分治发生时已经成年的人，有和穆斯林一起生活的真实经验，这为他们的臆想设定了界限。但他们的孩子没有这些经验，这些孩子和最可怕最猥琐的怪物一起，住在成人沉默的真空里。他们在自己孩子的周围复制那些沉默，以至于当所有的事实都渐行渐远的时候，残余的创伤像食物链里的毒素般随着时间逐渐浓缩。折磨德里的，是一场无论多少年过去都不会离开的灾难。

从伊斯兰教的手中逃到德里，这些家庭对于在穆斯林的土地上开始新生活是非常介意的，而且即使他们将过往尘封并与自己隔绝，恶魔还是不断地从地下出来。20世纪50年代居住的新居民区建于过去穆斯林墓地之上（还记得艾玛·罗伯茨俯视"属于忠诚的十八万名圣人和殉道者的坟墓"吧？），伊斯兰鬼魂飘入他们的噩梦中。尽管他们叫来祭司驱魔，在门楣贴上咒语和护符，恶魔的攻击还是轻而易举地让他们无法轻松度日。他们通过佩戴戒指和护身符保护自己，但是低头看地的时候仍然心生恐怖。他们不会挖这片地，满园子的花都种在盆里，树则种在水泥槽中。因为他们不愿意想象如果挖开地来种花草，会有什么样的东西冒出来。父亲们告诉自己的孩子不要捡任何石头，因为可能有穆斯林用这块石头做过"istibra"——一种小便后清洁阴茎的仪式。这片土地是腐坏的。

分治难民带到德里的"旁遮普文化"常常被讽刺为只关心金钱、财产和外在炫耀。这是旁遮普文化，也是一种"创伤后的"文化。

事实上，这种文化和苏菲派的观点完全相反，后者在之前对于旁遮普的文化影响很大。苏菲派认为，只有内在的精神生活才是真实的，而对其他的东西——权力、金钱、财产的态度应该是超脱的。一切都天翻地覆了。人们在某种程度上就像受过创伤的患者，为了不再轻易受到相同的伤害，转变成和原来相反的个性。**过去的个性，所有的容忍和言语都是柔弱的，他们好像是说，这些只是让我们受欺负。现在我们不会再在乎摸不到的东西，不会让任何东西阻挡我们获得更多。**

德里的司机花很多时间凝视前面车子静止的后车窗，凝视的角度能完美地观察沉静的天空：在那些车窗上，孤独的云朵飘浮着，燕尾风筝打着转儿。但也是在这些后车窗上，人们写上各种文字，仿佛是为了与车海中的匿名性战斗。有些内容很有风度，比如："桑妮塔和拉凯什"。有些内容又长又挑衅："你开这么快超过我就为了能多等一会儿红灯？"男孩子喜欢看上去很坏："我是你最可怕的噩梦"，或"我这么开就为了气！死！你！"更聪明一点的车主会列出全球通吃的大牌："杜克大学"或者"我的孩子在西北大学"。美国大学实际上会制作这样的贴纸。很多情况下，进口车上的字关乎灵性方面居多：有时候是"基督爱你"，还有很多贴着赛巴巴（Sai Baba）大师的照片。刀表示的是锡克教的尚武勇气。一次，我看见一轮新月和一柄弯刀——在一个很早以前（远早于"9·11"事件）就确信了伊斯兰内在好斗天性的地方，这样自找麻烦让我震惊，而且我意识到之前从来没有见过这样的东西。

然而，所有这些内容中最常见的是"罗摩"——一个单独的词语，有时候伴随着一把满上了锋利箭头的弓。

罗摩是守护神毗湿奴（Vishnu）的化身，他化作人形从恶魔拉瓦纳（Ravana）手里拯救世界，后者从自己几千年的冥想、克己和对身体的自律中，获得了无边的力量。最终，罗摩摧毁了拉瓦纳，并被加冕为世界之王,净化和统治了世界一万一千年。罗摩打败拉瓦纳后回到阿约提亚(Ayodhya),每年的排灯节就是对此的纪念,这个节日可能是所有印度教主流节日中最重要和最受喜爱的节日,而他统治的那几千年则是地球上的极乐时光,那时美德遍生大地,君主关心所有人的疾苦,所有人都享受着和平与公正。

在几个世纪非印度教侵略者的统治下,这种关于印度力量和美德的想法显然获得了一层额外的意义。在罗摩身上,有一种印度教式的忧郁得到了体现——如果上一个千年不是那样,这里的生活本可以是什么样的?把罗摩的名字放在车后面,部分是为了抗议这一千年里的一切错误,包括今天腐败和反应迟钝的政府。受过创伤的地方梦想着出现可以扭转历史磨难的超凡英雄。

但也有可能,罗摩对德里司机的吸引不仅是因为力量和他身上关于复兴印度教的幻想,而是他拥有一种更亲和的吸引力。

关于罗摩广为流传的故事是这样的:他是一个完美的人,是所有美德的化身,以至于怀孕的妇女会大声朗读关于他生平的史诗《罗摩衍那》(Ramayana),把他的完美教给自己尚未出生的孩子(希望是男孩)。这种智慧让人奇怪的地方是,初看上去,好像和我们实际知道的关于罗摩的故事很不相符,在我们知道的故事里,他似乎是个有很多缺点且很脆弱的人。

罗摩是一个伟大的勇士,也是国王第一任妻子的儿子,他是作为阿约提亚王位的继承人长大的。然而,国王的第二任妻子从国王那里获得了一个可以无条件兑现的请求,于是她要求让罗摩流亡,从而让她自己的儿子巴拉塔(Bharata)继承王位。国王的承诺不能撤回,而罗摩也没有提出异议,他和妻子悉多、弟弟拉希玛纳(Lakshmana)一起离开,在森林里挨过了多年痛苦而艰辛的生活。那期间,罗摩遇见了一个流浪的寡妇苏里帕那卡(Surpanakha),她爱上了罗摩的美貌,拼命对他献殷勤。但是罗摩告诉她自己已经和悉多结婚并拒绝了她,后来还和拉希玛纳一起取笑她丑陋的外貌。

十 1947——迈向独立

出于嫉妒,苏里帕那卡攻击了悉多,而拉希玛纳割掉了她的鼻子。

然而,苏里帕那卡是大魔王拉瓦纳的妹妹,魔王因为自己的妹妹被毁容而愤怒无比。他劫走悉多,把她带到自己在楞伽(Lanka)的华丽宫殿。拉瓦纳通过学识和对毁灭之神湿婆的奉献获得了力量,他向悉多承诺财富和奢华,想要引诱她,但是她拒绝了他的求爱。最终罗摩和拉希玛纳在猴神哈奴曼(Hanuman)的帮助下攻入楞伽,杀死拉瓦纳并救出悉多。

198

但是罗摩深受折磨,他怀疑悉多被掠走后和拉瓦纳之间可能发生了什么,所以拒绝带她回去。悉多伤心落泪,她决定冲入火中以示清白。之后,她从火里现身,毫发无损。罗摩欣喜若狂,他带着悉多回到阿约提亚,获得了应得的王位。随后,美德的新纪元就开始了。

然而阿约提亚的人民却为罗摩树立的榜样而紧张:他们觉得如果这个王国的妇女看到国王欢迎曾和恶魔住在一起的妻子回来,她们会受到腐化。罗摩对自己的独立判断没有信心,于是把悉多流放到丛林里,她在那里生下一对双胞胎男孩儿,并被一位圣人收留。罗摩后来遇到了这位圣人,听说了悉多和孩子们的事。他想起了和妻子在一起的过往,有所触动,他让妻子来找他,并再一次证明自己的贞洁。圣人发誓说她对他绝对忠诚,所有从天而降的神灵也说了同样的话,但是罗摩依然要求更多保证。悉多说:"我真的从来没有,连一个念头都没有想过除了罗摩以外的别的男人,愿大地之神向我张开她的双臂!"话音刚落,大地就裂开了,她被裂缝吞噬了。显然,悉多的死使罗摩彻底相信了她的纯洁。现在他心中的爱汹涌喷薄,他祈祷她能回到自己身边,但是已经太迟了。

毫无疑问,罗摩是一个拥有非凡行动力的人——他愿意放弃政治野心在森林中生活,展示出他对父亲诺言的惊人遵守。但即使这样,依然能感觉到罗摩少了些什么东西:他的服从不是偏执的吗?他仿佛缺乏远见,为了不迷失方向而正在寻找理由,甚至是一个负面的理由。他难道不像是一个没有价值观的人，并因此变得脆弱和无情，最后成为极端的规则遵守者？罗摩个性严肃，抛弃别人的时候相当冷酷。他的话很少，几乎从不鼓舞或温暖他人。他沉溺于自我否定中——他开始崩溃的时候不是在森林的逆境中，而恰恰是在一切都回到他身边时——他的妻子、他的城市和他的宝座。虽然他会为了找回妻子而疯狂地战斗——因为他明白被打破的规则意味着冒犯，但当她回到家他却讨厌她，不是因为她的作为，而是因为别人对她的作为。被这样的男人爱着是危险的：当你被夺走时，他也许会为你率军作战，但当你在他身边时，他就会被怀疑和怨恨所困扰。不断纠缠他的，是其他人可能不会有像他那样否认自己的念头以及他们可能享受奢侈乐趣的愿景。

有趣的是，几乎看不到有人把克利希那神的名字贴在车子的后窗上，因为似乎在表面上，毗湿奴的第八个化身相比他的第七个化身拥有一个更有吸引力的理想自我。根据习俗，罗摩虽完美但仍有不足，克利希那却是理论和神学上的完美——他是"完美化身"，体现人类完美的十六个属性。罗摩只拥有十三个，缺少举世无双的风流浪漫、无可匹敌的音乐造诣、甜蜜感性的个人脾性。[25]和罗摩一样，克利希那也是一名战士、一个在智慧和道德方面非常严肃的人，但他还拥有罗摩所缺乏的幽默、口才和精神的广度。他对自己的感性和欲望毫不羞涩——他对女人的爱是富有爱欲和强烈的，他了解爱慕远方心上人时那种诗意的痛苦。像罗摩一样，克利希那很美，但爱慕他的女人的结局不会是被割掉鼻子，而是被他用长笛吹奏的小夜曲萦绕并爱着。

不过，除了俘获众多追求者之外，他大量多愁善感的情绪和他在林中的长笛演奏，是他没能成为我们这个野心勃勃的年代里令人满意的吉祥物的原因吗？或者，至少对男人来说是这样？在克利希那主要节日的庆祝活动上，你会发现周围都是妇女和儿童，他们注视着一个顽皮的婴儿和一个演奏着长笛的敏感男人的形象。在罗摩的节日里,你会发现男人们是带头的,比如说为十胜节夜晚的拉瓦纳肖像燃起火焰。我发现,如果德里这么多车窗后面都写着"罗摩",可能不仅仅是因为他是一个遥远而难以企及的英雄,而是因为他是一个让人感觉很亲密的人,一个有令人感动的缺陷的人,同时间歇性爆发的暴力恰恰让他成为令人心安而熟悉的榜样。

殖民地国家常常用"萎而复勃"想象自己的解放。英国统治时期,被政府排除在外的印度自治运动者抱怨印度男性遭到了政治阉割和婴儿化,并且渴望总有一天,他们的男性特征能够再次完整。然而,在梦想治愈到来的那一刻,当印度人认为自己在政治上控制了自己的国家之时,实际上在这个国家的北方,他们已经被更邪恶和难忘的方式永远地阉割了。有些人在分治的暴力中真实地被阉割了,更多人的男性权威感遭到了狠狠地嘲笑,因为他们的女人被强奸、被谋杀、被毁容,甚至被带走。殖民主义令人痛苦的去势已被证明是暂时的,但它终结于一场暴力屠杀,其中发生的真实和隐喻性的生殖器切断则不可逆转。正是这些伤口的记忆为我们看到的一切关于北印度男性的脆弱性提供了历史深度,使他们的女人渴望孟买或其他更遥远地方的男人更完整的情感结构。

对于许多北印度的家庭来说,尤其是对被绑架的妇女来说,这些不仅仅是神话故事。分治期间有成千上万名妇女被抓走,她们的家人到了新边界的另一边,而她们被留下来和绑架者在一起。

如果说印度这个新国家如此关心从巴基斯坦接回被绑架的锡克教徒和印度教妇女的话,那是因为印度的男子气概取决于此:正如神话所清楚表明的,对于男性的责任来说,没有什么比救回被夺走的女人更重要的了。正如每件绑架都是对父亲或丈夫的侮辱,绑架从整体上也被视为对国家权威的践踏;对于这个新民族的气概来说,必须把失去的妇女带回家。印度国大党于 1947 年 11 月宣布:

> ……在这些骚乱期间,任意一边都有大量妇女被绑架,并且大规模地被强迫改变宗教。没有一个文明开化的人能认可这种转变,没有什么比劫持妇女更令人发指。因此,我们必须尽一切努力,在有关政府的合作下,将妇女带回原来的家园。[26]

随后,经过双方大规模的调查,数以千计的妇女被找到,并被送回其父母家中。然而,这一行动并没有考虑到妇女自身的愿望,许多人并不想被送回去。毕竟很多年过去了,不少人已经过上新的生活。当国家派人来带走她们的时候,她们经常说自己对新的宗教感到满意,和新丈夫在一起也很开心,现在还有了孩子,不想再一次失去一切——但她们还是被强行带走送到了边界的另一边。除此之外,许多妇女认为返回"家园"才是真正的恐怖。如社会工作者与被绑架的妇女互动后向政府报告的:

> 长官,我们这些与(解救)工作密切相关的社工接近妇女时遇到了很多问题。她们说:"你们来救我们;你说来带我们回亲戚那里。你们告诉我们,亲戚们急切地等着我们回去。你们不了解我们的社会。那是个地狱。他们会杀了我们。所以,不要送我们回去。"[27]

这些妇女完全有理由担心。在印度教家庭中,在人们讲述的"分治"的恐怖故事里,"贞洁的"妇女跳入水井,不让异教人羞辱她们——她们像悉多一样,让大地将她们吞噬,用死亡来表明自己的贞操。这就是史诗应该结束的方式。这故事在这些已经在恶魔宫殿里生活多年、之后又在自己的家庭中寻找安身之地的妇女之间,引起了巨大的惊恐。许多人已经接受了穆斯林男人的爱,但因为他们的性能力在印度教徒眼中有如梦魇,她们已经无法再被认可为合法的印度妇女。她们面临着比死亡更糟的处境——她们活着,提醒着自己的父亲、兄弟和丈夫作为男性的失败,这实在让人难以忍受。有些妇女仍然没有回来,但更多的人被赶出家门,而有些人则确实遭到了谋杀。几乎所有人都从记忆中被删除了。从那时起,无数女性从家庭故事中消失了,孩子们长大的过程中,对阿姨和姐姐们的印象稍纵即逝,之后再也没见过或者听说过她们。

关于历史阉割的意识并没有从北印度社会消失。情况恰恰相反。搬到德里的人最先学习的规则之一是:不要在公共场合侮辱一个人,或提醒他的缺点,因为后果可能难以置信地严重。这座城市几乎每个星期都有人因此死去,就因为他们说别人开车开得不好或声音太响,或对一个女性说下流话。正如《印度斯坦时报》(*Hindustan Times*)2010年初回顾前一年的谋杀案时所评论的:

> 德里外围的冉豪拉(Ranhola)村,一个男人谋杀了他的邻居,因为他踢了他的狗。还有一个人因为在北部德里的公民路一个公厕插队而被杀。德里南部的新朋友商业区(New Friends Colony),有一个男人因为拒绝另一个人用他的手机打电话而被杀。
>
> 德里警察局去年记录在案的杀人案有五百二十三起,2008年有五百二十八起。其中,15%的都是出于"突然挑衅",这是描述德里声名狼藉的坏脾气的法律措辞。还有17%是冲动杀人。只有16%的案件有明确的犯罪意图。
>
> "去年,我们遇见了一些至今为止见过的动机最奇怪的谋杀案。"警察局局长Y. S. 德瓦尔(Y.S. Dadwal)在1月2日的警察年会上说。
>
> 精神病医生认为,缺乏适当的出口释放愤怒以及关于管理愤怒情绪的基本信息的缺失是这些案件背后的原因。"很多事,从大男子主义到冲动是每个大都市文化中都有的,都是这些案件背后的原因。"AIIMS的高级精神医师拉杰什·萨加博士(Dr

Rajesh Sagar)说。

"城市里的人随着城市改变。他们发现很难控制情绪。"拉雅·米特拉博士(Dr Rajat Mitra)说。他所在的非政府组织正在与德里警察局合作。[28]

这座首都越来越被一种具有高度侵略性的男性气质所定义,而这种气质似乎在1991年以后就失去了一切约束。**你是什么人,可以对我指指点点?**当一个男人扇别人耳光时,他会这么喊——因为在这个全球市场的时代中,对行为的所有限制都终结了,现在没有人可以告诉你该做什么,尤其是一个陌生人。人们很喜欢用"奴隶"这个词来描述已经过去的历史:"我们已经做了太久奴隶了;现在没人可以对我们发号施令。"在德里,正在崛起的"政客商人"完美地体现了这种新印度力量。这座城市成了一种新的、精神异常的男性气质典范的舞台,在其对阳性崇拜的关注中,这种气质抛弃了所有社会的甚至是法律的约束。2000年前后,德里报纸中充斥着一类权势家庭孩子的故事,他们似乎认为,社会地位的主要好处就是可以无限度地表现自己的男性权力。例如,1999年,一个名叫马努·沙玛(Manu Sharma)的国大党议员之子开枪打死了名模杰西卡·拉尔(Jessica Lal),因为她在一个酒吧里的名流派对服务时拒绝给他一杯酒。沙玛的父亲靠着政治地位建立了一个价值几十亿美元的帝国,包括娱乐业、糖厂和农业。当时沙玛和一群朋友在一起,其中包括另一位政客富翁的儿子维卡斯·亚达夫(Vikas Yadav)。这位富翁不断成功地逃脱别人对他强盗行径的起诉,这一定也是这些年轻人觉得自己可以胡作非为的大部分原因。拉尔告诉年轻人他们来得太晚了,酒吧关了。沙玛要给她1000卢比,她表示还是一口酒都不能给。"我可以用1000卢比喝一口你。"沙玛回应,并拿出一把枪威胁她。他朝空中开了一枪,然后朝她的头开了一枪,接着和朋友们离开了酒吧。

十 1947——迈向独立

餐厅里满满都是证人，而且沙玛自己对着镜头也说他朝她开了枪："即使1000块钱也喝不了一口酒，这让我很丢脸。"但在随后的审判中，他被判谋杀罪不成立，主要是因为有三十二名证人撤回了他们最初的证词。审判后来被重启，部分原因是一家批评性报纸《热门新闻报》(Tehelka)下了个套，拿到了马努·沙玛家人的证词，包括他的政客父亲胁迫和贿赂证人的证据，于是沙玛被判处无期徒刑。

后来，轮到马努的朋友维卡斯·亚达夫出现在新闻头条里。2002年，维卡斯和他的弟弟维沙(Vishal)，公然从一个婚礼上把妹妹二十四岁的男友带走，他们把他带进了一辆塔塔SUV并杀了他。他们不喜欢妹妹和这个人之间的关系，如我们所知，失去对家中女人的控制是最可能激起北印度男性愤怒的事情之一。

> 在聚会上看到尼蒂什(Nitish)的时候，维沙和我认定这是一个解决问题的大好机会，过了这村就没有这店了……我让维沙把他带出来。那时候是半夜。我们让尼蒂什坐在我们塔塔Safari的前座。维沙和苏克戴夫·波哈文(Sukhdev Pehalwan)坐在后排。我开车。我们凌晨1点30分左右到了巴尔文·拉伊梅塔巷，并停了车。我们让尼蒂什换去后座，这时维沙和波哈文紧紧地抓住他。我再次开车，把车停在了布兰德萨和库里亚之间的某个地方。然后我用尽全力用一把锤子砸了尼蒂什的头。他晕了过去，过不一会儿就死了。我们又开了一公里，然后把他的尸体扔在路上。维沙从尼蒂什的库尔塔衫口袋里拿走了他的手机，他还拿走了尼蒂什的手表，把这些都藏在附近的灌木丛里。我把杀尼蒂什的锤子也藏在灌木丛里。然后，我们把车子油箱里的柴油倒在尼蒂什的尸体上，点了火。然后开车返回德里。[29]

维卡斯·亚达夫以前曾从谋杀案的定罪中逃脱过，但这一次，即使他的家人在这个领域有高超造诣也不够帮他脱罪。两兄弟最终被判处终身监禁（尽管上诉仍在进行中）。然而，在德里权力青年周围发生的许多其他暴力死亡，不知何故突然从报纸上消失了，或者被私下解决了。

这座城市灵魂的核心是黑暗而致命的。然而，如同所有黑暗的东西，德里散发着强大的吸引力。它向人们承诺可怕的、禁绝的欢愉。表现出这座城市疯狂和无常个性的，不仅仅是1947年到来的难民家庭，新的到来者也感受到了暗中的暴力，并迅速采纳了这种方式。德里的影响力令人恶心，也令人暗暗觉得美味——你把自己交给它，直到和外人说话的时候，你才意识到自己已经变得那么腐败。人们涌向这里，不是因为它拥有某种纽约风格的壮丽承诺：比如"如果我能在那里成功，我就能在任何地方成功"——尽管"成功"从财务意义上说当然非常关键；而是因为德里即使向最纯净的灵魂也轻声承诺着暴力和恶魔般的乐趣。**到我这里来，你们这些一直被欺侮的人**，它说，**我会告诉你们如何欺侮别人。**

一天晚上，我去印度国际中心（India Internationl Centre）的花园里参加一个卡瓦里音乐会，印度国际中心是德里市中心一个著名的文化机构。傍晚的时候，一群巴基斯坦音乐家上台了。遥远的天空中，一群群长尾小鹦鹉尖声鸣叫着，在太阳触及地平线时重新找到方向感，排成一排穿过天空回家。最早出来的一些蝙蝠在树林中振翅飞翔。

这天是工作日，观众都是下了班过来的。嘴唇紧闭的印度官僚穿着西装，打着领带，在成排的塑料椅子中间乱走、争吵，并不关注音乐。

音乐家们不为周围的混乱所动。音乐直接以一种充满狂喜和渴望的非凡调子开场，歌声越发高昂地冲向疲惫的天空，鼓点让安静的花园里充满了跳舞和高举双手打节拍的人。领唱歌手是一个散发

十 1947——迈向独立

着世俗吸引力的男人,身材肥胖,有双下巴。他的手指在空气中轻盈地绘出音乐,他的声音里充满了所有种类的欲望,精神的、肉体的。他穿着一件领子周围有刺绣的亮白色库尔塔衫,戴着一条围巾。他把围巾甩来甩去,就像在甩着金色的鬃毛。

在第一个四十分钟左右,观众中发生了惊人的事。男人们因为快乐而摇动起身体——但一开始他们觉得尴尬,每次做了一个完全张开手臂的动作后,他们都要快速环顾四周,害怕受到非议。但愉悦的精神蔓延开来,很快人人都被感动了——自我约束消失了,他们兴高采烈地在椅子上跳起来,全心全意地鼓掌、摇摆和哭泣。某些东西从外面进入了他们——他们的身体正做着不熟悉的动作,他们正因来自别处的歌词呜咽。他们去舞台上给钱!而印度教的妇女在这些外国人面前戴起了头巾,还低下头行了额手礼!伊斯兰正在从这些人身上涌出来——这些人因为害怕自己的女儿可能嫁给穆斯林而夜不能寐。这些人甚至不是出生在把这种手势当作见面礼节的年代,但他们也知道这种手势。

看看观众中的男人。这些人缺乏想象力,每个星期二斋戒,他们相信自己品德高尚,因为他们拒绝享乐;这些人满腹疑心,婆罗门种姓的忧虑使他们不能在外面吃饭,与陌生人混在一起,或在大街上走;这些尽职的人努力工作,但不太会说话。看看这些男人,他们如此受情况所迫,要将自己内在的女性气质杀死,以至于面对女性时只能一直拒绝。现在,看看他们对舞台上这个苏菲教徒有着怎样的渴望——哭泣着歌唱的美丽穆斯林,激情四溢。他是诗人和雄辩家,带着普世的欲望,没有牺牲自己的感觉,从来不认为狂喜和歌谣是一种娘娘腔。看看这些男人是如何把他带进自己的内在,并试用他把自己填满。他的手势如何感染他们,他的激情如何照亮他们的脸庞。看看这个穆斯林如何在这些印度教徒心中升起了一团火,并使他们得以自由——看看他如何让他们重新回到他们曾经的模样。

十一　旁遮普的商业帝国

一个有钱的珠宝商给自己买了辆兰博基尼，价值3500万卢比。然后他发现不可能在德里这么挤的路上开这辆车，希望把车降价卖掉。一个买家花2200万卢比买下了这辆车，他是一名房地产商的儿子，二十七岁。这个年轻人正值新婚，他没把买车的事告诉家里，而是把车藏起来晚上才开。有一天凌晨5点半，时速两百公里的车子失去了控制，撞上了路边的栅栏，年轻人当场死亡，一名骑自行车的路人重伤。

受伤的男人五十五岁，是一所学校的看门人，他每天早上骑一小时自行车去上班，因为他觉得这样比坐公共汽车更健康。他已经在这所学校工作了二十年，因为要开门，他每天早上要在所有人来之前赶到学校。

出事那天早上，他受伤很严重，被立刻送到医院。学校为紧急手术提供了资金支持，但接下来还需要进一步手术，以避免瘫痪。看门人的儿子说他不知道家里要怎么负担治疗，让人害怕的是：手术可能要花15万卢比。

几年前，我在找新公寓的时候被带到一个很美的地方，那里靠近德里的一座古城。房子的租金大大超过我的预算，但那个地方太完美了，我不知怎地就向房东交了押金支票。房东是一名旁遮普商人，八十岁了，仍然在经营自己创办的企业，制造大型电子设备，产品销往全世界。他很成功，在德里拥有很多房产。他的太太端出茶和甜点，庆祝我们达成交易。他给我讲1947年的时候，作为年轻的海军官员，他是如何从巴基斯坦逃出来，在德里做起生意，并把弟弟一个一个带来这个城市，给他们找活干。

"现在我们互相之间不说话，"他说。"旁遮普家庭在逆境里疯狂地互相扶持，但富有了之后，一切就支离破碎了。这就是为什么马尔瓦尔人建成了最大的商业地产。他们把生意放在第一位。"

晚上躺在床上，我完全不相信自己白天的所作所为。我租不起这个地方。第二天早上，我给房东打电话，告诉他我很抱歉，但我不能租他的房子了。他说他也很遗憾，尤其是因为他拒绝了其他有意向的租客。他问我是否能补偿他半个月的房租。我答应去他家给他送一张半个月房租的支票，他说到时候会把我前一天给他的押金支票退还给我。打完电话，我就把前一天的那张支票止付了。

一个小时以后他打电话给我。"违约金涨了。今天早上10点04分你止付了你的支票。"

我问他是怎么知道的。

"你认为我会不知道这些事？"

然后他继续罗列我所有银行账户的号码和金额，这时候我才明白自己遇到了什么情况。

"你侮辱了我，"他说，"现在我要你给我一张两个月房租的支票。"

那是很大一笔钱。我争辩说这和他可能受到的损失不匹配。

"这和损失没关系，这是因为侮辱。"

我说很抱歉让他觉得受辱，但是能不能商量一个其他的补偿方法。

"达斯古普塔先生，你会发现，在未通知另一方的情况下止付支票是违反印度法律的。当然，你要付我多少钱由你自己决定。我只告诉你，我每天早晨在德里高尔夫俱乐部打高尔夫，和我在一起的是这个国家最有权力的律师和法官。我能让你没法儿在这个城市

十一 旁遮普的商业帝国

生活工作。毕竟，你是个外国人。"

然后他补充说，

"我不是在威胁你。我只是让你知道。"

我去寻求法律建议，律师建议我付给他他要求的金额。在这种情况下止付支票确实是被禁止的。"而且那样的人能把你的生活毁掉。"

那天，房东给我打了大概十次电话。他因为受到轻视而发狂了，抓着这件事不肯放。他吓我、哄我，还让我要知道廉耻。

我带着支票本到他家时，他突然就放松下来了，甚至可以说兴高采烈。我把支票给他，他花了很长时间写收据给我，这样就可以教育我该怎么生活。

"要记得，有两件事很重要。要爱国，这是我从海军那里学到的，还有诚实，这是我从做生意里学到的。如果不诚实，什么也干不成。"

他把我原来给他的那张支票还给我。

"我会关注你的银行户头。以后你在这座城市做的事没有我不知道的。"

在德里，有些巨额财富是小心谨慎地建立在声誉和人脉上的，这位房东的财富也是如此。维持这种事的一个方法就是声誉一旦出了问题，哪怕是最轻微的问题，也马上会被处理掉，并且受到惩罚，绝不容忍。

当代风尚里，有一种对稳定心境的赞赏，赞赏"无烦恼"、"自在自得"的心态。真正的力量被认为源自这样的心灵。因此，一个人要变得更强，要做的事里就包括对自己心理上的平整，也就是所谓的心灵治疗。

由此说来，有着曲折历史和持续伤痛的德里应该是一个脆弱的地方。然而，在21世纪早期造访过这里的人，都会对完全相反的状况感到震惊——德里人个个雄心勃勃、自信满满。这是因为"抚平"

创伤并不是唯一防止创伤使你无能的方法。你也可以利用它的能量来为一个完全不同、更加充满活力的反应提供燃料。你可以成为一个战士——既然所有历史和整个世界都是一个战场。

这就是很多人,尤其是商人在分治以后选择看待自己的方式。而且完全放开的市场自由化更深化了对于好战决心的需要。当西方世界的大多数商人把自己视作平民,和其他相似地方的商人一起进入全球化体系的时候,德里人把自己看作战士。对于其他人,他们有时候似乎不讲道德,也不讲原则——不怎么在乎整个社会的规则,比如说,不怎么关心那些比他们处境更脆弱的人——那不是他们自己对于事物的概念。他们当然不关心平民所想,因为战士这个职业要求他们高居平民之上。但就像所有的战士一样,他们的行动实际上基于一种强大的道德规范。他们的行动单位是家庭,若想让它维持强大的武力,是需要智慧、正直和牺牲的。

这里的人们,正如我们所见,总是很坚忍不拔、独立自主,对逆境随时做好准备。分治没有摧毁这种精神,只是确认了它的前提:**一切都可能被带走。** 财产和金钱消失了——财富的命运一贯如此,所以旁遮普人拿起武器反抗厄运,开始把一切再创造起来。分治之后,德里马上多出了一百万新公民,商业机会比比皆是。

企业家在刚刚独立的印度并不起眼。国家的"好公民"是农民、士兵和工人,以及为国家服务的专业人员,比如教师、医生、工程师和官员。但对于未来的全球经济,也许正是那些永远在规则以外工作的人(印度的创业斗士们)的活动才是意义最重大的。

我去见拉胡尔·卡普尔(Rahul Kapoor)的时候[30],他不在,去健身房了。但他的祖父在家,老爷子很高兴能向别人炫耀一下他刚刚装修好的浴室。浴室一直扩建到花园,所以现在三面都有阳光,而且房间很长。他用指节敲着墙壁原来的部分。"看到了吗?意大利大理石。"然后他走到扩建的地方又敲了敲,声音是空心的。"这个新建的部分只是石膏板,漆成像意大利大理石的样子。你能看出区别吗?"

他笑得开心极了。

"来我书房瞧瞧吧。"他说。

他大约八十岁,体格惊人地结实,步伐矫健。他把我带到一个洒满阳光的小房间,让我坐下。他自己也坐了下来,坐进一张皮革扶手椅里,戴上眼镜,开始按手机按钮。我环顾四周,看到一些银质镜框,里面的照片上是他已经成年了的孙辈们——所有的人,无论男女,都一副魅力十足的样子。房间中央有一张样式奇特的桌子,桌子的一条腿是一本巨大的石头书。一面墙上挂着一张大尺寸油画,画上是几个农村妇女,另一面墙上有一尊象头神迦尼萨(Ganesh)的塑像。我们的头顶上是一盏装饰着玻璃玫瑰的水晶灯。

"喂?亲爱的,"他对电话里说道,"我在和一位非常好的先生聊天,他来找拉胡尔。你知道他什么时候回来吗?他没带手机。是吗?太好了。谢谢你,亲爱的,待会儿见。很快见。"

他转向我。

"他随时会回来。现在给你来点儿茶或者咖啡好吗?"

他按了一个按钮,出现了一个侍者,他非常仔细地把我点的说了一遍。

"你一定要见见我太太。她是德里最美的女性之一。我追了她很多年,因为我长得并不帅。甚至到现在她都是非常美的。"

于是我开始思考,就像我以前就想过的那样,这代男性——在印巴分治以前就成年的男性,似乎比他们的儿子和孙辈更能够充分地去爱一个女人。

"她也是最棒的女主人。当我和别人讨论事情的时候,她会送来五十盘不一样的点心。最棒的是,她还会给司机也送去。我们装修这栋房子的时候,她总是确保工人们有饭吃,有冰镇饮料喝。"

卡普尔先生全心爱着他太太,也全心爱着所有事。事实上,他很开心能活着。

他给我介绍照片上的年轻人:有些在伦敦,有些在加利福尼亚,有些在德里的家族企业里工作。

"我的孙辈们仍然想和我一起度假,"他笑着说,"这让我很自豪。爱是最重要的事。无论我工作多努力,晚上我总是花时间和孩子们在一起。"

我问他想把什么东西传给孙辈。

"我教他们什么是美德,如何对待别人。我认识这里最有钱的人,但我会照顾每个人。而且有一件事是我自豪的,就是走进来向我求助的人,没有一个会失望地离开。这些福气会给你回报的。"

茶送来了,托盘里还有饼干和一个盛着糖的碗。我问卡普尔先生他老家是什么地方的。

"分治之前我们住在锡亚尔科特(Sialkot),"他说,"我们在那里生活得很好。1947年逃跑的时候,我们只带了一身换洗衣服,大家跳进车,然后就来到了德里。"

1947年,卡普尔二十岁出头。他告诉我自己是如何在新家重振家族已经失去的医疗器械生意。一切发生得很快,速度让人惊异。很清楚的一点是,即使他所在的阶层中,许多人在1947年失去了自己的有形资产,他们的社会关系网却几乎完整无缺地跟随他们迁徙,并且他们仍然能够像以往那样,在关系网中获得同样的帮助和引荐。在对向德里扩展的新住房供给的设想中,之前的等级、种姓、民族和职业划分实际上保留了下来,同时能轻易地重新培育起社会关系网。在一个新的首都城市,新的人口族群需要各种商品。对于那些有良好关系网和创业动力的人来说,几乎在找到住房前就发现自己的生意已经一派繁荣。到20世纪50年代早期,卡普尔先生就已经在北印度建立了垄断企业,在致富的路上一帆风顺了。

"坦白说,我做的事没什么特别难的,"他说,"我就是工作非常努力,一路学习。你得喜欢自己做的事,要不然,你就应该去做别的。"

到20世纪60年代,卡普尔先生赚足了钱。他建了一座大酒店,随后又做了多项房地产投资。分治难民失去了所有资产,不动产对他们来说有着磁石一般的吸引力,带给他们安慰,于是他们竭尽全力去获取不动产,越多越好。长远看来,这给他们带来的好处远远大于他们的想象——随着最近房地产价格的上涨,他们发现自己的财富数量变得惊人。卡普尔在德里最好的街区有房产,在城外还有一栋"农舍",这种类型的房产目前价值确定在5000万到1亿美元之间。过去的数年内,正是这轮房地产行情使这座城市的有产阶级变得极度自信。现在这些人发现,他们在全球范围里都算是富有的,而且还不用做什么事。因为自己的"非工资收入"让他们和这座城市里的其他人区别开来——如果德里的高级餐厅在工作日的下午奇怪地坐满了正值劳动年龄、无忧无虑的男男女女,那就是因为他们的"非工资收入"太多了。

我听到走廊里传来拉胡尔的声音,然后就看到他冲进了房间。

"对不起,"他说,"我迟到了。"

"别担心,"他爷爷心平气和他说,"我们聊得正高兴。"

拉胡尔刚从健身房回来,满身是汗。今天天气不错,他想坐在外面。我拿起自己的茶杯跟他出去。

"放着吧,"他说,"我让人帮你拿出来。"

我们走出去坐在阳台上,阳台下面是一个围起来的花园,花园四周都是参天大树。一个巨大空旷的会客室,全部以米白色皮革和大理石装饰着,朝着阳台敞开。

"你觉得我爷爷怎么样?"拉胡尔问。

我说了点好话。

"那家伙很有种,"他由衷地说,"他一手打造了我们拥有的一切。他们那代人用整个生命创造这些东西,累积成了不起的故事。年轻人只是挥霍，做的事算不上什么。"

拉胡尔二十五岁，身材纤瘦，为人热情。他穿着健身的运动服，外表考究时髦。我们的饮料放在托盘上送来了，他吸着鲜柠檬苏打水。

"那代人很强。我爷爷快九十了，但和他喝威士忌的时候，都是我先不行。"

附近有一幢房子在施工，拉胡尔受电钻噪音干扰很大（甚至都有点过分了）。他等电钻停了才开始讲他的故事，让人感觉他是一个有些挑剔的人。

"我们家来自锡亚尔科特，现在属于巴基斯坦。英殖民时期的锡亚尔科特是制造手术器械的中心，我们家控制着这个行业。1947年我们家族离开锡亚尔科特，分散到印度各地，然后重新白手起家。

"我的外祖父也是个传奇人物。他去了印度南部，因为知道那里不会有什么竞争。最开始，他骑着车在各个医院周围卖产品，产品就装在一个大箱子里。现在，他的公司是印度南部最大的医药器械供应商。对一个旁遮普人来说，去印度南部是很精明的一步，那里的人不擅长做生意。他们是学者型的，不是很强硬。如果有医院招标，外祖父和他的兄弟们就会挡在收标书的房间外面，有竞争对手想要来递标书，就会被打。他的对手们对此束手无策。但是有一次，他们聚到一起，伏击了外祖父，打了他一顿作为报复。

"他是一个出色的人，是个大慈善家，在马德拉斯（Madras）建了好几所最好的学校。但他有一个缺点——他跟穆斯林有仇。在分治过境的过程中，他的儿子被穆斯林杀害了。之后他试了很多次，想再要一个儿子，但只是成功地生了五个女儿。所以一直到去世，他都痛恨穆斯林。只要提起穆斯林，他就会勃然大怒。对旁遮普人来说，必须要有一个继承人来继承你的产业。他去世之后，生意就停掉了。他的女儿们都是被宠坏的富家女孩儿，什么也不想干。而且男人涉足妻子家里的生意也不好,这样就好像他们自己的生意失败了一样。"

和德里大多数商业精英一样,拉胡尔的家族来自旁遮普的卡特里(khatri)子种姓,这个种姓中印度教徒和锡克教徒数量相当。卡特里很可能是从事贸易的种姓里地位较低的成员,但他们喜欢号称自己来自更高贵的血统,说"卡特里"一词源于"刹帝利"(kshatriya)——高级战士种姓的名字。他们说自己在数千年穆斯林统治期间受到了压迫,过程富有英雄色彩,但他们的精神从未被征服。通过获得的财富和教育,他们从莫卧儿军政府中崛起,开始担任重要职位。他们说,是沙文主义的皇帝奥朗则布(Aurangzeb)把他们从官僚体系中赶了出去,强迫他们开店营商。然而,即使是扮演商人角色,他们也保留着自己尚武的身份特征。

拉胡尔回忆外祖父的方式正是这种身份特征在今天运作的典型方式。由于家族因财富和舒适的生活变得松懈下来,许多年轻的旁遮普邦企业家对这种变化方式感到失意沮丧,他们一再讲述祖父母的故事——从一贫如洗到千金复来。为了保留尚武品格,他们将这种历史的痛苦和其祖父母应对这种痛苦的好斗劲头抓住不放。

然而,如拉胡尔的故事所表明,并不是每个人都为旁遮普商人建立其商业帝国所用的策略感到高兴。这些策略的受害者也把其看作是好战的,而且不是那种好的好战。印度的许多地区都对旁遮普人企图垄断商业的凶残意图感到愤怒,西部和南部的本土主义运动就是专门为保护当地经济免受北方商人的冲击而发起的。

"直到最近我才意识到我们是富人。我们家的价值观是非常中产阶级的价值观。祖父经常让我们不要忘记关灯。我母亲如果看到我们浪费食物,会非常生气。他们在金钱上非常保守,所有钱都存了定期,然后就把钱放在那里。他们从来不贷款,也不花什么钱。

"我小时候到家里的工厂去,会有上千个人排好队来看我们,所以我觉得自己像个王子。但是一直到上大学我才意识到我们很富有。当时我成了家族企业的股东，看了资产负债表，看到父亲的收入和我们拥有的所有，这个时候我才明白。

"但现在，随着中国的崛起，我们已经完全停产了。父亲停掉了生产线，我们现在只卖别人的产品：德国货、美国货和中国货。祖父还保留了一家听诊器厂，因为他喜欢，虽然说这家厂在亏钱。尽管他年纪大了，并不需要每天去厂里，他还是每天都去，因为他对制造东西很有热情。我从来没在父亲那一辈人身上见过这种'激情'。他们快乐但没有野心。他们开派对，让孩子和家世好的人结婚——他们所有人都很快乐，太快乐了。每个人都有个大公司，卖的东西别家都比不过，也不需要营销。我有个阿姨是尼康相机在印度的独家代理，钱就这么潮水一样源源不断地进来。"

拉胡尔曾在美国一所常春藤名校念书，他觉得美国很多地方都比这里更让他自在，有段时间还考虑要不要回去。但他的父亲希望他负责公司的一大块业务，最后他决定投入一试。

"当然我也想过是否应该做别的事。有时候，管理这家公司让我觉得我要死了。但是每种生活都有妥协。而且我想，有多少人能有这样的机会？我本可以在美国找个工作，现在或许就是一个分析员，在努力帮一家超市节约1%的成本。那样，我就只是一架机器上的一个零件。但是我希望成为那架机器。或者说我想控制那架机器。

"我大学时代的朋友大部分都倾向于搞艺术。到我三十岁的时候，我已经做的事会比他们多得多。生意、金钱——都只是达成结果的手段。我希望留下点什么。这就是我想说的。我不想死的时候什么都没留下。"

我们谈商业战略。他正在对公司进行全面改革，拓展业务范围和下游。现在，他正要开连锁医院，用的是家族几十年前取得的土地。最终，这项连锁业务将成为跨国企业。在那之后，他希望投资药物研发，也许会收购一家外国医疗器械制造商，这样公司就可以生产自己的产品,而不是只卖别人的。他甚至当场就开始预测新的投资。

"也许这样做并不正确,但我现在的想法就是这样。我经常超越自己。除非你用最先进的方式来做事,否则就没必要做。"

他说话的时候一直在抖腿——让人感觉他内心充满了紧张,部分原因是他这么做即使在家族里也是冒着巨大风险的。

"在旁遮普商人家族里,要改变生意的方向非常难,因为家族想规避风险。你就老老实实做自己知道的事,做融在你血液里的事。以前业务这块,我可以向三十个人去寻求建议,但是这些新的投资,我得从零做起。但这就是我和他们多数人不一样的地方。他们中的大部分永远不会有任何重大成就,因为个人得失对他们来说意味太多。他们并不愿意长远考虑。当然印度商人必须要继续自己的商业传统,而且毫无疑问,十个商人里有三到四个肯定会比他们的美国同行或者欧洲同行走得更远,这是我们的家族和社会结构的关系。但如果他们要做真正伟大的事,那就必须打破陈规。"

为了这些,拉胡尔再次大大背离传统的家族伦理,向外寻求金融支持。这方面,他是新一代的典型,经历了市场自由化的这代人对于金钱的观念已经深刻改变。以前,金钱——"dhan",或财富,是静态的,其象征是黄金,需要被锁起来保存。金钱不是用来赌博、挥霍或是投资不确定计划的。金钱不会增长,却很容易缩水,所以每一笔花费,无论多小,都是潜在的损失。不管是挣1卢比还是100万卢比,旁遮普人的热情是一样的,因为别人的利润就是他们自己的损失。但到了市场经济时代,金钱不再是有形和静态的,而是变得抽象和动态。把钱拿出来不再自动指向损失,实际上,不这么做反而会在不断扩张的金钱世界里吃亏。一夜之间,钱生出更多钱,这也是北印度更年轻的一代人突然对买东西不再焦虑的原因之一。来钱的地方总会生出更多钱。

"最终,我会拆分这些公司,并且像一个风险投资者一样运营,根据需要为公司注资。最后,我会让一些公司上市。牢牢掌握一个集团公司确实不错，但我宁愿拥有1000亿卢比的40%，而不是50亿卢比的100%。

"跟你说，这件事并不容易。我刚刚从伦敦的财务会议上回来。我没有什么经验，要从那些五十几岁的家伙手里拿到投资是很有挑战性的。为了这个项目我头发都白了，这项目简直催人老。"

"你看着像个孩子。"

"我看上去多大？"

"大概二十一。"

"哦，谢谢你！我觉得自己看上去有五十岁。我觉得自己已经五十岁了。今天早上照镜子的时候，我觉得自己开始秃顶了。"

拉胡尔仿佛觉得自己和家族企业做了一场浮士德式的交易，这场交易将吸尽他所有的青春和精力，判决他照镜子的时候一辈子带着恐惧。然后他飞快地说了一段话，仿佛直接来自这部哥特歌剧的台词，他的意思是，这场交易将为他带来巨大的生产力提升：

"当我去到那里，看到一个个巨大的土堆，看到他们在巨大的挖掘现场建造新医院，我兴奋地发抖。如果我能做成这件事，满足感会是无与伦比的。"

那些巨大的泥土堆、挖掘场——都是杂志上经常使用的图片，用来讲述残酷无情的资本的恐怖。资本不断拆毁现有的东西，是为了积聚新的——更多、更大、更远、更快的东西。但拉胡尔望着这片被凿开的土地，觉得自己完满了、扩展了、成长了。

"有时候我觉得自己好像在溺水。我在下沉，就快要被淹死了。但有时候，我的感觉是，哇哦。"

我问他为什么要过这样危险的生活，他变得郁郁寡欢起来，开始谈家族企业的历史。公司被分给了他父亲那代的好几个男性，他认为分家的方式不公正。

"我本来应该管理一个更大的集团，想到这件事就让我如鲠在喉。所以我的一部分动机来自想要补偿以往的损失。我们损失了很

十一　旁遮普的商业帝国

重要的几块（业务），这让我们损失惨重。"

"同性恋的身份大概也影响了你的观点吧？"

"噢，那是另一个让我希望比其他人更出色的动机。我的确比其他任何人都更出色。我知道这听上去很自负。部分原因是我必须表现优秀，以此来挑战所有的成见，然后他们就永远不能说'他不是一个真正的男人'。我不是那种身材魁梧的旁遮普人，所以我得证明自己。"

实际上，拉胡尔拥有所有旁遮普商人的典型品质——轻视历史、面对现今世界挣扎逆反以及无穷尽的追赶心理。这些使得他精神紧张、缺乏耐心、雄心勃勃。

"你刚才说想留下些什么，是指什么呢？"

"我的意思是，你可以建一所学校，让一百个孩子受教育。你也可以捐款给慈善机构。这些可能都是好事，但不能算作留下的东西。从更广的角度看，这些事都太小了，完全无关紧要。你看见洛克菲勒家族做的事情了吗？那才算留下了东西。美国的每个大学和学院都有洛克菲勒家族捐赠的东西。从某种程度上来说，那个国家的每个人都受到他们家族作为的影响。那才算是留下了东西。

"看看我们身边的商人。这儿的（商人）。他们造些面目可憎的房子，自己的小孩都胖得要命，能一口气吃到死。还有无尽的财产纠纷。然后怎么样？然后怎么样呢？他们对生活的愿景是什么？你赚钱，然后死了。你只是积累了一大笔财富，然后你继续不停赚钱，永远不做其他的事。然后怎么样？我是说我需要多少钱？我在纽约有了公寓，坐飞机到任何地方都是头等舱，之后我真的还要多少钱？我要用我的钱改变这个世界，这就是我要赚那么多钱的原因。"

"所以你是为了帮助那些不如你富有的人而做事？"

"我不会这么说。我的意思是，我确实曾经在宣扬自由主义的美国大学念书，那是我心底里的自己。但我管理公司的时候，是典型的邪恶资本家。我就像《艰难时世》（*Hard Times*）里面的人物。

我使唤别人，让他们擦亮我的鞋子，确保佣人们不会忘乎所以。"

实际上，来拉胡尔家之前，我刚刚去了一个工地宿舍。这是为来德里建设英联邦运动会基础设施的工人而造的数个工地宿舍之一。我还没从刚刚的经历里缓过来，忍不住用我所见到的景象回应拉胡尔的话。那个地方太拥挤了，拥挤到让人觉得可悲。工人们和家人睡在没有窗户的瓦楞铁皮棚屋里，约三千个人，但大概只有十个厕所。季风季节下雨的时候，整个地方都泡在水里——有游荡的孩子掉进地上看不见的洞里，淹死了；蚊虫大量滋生，在整个营地传播疟疾。我整个下午都在和那些病得无法工作的人聊天。他们生病时拿不到工资，也不能看医生。他们不知道自己还能不能回到遥远的家乡。

"那里并不一定只能那么差，"我说，"是设计的问题，硬生生弄得那么差，绝对会让人觉得这种设计是故意虐待人。"

"如果我看到那个场景肯定会有同感。"拉胡尔说。他停顿了一下，思考着自己的感觉，又加了一句，"但如果我看见那些人，同时肯定也会有看不起他们的感觉。"

拉胡尔的祖父走出来到了车道上，朝我们高兴地挥挥手，然后钻进了一辆奔驰车的后座。车子发动了，保安打开大门，车开走了。拉胡尔和我看着他离开。

"他真是个不同寻常的非凡人物。"我说。

"没错，"拉胡尔说，"他是我最敬仰的人。但别以为他一直是这样的，过去管事的时候，他就是个混蛋，像个暴君一样统治着这个家。"

与人情味更少的公司相比，家族企业有好几项明显的优势，这些优势尤其来自他们尚武的家族文化，这样的文化培养出的不是员工而是信徒——他们的动机不仅仅是赚钱，还要赢得荣耀。家庭成员会接受公司员工不会接受的专制。儿子们一夜之间被派去世界的另一头,一去就是好几年。妻子们管理着富豪商人的大量社会和家庭责任,这样他们自己就不需要操心了。这是一种充满活力的结构,用远比普通公司更原始的方法剥削自己的人力资源。通常,公司完全由家族自己拥有,没有其他人妨碍商业战略,重大决策可能在晚饭桌上就决定了。

所以家族确实需要"经营"。养育孩子是极其重要的商业技能。父亲的权威是必要的,但当整个家族的产业要依靠儿子从父亲那里接手,就不能随便使用这种权威。父亲们知道,如果儿子只看到权威和专制而不知道其他,那么他们要么会逃跑,要么就会变成傻瓜。他们精心谋划,仿佛为自己的青少年儿女设计了一场优雅的共舞,允许他们在这个过程中拥有大量自由,甚至当这些年轻人最终回来加入家族企业的时候,还让他们觉得这是出于自由意志的选择。母亲们常常拥有非凡的个性,利用庞大的资源惊人地管理着人与人之间复杂而不断变动的关系,并确保家庭结构尽管缺乏灵活性,却有丰富的灵性意义和骑士般的精神。

所有这一切的好处之一是,即使在市场自由化后的白热经济环境下,商业家族的目标仍然具有很大的连续性。他们不必应对同一时期更自由的"中产阶级"家庭遭受的存在危机。对那些家庭来说,突然之间,一切都改变了。在从商的家庭中,儿子的工作和父亲的一样,同时婚姻也是令人放心的父权制的,所以他们才有可能在印度社会的其余部分迷失蹒跚时冷静旁观,并从混乱中获利。如我们所见,北印度的商业家族一直认为自己处于战争中,看到灾难和毁灭反而使他们的精神复甦。21世纪早期的动荡使得这些家庭更具前瞻性的思考大大增加了其经济影响力。他们明白,无尽的积累需要的是不断生产新的东西,而这只有在反复的破坏中才会实现,很多中产阶级不明白这点。这正是陀思妥耶夫斯基(Dostoevsky)所说的,他于1862年在伦敦看到"那表面上的混乱实际上是最高程度的资产阶级秩序"。[31] 商业家族是一种精心设计的结构,能镇定地通过无序的暴风雨，并从中获利。

但其中的风险也很高。关于完美战士的传奇如此激动人心的一个原因是，他或她，是一种极端罕见的存在。骑士们远不完美，他们脆弱，还经常因为难以理解的冲动偏离自己的使命。

父亲们短暂地赞助孩子摄影或音乐爱好，给他们买最贵的相机或架子鼓，给他们交女朋友的自由，允许他们连续几个月在外面旅游。而那些年轻人们纵情享乐，因为他们知道这些乐趣终会有结束的一天。当结婚和回到家族企业的时间一到，他们会顺从地执行，因为他们的生活从来就不是关于"个人满足"，或是任何这种平民阶级的蠢话——战士精神建诸牺牲之上，他们一直都知道自己最终会献身于自己的使命。离开自己爱的女朋友和生活方式是痛苦的，但恰恰是这种痛苦让他们的战斗更有决心。他们投入工作，怀着一股不前进毋宁死的热情。

然而，事情并不总是这样顺利。很多事情都可能出错。如果说父亲过于关注自己儿子的性格和生活选择，那是因为战士精神的代际传承是非常困难的。有时，那些年轻人所有的梦想都被酒精和其他上瘾物取代了。他们殴打被塞给自己的妻子，而妻子则沉溺于一种把生孩子当成自己主要意义的生活中。

在某些例子中，情况甚至会变得致命。我听说有个企业家没有继承人，因此从一个有好几个儿子的兄弟那里收养了一个儿子。男孩子现在已经十几岁了，擅长运动，对商业没有兴趣。他的亲生父母认为，如果不见他，他会在新环境里更好地适应。而他的新父母开始培养他去接管一摊子规模巨大的业务。他们给他娶了另一个有钱商人家的女孩。他告诉家人他不快乐，但他们没有意识到情况的严重性。他知道自己对有些事无能为力，最终这种负担变得太大，让他无法承受，于是他自杀了。

商业家庭在21世纪初经历了权力的巨大扩张，这也使得权力转移给年轻一代的时候更加让人担心。这些年轻人的力量更强大，

十一 旁遮普的商业帝国

更不稳定，德里充满了大量落败而风流的武士。

希姆兰（Simran）说："我确实发现我丈夫喝很多酒。每个人时不时都会喝多一点，那没关系，但他喝得太多了，开始影响到我们的生活。他家是一个旁遮普家族，家里分了一部分生意让他管，而他应付不了。他喝很多酒，从来没有酒后暴力，他就只是醉倒了。因为宿醉，他从来不去上班。家里人追着我打电话，问我'他在哪儿？为什么不接电话？'我总是撒谎说'他身体不舒服，他胃疼，他在床上躺着'。我应付不了这些。

"我没有马上要孩子，因为不太肯定是不是希望自己的婚姻里有孩子。因为我丈夫是酒鬼。但我爱他。

"家里人试着想办法让普莱尚特（Prashant）心情好点，这样他就会停止喝酒，做自己该做的事。他们去找我公公，说他现在已经结婚了，很安定，还负责部分生意，应该给他一些家族企业的股份，这样他会更负责任。于是我公公第一次给了他一批股份作为礼物。你知道拿到股份的第一件事他做了什么？买了一台兰博基尼蝙蝠（Murciélago）跑车。这样很好，他也觉得自己很重要，而且很开心。但我只是一直有种感觉，觉得有些事情不对劲。

"普莱尚特酗酒的情况没有改善，最后因为这个被家族企业赶了出去。他做了些很蠢的事。于是他离开公司，不知道要做什么。公婆家还把我们从他们的房子里也赶了出去，我们搬到一套租来的公寓里。他没事可做，就是喝酒睡觉。我们的生活开始崩溃。

"后来发生了一件可怕的事，我突然陷入昏迷，要动脑部手术，并且两年内不能要孩子。这件事以后，他很受震动，决定要洗心革面。他去了英国的戒酒所。

"他回来的时候，我的治疗也结束了，医生告诉我们可以要孩子了，他也完全把酒戒了。那样很棒，也是在那时候我们决定开始组建一个真正的家庭。然后我儿子出生了，普莱尚特是个很好的父亲,他的生意也开始顺风顺水,做出了在任何人想象中都是最棒的产品。我很为他骄傲。

"但我和他之间又开始出现问题。他渐渐对生意没了兴趣,每天很晚才去上班,这让我很生气。因为他会一觉睡到中午,房间都没办法打扫。到他起床的时候,他的早饭已经被清走了,因为已经是午饭时间了,还有……但我试着应对。有时候,我对他说:'普莱尚特,你想要公司的股份,希望父亲尊重你,你的行为就要负责任。你不能饭来张口,没有东西会自己送上门来的。每天去上班吧,这不难,对吗?你一直在网上,在Skype上和随便认识的陌生女人聊天,或者看电影看到凌晨4点,那你肯定白天一整天要睡觉。所以,从现在开始,负起责任来,你的孩子们需要这些——纪律和有规律的生活。'

"我们还在钱方面起了很多冲突。普莱尚特小时候是被俭朴地养大的。我的意思是,他拥有的一切都是最好的:旅行、教育等,但不知道为什么,他总有一种匮乏感。这就是为什么之前他会这么荒唐地去买兰博基尼。我常对他说,'钱不是从树上长的'或者'钱买不来爱',他就会爆发。他觉得我在管他。我们走到哪儿,他都会'哦,这个表好漂亮,我们买吧!'我会说,'哦天哪,这个表的价格都能买一栋房子了!你到底哪里不对劲?'于是他很生气,我就说,'我考虑几天好吗?'这是在花6万美元买一块表之前!他会因为这个恨我。我穿着很自然,不穿戴那些超级华丽的东西,大家还是很喜欢我,但他恨我这一点。他所有的朋友都真的很喜欢我,他父母也是。他对这点很恐惧,因为在他自己的整个生活里,他从来不觉得自己是被别人接受的,这就是他要这样招摇的原因。他看见我穿着普通的衣服,打扮就是自己原本的样子,这就像一个伤口一样会激怒他。他说我穿得像个乞丐,不能穿成那样坐在他的兰博基尼里。我有一块宝玑和一块劳力士,但我就戴一个大大的斯沃琪,我喜欢它的大表盘。我是个斯沃琪女孩儿,就像我这条围巾，只要400卢比。

"所以我已经对他很生气了，而且我会表现出来。那时候我刚生完孩子，很胖，这点让他受不了。之后，我们之间又因为一个祭司出了问题。当时我兄弟的工厂着火烧掉了，他的工厂制造的是出口金属手工艺品。所以有朋友介绍了这位祭司给我兄弟，说肯定是我们家布局有问题。你知道'风水'*吧，就是房子和家居的朝向会影响好运或噩运什么的。所以我想，既然我们的生活也不顺利，为什么不让这个祭司也来我们家看看风水呢？于是我就让他进入了我们的生活。他很高兴能结识我们这样的大家族，随后他逐渐发现，我们这对'外表光鲜而且脑袋不知道是不是从屁股里长出来的'夫妇很有钱，所以就想利用我们。他开始做的事情让我真的很气愤。"

希姆兰的茶里飞进了一只苍蝇，她有点分心。她叫服务生再给她拿一杯茶来。

"我刚说到哪儿了？"她问。"对不起，我记性有点问题。我一共做了十个半小时脑部手术，说话说到一半总会忘记。"

"你在说那个祭司。"

"对。后来，我发现这个风水先生，这个每个人都说他好的祭司，实际上在用很多黑巫术。我和普莱尚特之间越来越差，他决定要离开我。我不知道发生了什么。我和他对峙，事情更糟了，他走掉了。祭司问我怎么了，我说，'你知道怎么了，普莱尚特和那个捷克女人在一起，现在他搬去和她住了。你应该知道，你们两个每天都说话的。'于是他让我去做一件荒唐的事，我觉得这完全是错的。他让我用黑巫术。他说，'如果你做了，这女人就会从你生活里消失。'他说会做一个金属的东西，上面有她名字，我每天要往上面浇沸水。听上去就很吓人，对吧！我说，'我做不了那种事。我是个单纯的人。让她活着吧！让她活着和我丈夫在一起，花光他的钱。我无所谓。

---

* 原文为 vastu，是一种印度风水学。

我不想杀掉任何人。我丈夫已经把自己搞得一团糟，我不会阻止他。如果他什么时候想明白回头了，我再决定要不要和他在一起。眼下我有自己的职责——保持清醒，花时间和孩子们在一起，把孩子养大成人，让他们成为负责任、有担当的好公民——这就是我关注的，他做什么都没关系。'所以我没有用黑巫术。

"普莱尚特之前已经有一段时间行事古怪。他不再把自己去海外旅行的行程报告给家里。之前他们全家人都会为旅行做一个行程留在家里，上面有备用电话号码还有所有其他交代事项。普莱尚特就不这么做。所以我公公问我他在哪儿的时候，我会说'上次我听说他在法兰克福'。我公公说，'你们不是每天打电话吗？'我说，'他从来不接电话。'我公公开始明白过来。我把自己知道的告诉他，他说，'有些事情不太对，因为普莱尚特刚刚从银行取了很大一笔钱，本来准备要带走。我不得不从我们的一个助理那里没收了一箱子钱。他本来是要拿去给普莱尚特。这样是不行的，会有各种各样的人去追他，包括税务人员。'

"于是我公公没收了他所有的钱，两人大吵了一架。我公公说，'我不会把这些钱还给你的。'因为他能看出来普莱尚特在做错的事。普莱尚特直接上飞机走了，到现在也没回来。他迷失了自己，这是肯定的。我不知道他是不是想过比现在更高端的生活，还是他最终想要弃绝一切。不对，我觉得他只是想把自己的钱要回来，这就是他想要的一切。

"我公公知道发生的事情后，非常生气。他照顾我和孩子们，每个月给我生活费，还帮助我对他儿子采取法律行动来保护财产。

"他在伦敦每个月要花 10 万美元，所以很需要钱，而且因为他不在，他的公司一直在亏损。所以他需要把财产变现。但这很难，因为所有东西同时也在我名下。一次他来找我，像拿着匕首一样拿着一支钢笔戳着我的脸，威胁我说，'现在就签字！'我说，'我能抽支烟然后想一想吗？'他说，'现在就签！'于是我就签了，因为孩子们在隔壁,我怕他会做出什么事来。我公公问我,'你为什么要签字?'我把当时的情况告诉他,他就理解了。所以后来我们为其他财产申请了禁止令,普莱尚特气疯了。有一处很值钱的财产,他本来想卖掉,好在英国买栋美丽的'农舍',再买三十辆车,从此过上幸福的生活。我能怎么办?他想把所有的东西都卖掉,然后干什么?把他所有的钱丢进马桶里冲走。我要教育孩子,要维持家庭,为了自尊,我还需要钱投资生意,因为从公公那里拿钱让我觉得很难堪。

"钢笔那件事发生之后的很长一段时间里,我进出都带着保镖,因为我很害怕普莱尚特会为了财产对我做出什么事。我把孩子们的护照藏起来,因为怕他会让他母亲来把孩子们带走。他母亲是个非常漂亮的女人:一米五高,一头金发,手很漂亮,五官无可挑剔——她是个尤物,你知道吗,她皮肤非常细,因为她家来自巴基斯坦西北部。她出身很低微,因为长得美而嫁给了我公公,但是他们从来没有相爱过。所以她住在伦敦,她说自己在皇家阿尔伯特厅(Royal Albert Hall)唱歌剧(她以前唱过歌剧),但那纯粹是个幻想。她喝酒喝得很凶,除了喝酒几乎不做别的事。

"但普莱尚特和他母亲关系很好,我能想象她会来带走孩子。她会说'跟我去伦敦吧,你们可以坐在我粉红色的捷豹里到处兜风,我会带你们去哈罗斯百货商店(Harrods)买东西,带你们去迪士尼',孩子们当然会跟她走。

"我不知道会发生什么。我也不知道他会不会回来。我只是尽力照顾一切。我的孩子们很可爱,仅仅是做一名母亲就让我心情很好。只是我始终很害怕。我怕他会说我因为脑部手术变疯了,然后把孩子们带走。

"我告诉过你我的脑部手术吗?和他也有关系。事情发生在他买了兰博基尼以后。"

"我得了一种病叫 AVM,"希姆兰说,"也就是脑动静脉畸形,这种病很常见,也没什么大不了的,只是大脑部分动脉比较薄。你就算一辈子都有这个病也没问题,不会对生活有任何妨碍。

"我记得那是我公公生日,我们在家喝了酒,之后和客人告完别,我就上床睡觉了。第二天普莱尚特要去参加一个高尔夫球赛,所以他很早就起床了。事实上他一整晚都在喝酒——我去睡觉了,他还熬夜喝酒看电视什么的,自己一个人。第二天早上,他很早就走了,而且明显在高尔夫包里带了一瓶伏特加。他把手机忘在家里了,所以我联系不到他。我给他的朋友打电话,问他有没有安全到达,他们说,'没有,但是我们看见他开着兰博基尼,拿着一瓶伏特加——他太酷了,太有种了,简直就是摇滚明星,一边喝着伏特加,一边开车。'我说,'你们觉得这样好玩吗?'他们说,'他是个疯子,你丈夫,但我们爱他!'——你知道,对那些人来说这是个玩笑,但这种压力让我承受不住了。他一整晚都在喝酒,他一边开车还一边喝酒,他开车到离德里一小时以外的地方。我焦虑得心力交瘁了。于是我的血压上升,涨破了脑子里的血管。我跑去睡觉,二十二个小时没醒。我婆婆一直对我的女佣说,'她只是喝得太多了,多让她喝点水,她会好的。'然后我母亲打电话来,很是担心。随后她打给医生,医生说,'马上送她去医院。'我婆婆说,'不用,我了解希姆兰(说得好像她真的了解我一样),她只是喝太多了,就让她睡吧。'然后医生又打来,她说,'哦,她还在睡觉。'医生说,'我告诉你,她非常不对劲,需要去医院。'然后我母亲又打来,'我不管你,我要带我女儿去医院。'她来了,把我裹在一条毯子里,我没有醒。直到那时候,我才被带出去。医生没办法和我说话。他们把我放进核磁共振机,说,'如果你再晚五分钟带她来,她就救不过来了。'那是救命的关键时刻。

"我昏迷了九天。当时脱离昏迷的机会很小。由于破了的血管在语言和记忆的区域,医生说,'如果她能醒过来,要么失忆,要么再也不会说话了。她可能只能发出像布谷鸟那样的声音,你们得要面对那样的情况。她痊愈的机率只有一成。所以你知道吗,我们已经做了能做的一切,剩下的就只能靠祈祷和祝福了。'所以真正救了我的是祈祷。有一百零一名祭司为我诵经。普莱尚特的祖母和我的祖母把他们召集到一起。因为每个人的好意、大家希望我活着的愿望,还有所有这些积极的能量,我活下来了,完好无损,成了那一成完全康复的人。"

十二　巴尔斯瓦的垃圾山

一名年轻女性准备在一个电影节上致开幕词,她发现把讲稿落在家里了,于是让男朋友赶回家拿。他骑了辆自行车冲回去。家很近,他十分钟就拿回来了。

但保安把他拦在文化中心门口,说自行车不能骑进去。他和他们争,说自己要送的东西很紧急。就在他飞快地要闯过去的时候,保安们用棍子袭击他,打中了他的头和身体。

等他爬起来,已经来不及送那份讲稿了。他走进礼堂,坐在我旁边,他女朋友正在台上临场发挥。他大声喘着气。我转头看他,发现他的头在流血。我们走出去,找到了文化中心总监的办公室。

"很抱歉你受了伤,"听完整件事后他说,"但我想说,如果你当时说的是英语,就不会发生这种事了。他们看见你骑着自行车,又和他们说印地语,他们怎么知道你是中产阶级?"

巴尔斯瓦定居点(Bhalswa Colony)的垃圾山令人惊叹,人们可能会想,只有大自然才能造出如此庞大的东西。它从平地拔地而起,粗糙的陡坡上有一条歪歪扭扭的路,一辆接一辆的卡车轰鸣着慢慢开上坡顶。从下面,你能看见这些卡车沿着坡的平顶卸货,为这座山添上更多垃圾。卡车周围有些人,从山下看只是一个个小点儿,他们的工作是从这堆大都市的弃绝之物中,挑出仍然能用的东西。

我四周是一片用于垃圾分类的空地。装满塑料瓶的麻袋每个都有一辆汽车那么大。有一块区域是成堆的靠垫、床垫和沙发，男孩子们把这些东西划开，拿走塞在里面的棉花。还有一个区域，震天响的锤子以不均匀的节奏敲打着钢质的垃圾桶和旧空调的外壳，要把它们敲平。还有成堆扭曲的轮胎，数量惊人。

最近一直在下雨，地上到处都是积水。猪和狗在散发着化学品臭味的水里洗澡。

我们在离市中心很远的城市北部。经历过市区的交通堵塞后，走在这里有一种古怪的感受，因为这里空间太大了。头顶上的天空一望无际，地形几乎是田园式的开阔。地势缓缓向下，下面是一个水库，里面有水牛和一直看着岸边的鹳鸟。大家把牛粪收集起来做燃料（村庄的风格）——这些牛粪被堆成锥形，大小如同身材魁梧的成年男人，为了防雨还在上面罩了油布，随处可见。

巴尔斯瓦定居点被挤进这大片土地的一个小区域，一堆厚厚的砖块堆积在彼此顶部，像森林里的树苗一样，向着任何还没被占用的空间伸展。房子上都是柠檬绿色的斑驳——这些砖块来自以前的建筑物，那些建筑物上过色的墙壁变成了碎片在这里又被用上了。从外面看，整个镇子似乎是瞎的——墙上没有窗户，所以从这些房子里看不到四面围绕着它们的巨大垃圾袋。

我们朝定居点走，路上冒出来的每个人好像都穿着制服。先是一群大笑着的女学生，穿着蓝色连衣裙，晃着辫子，辫子上系着缎带。然后是一个乐队，每个人都戴着军队式样的帽子和肩章，拿着小号和鼓，出发去参加某个远处的婚礼。

和我在一起的是米纳克什（Meenakshi），她不住在这个定居点，但自发地保卫着这里。她三十出头，语速很快，神情严肃。

"他们想要创造一座城市的时候，得请其他地方的人来让城市运作起来，因为他们自己没有劳动力。住豪宅的人是不可能让一座城市运作起来的。城市的运作靠的是那些住在棚屋和贫民窟里的

十二 巴尔斯瓦的垃圾山

人——人力车夫、卖菜小贩、皮匠、建筑工人,等等,这些才是让任何一座城市运作起来的人。

"所以比哈尔邦(Bihar)、拉贾斯坦邦和北方邦里找不到工作的人便从自己的村子搬来德里。在德里,他们发现自己能找到工作,但没地方住,所以他们开始在城市边缘的空地上造一些小房子。对政府来说,他们代表了一个可以争取的选民群体,所以政府决定把他们注册成德里的选民,并为他们提供水电和配给卡。后来他们的家人也搬来了,并一起在这里正常生活了三十年。

"人们不断来到德里,这里有很多工作机会。德里地铁需要成千上万的工人。他们在政府眼皮底下造了很多棚屋,政府什么都没说。但后来政府觉得'这些人很脏,影响了市容'。加上城市扩张后,他们住的地区已经不再是城市边缘,政府想要从这块土地中获利,所以就对这些人说,住在这里是非法的,让他们走。

"其中一个定居点在亚穆纳河的岸边,有大约三万户人家。2000 年,政府为了美化城市,决定把这些居民赶走。他们在那块地上建起了德里政府的新办公楼,那栋楼是世界上最难看的楼之一。

"那三万户家庭里,两万户被认定是非法定居,在无处可去的情况下就直接被赶走了,没人知道他们去哪儿了。其他人被重新安置到城市外围的数个地点。1990 年之前来德里的人获得了 18 平方米的土地,1990 年到 1998 年之间来的人则获得了 12 平方米的土地。每户人家要付 7000 卢比(相当于那时候的 160 美元)。

"有些被安置的家庭到了巴尔斯瓦这里。但是搬迁计划很狡猾——三万户家庭里,只有五百二十九户被安置在巴尔斯瓦,其他人被搬到了别的地方。他们要确保同一个镇子的人被分散到不同地方,这样人们就没法儿联合起来了。

"政府同时也在拆除其他定居点,所以很多其他地方的人也来了巴尔斯瓦。从尼扎姆丁来的是穆斯林,从亚穆纳河岸来的是印度教徒,还有从贱民(dalit)社区来的人。所有人的文化和宗教都不一样，政府知道如果把他们都放在同一个地方生活，他们彼此肯定会起冲突。这样做非常聪明。

"'安置'对你来说是什么意思？我来告诉你对我来说是什么意思。安置的意思是把人民完完全全安顿好，是说在新的地方为他们提供原来有的设施。

"但情况完全不是这样。人们被从自己花了四十多年建起的镇子里赶出来，丢到甚至连最基本的生活必需设施都没有的地方。没有商店，没有配给品店，没有学校，没有公车。更别提水和电了。那地方完全是一片荒芜，什么都没有。第一批来的人只能从头开始。政府什么都没提供。

"孩子们不得不辍学，因为那里没有学校。大部分男性丢了工作。人力车夫被抛到离家三十五公里以外的荒野里，那里从来没人去，当然也没有乘客。同样情况的还有商店店主，他们再也进不到蔬菜了，也没有顾客。一切都完蛋了。

"那个贫民窟的妇女过去大多在德里南部的中产家庭里当女佣。她们不能放弃这份工作，因为丈夫已经没有收入了。所以她们常常早上5点就出发，一路赶到工作的地方，然后晚上6点才回家。她们没办法照顾孩子，孩子们都在家里，因为没有学校可上。"

我们走进了定居点，和德里南部高尚社区的街道相比，这里的街道造得惊人地好。街道表面铺着砖，微微带着弧度。洗过的明黄色和蓝色衣物挂在街对面；房子前面停着自行车。屋子里，人们正在做家用扫帚——一间房子有人在切割鬃毛，另一间房里的人在做手柄。空气里有炸大蒜的味道。

米纳克什在一户人家门口停下来，朝着里面喊，"你好！你收到配给卡了吗？"

"收到了。到了一阵儿了！"

"你为什么不告诉我？"她有些生气。"这些事你得告诉我！"

米纳克什给自己安排的任务（因为没人让她做这个）是做这个

十二 巴尔斯瓦的垃圾山

社区的政治代表。她为大家整理官方文件（很多人是文盲），代表他们游说市政当局，还在必要的时候组织政治行动。我能看出来，她非常在意这个角色。

"就像我告诉过你的，这些社区居民有着不同的文化背景。政府计划为他们建造公寓街区，在社区中央规划了公共空间。我们说这种布局会出问题，每个人都会和其他人争那些公共空间。穆斯林想要在那里屠宰牲畜，但这会冒犯婆罗门，因为婆罗门想在同一个地方祈祷和敬拜。绝对会起冲突的。

"居民说他们希望有独立的房屋，并且拒绝接受政府的规划。政府说房子是一个斯堪的纳维亚建筑师设计的，所以不能改。他们说，'如果你们不接受这个规划，我们会把你留在那片荒地里。'于是居民说，'我们已经在荒地里生活了六个月了，没理由住不下去。'所以有一整年他们都住在露天的小帐篷里。他们抗议、上法庭、找媒体、游行，最后迫使政府放弃了原来的设计，重新规划了成排的房子，把土地分配给各家各户，让他们各管各的。"

我们在一栋房子前停下，并走了进去。房主是一位叫贾哈娜拉（Jahanara）的妇女，正和她的朋友萨茹阿斯瓦蒂（Saraswati）坐在一张垫子上。两个人都代表这个定居点参与了很多米纳克什组织的政治运动。

已经近中午了，光线穿过敞开的门照进来，屋子很亮。房间看上去很大，因为里面除了一台冰箱和一个炉子，几乎没有别的东西了。墙壁被漆成奶油色，在地板反射的阳光中幽幽发亮。房间里侧有楼梯通到上面的楼层。

贾哈娜拉要给我们泡茶，所以起身去准备。米纳克什继续她的话题。

"你可以看到这地方有多糟。土地湿软，很容易就被淹掉。第一批来这里定居的人在建造前，不得不挖排水沟。即使是这样，这里在雨季也经常被淹。今年有个孩子在洪水里淹死了，因为水位高过了房子。即便如此,这里也没有水可以饮用。蓄水池里的水是咸的,而这里的地下水尝起来有酸味,因为垃圾堆里的化学品渗进了土地深层。这些东西太毒了,连蚊子都活不下去。那是纯酸,有腐蚀性。孩子们因为在水里玩,全都得了皮疹,妇女也都得了很严重的阴道炎。

"这些人用自己的双手建起了这座镇子。他们不能年复一年地等着政府来铺路、铺下水道,所以他们只能自己动手。他们不得不为了每块砖和每袋水泥去游说,供电也得去游说。已经十年了,他们还在游说。这里还是连座中学都没有。最近的一所学校不收这些孩子,因为他们是'贫民窟的孩子'。所以孩子们不得不走很远的路去另一所学校,那里每个班有一百个孩子,没地方可坐,没水也没厕所。这对那些要去上学的孩子来说非常艰难。你看到通到这里的路了吗?一下雨就完全没法走。"

"我们为什么来到这个城市?"贾哈娜拉插话说。"首先是为了工作,因为我们在北方邦的村子里什么都没有。我们认识一些人,他们被包工头带到德里,收入不错,所以后来我们很多人都跟着来了。还有一个理由是因为学校。我们自己是文盲,所以希望孩子能受到更好的教育。村子里的学校很远,你没办法检查孩子有没有真的去上学。而且女孩子要走那么远的路很危险,这就是我们觉得和丈夫一起生活在城市里会更好的原因,这就是我们来到这里的原因——为了给我们的孩子一个更好的未来,特别是女儿们。

"我们刚来的时候,想办法让两个孩子进了一所德里的学校。但学校很远,而且老师不了解孩子的情况。他们给孩子们不及格,因为他们不希望自己的学校里有贫民窟的小孩。孩子们觉得很灰心,半途就辍学了,现在他们在当工人。这是这里发生的一切当中最坏的事,我们的孩子失学了。"

对面的一栋房子里,有一个年轻的女性刚刚从浴室出来,穿着一件桃红色的纱丽,头发还是湿的。她站在一面镜子前梳头,往脸

十二 巴尔斯瓦的垃圾山

上抹面霜。她花了很久化一整套妆,然后拿了一把扫帚扫地。在这里,因为巷子很狭窄,没有窗户的屋子要靠从门口照进来的阳光采光,一切都暴露在大庭广众之下。

我们在房间里喝着茶。萨茹阿斯瓦蒂默不作声地玩着贾哈娜拉的脚趾头。两个女人都穿着棉布的纱丽克米兹,萨茹阿斯瓦蒂手臂上戴着一排金属和塑料的手镯,一直戴到手肘。她说:

"我丈夫的姐姐和姐夫离开村子去了德里,之后就再也没有他们的消息了。我婆婆很担心,每天为女儿以泪洗面,因为她已经两年没有她的消息了。她不停地让我丈夫去德里找她,于是他就去了。他找遍了这座巨大的城市,到每个定居点去问有没有人听说过这对夫妇。过了很多个星期,他到了亚穆纳河另一边的一个地方。他问是不是有人知道他俩,结果有人说,'他们住在这儿。'他们让我丈夫去井旁边等着。到了那儿,他看见有几个妇女在打水。他朝她们大声问,'姐妹们,有没有一个叫这个名字的人住在这里?'他的姐妹正好在其中,听到他提她的名字,马上向他跑过去,一看到他就开始哭。'弟弟,你怎么会在这里?'她问。我丈夫说,'你为什么两年没有和我们有任何联系?妈妈担心得都病了。'她说,'我丈夫没有假期,所以我们回不来。但我给你们写了很多信,从来都没收到过回信。'我丈夫也哭了,'我们从来都没收到过任何信!'

"之后,我姐夫帮我丈夫在德里找了份工作。他开始时在一个建筑工地干活,建造横跨亚穆纳河的新桥。但五个月后,他丢了工作,没事干了。有一天,他发现了把椅子,于是决定在河岸上摆个理发摊。那时候,那地方还没有镇子,除了一个巨大的垃圾坑以外,别的什么都没有。于是我丈夫在一个人都没有的地方做了一名理发师。他整天和自己的椅子一起,在一片巨大的荒地中等待。那地方完全是一片荒芜,晚上一片漆黑。

"白天他几乎挣不到钱,所以只能晚上也工作。他得到了一份工作，每天把亚穆纳桥建筑工地周围堆起来的垃圾搬走。他要在一片漆黑里从河里游到工地，什么都看不见，只能在无尽的黑暗里游。他一整个晚上都在工作，把卡在河里的尸体拖走，弄走各种各样的垃圾。这份活的工资是每月 500 卢比。

"最后，政府把亚穆纳岸边的垃圾坑用土填起来，平整了整块地方，我丈夫和他的姐夫在那儿建了个小屋，后来越来越多的人搬到那里去住了。但我丈夫觉得很孤独，他开始吃不下饭。他无法停止想念他的孩子们，只有孩子让他觉得自己在这个世界上不是完全孤单的。所以他叫我来德里陪他。

"我们在那儿住了快二十五年，一点点把那个地方弄得能住，靠自己一砖一瓦地建起了每样东西。我们在那里建了一栋两层楼的家，最终那个地方什么都有了——电、自来水、一座公立学校，旁边还有一座公立医院。但是随后，我们建造的所有东西都被拆掉了，说是为了给邦长盖办公室。

"他们承诺说会给我们真正的房子，有厕所和浴室，让我们不再是贫民窟居民。大家都讨厌住在贫民窟的人，所以我们很开心。他们说'贫民窟'这个词会从你们的生命里被抹掉。他们说会带我们到一个新的地方，那里有好的学校、公园和供水供电。孩子们也很高兴。那时候没人知道这一切都是骗人的。

"他们向我们收了 7000 卢比作为造新房子的钱。我们很多人的钱都是借来的，或是卖掉珠宝换来的。但他们拒绝事先给我们看这个地方。他们把我们全都装上一辆卡车。路上，我们问卡车司机，'我们要去的是哪里？那个地方好吗？那里的人好吗？'他什么都没和我们说。他怎么能这样？但毕竟他只是在完成自己的工作。我们到这里的时候，这里只是一片空荡荡的沼泽地，他们承诺我们的房子根本不存在。卡车司机自己都说，'这地方不好，你们怎么能住在这里？'我们有些人把之前房子的砖头带来了，但大多数人连砖头都没有。这里整个地方都泡在水里，到处都是蛇和老鼠，最后用了六卡车泥和五千多块砖才把整个地方垫起来。"

她们说关于建筑施工的事时,有大量非常精确的细节。她们知道怎么造下水道和门廊,知道要用多少水泥和砖头。实际上,这些妇女让人如此印象深刻的地方在于,她们的生活里没有任何事是让别人代办的。她们不只专长于一件事,她们自己既是建筑工人,也是镇子的规划师,还是政治家。她们对生活的各个方面都近距离地全面了解,而对其他人来说,这些事都是模糊而遥远的。她们拥有自己的方式和我所认识的大部分人都不一样。

贾哈娜拉的故事也差不多。她刚来德里的时候住在尼札姆丁附近的穆斯林贫民窟。

"那里有一口很大的井,我们就住在它附近。那时候,那里有片空地,当地的头头在当地警察的帮助下造了一个贫民窟。一开始,我们有个茶摊,很快那片地区变得热闹起来,我们就建了一栋临时旅馆。我们有水电,而且因为尼札姆丁火车站离得很近,所以很多人到我们旅馆来吃饭。

"随后他们来了,对我们说,不管你过得多好,不管你在这里挣多少钱,别人会一直叫你贫民窟里的人。他们说要把我们带去一个新的地方,那里有好的学校、公园和水电。还说我们在那里会有自己的房子,带卫生间和浴室。孩子们很高兴。那时候,我们不知道这一切都是谎言。

"他们让我们把自己亲手造的房子拆掉。我们中有些人说不相信这个头头的承诺。但是有天大概凌晨 3 点,他亲手把自己家的三层楼房拆了。人们开始恐慌。他们说,'如果政府官员来拆我们的房子,会是一团糟,我们会失去所有的东西,还是我们自己拆更好一点。'所以我们就拆了。之后他们就把我们所有的东西都装上一辆卡车,并把我们扔在这里。"

我们谈话的气氛莫名其妙地平静。那是一个很美的早晨,她们说话的时候都很镇定,时不时互相肯定,就像每个人都是在替另一个人说话一样。我能感受到她们在一起的方式是中产阶级人群里少有的。她们生活中不确定的地方太多了,互相依存是活下来的唯一形式,甚至在她们的语法中,多数用"我们",很少用到"我"。

米纳克什给我看各种信和照片,她们把这些文件寄给各种政府部门,试图把巴尔斯瓦变得适宜居住。

"十年了,我们还在做这些事。我们还是连一些最基础的东西都没有。我们还在游说,要求发放配给卡,这是任何人过日子都需要的最重要的东西。如果有配给卡,至少能吃得上饼,即使只是就着盐一起吃。没有配给卡,人们生存不下来。你知道现在的通货膨胀率吧?在公开市场上,大家是买不起任何东西的。

"事实上,这些事情让人很愤怒。每次我们去市政公司,那里的官僚会满脸厌恶地说,'为什么这些垃圾一直来找我?'这种情况下你还能继续斗争多久?这里的人能做的,要么是把时间用在为供水做斗争上,要么用在日常工作上,为自己家挣点钱。

"我发现政府每个月花 5.6 万卢比为我们提供水罐车,每年将近 70 万卢比。建一条水管通到这个定居点只要花一半的钱,但他们不愿意。他们知道,没有供水的话,这里永远不会是个适宜的住处,这样他们就能再把人赶出去。"

对多数中产阶级家庭来说,政府在过去二十年里从社会和经济活动中大规模退出,达到了这些家庭几乎再也看不到政府角色的程度。他们喜欢这种状况——他们将政府的退出和"放松管制"理想化。他们中的许多人没有意识到,市政府做了多少工作来保护他们的阶级,将他们与包围着他们的大范围的赤贫隔离开来,不让这些贫困人口占用任何城市的空间或资源。恰恰是穷人才理解城市的真实管理方式。比起中产阶级,他们和政府打交道的距离近得多,并且背负着大得多的官僚负担。如我所理解,翻看这些文件——米纳克什挑起的担子是意义重大的。

十二 巴尔斯瓦的垃圾山

对面的房子里,出现了一个男人,他是穿桃红色纱丽女子的丈夫。他裹着一条毛巾,光着上身,肌肉很发达,体毛浓密,胸前一条银色的项链在黝黑皮肤的衬托下发着光。他出来坐在外面的台阶上,手指上的戒指在阳光里闪烁。

"对男人们来说,情况很艰难,"米纳克什说,"到了这里,他们全都丢了工作。没人雇男人做家务活。现在有些男人做的日常工作,比如给豆子剥壳,做一天那活儿能挣30卢比,而且常常还需要全家的帮助。有些男人做扫帚拿到附近的居住区去卖,有些开始在建筑工地干活儿,但那都是少数。

"所以他们大多数人坐在家里,变得意志消沉,整个人封闭起来。他们气自己的妻子总是不在家里而是在外面工作,于是打她们。他们不喜欢妻子涉足政治,会跑来我们的会议,满身酒气地胡乱骂人。他们朝我们喊:'你们女人什么事都做不了。你们什么都改变不了。'

"而且这个社区受毒品和药物的影响很严重。我不是说一两个家庭,我说的是整个社区。甚至孩子都受到了影响。因为没有学校,所以他们没事可做,慢慢地就被影响了。他们会去闻做鞋子用的胶水。还有一种1卢比的药片,可以让孩子们忘记正在发生的一切。最便宜的药给了他们最大的快乐。

"男人们喝酒,抽黄糖[*]。他们一看见妻子身上有钱,就拿去买酒,把瓶子藏在衣服里回家。我问他们,'你们家里什么吃的都没有,你们真的想要买那瓶酒吗?'"

萨茹阿斯瓦蒂挖苦说,"政府在这方面的表现好极了。他们还没开始盖医院和学校,就开了一家卖酒的商店,甚至还派了个警察看店。造学校花钱,卖酒的店则会为政府挣钱。

"人们说我们总是在责备政府。为什么不怪他们?我们赖以生存的东西都被他们拿走了。而那些能杀死我们的东西,能让我们的

---

[*] 黑话,指海洛因。

家庭破产的东西，政府却在开新店供应，而且非常大方。"

对面房子里，穿桃红色纱丽的女孩子从送货员那里接收了上百把新做的塑料扫帚，现在正给每把扫帚单独包上塑料套。她丈夫坐在外面的台阶上抽烟。

米纳克什说："所以这就是问题。你能看到人们在这里造的房子和街道。十年了，现在他们有了点值价的东西，政府却宣布这个地方是非法的，让他们离开。这块之前**政府给的**地现在变成非法的，因为他们只给了十年用地许可。他们不会在这个城市里给穷人一个永久的栖身之地。"

"你来的时候肯定经过那块空地了，"萨茹阿斯瓦蒂说，"现在政府想在那块地上造公寓，并且想把我们赶走。他们为什么想在那里造公寓？因为我们花了十年让这个地方变得适合居住。是我们给土地排水，铺好了街道，安排了供电，还让公交车开进来。是我们使这块土地有足够的价值让政府能把它卖出去。我们不会离开的。我们这辈子已经建了两座城市，我们不会再建另一座。"

"我们不会走的，"贾哈娜拉也说，"他们已经骗了我们一次，骗不了我们第二次。"

米纳克什说："他们说要让所有人走的时候，巴尔斯瓦来的人都知道，如果不反抗就什么都守不住。为了这个，大家做好了被警察殴打的准备。我们决定在英联邦运动会的时候去游行抗议，给政府施压让他们寻找别的解决办法。他们花数以百万计的卢比在一个对谁都没好处的大型体育赛事上，但真正需要钱的人却什么也得不到，实际上，政府还要从他们手里拿走钱，拆掉他们的房子。所以我们决定走上街头——整个社区的人堵住了附近的主要高速公路。德里大学的师生和我们一起组织了游行，他们中很多人对我们的处境感兴趣，除此以外没有人在意我们。

"那段时间巴尔斯瓦受洪水影响很厉害，但每个人都认为参加这次抗议很重要。大约有五千名妇女走出家门，堵住了道路，高速

十二 巴尔斯瓦的垃圾山

公路堵塞了四十五分钟。一开始,有个警察局的警察来了,随后他们叫来了其他分局的警察。警察局局长助理下令用警棍袭击我们。妇女们被打得很厉害,有个人被打骨折了需要去医院,我们叫了一辆救护车,但是他们拒绝帮助我们。德里大学的一些学生也被捕了。

"我要说,我们妇女也反击了警察。她们抢了警棍,回击他们。让我们很震惊的是,警察认出了其中一个人,并且开始威胁她。他们抓住了她儿子,问出了她工作的地方。之后,警察去了那里,告诫她以后不准再做这样的事。他们喜欢单独针对个人,因为一个人没有那么强。但是我们永远不会放弃的。"

"他们让我们给他们投票的时候,不会坐汽车来,"贾哈娜拉说,"他们走着来,对我们说,'姐妹,拜托了。'是我们让他们赢得选举,让他们称王称霸,但他们却强取豪夺我们的钱。所以,和政府斗争是我们的权利。我们也是这个国家的公民。

"我们都受到过很多威胁。有几个男人来我家,带着很粗的棍子威胁我丈夫。他们说,'管好你老婆,否则后果很严重。'从那以后,我丈夫开始和我吵架。我让他不要管这些,是我在照顾这个家。

"他们是政府,可以编造事由随时把我们关进牢里。他们控制着一切。如果他们拨给我们1亿卢比,最后只有2000万能到我们手里。我唯一害怕的就是政府,他们会拿走我们所有的东西。"

萨茹阿斯瓦蒂很愤怒。

"如果让我见到德里的首席部长,我会把她揍得找不着北。他们靠撒谎把我们骗到这里来。如果事先让我们看过这片地,我们是绝对不会来的。这是整个德里倒垃圾的地方,她觉得我们也能被倒在这里。让她住在这里看看,她就会知道这是什么感觉。现在他们又想赶我们走!如果他们要强迫我们离开这个地方,我们会打破他们的脑袋!当年我们不得不把自己在村子里的房子卖了来买这里的地。十年了,我们当中很多人还在向债主还债,还什么都没买到的

7000卢比。我们是不会走的。"

邮递员来放下了一封信,他的一只手臂在手肘那儿断了。

米纳克什说:"大多数人,那些真正让这座城市运作起来的人被这座城市排除在外。这里不再欢迎他们。这座城市正在为富人重建。只有有车的人才能住在这里。看看城市的基础设施结构——立交桥、商场、酒店还有其他奢华的地方,都是为有钱人造的。看看他们在立交桥上花了多少钱,然后又是谁在使用这些立交桥?只有那些有钱人。这些桥对走路的人有什么用?你不能在上面走。走路的人在这座城市没法儿行动——没有让他们走路的地方。

"地铁只连接那些有写字楼或高端居民区的地方,没有通到任何劳工阶层或者穷人住的地方,所以地铁只服务于有钱人。穷人也买不起地铁票。而且有很多行李的穷人不能把行李带进地铁,他们只能乘公交车。

"但是现在他们引进了新的公交车,但这些公交车也不服务穷人。车子是些漂亮的环保公交车,让这座城市在英联邦运动会的时候面子上好看。车子的底盘特别低,让人们很容易上车,甚至坐轮椅的人也能上去。但是这些公交车只能在平整的路面上行驶,所以他们取消了所有过去通到这个地区的公交车。交通部门的人只是说这里没有路,所以车子不能来。

"每件事都在往坏的方向发展。每件事。最终不仅仅是穷人会受苦。我来自一个中产家庭,我能从自己的个人经历告诉你,在德里,很快会发展到连中产阶级家庭都会养不起孩子。巴尔斯瓦的人为自己的将来担心,我也在内心深处觉得恐惧。因为我不知道将来在我们身上会发生什么事。不只是穷人。"

萨茹阿斯瓦蒂说:"有时候我们会想是不是不应该离开之前的村子。很多留下来的人情况比我们好。很多男人去沙特阿拉伯或迪拜的建筑工地做工,在那儿挣的钱更多。我们却什么都没有。我们之前拥有的一切都已经卖掉了,只是为了在德里买一块更好的地方。

十二 巴尔斯瓦的垃圾山

我们以为,有一天我们会在德里拥有自己的公寓。"

贾哈娜拉说:"我们离开以后,村子也发生了变化。学校变得更好了。我们留在那儿的亲戚养孩子养得比我们好。过去几年村子发生了很大的变化。

"但我们永远回不去了。我们把自己在村子里的财产卖掉了,剩下的也被亲戚拿走了。和家里人争不如和政府争,和家里人争的话,你会死的。所以我们无论如何都会待在这里。"

我走的时候,米纳克什来送我。"你是怎么到这儿的?"她问。"我在地铁站坐了辆三轮车过来。""你很幸运,"她说,"大多数三轮车都不肯来这儿。"我们穿过镇子,我发现来时的路是最好的,其他路的路况则差很多。有些路面被雨水冲走了,居民们正在往上铺新水泥修补。拾荒人住的街道到处是垃圾,而这些垃圾的分类都在家里进行。

镇子尽头是一个吸毒窝点,男人们在一块油布后面吸食快克可卡因,他们的孩子在外面坐着。一个女孩子用碎了的花盆碎片拼了一个图案。其他孩子在给垃圾分类或把从树上摘的果子放进盒子里。鸡在一旁觅食。水塘上成团的小苍蝇以一种我从来没见过的奇怪方式飞舞:整团苍蝇以最轻盈的动作起飞,但一直像一团云一样有机地组织在一起,然后一下子再全部降落在水塘上。

要从这个地方出去,唯一的交通工具是一辆社区公共汽车。我们坐了上去。车子以一种慢得不可思议的速度绕着地上的坑洼前进,每隔几分钟就停下来让人们上下。我们花了一个小时才开出巴尔斯瓦,部分原因是有人没付钱,引起了一场争吵。司机停车抗议,让三名男乘客要么下车要么付钱,然而他们都不肯。米纳克什出来调解,说她可以替他们付车钱。但是他们宁愿下车也不愿意付钱,于是就下车了。

要说清楚这个地方有多远和多难以到达是不可能的,尽管它就位于全球最大的都市之一。我们很容易理解国家的边境线对人群的分隔使他们和全球经济联结时呈现出巨大差异，但若要想象一个城市内部竟然也有这样的分化，那可就要难得多了。然而在这个都市里，许多人正在用他们的资本、观念和劳动力彻底重构全球经济，因此在这里你有时候能感觉到身处全球所有力量的聚合处，但也正是这个地方有一群人和这个体系完全无关。巴尔斯瓦不是一个存在资本主义压迫的地方——实际上，许多这里的居民会希望多一点资本主义压迫。这是个多余人之地，这里的人几乎找不到和身边的经济繁荣之间的联系。他们是一个"剩余"的群体，他们无处可去，唯一能做的就是在从一个垃圾堆到下一个垃圾堆的流离之间求得生存。

米纳克什和我坐地铁到了康诺特广场。我们坐在印度咖啡屋（India Coffee House）里——这是一个尼赫鲁时代建立的机构，由一家咖啡工人组成的全国合作社运营，在这里，你仍然可以只花五卢比就买到一杯热饮。[32] 然而米纳克什没点任何东西，她包里带着一瓶水。

"我父亲来自北阿肯德邦（Uttarakhand）的一个村子。我们的情况就像你今天见到的：种地在我们村子里非常不稳定。我们是梯田耕种，产量不太高，而且非常依赖于雨水。我爷爷在父亲两岁时就去世了，所以父亲和叔叔干各种各样不同的工作来谋生——他们给别人放牧，在别人的田里干活，生活很困苦，也吃不饱。父亲七岁的时候，和叔叔一起跑到了德里。

"那时候，城市里的人更真诚。有个男人看到我父亲和叔叔的困境，把他们带到一个耆那教的修行处，于是他们在那儿住下，并在那里学习。我父亲十五岁的时候，中断了学业，开始做工。他的工作是修剪古堡周围的灌木，所以他的手每天都流血流得厉害。后来，他到一个在阿里格尔（Aligarh）的穆斯林家里工作，再后来，他被选去为情报局工作。

十二 巴尔斯瓦的垃圾山

"他从来没有真正告诉过我们到底为他们做什么工作。他说一开始他的工作是洗碗。村子里的人常说,'对于一个洗碗工来说,他太清高了!'但是在做这么枯燥工作的同时,他想办法获得了培训资格,最终被指派了正式职位,并作为督查从情报局退休。

"那时候的机会更多。现在的人得不到我父亲当时有的那些选择。

"我成长的过程中,他被派到德里以外的地方。他被派到边境地区的一个村子,负责逮捕非法移民。他对他们穷追猛打。他有间谍和线人,会为他提供非法越境人员的信息。

"我在村子里不是很开心。我不得不去一所破破烂烂的学校,在一块很小的板上写字。这是附近八个村子里唯一一所学校,即使这样,学校里也只有四十个孩子。从城里的学校转到乡村学校很不顺,我的成绩落后了。而且等我回到德里时,我的英语成绩不及格了。甚至到今天,我都没有足够的自信看着别人的眼睛说英语。

"高中毕业以后,父亲说我不能再念书了,于是我就进了一家工厂工作。那时候我十六岁。那是家纺织厂,我的工作里有一些设计的成分。我以为自己想做时尚设计,但后来发现时尚设计对我完全没有吸引力。我脑子里想的全是在那里工作的女工,她们全都生活在地狱里,每天工作超过十二个小时,却什么回报都得不到。我为工人争取到了合适的衣服,还组织活动为她们争取到了最低工资。我和公司老板斗争了三年,最终我们赢了,公司为她们发放固定薪水,每年还有几天假期。当然,公司把我开除了,还扣了我的薪水。但是这让我更自信了,之后我做了很多不同的事。

"后来,我去德里大学读了本科学位,又读了硕士。但是当我回头看时,我发现自己没能跟上这个世界。我觉得自己落后它很多。如果我上了一所好学校,而且没有浪费生活中最重要的那几年,现在我会是一个更好的人。我作为旁观者看着这个世界上的自己时,觉得自己没有立足之地。

"有些事是我们与生俱来的。我有我的，你有你的。我的情况是我总是独自一人。我没有遇到其他和我想法相似的人。我总是一个人吃饭，一个人坐，独自思考。十五六岁的时候，我开始写诗。当你孤身一人，并且认为没人理解你的时候，你会感觉很沉重。但是当你把想法写到纸上，你就会觉得身上似乎轻了些。"

米纳克什拿出了一本笔记本，读了一些她写的诗。这些诗写的是可怕的、破坏性的力量。隔壁桌的一个男人专心地听着，深深地被她打动了。米纳克什的外表和举止有些男性化，但这无法掩盖她很美丽这一事实。那个男人站起来向她表示祝贺，并且询问她的情况，他想坐到我们这一桌和她讲话。但她的沉默令人生畏，于是他只好默默退回到自己的位置。

她谈起自己的童年。

"那时候村子里有权势的人常常会殴打比他们地位低的人，还有很多和种姓有关的限制。我是婆罗门，有很多事都不能做。如果一个婆罗门做了手工活儿，另一个婆罗门就不能吃饭。这些事常常让我觉得有点受伤。我看见女孩儿的遭遇从来不会发生在她们兄弟身上。到城里来之后，我和班上的一个穆斯林女孩儿成了朋友，我们会互相吃对方带的午饭。我把这件事告诉父亲的时候，他说我变得什么都不是了，不是印度教徒也不是穆斯林。之后，我决定再也不和他们说任何事。慢慢地，反抗的念头在我心里点燃了。我会整夜整夜地想这些事。过去我常常问：'谁发明了这些界限？为什么会有这些界限存在？'但是没人回答我这些问题。所以这就是给予我新想法的源头。"

我怀疑，要想彻底了解米纳克什是很难的，她异乎寻常地独立。从她做事时流露出来的那股愤怒的能量，你能感觉到她在内心的探索，那初具雏形而激烈的探索。听她说话让我耳目一新。她也是这座城市的一部分，让我想起这里的朋友身上让我喜爱的东西——狂热地在智识方面寻求对这个世界更好的安排。这也是德里的文化，

十二 巴尔斯瓦的垃圾山

但这是少数族群的文化,很少浮上水面。

"硕士毕业以后,我开始为一个非政府组织工作,并被派到巴尔斯瓦,这改变了我的生活。"

米纳克什的父亲努力工作,使家庭过上了中产阶级的生活,而她自己却从亲近穷人中获得终极满足。她谈自己在社群的工作时,我很想知道这种依赖关系是怎样的:是他们需要她还是她需要他们?

米纳克什发现自己和所在的非政府组织产生了分歧。"他们关心的实际上并不是人,"她说,"他们只关心自己的项目。因为是项目给他们钱,而不是人。"最后,她对那个组织的反对意见太多了,于是被解雇了。出乎意料的是,她继续为巴尔斯瓦做同样的事情,没有职位也没有薪水。

"我把自己的生活奉献给了这个工作。我单身,所以我把一切都献给了事业。我每周工作八十个小时,回家也要干,因为事情是做不完的。我有钱的时候,也把钱用在这份工作上。我和父母住在一起,没有什么花钱的需要。早年我做的是纺织进出口,我离开了那个行业,因为不喜欢。我不想在一个资本主义的世界里只是挣钱,然后把生活看作银行账户上的数字。我热爱为人工作,我喜欢工作能帮到某人或者真正地影响他或她的生活。

"如果今天我去参加巴尔斯瓦的议会选举,我肯定会赢的。甚至连我的兄弟都说我应该去参加选举,这样就能赚很多钱,改变我的生活。但我不想去。我兄弟说企图理解我就像拿头往石头上撞。

"我不知道自己将来会怎样,但是我知道自己永远不会过'正常'的生活。我知道明天会和今天一样,这是一场持久战。所以我已经为未来做好了准备,准备好一无所有地生活。我现在拥有很多东西,因为我和父母住在一起。但是我试着不买牛奶,不买水果,因为将来我自己可能没能力买这些东西。我试着看自己如果独自生活或者没有食物的话,是否能生存下来。

"我的父亲很不喜欢我整天待在贫民窟里。他不信任移民和穷人。在他以前工作的地方,如果他看见四个人聚在一起说话,他会琢磨他们在讲什么,是不是在批评国家?他的思考方式是情报部门式的。如果他听见别人讲孟加拉语,他就会认为他们是孟加拉的非法移民,因为他受的训练就是那样。

"他的思维方式是中产阶级的思维方式,所以我不和他讨论问题,和他吵他无法理解的事是没有用的。他说我变成了贫民窟女孩儿。我觉得很对不起他,但我不得不这样做。我知道自己在做什么,我知道自己没有钱,但我仍然觉得自己比另外的那个世界优秀。

"小时候,母亲常常对我说,'你死的时候,没人会想起你。'我常回答她说,'妈妈,我死的时候,会有一千个人在我身后哭泣。'"

十三 经济难民的痛苦深渊

> ［资产阶级］无情地斩断了把人们束缚于天然尊长的形形色色的封建羁绊，它使人和人之间除了赤裸裸的利害关系，和冷酷无情的"现金交易"，就再也没有任何别的联系了……它把人的尊严变成了交换价值，用一种没有良心的贸易自由代替了无数特许的和自力挣得的自由。*
>
> ——卡尔·马克思和弗里德里希·恩格斯
> 《共产党宣言》，1848年

战士精神里没有太多空间用来关心弱者，这没什么好惊讶的。生活就是战争，这对那些不能战斗的人来说真是太糟糕了。

正在蓬勃壮大的布尔乔亚群体是构建这本书的主题。尽管他们只是德里一个小小的少数群体，但他们的很多财富实际上来自他们身处在一片贫穷海洋之中这一事实。从德里东南边界延伸出去的是北方邦和比哈尔邦的大片土地，那里有三亿人口年平均收入为500美元。这些人不仅贫穷，而且在政治上还处于弱势，生活越来越糟糕。因此，他们成了劳动密集型产业（诸如建筑、采矿和制造）廉价和几乎用之不竭的劳动力资源——也正是这一点造就了印度的财富。

他们的生活变得更差这一事实，并不是因为他们没有赶上印度经济的繁荣，而正是因为印度的繁荣。印度经济繁荣的部分推动力来自企业对农村的占领，大量的投资与穷困的农业和部落社群的利

---

* 译文引自中共中央著作编译局出版的《共产党宣言》1997年8月第三版。——译注

益相背，把印度农村变成了一片动荡混乱的战场。商业扩张需要土地，而印度大多数土地在小农手里，其对土地的合法所有权在尼赫鲁时代十分稳固。由于多数农民每人只拥有一两公顷土地，而且大多数人不愿意出卖，既要合法又要达到企业创办要求获得成百上千公顷的连片土地基本是不可能的，所以印度市场自由化后，人们见证了各种形式的巧取豪夺，其中涉及数百万公顷的农村土地。

有时候，获取土地的任务是由所谓的土地黑手党完成的。那些年里，许多巨大的财富由"土地整合人"取得。这些人中，有些使用黑社会暴力把农民从土地上赶走，有些利用政治机构的人脉，不仅专横地重新分配土地，还非法使用国家资源（比如警察）来执行这些命令。但在很多情况下，对土地的夺取是由国家根据1894年的《土地征收法》（Land Acquisition Act）中的条款来实施的，这部法令由大英帝国颁布，目的是将殖民者从土地的历史所有者那里征用土地的行为合法化。印度本土精英在自己国家里引发的暴怒和19世纪欧洲帝国主义者在其他国家引发的暴怒极其相似。土地根据专制法律规定被收回，之前土地的赖以生存者只得到很少的补偿，有些甚至没有补偿。随后，土地被出售给企业，价格往往是原来的十倍，这些企业使用土地的方式显然摧毁了当地的生计。他们能很方便地雇佣土地原来的所有者作为建筑工人、矿工和工厂工人，因为这些人现在一贫如洗。

抗议自己的土地被强行征用以建造特别经济开发区或汽车工厂的农民们有时会被关进监狱，甚至在一些极端情况下会直接被开枪射杀。但是如此大规模且具有破坏性的巨变不可能不遭遇抵抗。全国随时随地都有上百起抗议游行，都是针对征地的。最让政治集团头疼的是，一支毛派武装团体横扫了这个国家受破坏最严重的农村地区，而且在很多地方夺取了控制权。到2006年，武装团体在东部比哈尔邦、恰尔肯德邦（Jharkhand）、西孟加拉邦（West Bengal）和安得拉邦（Andhra Pradesh）到处组织起来，据说占领了印度五分之一的森林。总理曼莫汉·辛格当年宣布这些组织是"我们国家从未面临过的最大安全挑战"[33],这一说法让城市精英们感到震惊,因为即使到那个时候,他们中的大多数人都很难想象自己是和数亿身处困境的农民、猎人以及其他诸如此类神话中才有的生物分享着这个国家。

他们没有卷入这场战争,大部分人依然保持着幸福的无知状态,但这场战争却是暴力而影响重大的。在矿产丰富的切蒂斯格尔邦(Chhattisgarh),政府出售土地的矿产租赁权,在这些土地上,有大量人口以打猎和采集为生。为了把这些人赶走,邦政府动用了民兵组织"和平行动"(Salwa Judum,意为"净化狩猎")。和平行动是一个由主流政党扶植的武装运动,政府期望其能够消耗并击败在那几年绝望的日子里威胁国家的叛乱团体。在新政治任务的促动下,这个组织行为狂暴,掠夺焚烧村庄,强奸屠杀,并把部落人口赶进监狱。有几十万村民为了躲避袭击而逃走,因此把矛盾和对资源的竞争带到了别的地方。

然而,那些从土地斗争中成功逃走的农村社区也发现,靠以前的谋生手段越来越难以生存下去。由于他们依赖降雨——正确的时间、正确的雨量,很多农民已经有很长一段时间一直在努力平衡盈亏。市场自由化的进程使天平不可逆地偏向了亏损的那一边。

其中部分原因是生态条件的改变,尤其是水。不断扩张的城市发现自身面临着越来越严重的水资源短缺,这就不得不从越来越远的地方取水,逐渐抽干了方圆数百公里村庄和农业的用水。在农村建起的新工厂需要大量可预知的供水——毕竟有些工厂生产的是汽水,甚至瓶装水——只有当国家能够确保无论雨季还是旱季都能供水时,有投资意向的企业才会进行投资。在水源不稳定的地方,情况已经岌岌可危。

但市场自由化也改变了农业经济,为农民带来了新的收入选择,虽然这也使他们承担了更高的风险。总之,许多农民向前迈入了这样的新选择,因为20世纪60年代引入的高强度农业,即"绿色革命"已经耗尽了土地肥力,迫使他们去探索新作物和新化肥。与此同时,进入印度的跨国公司希望印度农民为加工食品提供原材料,这给他们带来了新收入和新生活方式的机遇。许多农民因此选择不再种植粮食,而是通过种植经济作物,如甘蔗、咖啡、棉花、香料或鲜花,来追求更高的回报。但这使他们成了一个在财务上非常脆弱的群体,严重受到市场波动的影响。例如,食品成了他们不得不购买的东西,而食品价格在那些年里一路飙升——这种赌博有时会在一无所有中收场。

另外,1991年后印度历届政府签署了各种国际贸易协定,承诺接受和执行外国公司对使用其产品的要求,其中包括保护跨国生物技术公司发布的新一代专利种子。农民大量定购这些产品的原因,是因为农业条件太差,而这些种子被视作解决方案。但根据许可证的规定,农民每个季节都必须从生产商那里购买这些种子,但其中许多种子被设计成无法繁殖的,使农民不能按照传统做法为下一个季节的种植留种。这些种子还常常被设计成要配合特定的化肥和杀虫剂产品一起使用,这样不仅需要大量的现金支出,还需要许多培训,而培训却经常是缺失的。在环境背景已经变得更加严峻的情况下,许多农民使用新型化学品耗尽他们的土地,并进入了一种很难应对的债务螺旋。他们往往和当地放高利贷的人牵扯在一起(这种情况正如在许多其他事情上,穷人要付出更多才能获得和富人同样的资源)。

所有这些,对农民来说是致命的。21世纪的第一个十年中,每年约有一万五千名印度农民自杀。这是他们唯一的出路。

鉴于受印度农村危机影响的人数众多,情况的轻微恶化就足以释放出大量的难民潮,而这些难民自然而然地涌向城市。1991年和2011年的人口普查之间,德里人口增加了七百万,大多数都是来自农村的贫困移民。他们是已经备受推崇的现代化戏码中的定型角色:

十三 经济难民的痛苦深渊

因为土地被开挖采矿而支离破碎的部落,无法再用自己的土地喂饱自己的绝望农民,以及因为新工厂的出现而被淘汰的刺绣师、窑匠和木雕师——而他们正是古老传承的最后一代。

这些人中,有的最终成为破坏他们生活的那些富人的保护者和生活保障者——因为德里的富裕家庭非常需要仆人。事实上,对城市的中产阶级来说,能够轻易买到廉价劳动力是至关重要的。即使是小康家庭也经常雇用司机,而一个女佣大清早到家里来打扫地板上前一天积累的灰尘也是必备的。富裕一些的家庭永远有保安坐在家门外的塑料椅子上。对于这种不用做事的工作,主要的资质要求就是他们还活着,还没死掉。

劳工的前呼后拥让富人们觉得自己更加尊贵,而且这也为他们的"得体"标示出绝对的界限。对于富人来说,做某些特定的事情是不正常或不恰当的,这种想法影响了整个城市的构造。比如说,没地方停车对他们来说不是困扰,因为他们不是自己开车——司机把他们放到餐厅门口,然后去兜圈,直到他们出来。每件普通的任务——从寄一封信到买一张火车票,都需要在人群中经历冗长的推挤,这样的事实没有受到中产阶级的谴责,因为他们几乎从来没做过这些事。一般来说,这个城市的富人肩不能挑手不能提,他们会按铃叫一个佣人来找车钥匙,或是叫一个服务生端起就在面前的红酒瓶,为他们把酒倒进杯子里。

雇佣劳动力的力量是真正的力量。许多欧洲和美国中产阶级的日常——洗盘子、洗衣服、给孩子做饭——对印度的中产阶级来说是陌生的,其结果就是印度的中产阶级常常能在其他方面更有生产力。然而他们和家里佣人的关系却往往离奇地充满戾气。如果你听到中产阶级抱怨他们的女佣,你会产生体谅他们的感觉,因为你觉得这些妇女的作用不是在房子里进行必要的劳动,而是弄丢钥匙、偷窃珠宝、打破碟子、浪费电、弄坏衣服、把东西放在错误的地方、教孩子坏习惯、让水果腐烂,而且最主要的是,她们会一整天不来工作，从而摧毁其他每个人的生活。原因是（按照她们的说法）：她们病了，或者孩子被野狗咬了，或者因为碰到积水里带电的电线触电了，或者她们的贫民窟正在被拆毁，或者丈夫死了，或者姐妹要在某个很远的村庄结婚，或者某些其他同等荒谬的故事。这一类由女佣造成的痛苦是中产阶级谈话的主要内容，其程度会让人想知道，为什么那么多有特权的人似乎为穷人的背信弃义投入了那么多东西。这些中产阶级把他们生活中的每件错误都归咎于他们的女佣，似乎已经达到了有史以来最激烈的程度。毕竟几代人以前，很多德里的有产阶级自己本身就是难民。现在，他们看着这些新移民的眼睛，这些为他们做饭、替他们照看孩子的人，似乎会让他们想起那些宁愿不再记得的暴力和不愉快的事情。

所有这一切的推论是：在中产阶级心里，佣人们配不上他们的薪水。佣人的薪水不是他们对中产阶级家庭贡献的回报，而是对无能者的慈善捐赠。中产阶级喜欢把自己看成不被重视的恩人，他们并非把穷人看作生产引擎，而是当成一群仰赖他们的智慧和辛勤工作而活的寄生虫。正是他们——中产阶级，为经济贡献了真正的价值，他们决心要确保经济增长的成果仅限于自己和同类人群享受。即使自己的收入增加了很多，他们仍然会愤怒地反对给为他们服务的人加薪。当你搬到一个新的中产阶级社群，老居民们（其中一些是百万富翁）会告诉你，收垃圾的人每月会问你要100卢比，但你只能给他50卢比。"否则对我们所有人的收费都会上涨。"在要花费3000卢比的晚餐上，人们不断讨论着一个女佣的闲话，因为她要求把2000卢比的月工资提高到3000卢比。

抱怨这些事情的人应该知道工薪阶层的房租上涨速度和其他人一样快，他们肯定知道食物价格每年上涨幅度高达12%，但工人阶级的这些要求仍然被视为纯粹的机会主义。这座城市的中产阶级近乎偏执地认为自己在被穷人"掠夺"。他们把上门卖蔬菜的小贩描述为"小偷"，而众所周知，人力车夫们全力以赴就是为了"载你

十三 经济难民的痛苦深渊

一程"。印度的繁荣属于中产阶级——这是他们的时刻,他们会为之疯狂战斗。在一个家庭平均年收入为1400美元的国家,平均收入的轻微变动对于极少数(比如年收入为6万美元)的家庭来说都是灾难性的。所以九成的人从印度崛起的中产阶级中被逐出,他们对于更高收入和更好生活的要求是非法的。经济自由化后的一段时期内,有一条反复出现的口号——"记住穷人!"仿佛是为了回应这条口号,现在似乎是时候要忘记它了。

然而,穷人对中产阶级财富的新积累起到了推动作用,这一点是不言而喻的。印度农村的灾难不仅创造出了唾手可得的家庭佣人,也为建筑公司和工厂主提供了大量劳动力。数以百万计的劳动力为工厂主创造了财富,同时这些人也为有专业人才工作的管理咨询公司和广告公司提供了劳动力。他们通过对采矿和建筑公司的投资创造出可喜的股票市场回报,还为有车阶级建造了道路和住宅。但是,再一次,天平牢牢地掌握在精英手中。因为愿意劳动的人绝对数量庞大,雇主从来不必担心上哪儿找下一批工人,所以他们几乎不用付钱就能要求工人进行任何强度的劳动。工厂工人每天工作十六小时、全年无休的情况很常见。大部分人的收入都不到每天4美元的最低工资标准,而且几乎没有人有养老金或保险。印度工厂现在为世界各地的消费者生产产品,这增加了工人劳动的强度,但对他们的工资几乎没有任何改变——如果说自由化给整个体系带来了额外收入,那么这些收入通常是被承包商而不是被工人拿走了。

事实上,经济自由化后的十年里,厂主对工人的谈判力量发起了侵略性攻击。最初,德里工厂约九成的工人都是永久雇工,这意味着他们不仅享有更高的工资,还有养老金和健康保险,并受到各种法律保护。许多工人一辈子都在同一家工厂工作。但随着全球化带来的新压力,这种情况对工厂所有者来说变得越来越没有吸引力,他们找借口开除工人,而且常常是大批量开除。到了2000年,七到八成的工人是临时工,相应地,他们的法律和经济状况也更加不稳定。工人个体无法对自己的情况提出申诉，因为有一大堆人等着取代他们的位置，而大规模抗议会遭到严厉的处置，经常伴随着警棍和催泪瓦斯。警察似乎总是毫无疑义地站在工厂那边，哪怕抗议的起因是由于工人死亡或管理层离奇和带有虐待性质的暴力。

与中国不同（那里很多工人吃住在宿舍，然后由班车送到工厂），印度雇主对工人在工作以外的生活设施投资很少。工人只有临时工棚，而且往往没有活水可用，因此工人很难实现对自身最低限度的保护——包括维持健康，以及在几小时后回到工作岗位之前能获得足够的休息。不用说，工厂生产出了大量的"人类边角料"——生病了不再能工作的人；年满三十五岁，年纪太大的人；那些在机器上失去了手指和手，因此除了在街上乞求，别的什么都干不了的人。

但这种不受控制的情况对雇主来说也不方便，因为他们的工人和企业之间没有直接的利害关系，可以不打招呼，说走就走。他们会突然就回比哈尔邦去了，因为有传闻说当地的就业前景有所改善；他们会请一个星期的假去参加某个宗教节日；或者他们只是换到隔壁的工厂，因为那家厂主为完成紧急订单，临时开出更高的工资。为西方大连锁店供货的纺织品制造商通常有六十至九十天的生产和交付时间，否则会面临严厉的惩罚。在之前提到的劳动条件下，要确保一切都按时完成，这才是个大问题。但雇主似乎认为他们的工人是外星人，是不服从到骨子里的生命，不相信与他们之间有达成任何和解的可能性。他们与神秘莫测的工人心灵的唯一接合点就是金钱，所以这是他们施加压力的地方。在一些工厂中，工人每月拿的是最低工资，约6000卢比，其中有三分之一是"全勤奖"——如果他们有一天没有上工，甚至哪怕是因为得病，这笔钱也会被扣掉。但即使是这样的措施也无法完全保障工厂这个机械化、可预测的空间里不会出现人力资源的剧烈动荡。这些工人生活在各种各样的边缘，受各种紧急情况所困扰——这牵涉到他们在这个国家偏远地区的父母、兄弟姐妹、妻子和孩子（和中国不同，这里工厂的大多数工人是男性）。即使财务上的损失和这些紧急情况一样严重，通常他们也不可能在所有醒着的时间里每天都来上班。

21世纪印度穷人的情况当然和当地动态有很大的关系，比如传统的种姓等级制度以及城市和农村居民之间缺乏同情心。但从许多方面来说，在这里工作的穷人不仅仅是"印度的"穷人，他们还属于世界。到21世纪初，事实上，可以说全球经济的很大部分正在亚洲农村的绝望中运行。在20世纪90年代，那么多制造业转移到了像印度这样的地方，原因正在于这些地方运作的制度（尽管运作方式不同）。"正常的"资产阶级生活，无论在德里还是纽约，都需要大量参与其中的劳动，而这只有当劳动力保持在非常廉价的水平时才有可能。最终作用于印度劳动力身上的力量不是印度富人的阶级藐视，而是全球消费主义的逻辑：新、快、廉价。这种逻辑是无情的，并对人类劳动充满了无限渴求。亚洲农村生活的死亡影响了上亿人，并成为一个绝望的水库，供这个逻辑取水。

一位具有不同寻常自我批判精神的纺织厂主对此有自己的观察，她思考了这个自己在其中扮演节点角色的系统："曾经有过那么一段时间，你可以做一个有个性的资本家。你可以自己决定想要创造怎样的风气。现在，你是不是个'好人'没关系。完全无所谓。我们生活在这样一个时代，我们都知道自己的所作所为很恶心，但仍然照做不误。整个系统以绝望为食，而我们是这个系统的一部分。"

当被问及如何解决农村问题时，一名国大党财政部长说，他要让这个问题从根本上消失。他说，现在八成五的印度人需要住到城市里。而他说这些话的时候，七成也就是超过七亿的人口还住在农村——仿佛他金口一开，百分比就会神话般地发生翻天覆地的剧变。这些数字反映的事实是，城市精英已经丢掉了想象农村的能力，并由此丢弃了自己绝大多数的同胞，他们只是希望这些人消失掉。一派田园风情的广告牌为叫"普罗旺斯"的地产项目和类似的印度乡村做广告，就像有这么多空着的"生存空间"*等待着中产阶级搬入似的。但城市居民不再理解的是，农业可以支持的人远远多于工业，而且如果农业遭到破坏，印度将面临暴力危机。21世纪早期印度劳动力的廉价源于一个事实，即巨大的过剩，这意味着劳动力不仅易于获取，同时根据"过剩"的定义，也意味着不是所有的劳动力都能被使用。大量印度穷人并没有进入资本主义的体系中，他们只是被剩下了。就像巴尔斯瓦的居民，他们和主流经济的狂热只维持着最微弱的联系，并被抛到了一个充满倦怠和衰败的荒谬的平行宇宙中。

"我们正在为自己累积巨大的问题，"一名大型私募股票基金的所有者说，"人们谈论印度的'人口红利'，指的是最近的高出生率可能带来的年轻而精力充沛的人口的优势。但我无法这样看问题。我们每年有一千五百万到两千万人口进入劳动力市场，而市场上没有可以给他们做的工作。唯一能吸收这个量级劳动力的是电子和纺织品制造行业，但是所需的行业规模和我们现有的规模不相称。

"我们的IT行业很发达，但印度的IT和BPO行业一共只雇佣了两百万人。零售和餐馆创造了新的就业机会，但那只能再增加四百万到五百万个岗位。相比之下，中国的电子和纺织制造业能为一亿人提供岗位。印度没有完全掌握这样的行业，而且没有迹象表明我们能为年轻人提供工作。这是个巨大的失败。"

这样的失败对印度这类社会的未来提出了深刻的问题。更多具有历史意识的观察者回想起欧洲工业革命期间遭到破坏的农村生活，当时也给城市带来了巨大的新贫困人口浪潮。同样，这些人口也远远超过了监狱、救济所或基础设施项目用工需求所能容纳的数

---

* 原文为德语 lebensraum，指通过种族清洗而为纯种日耳曼民族创造出的生存空间。

量。对传统农业生活方式的切割对于绝大多数人来说是一场灾难，之后历经数个世代才能愈合，而在自己的有生之年，他们是大量剩余的"下层"，无望获得更好的命运。但不同之处在于，19世纪的欧洲拥有一种21世纪亚洲所没有的惊人可能性，那就是"新世界"。巴西、阿根廷、澳大利亚，尤其是北美对欧洲的工业化起到了至关重要的作用。工业化造成了大量人口无家可归和失业，而这些国家扮演了安全阀的角色。在拿破仑战争和第二次世界大战之间，约七千万人离开欧洲前往"新世界"，这个数字是工业化初期欧洲人口的三分之一。另外，还有大约一亿三千万欧洲人在两次世界大战期间死亡。（当然，在同一时期，数以千万计的"新世界"原住民被同时发生的战争和疾病消灭了。）

21世纪的情况则不同。印度人口的三分之一已经是接近四亿人了，很显然，地球上没有其他地方可以安置这么多的多余人口。要如何使他们融入一个快速变化的社会，且不用涉及种族灭绝或世界大战，仍然是一个悬而未决的问题。

我们不应该想当然地认为，这个问题没有被解决是因为没有投入大量的智力和物质资源；对于这个问题也不是没有辩论、冲突或突破。恰恰相反，21世纪初的印度还是一个巨型的社会和经济实验室，社会的各个部门都参与其中。农民（有时在政府或在印度农村工作的无数非政府组织的帮助下）在发展新经济和农业战略方面展现出了极大的聪明才智，这些战略是为了降低其处境的不稳定性，让他们不会放弃土地而去加入大规模的出走。工厂工人抗争对其权利逐渐侵蚀的方式，变得更有创造力和组织性——到21世纪头十年结束时，古尔冈汽车制造商无法再指望工人自己的内耗，他们发现自己不得不坐下来进行认真的谈判。政府也是如此，尽管无能和腐败的名声在外，它还是有能力进行一些有远见的创新。这些年来，政府为农村社区引入了首个金融安全网，为成年人提供每年一百天、每天100卢比的就业保险，这项措施对于那些受金融不可预测性影响的社区而言至关重要。这段时间里还出现了开创性的《信息权利法》(Right to Information Act),这部关于信息透明的法律在为贫困社区赋权方面起到了巨大的作用。如我们所见,这些社区的命运以往被政府的诡计玩弄于股掌之中,有了这部法律,他们现在能发现自己什么时候正在遭到欺骗,或者到他们手里的钱比已拨付的款项少了多少。

在印度经济转型的风格和人道成本这些问题上,富人们也产生了严重的分歧。电视上,农民抗议国家征用肥沃的农业土地,并将其转换成工厂用地,与代表国家的武装力量进行血腥对决。这让所有各种各样的人都开始沉思自己与这个"新印度"的关系。一些感到失望的城市富裕阶层成员已经开始行动,以减轻变革带来的负面影响。至于非政府组织,其中一些对于"现代生活该是什么样子,其收益该如何更好地分配"这样的问题怀着非凡的、创造性的愿景,并将受过教育的人派到国家最偏远的角落。另外一些则由外国政府和基金会资助,这些资助方在这一时期向印度投入了几十亿美元的发展援助。新闻在大多数情况下仍然是自由的,媒体对当代社会的不公平现象也会给予大力曝光和尖锐评论。

该世纪的第一个十年也见证了这座城市向腐败和残酷发出抗议的浪潮。城市被十几万人集会占领的情况越来越常见,人们在对社会弊病或统治者诡计的愤慨中联合起来。虽然有些不满可以被归为利己主义的盛行,例如中产阶级对腐败政客财富的不满就是这样,但从这样的集会所展示的悲痛和兴奋中可以很清楚地发现,这些集会关乎的利害远超过以上这些。在其中发挥作用的还有更谦卑的雄心,即:对生活在一个更温柔的社会的渴望,对一种更崇高的人际关系的渴望,对利己主义以外的东西的真诚渴望,还有,从这个世界的公然残酷中获得喘息空间的渴望。残酷的社会往往是最有活力和生产力的。19世纪的欧洲是历史上最富创造力的社会之一,但哪怕你是拥有这种活力的人,与残酷共同生活也不像想象中那么容易。

十三 经济难民的痛苦深渊

只有最铁石心肠的战士才承担得起残酷的全部成本和全然无情的资本主义。印度的中产阶级实际上并不比加拿大或瑞典的中产阶级更愿意为残酷负责。在我们"新自由主义"时期的意识形态中，有观点认为只有自我伸张对人类来说才是"自然的"驱动力，但实际上，对他人的同情比我们想象中的更难击败。

比如在德里，引人注意的一点是，很多最富有家庭的女性在对待自己的下人时虽带着存心的恐惧和轻蔑，却用空余时间来照顾流浪狗——给它们拿食物和毯子，受伤的时候带它们看兽医，生病的时候带它们回家。

但是，在印度经济难民这个巨大群体身上会发生什么，要回答这个问题让人异常伤脑筋，而且善良心软是不足以解决这个问题的。事实上，这是一个破坏印度新经济乃至全球资本主义本身全部逻辑的问题。然而，似乎无法想象可能有另一种组织方式，因为现在所有的一切都已经以那种方式运作。因此，问题最终唯一的"解决方案"就是不管它，而这差不多就是印度中产阶级的作为。国家数亿的贫困人口在他们的世界里醒目地缺席，不仅是在个人层面漠视的问题，还有政策上的遗忘。德里的官方战略是**无视**那上亿人，把他们当作幽灵：他们定期为宴会贡献劳力，本身却不需要食物、住所或任何东西。

工人宿舍——这种对工人身体存在的简单承认，是没有的。工业城市法里达巴德（Faridabad）建于1947年，但没有建工人宿舍，工人要自己找到或建一个住所——随便在什么地方，只要他们能找得到。这成了德里地区所有"规划过"的城市如欧克拉（Okhla）、诺伊达（Noida）和古尔冈的标准做法。这些城市有巨大的劳动力需求，但明显而固执地没有安排任何工人们生活的地方，就好像劳动力是一种非物质的力量，能神奇地操作机器、建造房屋，但并没有物理存在或需求一样。大量工人在德里和自己的村庄之间往返。尤其是男人，他们把家人留在乡下，到德里来几个月，在建筑工地干活或驾驶机动三轮车,尽力赚钱,同时在住宿或者其他事情上尽可能少花钱。他们租15卢比一天的地下室,睡在建筑工地的帐篷里、三轮车或人行道上。但除此之外,还有大量的人,他们的工作让他们一整年都要待在城市里,他们得想办法在其中生存下去。这就是为什么德里除了房地产以外,还有另一种巨大的繁荣,即非正式住房。据估计,20世纪70年代末,德里总的贫民窟人口是两万。到21世纪初,数以百万计的人(也许是城市人口的一半)生活在某种未经批准的住房里——贫民窟、棚户区、披屋,等等,同时还有成千上万人没有任何住所。[34]

穷人聚集的地方经常受到当局的攻击,他们想要不惜一切代价,以保证穷人永远不会开始想象自己能拥有对于城市空间的物权。20世纪70年代,尼赫鲁的孙子桑贾伊·甘地(Sanjay Gandhi)对贫民窟进行了一系列毁灭性的拆除,之后许多在德里工作的穷人在新的贫民区买了地皮,以求保障自己在一个突然变得更不适宜居住的城市里生活。贫民窟拥有繁荣的房地产市场,经营购买和租赁业务,而且实际上和城市其他地方的房地产交易没什么太大不同,除了整个经营都是未经官方认可之外——土地理论上属于政府,后者可以随心所欲地取缔整个系统,夺走人们一辈子的投资。正如我们所看到的,印度政府在20世纪末21世纪初就行使了这些权利。对贫民窟的大规模拆除,使得那些即使早在70年代和80年代就已经来到德里的工薪阶层也常常突然发现自己无家可归。那段时期,每年有数十万或更多的贫困移民从农村来到德里,农村的情况变得非常绝望,使他们无法在那里生存下去。而在德里,穷人可以建造半永久的家的地方正系统性地减少。"剩余"人口达到了数百万,人们回不去,也留不下来。

一些贫民窟被官方以2010年英联邦运动会的名义下令拆除,法源依据就是《土地征收法》。当时,有一系列来得正好的可疑的火灾烧毁了贫民窟,并驱散了居民,其中一些征地正是在那之后进行的。许多这样的贫民窟是在20世纪70年代的拆除活动后不久建起来的,现在每个贫民窟大约住着十万人,这些人在那段时间里已经建造了砖房、供水和下水系统、学校、印度教神庙和清真寺。这些地方都是充满活力的镇子,是整个城市的一项重要资源,因为这里住着这个城市那么多工人、家庭佣工、保安,等等。当推土机被派到这些地方,让人想到的是这一切就像一场毁灭性的军事打击。成年男女坐在堆成山的砖头上哭泣,被毁掉的很多房子是他们亲手搭建的;其中一些人与前来监督的警察和官员们理论。孩子们在曾经是街道的地方游荡,看到房子和学校不可思议地被夷为平地,瞪大了眼睛。很多孩子已经领了任务,要收集没坏的砖给新的造房人用——他们把砖堆成巨大的墙,堆在拆迁工地边,每栋一百块砖两卢比。在主路上,浩浩荡荡的难民排成队,带着锅碗瓢盆和成捆的衣服,寻找落脚的地方。

尽管过程非常曲折,但那些能够证明自己在这些地方住了很多年的人获得了土地作为补偿。由于补偿地块数量有限,每当政府发现符合要求的人太多的时候,就不得不提高要求。"我们之前说你要能证明自己从2000年起就住在这里。唔,现在你要证明1998年起就住在这里……"当有人去看新的定居点时,比如巴尔斯瓦,他会发现土地条件和那里到工作地点的距离都让人难以接受。但大多数人什么也没得到。有些人回到农村去看那里还剩下些什么能为自己所用;有些去康诺特广场周围的地下通道和流浪者生活在一起,裹着破烂的毛毯发抖,任凭噪音炸裂自己的脑袋;有些人加入了工厂及建筑工地周围的施工大队,生活在蓝黄相间的油布下。

以下我们还会看到,他们受到的惩罚将进一步加剧。否定工人的物理空间还不够,实际上,还要证明他们只是从印度无穷大众中脱落出来的完全可有可无的部分,他们不应该得到任何东西。通常,建造德里备受吹捧的房地产的建筑工人无法分到鞋子或手套,因为提供这些装备可能让人误以为工人的身体健康是重要的。建筑工人经常受伤，甚至死亡——因为他们没有头盔或安全带，而且对自己在做的工作只有最基本的了解。在英联邦运动会之前的城市"美化行动"期间，到处都能看到男人、妇女和儿童赤着手为路缘和栏杆上漆，他们的手臂到手肘上沾满了油漆。整件事就好像拿下层人民开了一个冷酷的玩笑，不断提醒他们，除了自己的劳动这一纯粹事实之外，他们的存在什么都不是，永远不会被承认。建筑承包商想尽办法克扣工人的工资，而他们中的很多人则在房地产的繁荣期赚到了巨大的财富。他们不仅不付最低工资（更不用说支付强制社保了），还向在工地支帐篷的工人收取租金，并扣掉发放的靴子和手套的钱。这些细微小事简直像是在强调一种观点，让人觉得甚至远远不是钱的问题。它似乎不太像一种财务策略，而是作为一种阶级训导——像你这样的人没有要求舒适和安全的权力，你和我们这样的人不一样，你不属于这个故事，而且可能永远和这个故事无关。

这种策略——选择不去考虑哺育着印度繁荣的巨大人身痛苦——大体上是成功的。印度的富人没有花太多时间思考穷困工人的苦难，他们在这方面花的时间并不比美国或者澳大利亚的富人多，因为这些事对他们来说，遥远程度是一样的。但有些时候，"大鱼吃小鱼"的原则还是会以意想不到的方式还施彼身。

20世纪70年代的贫民窟拆除工程期间，诺伊达的郊区被构想为首都的一处现代化延伸区，用来吸收其增长的人口和扩张的工业。它位于北方邦亚穆纳河对岸，该邦的首席部长们逐渐获得了该项目的土地，并设计了网格式的结构布局，以适应这个得到理性规划的新镇。到了90年代末，诺伊达已经完全实现其城市规划，新中产阶级和他们的公寓、办公室以及商场让它呈现出一派繁华景象。

2005年，住在诺伊达的尼萨里（Nithari）贫民窟的移民劳工开始向警方报案说，他们的孩子在不断失踪。警方没有立案——这些是没有影响力的穷人，全国有数十万或数百万这样的儿童失踪，没有人会花时间尝试追查这些报告。然而，在尼萨里的社群中，有人怀疑某个有计划有预谋的拐骗犯正在肆意行动，这些怀疑开始指向一个商人和其佣人居住的房子。这栋房子后面有一个巨大的排水沟，有些人相信失踪儿童的遗体被丢弃在那里。

2006年12月，两名一直无法让警察对其女儿的失踪案感兴趣的男子找到了当地居民协会的负责人，他同意陪他们检查那个排水沟。当开始清空堆积的垃圾时，他们发现了一只断手，于是报了警。接下来的日子里，警方从这个沟里取回了一系列可怕的谋杀案证据——四名妇女、十一名女孩和四名男孩的全部或部分遗骸，大多集中装在约四十个塑料袋中。而在这栋房子里，警察找到了手术刀、手套、沾了血迹的衣服和几个孩子的书包。那名商人和他的佣人立即被捕了。

事件发生时，另一位警方领导已经开始带领警方审讯这位住在房子里的五十二岁商人，莫宁德·辛·潘德赫尔（Moninder Singh Pandher）。潘德赫尔来自旁遮普一个颇有社会关系的家庭，毕业于德里著名的圣斯蒂芬学院（St Stephens's College），北印度精英团体中的许多成员都可以算作他的朋友。多数认识他的人对他的评价都不错。他们说，他热爱生活，并且是个"正常"人，虽然家庭关系紧张。他与妻子分居了，和兄弟发生了激烈的土地纠纷，并卷入了六起法律诉讼案。兄弟的家人由于害怕潘德赫尔的政治影响，已经向警方提出控告，说他们怀疑潘德赫尔可能有滥用司法的行为。

潘德赫尔在诺伊达过着单身汉的生活，他的家是各种政治家、官僚和警察深夜喝酒休息的地方。除此之外，他还经常邀请应召女郎到他家，进行之后被记者称为"狂欢"的活动。一个叫为帕雅（Payal）的女子在应召去了一次之后就再也没出现过。她的父亲从一位知道她动向的当地老鸨那里直接收到了她的报酬，这名担心的父亲提醒警察潘德赫尔可能和她的失踪有关。警察已经知道，直到帕雅失踪之前，潘德赫尔每天要和她打数次电话。并且在过去六个月中，警察曾三次问他关于帕雅的事，甚至最近还搜查过他的房子。后来，有人质疑潘德赫尔是怎么摆脱这项调查的——是因为警察从中获利，还是本身就参与嫖娼？

由于DNA测试将发现的人类遗骸与尼萨里的失踪儿童联系起来，当地居民聚集在潘德赫尔的房子外面。父母带着自己死去孩子的照片。人群朝警察大喊虐待，用花盆和砖块攻击潘德赫尔的住所，砸破了门和窗户。警察意识到情况极度敏感，立即试图弥补过去的失职——好几名警察因未对报案做出响应而被停职，同时根据居民的要求将排水沟彻底挖开一遍。

调查由北方邦官员移交给了印度中央调查局，后者可以在各个邦收集线索。他们搜查了潘德赫尔在卢迪亚纳（Ludhiana）和昌迪加尔（Chandigarh）的房产，并在昌迪加尔重新开始调查一系列儿童绑架事件——这里是潘德赫尔的家乡。有确凿证据表明，潘德赫尔是嫖客，一些人认为他可能施行变态行为，也有人猜测，那些残缺的尸体可能是因为拍摄某种特别可怕的色情作品而留下的。警察公布说他们已经复原了一些照片，上面潘德赫尔被裸体的儿童包围，这个消息更加强了之前的猜测。但照片上那些完全无辜的孩子们随后被发现是潘德赫尔的孙子，使这一条线索的调查无法进行下去。

但数量庞大的尸体使得人们普遍怀疑，这件事情的中心不是变态欲望的发作，而是涉及某些更系统性甚至工业性的产业。对许多人来说，从一开始就可以明显看出，排水沟里的尸体是一家大规模器官偷窃组织丢弃的废料。据调查发现，潘德赫尔的一个邻居是医生，几年前他被指控涉及这种交易（虽然从未被定罪），而对尼萨里的村民来说，器官偷窃是个令人信服的解释，他们包围了医生的家，并向其投石块。

器官偷窃的传闻弥漫在当时的空气中。尼萨里案案发后的一年，

十三 经济难民的痛苦深渊

案件审判仍在进行中的时候,古尔冈发现了一个数百万美元的肾脏盗窃计划。来自北方邦的贫穷移民被以提供工作为借口,诱骗到一栋私人住宅。等他们到了那里,对方开价要买他们的肾脏,价格据说是3万卢比。那些拒绝卖肾的人被下了药,肾脏被强行摘除。然后,这些肾脏被移植到来自世界各地的有钱病患身上,费用约5万美元。后来,据估计,这个买卖已经进行了六年,在此期间进行了大约六百次移植手术。主犯医生阿米特·库玛尔（Amit Kumar）在多伦多郊区拥有一座大房子,在那里他的家庭获得了全世界资产阶级的梦想——SUV、游泳池、孩子在私立学校上学。2008年,他在藏身之地尼泊尔被捕。

印度报纸铺天盖地报道这一桩事件时,尼萨里的居民开始认为这件事和他们自己的悲剧有关联。他们说曾多次看到库玛尔来拜访潘德赫尔。他们还说看到过救护车停在后者的房子外面,还有护士从里面出来。据观察说,在沟渠中发现的遗体缺少许多身体部位。正如一位父亲提到八岁女儿的遗骸时所说："他们只发现了我女儿的手、腿和头骨。那躯干呢？"[35]

不过,警察很快就不再认为这个案子是器官偷窃手术。他们发现了足够多的完好器官,所以不可能是器官偷窃,而且他们觉得这种有风险和低效率的手术和潘德赫尔在重型机械生意上的巨大成功并不相符。但关于器官偷窃的怀疑持续了很长时间。这个故事符合很多人对其所生活的社会的想象：一个富人对穷人的残酷冷漠,把他们的器官偷给自己阶级的人,并从中牟利。印度记者和他们的读者都习惯于寻找和金钱有关的动机,他们认为这是大多数神秘事件的原动力。他们通常不相信神秘的解释,比如精神病理学,这对他们来说似乎太"美国"了。然而,事情正是朝着这个方向有了进展。

潘德赫尔和他的管家兼厨师苏伦德·科利（Surender Koli）都在一种叫作"吐真剂"的麻醉药物作用下接受了审讯。由于这些供述不是法庭可接受的证据,因此没有公开。但似乎两人和谋杀案都有牵连，都受到了指控。媒体对两人关系的性质进行了无尽的猜测。两个连环杀手这样找到了彼此，多不同寻常！一位来自金奈的精神科医生评论道："这个案件中，一段普通的雇佣关系发展成一种互利关系，可能是巧合。富有的那个人拥有肆无忌惮表达自己力量的信心，而另一个，也少有顾忌，并用自己黑暗的一面和主人配合，碰巧找到了一个危险的出口。"[36] 故事是这样的：科利被赋予责任，要满足潘德赫尔对贫穷软弱的妇女和女孩永无止境的性需求。他出去找能找到的任何人，把她们带回家。潘德赫尔和她们发生关系之后，库利再强奸她们，然后把她们杀掉。有时科利错带了男孩回来，他们就只是把他杀掉了事。

法医司编写的心理概况将他们描述为"情感方面匮乏，同时性方面偏离正常的男人，与妻子和家庭分居，生活在一栋单独的房子里，试图以不同的方式应对自己，而并不担心或在意彼此"。[37]

2009 年 2 月，潘德赫尔和科利被判有罪，罪名是谋杀一名名叫琳帕·哈尔达（Rimpa Haldar）的十四岁女孩，两人都被判处死刑。科利后来还被判犯有其他谋杀罪，并再一次被判处死刑。

雇主潘德赫尔最初被认为是这个阴暗马戏团的邪恶领袖，但后来，人们对他在其中扮演的角色起了越来越大的怀疑。虽然，如之后最高法院在判决中提到的，31 区 D-5 号"……几乎成了屠宰场，无辜的孩子定期遭到屠杀"[38]，我们不可能相信潘德赫尔对正在发生的事情一无所知（尽管他有证据证明某几次谋杀发生的时候自己人在国外），但是科利的供述一直如此肮脏，以至于让人觉得不需要有第二个人的参与。

科利自愿在法庭上进行陈述，他说，是因为他需要"为自己减负"。科利描述自己如何利用工作机会或糖果把孩子（通常是女孩）引诱到家里去。(该社群有两个女孩作证说，科利试图诱骗自己进屋，但她们没有同意。) 一旦她们进了屋子，他就会勒死她们。他还经常试图奸尸，但承认自己没能成功。然后他会把尸体切开，有时还煮了吃。他第一次尝某个受害者（一个年轻女孩子）时，他说自己吐了，但他还是继续……

陈述中，他说自己可以为警察带路，去能找到藏有更多刀、个人物品和身体部位的地方；后来他这样做了，而他所说的也被证明是真的。

科利来自喜马拉雅北阿肯德邦的一个小镇，他为潘德赫尔担任管家和仆人时，他的妻子和年轻的女儿都留在了镇上——案发时他的妻子正怀孕八个月。潘德赫尔不在的时候，房子里只有他一个人；而潘德赫尔在的时候，他经常能目睹荒淫的聚会以及妓女的来来往往。他为潘德赫尔的客人做饭，并且十分清楚房子里发生的事。他说，有时候潘德赫尔在自己的床上和两三个女孩儿一起过夜。他声称这一切都使他累积了因激情和欲望产生的巨大压力。正如他在口供中所说："潘德赫尔的妻子一搬到昌迪加尔，他就开始每天把应召女郎带到家里。我会为那些女孩子做饭，并为她们服务。我会看到她们，然后非常渴望性。后来，我脑子里出现了不好的想法——杀死她们，吃掉她们。"大多数情况下，科利杀死的不是这些女孩，而是其他人。然而，遇到帕雅时，科利满足了自己杀害和"消费"潘德赫尔本人性伴侣的冲动。

有段时间，有一名房客在他们家呆了六个月，使潘德赫尔不能在家里和妓女玩乐。科利说那时候他觉得平静，没有要杀人的冲动。

科利还告诉警察，他经常梦到一个穿着飘逸白色连衣裙的女孩，嘲笑他、奚落他。每次梦见她，他就会发抖，吃不下饭，睡不着觉，直到找到一个受害者才能解脱。

尽管如此，2009年底，当潘德赫尔在阿拉哈巴德（Allahabad）高等法院被判定谋杀罪不成立时，人们普遍持怀疑态度。有一本杂志写道："尽管诺伊达警察的办案方式搞砸了这个案子，但毫无疑问，潘德赫尔与实际犯下连环杀人案的人——他的同伙科利，一样有罪。"[39]记者们有自己的阶级偏见，在这种偏见下，穷人没有自己的见识,只能服从上司的命令——对这种观念来说,潘德赫尔必然在其中居于领导地位。仆人最终会同时承担两个人的惩罚,这与被印度社会广泛接受的想法是一致的,因此一旦出事,精英们总是设法把过失推给替罪羊。

潘德赫尔与旁遮普和德里的政治和商业精英之间有许多被记录在案的来往,加上他派对上经常出现的高级警官,对很多人来说,这一切很容易让人想象他是如何为自己争取到无罪释放的。

苏伦德·科利的罪责是无可置疑的,而如果要说莫宁德·辛·潘德赫尔在这些谋杀中扮演了积极的角色,那么还有待证明。也许他与这些毫无干系。也许真相就是看上去的样子。也许潘德赫尔对下属的生活太不在意,没有注意到任何不对的地方,即使这个在家里和自己一起生活的佣人从附近的街道上诱骗了至少十七个年轻人到他家,谋杀了他们,切块,并丢在房子后面。

但也许这个故事中还有隐藏的意义。也许这是个寓言,也许故事的可怕之处甚至超过任何人的想象。

潘德赫尔是 JCB 在诺伊达的一个经销商,为德里地区提供当时需求很旺盛的掘土设备——正是这种机器被用来摧毁德里的贫民窟,平整好土地,并为建造精英的住房和购物新景象做好了准备。据称,他从这个生意里每月赚约 300 万卢比。用这笔钱,他和权势小圈子成员夜夜笙歌,随心所欲地享受着许多穷苦女性的性服务以及科利的劳动。

面对这一切,科利的内在爆发和反应并不是某种希望废除富人特权的民粹情绪,恰恰相反,科利想要的正是潘德赫尔拥有的——啃噬穷人的权利。如果他无法用和潘德赫尔一样抽象的胃口来啃噬他们,他就在实质意义上把他们"吃掉"。

潘德赫尔的儿子在科利实施罪行的几个月里拜访过他的父亲,他观察到父亲的佣人发生了一些变化。"我们雇苏伦德的时候,他很温顺听话。但最近他的行为有些不太对。11 月去诺伊达的时候,

十三 经济难民的痛苦深渊

我发现他自大而粗鲁,我以前认识的他不是这样的。我发现他大部分时间都在屋顶上打电话。我曾把他的自大行为告诉过我母亲。"[40] 也许科利已经摄取了说这番话的人的阶级精神,也许他希望自己和这些人一样自大——那些只占社会很少比例的、得意洋洋且不断消费的有钱精英。也许他想要模仿这些精英的"胃口",正是这"胃口"定义了这些精英,并把他们稳稳地置于所有人之上。

我和一位参与尼萨里案受害者父母心理辅导的心理学家见了面。

"怎么会有那样一个地方存在?"他说,"很多警官去那里参加派对。那个地方就是警察和腐败企业家串通的最恶劣表现。那里有放荡的狂欢和应召女郎,但当有人失踪的时候却无人质疑。这些人完全没受到惩罚。像那样的商人把贿赂警察和为他们安排女孩子作为正常业务运作的一部分。

"这样的人为我们创造了什么样的文化?他们把每个人都当作卑贱的来对待,而人们也因此变得卑贱。

"有一次,我正在为尼萨里案的受害者父母做哀伤治疗。有人进来说外面来了个政客。除了一位家长,其他人都跑出了房间,因为有人谣传说会发赔偿金。但传言不是真的,所以过了一会儿大家就又回来了。房间里,大家开始讨论传闻中的赔偿金金额——50 万卢比。家长们说:'如果我们知道死一个孩子会有 50 万卢比,我们会送两个孩子去。'

"我坐在那儿想,为什么我要花力气来,我为什么在这儿。

"你认为有些原始的东西是超越一切的。你认为,比方说,没有比父母失去孩子更大的痛苦了。但有些事情甚至更糟糕,痛苦如此之大,以至于人们无情地对待自己孩子的死亡。你可以看到这些事在这个国家无处不在。"

缩影

芒果肯定是最具文学性的水果。有数不清的故事讲述芒果的神奇力量，更多故事关心的是可爱的盗贼（孩子或是猴子）从吝啬的芒果园主人那里成功偷到芒果的狡猾计谋。芒果在涉及性欲的文学中也有突出的地位，因为尽管它的短绒毛叶子不像人类的任何器官，无论是男性还是女性，但它仍然能成功地挑逗起神秘的情色想法。

在德里炽热的 5 月，小贩的手推车上开始堆起芒果，这时候很容易让人觉得这些芒果是从一个童话故事里掉出来的。想象一下：四十五摄氏度的下午，天空都凋萎成了白色，来自苦涩平原的风吹进来，如同从烤炉扑面而来的一阵热气，没有任何水分能幸免于蒸发。洗好的衣物挂在外面，五分钟内就被干燥的空气吸干了。这空气也吸着人的身体，吸人的眼睛和舌头，让内脏脱水。

在这样漫天的干燥里，突然有许多种芒果涌入这个城市——它们毫不羞涩、令人垂涎欲滴的湿润质感是一个奇迹。这无情的自然为自己造成的破坏提供慰藉，在同一时刻展现出残酷的冲击和微妙的抚慰，这本身就是文学了。就像破烂变成财富、傻瓜欺蒙国王——芒果会吸引故事，是因为它们推翻了世界通常的逻辑。

切成小块，如阳光般的橙色是其对这个季节的妥协，这就是现在出现在桌子上的芒果。我的朋友高塔姆（Gautam）和我各自拿了一碗，带着一种解脱感吃着。水果是从冰箱里拿出来的，在我们刚刚经历了某种气候上的紧急状态之后，这些芒果让我们的身体恢复到了某种平衡。

我们坐在半明半暗中，为了遮挡外面毒辣的阳光，把所有的百叶窗都合上了。房间的角落里有一束安静的光射出来——有个玻璃盒子里装着一个塑料的泰姬陵模型，交替闪着不同颜色的荧光。风扇像直升机的旋翼一样转动着。

高塔姆和我路过这里是来接一个朋友——兰吉特（Ranjit），但他还没下班，于是我们坐在前厅和他的父亲巴捷特（Baljeet）聊天，他母亲则从厨房拿来更多点心。我们坐在铺着白色沙发巾的沙发上。因为我们的到来，兰吉特的母亲打开了荧光灯，于是整个房间沉浸在一片绿光里。

巴捷特身材矮胖，整个人的重量都靠一把旧扶手椅支撑着。他告诉我们他最新的计划，且这个计划最近有了些乐观的发展。他从身上的白色库尔塔衫口袋里拿出一张皱巴巴的纸递给我，然后带着一股得意的神情鬼鬼祟祟地笑起来。这是一张 2000 卢比的收据，上面的日期是 1980 年 4 月。

"这是一张 DDA 彩票的收据。"

德里开发局（DDA）是尼赫鲁政府设立的，合并自德里的各个规划和开发部门，全权负责首都的开发。为了实现开发目的，该局有权强制征收土地或大幅压低征地的价格。这是一家垄断的开发机构，其排他性由法律保障，使私人个体或者企业不可能在德里界内拥有多于数公顷的土地。但时不时地，开发局会通过抽奖把土地发放给个人。参与抽奖的人要支付一笔不退还的费用，然后就等着，有时候要等上好几年才能知道是否抽中了一块土地。如果被抽中的话，他们就能以一个之前说好的价格把地买下来。

"这位女士1980年参与了抽奖，现在她还没得到任何消息。但是今年，她可能会获得一块土地。我是说，她将得到一块土地。当然，她不知道自己能拿到地。但是我知道。因为我在DDA有人。所以我试着从她那里把抽奖收据买下来。已经三十年了，她不会再在意这个，她会很高兴放弃的。其实她已经说了她想把收据卖掉，所以那块地会被分给我。那地应该值150万卢比。"

他紧紧地抓着扶手椅，就像这椅子是个宝座一样，然后坐起来盯着我，在我脸上寻找赞许。

"要做这种生意，你得认识DDA里的人。为了防止腐败，DDA的官员每两到三年都会换岗，所以你得不断建立关系，带他们出去，给他们送礼。

"等最后我拿到了地，我会付钱给我所有的关系。这里给两万，那里给两万。"

在巴捷特的世界里，这就叫作生意。生意是由作弊操控的抽奖，任何涉入其中的人最好对结果有所准备。这一轮，你可能够幸运，骗赢了别人，下一次可能就不一定了。

"我已经赚了上千万卢比，也损失了上千万。因为遇到诈骗，我大约已经损失了600万卢比。有个人卖给我一处根本不存在的房产。我付了400万，大部分是现金。但这房产的账面价值只有60万，所以340万就这么没了，但我为了另外的60万提起了上诉。DDA回复我说，我没办法打官司。因为是DDA里有个人用一处房产同时骗了两个人，从两个人那里都收了钱。"

巴捷特已经退休一阵子了，之前他为马哈拉施特拉邦银行（Bank of Maharashtra）工作了很久。这家银行是尼赫鲁的女儿英迪拉·甘地总理任期内国有化的数家银行之一，所以巴捷特实际上是印度政府的雇员。他工作的很多内容都是为实现甘地夫人对国有银行的民粹主义承诺——他在印度最偏远的一些地方工作，开设支行。在很多情况下，这些支行是那些地区里最早提供正规银行业务的网点。1976年,在为银行服务的同时,巴捷特开始投机房地产,这也是他现在花时间和特别花精力做的事情。

"还有一次我在这附近的市场里买了一家店铺。我开始经营这家店铺,而且生意很好。但我不知道的是(卖给我的人知道),这个铺位很快就要被拆掉了,因为一个很有权势的房地产开发商想开发那里。他有政治支持。而且我的店铺不在获批准的集市界内,是违法建筑,所以在官方意义上,店铺是不存在的,因此我也没有得到补偿金。我损失了230万卢比。"

一阵阴郁的沉默。

高塔姆颇有哲学意味地说:"但你情况还可以。你还是有两栋房子。你给两个儿子都供了房子。"

巴捷特闷闷不乐地咕哝了两声作为回应,然后开始讲另一桩失败的生意。

"1976年,桑贾伊·甘地想整顿德里,他把城里的乳制品厂都关掉了。DDA占用了城市外围一些村庄的土地,并把这些地给了奶农作为补偿。但是那些地方,部分地区现在根本不再是在城市外围了,并且自那以后变得非常时髦。所以现在那些乳制品厂的老板试图获得能在自己的土地上盖房产的许可。

"获得大块土地的标准方法,"他说,"是以某些公共用途为目的,用包含高额补贴的价格把地买下来——比如用作学校、寺庙、体育设施等,然后你再付钱给某个官员,将土地的用途做变更。但这是一场赌博,因为土地用途可能无法变更,然后你手里就只剩一座破庙了。

"三四年前,有些人想把他们的奶牛场以高得离谱的价格卖掉,他们说,以后土地用途可以变更,可以被开发成房地产。他们已经把奶牛场分成了一块块的土地,每块卖120万卢比。"

高塔姆说:"我们所有人都对他说,'别买!别买!那不是个好投资。'但是他们真的更改了土地用途!"

"现在那些土地上的房子售价7000万卢比。"巴捷特说。

他大声苦笑起来。

"如果你每桩交易都赚钱,那每个人都会来做这生意。这生意风险很高,每次投资你都得当作钱已经没了。你要对自己说:'钱已经没了。'然后钱可能会被成倍成倍地赚回来。"

他突然咳嗽起来,他的健康状况不太好。

"过去,他总是手里拿杯酒,"高塔姆说,"他每天晚上都喝酒,每天要抽两到三包烟。去年,他的肺出现了严重的问题,不得不去医院,差一点死掉。现在他戒烟了。"

巴捷特不好意思地笑笑,做了个无可奈何的手势。他把话题转回到生意,向我们传授他的经验——如何区分好的交易和坏的交易,如何携带大量现金。

"同一条路线我从来不走两次,每次我都变换路线。而且我不把现金带到家里,而是放进手提箱留在汽车里。别人永远想不到会有人疯到把300万留在车里。"

我们正聊着,巴捷特的另一个儿子吉米(Jimmy)来了。他在遛狗——他就住在附近另一栋家族房产里。他穿着水洗风的牛仔裤,戴着墨镜,满头大汗。他妈妈拿了杯水给他,他一口气喝完了,把杯子放回托盘,她一直耐心地捧着那个托盘站在他面前。吉米满身是金饰,金项链、金手镯、金表。他也在做房地产生意,他和高塔姆开始说到一处刚开建的新公寓,他觉得会赚很多钱。

巴捷特插进来,表示不同意儿子的观点。他对我说:"他不是他老爸那样的专家,他跟我比还差得远呢。"

似乎为了回应父亲,吉米开始吹嘘自己在国外旅游的事。他父亲从来没离开过印度,所以这是吉米唯一能够胜他一筹的地方。他一有机会就去迪拜和曼谷。他给我们讲迪拜能买到的东西,还有黄金市场。

"旅游的时候你带太太去吗?"我问。

"我带她去迪拜,去买东西。不带她去曼谷,谁会带老婆去曼谷?"大家龌龊地笑起来。

"反正我也不让她喝酒,"吉米说,"所以她去也没什么意义。"

他开始说起最近痴迷的网络扑克,说话的时候眼睛看着地板。他是个吹牛大王,不过是特别容易紧张的那种。他的内在是分裂的,他的一部分人格压倒了另一部分。

"吉米不肯去欧洲,"高塔姆说,"因为他对自己的英语不够自信。我告诉他,在欧洲有很多地方都不说英语,但没用。对他来说,白人就是说英语的。"

巴捷特的太太拿来了茶和炸蔬菜。房间里很安静,因为父子俩成功地让对方闭了嘴。他们很高兴听高塔姆说话。高塔姆很健谈,说话的时候很放松。他最近买了辆新车,大家都喜欢听新车的故事。

"帮我买车的那家伙,就是帮我买第一辆车的那个人。那时候,我有辆摩托车,但那车让我的背出了严重的问题。我就和那家伙提了一下,他说:'买辆车啊!'他说如果我有 7.5 万卢比的话,他就能帮我安排其余部分。我说:'让我想想。'

"第二天他打电话给我。'你还想买吗?'我说,'好啊。'他说,'那你想买什么车?什么颜色?'等等。然后他打电话给车库,五分钟后再打给我说,'再过四十五分钟车会停在你家外面。'我们连一张书面的东西都没弄,过了几分钟,一辆崭新的车就出现在我家门口了。

"所以我想买这辆车的时候,又打给他了。这辆车的价格是 60 万卢比。我给了他一张 10 万卢比的支票,他就把车给我了。'我会安排剩下的事。'他说。又一次,我们没有签任何纸质协议,一拿到车我就开去山里了。在山里的时候,这位朋友打给我说,我的支票跳票了。我觉得很抱歉,因为感觉就像我故意给了他一张空头支票,然后拿了车逃跑似的。但是他一点儿也没烦心。'别担心。'他在电话里一直说,好像是他在安抚我。"

这时候兰吉特出现了,并为自己的迟到向我们道歉。他很快喝光了一杯他妈妈为他准备的茶。

"我们走吧。"他说。

我们和他父母告别。吉米跟着我们出了门,这样他可以查看下拴在楼下的狗。他的狗是一条年轻的獒,体型很大、精力旺盛,看到我们下楼简直激动得歇斯底里。我们冒险跑到了外面。吉米把狗放了,即使在这种让人窒息的热浪里,它还是威风凛凛地跑远了。我们到了德里北郊的夏利马尔花园(Shalimar Bagh),那是个已经被遗忘很久的沙贾汗皇帝建造的花园旧址。这里的空间很宽阔,就像在巴尔斯瓦一样。虽然巴尔斯瓦似乎是另一个世界,但离这里只有二十分钟步行的距离。公寓楼前面是一大片下坡空地,坡下是一条闪闪发光的运河,这条河本身就是莫卧儿水系的一处遗迹。虽然建筑物有些衰败,但这里有一种安逸的感觉——四处懒散地停着汽车,树木自由生长。

我们一路走着,吉米问我是否认识谁可能有兴趣买房。他说了一串房子的特点:意大利大理石地板、组装式厨房,还问我要了邮件地址,这样就能发楼层平面图给我。我们到了高塔姆的车跟前,车子新得连座椅上的塑料套都还没拆掉。坐进去以后,我从摇下的车窗里把自己的邮件地址拼给吉米。等我一关上车窗,空调马上就呼呼地运行起来,吹干了我们的汗水。我们开走了,运河上方的太阳慢慢下沉,那只獒在后面欢快地追着我们。

"吉米很厉害,"高塔姆说,"他不会错过任何一个机会。那家伙和每个人都有生意做。你想借50万卢比?他当天就能给你办好。你要两万个卫生棉条?他直接送到你店里。他能帮你伪造任何你想要的文件。任何你想在夏利马尔花园做的事情,他都能帮你牵线搭桥,比如找谁,出多少钱啥的。"

兰吉特在车上打电话。他开了一家小旅行社。他在试着帮一个客户解决问题,这个客户被加拿大拒签了。"那家伙,"兰吉特在打电话的间隙说,"每年付700万所得税。他是个生意人,有妻子和两个小孩,但他的旅行纪录太单薄了。问题就出在这里。"

夜晚才刚刚开始。我们还要去接高塔姆的另一个朋友,他在沙德集市(Sadar Bataar)自己的店里。那个市场是火车站附近一个巨大的批发市场,那附近的路很热闹,很快我们就被一堆商贩和人群堵住了。我们前面的司机趁机打开车门,往街上啐了一口槟榔。人力脚踏车从我们旁边绕过,车上堆满了装着化学品的桶和一袋袋包装盒。我看着几个妇女坐在人行道上做扫帚。远一点的地方,机械师正在为一辆加长的"悍马"豪华轿车做涂饰。他们完全是用一辆吉普的部件,然后把它们焊接在一起成了这个东西。但它看起来很像一辆悍马,车前还放了一个悍马标志。现在他们正在把它喷成金色。

我们一点点往前挪。一辆人力脚踏车凑到我们旁边,司机是个脸色明亮的少年,滴着汗,大声尖叫着,完美地模仿着汽车喇叭。他穿着一件T恤,上面写着"我可以治愈你的童贞"。旁边和我们平齐的是一间纺织品作坊,老板坐在外面的一张长凳上,把剪下来的报纸粘在一起做成纸袋子。我能看得出来他为什么不待在作坊里——他把正常高度的房间分成了两层,这样就可以装下两倍数量的裁缝和机器。但是,在那里面是不可能站直的。

这些作坊的屋顶上建了宿舍,人们用梯子爬上去。工人的内衣像许多灰色的旗帜,飘在头顶上。每个房间里,你都可以看到大量用于储水的容器——收集和储存水是这附近一项庞大的业务。路边的水泵永远在运行。人们带着桶和瓶子成群结队地涌向它。水泵旁是一棵巨大而茂盛的菩提树,被撑起来的湿婆和杜尔迦女神的雕像围绕着树干,一个身材魁梧且暴露着胸部的女人坐在那里喃喃自语。

我们到了普拉塔普(Pratap)的金属店。他不在。我们在热浪里等着。店的前门正对马路开着,大小不够一辆小汽车开进去。普拉塔普的儿子阿米特巴(Amitabh)正站在一堆巨大的一公斤重镍板上打电话。店门口正在卸更多的板,这些板被放下来的时候发出了很大的乒乒乓乓的声音,但对于汽车喇叭和电动三轮车发动机的喧嚣背景来说,这些声音完全不算什么。阿米特巴必须大喊才能让对方听见他要的交易。

普拉塔普将金属批发卖给大客户,比如汽车零件、自行车、卫浴产品,等等。整个生意依赖于不停波动的金属材料价格。阿米特巴把手机挂在墙上,这样他就可以时刻盯着伦敦金属交易所不断变化的行情。

"做这门生意很紧张,"阿米特巴过来加入了我们,"你把钱投资在一定量的金属上,然后你得把钱挣回来,但是价格随时会跌。当然,我们也读报告,关注金属市场的任何风吹草动,但价格基本上是无法预测的。现在,除了从经销商那里买,我们也开始自己进口金属。从签单开始要整整一个月才能到货,期间价格可能会发生任何变化。价格就是一切。你比别人贵1卢比,就没人从你这里买了。

"心理压力会很大。有时候,几分钟里就赚了1000万,有时候损失也是那么多。有时候你得卖掉房产来填补亏空。做这一行的,有人因为压力每天晚上得喝一整瓶威士忌,而且还会发泄到妻子和孩子身上。我父亲从来不那样,即使他损失了很多钱,他每天回家也从来不谈这些。他知道怎么释放压力,周末他带我们去香港或者曼谷,这样我们大家都能放松。"

"你们的生意赚多少?"

"我们每年的营业额是10亿卢比。"

"只有你和你父亲?"

"还有我表兄弟,父亲让姑妈的儿子也来做了。"

普拉塔普1980年从北方邦的一个小镇来到德里。和他同村的一个朋友几年前搬来了沙德集市,在一个叫"金属大王"的成功金属贸易商手下找了一份经纪人的工作。这个朋友安排普拉塔普在同一个贸易商这里当学徒。由于经纪人要经手很多现金,他向老板保证，如果普拉塔普消失了，他自己会赔偿损失。普拉塔普的月收入是 600 卢比（当时等于 75 美元）。

"他工作很努力，而且学会了很多东西。他有一个梦想。他把钱存起来——他常常走三公里路去上班，只是为了节省 50 派萨（当时值 6 美分）。他想摆脱'经纪人'的头衔。经纪人什么都不是，没人在意。他们有些人赚很多钱，但也只是中间人。他们进到房间里，没人会抬一抬眼。企业家则是另一回事，企业家受别人重视。"

学习和存了十五年钱之后，普拉塔普闯出了自己的公司。他买了自己的库存，开了这家店。他做事很有条理，从来不冒太大风险，而且总是清楚自己的局限。

"我父亲满足于一般的风险和一般的利润，不喜欢做太让人睡不着觉的生意，也不愿承担太多风险。他总是说：'记住金属大王！'"

几年前，金属大王倒了。他买了太多镍，后来镍的价格一下子崩盘，使他欠了上千万美元的债。他卖掉了自己的房产来还债，然后从金属市场退出了。他几个儿子之前在做地毯制造的生意，他投奔他们去了。

"想想看，你在那个市场呼风唤雨了二十年，然后失去了一切。他已经做地毯生意好几年了，但是大家还是叫他金属大王。"

我们站在店门口抽烟。旁边有个男人在炸萨莫萨三角饺，香得要命。人行道和店墙之间的缝隙里长出了一簇草，有一头山羊在咀嚼那草，它尾巴那里有一个很大的瘤垂下来，这让我们讨论了一会儿。这羊散发着一股让人毛骨悚然的吸引力。

一台大丰田车开了进来，普拉塔普的工人跑上去把自己的自行车挪开，这些自行车之前都堆在普拉塔普的车位上，这样别人就不能占他的车位了。普拉塔普从车里出来，西装像个斗篷一样披在肩上。他一直在和其他金属贸易商交换信息，就像他每晚都做的那样，任何错过这个部分的人都会在第二天的交易日处于不利位置。他站了一会儿，像家长一样朝我们挥手，然后缩回车里躲避热浪。高塔姆去找他的车,并停到店外让兰吉特和我上去。

"你来吗?"我问阿米特巴。

"我得留下来关店。"他推脱说。让他和父亲一起去喝酒显然有点尴尬。

我坐进车里,跟在普拉塔普后面出发了。

"看到他开的那辆丰田了吗?"高塔姆说,"他买的时候遇到了很多麻烦。他每天赚100万到150万卢比,但是这些钱都是不进银行的。他几乎不交税,他挣的钱没有任何记录,所以没人会给他贷款来买车,而买车是不能用现金的。最后,他不得不抵押了自己的财产来贷款,就为了买辆车。"

天色暗了下来。高塔姆用音响放着印度老电影里的歌。

"不要觉得他不诚实,恰恰相反。他有一套很严格的道德准则。对他来说,国家才是腐败的。他欺骗警察和税务官员,是为了不放弃自己的原则。这种非官方的经济(基本上是这里的整个经济)以一套不同的道德准则运行着。

"但是现在,他每年要付更多的税,"他继续说,"因为如果你不能出示应纳税所得额,办事就越来越难。政府知道有很多像普拉塔普那样的人,挣10亿卢比,但是只向税务机关报150万。但他们一步一步在行动——现在他们只想让这些人进入税务系统,这样就能知道这些人是谁。十年前,这些人完全是隐形的。现在他们都有纳税识别号码,都交报税表。这是个很大的改变。"

兰吉特在打另一个电话。他在改一班去内罗毕(Nairobi)航班的时间。一辆破旧不堪的大巴超过了我们,车子侧面全是吵吵闹闹的乘客的呕吐物痕迹。

路上的车流包围了一个婚礼游行队伍,有那么一会儿,我们被婚礼乐队堵住了。三十支喇叭整齐地回应着大鼓的节拍,每个节拍的敲击同时带着激情和无聊。街上到处都是跳来跳去穿着西装的男人,他们肩并肩,举着有茧子的手指。高高骑在白马上的新郎看上去带着一种好奇的孤独。黑暗的街道上，游行队伍成了一座耀眼的岛屿：穿制服的男人们肩上扛着明亮的灯，一个个用电线串起。游行队伍的后部，有个人推着一辆载有一台颤抖着的柴油发电机的推车，竭力为所有的照明供电。

我面前另一侧的玻璃窗外有个人在跳舞，他的肚子裸露在外面，衬衫被举起的手臂高高吊起，跳动的拳击短裤裤腰上印着一个没有元音的品牌：MYYTPPPS。

我们强行从街上开过去，最终到达了一家顶着红色霓虹灯、看上去颇豪华的餐馆。普拉塔普的车开到我们前面停下，服务生们认出了他，冲过来为我们两辆车服务。我们一下去，两辆车就迅速被侍者开走了。现在，我们在夜色里，在一种微微发红的光芒中。餐厅入口上方有一尊壮观的哈奴曼神雕像。月亮从他的猴头后面升起，今晚是一轮四分之一的月亮。我经常反复想着，无论在这个地方住多少年，我永远不会习惯那个月亮。我长大的地方，月亮都是活泼地以四十五度角挂在天上，而这里的月相是平躺的。地球是圆的，我们在其之上以不同的角度朝向天空。

我们走进餐厅。欢迎我们的是另一尊哈奴曼神雕像，雕像上装饰着金盏花，但除此之外，整个餐厅给人一种脱衣舞俱乐部的感觉：只有少量的局部照明，天花板上铺满镜子。餐厅本身就像一个巨大的洞穴，里面的桌子一望无垠——因为墙壁是黑色的反光玻璃。这里只有男人，是商人们常出没的地方。

我们在一张巨大的圆桌边坐下，等会儿会有更多人来。我坐在兰吉特和普拉塔普中间。侍者弯腰把耳朵凑近普拉塔普，他给每个人点了威士忌。已经有人告诉我这顿饭是普拉塔普的局，这是个传统，他点菜，他付账。

兰吉特对我讲起他的第一份工作。

"那时候我做的是彩票诈骗，那是个很粗放的工作。我为两个兄弟工作，他们在那加兰邦（Nagaland）国家彩票部门里有认识的人。那是20世纪90年代。每天,他们会给那些人150万(那时候值5万美元),在开奖前拿到中奖彩票的最后一位数字。然后,他们会把所有那个数字结尾的彩票都买回来。我们那时候会跑遍整个印度买彩票。我负责旁遮普和哈里亚纳邦。我会坐早上6点25分的火车到贾朗达尔(Jalandhar)。到了那里,我会给老板打电话:'我应该买哪个号码?''7.'然后我就去市场,买下所有7结尾的彩票。接着再坐上另一趟火车,去阿姆利则做同样的事,然后再去其他城市如法炮制。彩票的价格是10卢比,最后一位数字中奖的彩票能赢70卢比,所以我买的每张彩票都能赚60卢比。最后2位和三位数字中奖的分别能赢5万和10万卢比,全部数字都一致的赢100万。所以,除掉贿赂、工资和支出,我老板每天能赚大概200万(那时候大约等于7万美元)。那很疯狂。我们在一个很大的办公室办公,一直都有免费的酒喝,大家整天都在打电话。最后,一个兄弟在那加兰邦去交一手提箱现金的时候被杀了。一个恐怖组织要他的钱,他不给,他们就开枪杀了他。我们整个彩票业务马上就关停了。但是想象一下那三年他们赚了多少钱。活下来的那个兄弟现在在德里开了很多家餐厅。"

"你应该看看那时候的兰吉特,"高塔姆说,"他那时候赚很多钱,穿很贵的衣服,开一辆豪车。他经常有满满一箱油,你可以对他说,'我们开去喜马拉雅山吧',然后我们就去了。但那个家伙被枪杀以后,他感到很忧心。"

来了一托盘威士忌。兰吉特不满意这顿饭安排在星期二,这天是他不喝酒的日子。酒被分给了除他之外在座的每个人——现在我们桌上有七八个人。工作了一天,第一轮酒他们个个都喝得很豪爽。他们表扬兰吉特能守戒,然后说道:"很高兴知道你可以不喝酒。"他们聊起各种关于酒精成瘾的吓人故事,恐慌笼罩着所有人,对话自然而然转移到心脏病、糖尿病和肾衰竭上。

普拉塔普完全没参与这些对话。"我今天输了600万,"他说,"你们能都别唠唠叨叨了吗？"但没人在意他。这里的音乐太响了，坐在桌子对面的人都听不见对方在说什么，所以他们就和旁边的人聊。兰吉特继续说他的故事。

"我决定去找一份真正的工作。我之前一直都赚很多钱，但我知道那工作没有未来。你做那种事情的时候，不能对任何人说'我是干这个的'。所以我开始考虑学做一门真正的生意。"

"但你还是先为那个做有线电视的家伙做事了，"高塔姆大笑起来，"兰吉特被雇去做打手。"

兰吉特也哈哈大笑起来。

"那时候德里刚刚有了有线电视，每个居民小区里的竞争都很激烈。有个有线电视运营商雇了我，让我确保没有竞争对手进入他的区域，如果有人来，我就揍他们。做那个工作的时候，我打了很多架。有一次我在一个槟榔店，一个男的过来说：'你为什么站在这里？'我说，'你是谁，凭什么问我为什么站在这儿？'然后我们三个人就把他打了一顿。随后，我们才发现他是警察。后来突然之间，整个小区都是警察，他们到处打人，要找出肇事者。我们不得不逃出城。"

兰吉特是个安静的人，很难想象他并不魁梧的体格能胜任这种工作。

"我有个朋友，以前在一家旅行社工作，他告诉我旅游这一行的前景不错。于是我就在一家旅行社找了份工作，工资是每月1300卢比（当时值42美元）。那之前做彩票的时候，我每个月赚3万卢比（当时值1000美元）。但我想学一些体面的事。头六个月，我做办公室助理，端茶送水、做咖啡、洗盘子。然后我又做了六个月跑腿，为顾客送票。然后我又转到物流部门，跟着大宗货物到巴林、迪拜或莫斯科。去巴林的时候，我周六晚上出发，公司给我1000卢比津贴和50美元用来办巴林的签证。但是我不想把50美元花在签证上，所以我会在机场待两天，等星期一晚上的回程航班。我就会睡两天觉。

"后来我开始管理大企业客户的行程。那之前,我不知道怎么和重要的人说话,我甚至都不知道他们长什么样子。这些客户一次旅行会花120万(当时值3万美元),我要监控整个行程,如果有一班航班延误了,我会给身在美国的客户打电话,把问题告诉他们,然后他们会说:'给我订另一个航班。'这份工作很刺激。"

兰吉特现在开了自己的旅游公司。公司是两年前成立的,他投资了10万卢比,现在公司的资产是400万。

"我提供优质的服务。我工作非常努力,我的钱是有意义的。"

普拉塔普点了很多菜,现在菜突然之间都上来了,有扁豆汤、黄油鸡、烤肉、烙饼,都装在锃亮的铜碗里。每个人都埋头开吃——这些食物摆在你面前,你就会情不自禁地流口水。

威士忌不断送上来,我不太习惯,但也开怀畅饮。

兰吉特说:"我看着父亲和兄弟在房地产行业工作,我知道自己不想过那样的生活。没有标准,没有固定收入。每天晚上都得陪警察喝酒——我父亲一天要喝两到三瓶,回家的时候常常醉得不省人事。如果你想做房地产这行,你就得那样工作。然后到了晚上你还得说:'神,我今天做了这个。请原谅我。'

"我不喜欢那个世界,不喜欢那些人对钱那么不尊重——钱来得很容易,消失得也很容易,很快就变成了衣服、酒和旅游。如果你的钱是努力工作挣来的,你就会好好地存起来。

"不仅如此,做房地产的人对社会也不尊重。你只需要一张桌子、三把椅子和一个电话就能做那生意。大家都说:'如果你做不了别的,就去做房产。'我兄弟没办法一整天坐在椅子上,把注意力集中在屏幕上。他整天得走来走去,还一直在打电话。

"现在我对自己的生活很满意。只要活着,我就会工作,因为我喜爱这份工作。我希望靠自己做起来。我想照顾自己的孩子,给他们更好的教育。唯一还要解决的是我妻子的事。我不喜欢她在离我太远的地方上班,我正计划就旅行社的业务对她进行培训,这样她就能和我一起工作了。"

"每天,"高塔姆说,"他自己上班前多开两个小时车把她送到办公室,然后再去接她。他不会让她独自一人在街上。"

"但是和我最亲近的人是朋友,"兰吉特说,"不是我的家庭,甚至不是我的妻子。如果需要帮忙,我首先会打电话给朋友。有一件我不喜欢的事是,现在我工作太努力了,不像以前那样经常见朋友。我一直问高塔姆想不想一起去旅游,但他没时间陪我。"

他说这些的时候语气有些尖锐。实际上这触及了他们关系里的一个矛盾。高塔姆最近和一个美国白人女性结了婚,兰吉特不完全赞同这桩婚姻,所以他俩在一起有时候有点尴尬。

"兰吉特从来没和我提过,因为他是一个非常好的人,"高塔姆说,"但他内心深处还是很在意这些事。印度教徒和穆斯林。他不能忍受我有穆斯林朋友。"

我有点糊涂了。"但是你妻子不是穆斯林。"我说。

"穆斯林、天主教徒,反正都一样,都不是印度教徒,都不属于印度教文化。兰吉特讨厌一切扰乱印度教文化的东西。比如说,我没和父母住在一起,兰吉特总是对我说这不是我们的文化,我说,'但是我姐妹和他们住!'他说,'不要逃避你的责任,应该是儿子来照顾父母。这是你的责任。'"

我吃完了,离席去洗手。吃这样的东西,整个过程就是迅速地从纯粹强烈地想吃肉,到吃不下,再到后悔。之后你会极度想喝水,因为这些东西里面都是大量的油。你一杯接一杯地喝水,但没有什么用,因为这已经变成了纯粹的脂肪,这些水永远滋润不了你。

这时候话题转到了板球,或者更确切地说,转到了板球运动员的私生活上。坐在我另一边的普拉塔普插不进这些体育界的八卦,愣愣地瞪着远处。我试着让他从沉默中活跃起来。他给我讲他的工作。

"现在生意变得很难做,"他说,"已经变成了一个赢家通吃的市场。规模小一点的人情况越来越差,而行业顶端的争斗非常残酷。"

"你能怎么办?"

"超出了某个点,你就做不了计划了。没人知道未来会怎样。我们主要做的一件事就是让收入来源多样化。我们从金属贸易起家,后来开始做金属进口,然后还在德里外围买地,用作开发。我们在德里也买了一处房产,现在用来开健身房。无论发生什么,我们一直会经营好几门生意。如果某门生意行不通,还有其他的。"

我问普拉塔普觉不觉得自己是富人。

"我在自己的家族里很受尊敬,"他说,"我给过很多亲戚钱,还给了我外甥工作。但我不是富人。按照沙德集市里的说法,我是最小的贸易商之一。很多人已经在这里一个世纪了,他们控制着大得多的市场。"

"《福布斯》(Forbes)杂志的亿万富翁排行榜当然只包括公开身家的亿万富翁,"我说,"那些企业家富翁的财产受到公开审计,但肯定有很多其他的亿万富翁永远不会受到《福布斯》的关注。那些拿着现金的亿万富翁。"

"10亿美元是多少钱?"普拉塔普问。"500亿卢比。""哦,沙德集市里能找出好几个人有那么多钱。如果降到100亿,那就更多了。但你永远看不出来。"

这个话题吸引了所有人,大家纷纷开始讲他们知道的超级富豪的故事。有人说,读到过纯金浴缸的故事。

我问:"谁是德里最富有的人?"

好几个人都说:"马杜·柯达(Madhu Koda)!"——这是个玩笑。马杜·柯达是当时的新闻头条——关于一个穷苦农民的孩子如何变成了亿万富翁政治家。报纸上充斥着他的生平故事。他最早是个矿工和电焊工,20世纪90年代早期进入比哈尔邦政坛,恰尔肯德邦从前一个邦分出来的时候,他成了恰尔肯德邦的一个部长。他实际上是负责矿业的部长,那个邦拥有大量自然资源,并且刚刚进入市场自由化初期,吸引了来自全世界的采矿公司蜂拥而至。后来,在他作为首席部长的任期内,马杜·柯达因为侵占了近10亿美元的资产和投资而被逮捕。据说,他在利比里亚拥有矿场,在迪拜有价值2亿美元的房地产开发项目,在瑞典、泰国和印度尼西亚有商业投资,还在印度拥有很多度假屋和房产,其中两处在德里最高端的住宅区。这些钱部分来自给企业出售开矿许可换取来的现金。新闻报道说,这是一项庞大商业计划的一部分,这项计划原本意在以体面的方式结尾,并在纳斯达克上市,但是以那种方式隐瞒一切是不可能的。

就某些方面而言,这是个肮脏的故事,但它也具有那些从赤贫到巨富的所有故事中都有的令人兴奋的闪光之处。对印度的穷人来说,政治是最快、最便捷的致富路线,这个故事正是这一真理的绝妙证据。穷人通过商业创造财富的故事很受欢迎,但现实中这样的故事几乎从未发生。然而,政治为那些来自最边缘群体的人提供了许多配额和机会,使许多印度最贫穷的人变成了富人。如果你没有钱、地位或关系,而你想要在这辈子变富,政治是绝对理性的职业选择。在这个意义上,腐败的政治是对社会其余部分残酷惯性的纠正,因此对许多人来说,这并不是绝望的理由,而成了希望的主要来源。

把柯达称为德里最富有的人之所以滑稽,是因为他刚来德里不久。事实上,他已经从恰尔肯德邦的一所监狱搬到了德里的提哈监狱(Tihar Jail),这样他就可以继续出席议会,而且还有人陪。从提哈监狱到议会大厦的巴士路线可一点都不冷清。

大家还在聊天,但为了赶上最后一班地铁,我不得不中途退席。我和大家告别,这些人现在都已经醉了。高塔姆和我一起走,把我放到地铁站,这个地铁站很空旷。我走进一节空荡荡的车厢,车厢里空调很强劲，一路都很顺畅。我昏昏欲睡。到了地铁线另一端的站点，我取了车往家开。

快到家的时候我看到一幅奇怪的景象。一个穿着亮闪闪夜店装的女人在漆黑的路上走着，步子非常不稳，看上去像是随时会摔倒的样子。她身后有两个男人骑在摩托车上，以步行的速度跟着她。我不太确定要怎么办。已经是凌晨了，那女人看上去对周围的一切东西浑然不觉——不是喝醉了，而是嗑了别的药在飞的样子。我把车开上去，摇下乘客边座位的车窗。

"你还好吗？"我问。她从窗子看进来，无法完全聚焦在我脸上。

"你说什么？"

"我问你还好吗。"

"我？我很好！"

我看她走开了，摇上车窗，看了下前方，正准备继续开走。这时候我看到摩托车上两人中的一个跑到了车子前面，开始用两只手掌拼命拍我的车，与此同时，另外一个人猛地拉开车门，抓住我的胳膊。

"出来！"

"为什么？"

"她是个妓女，你被逮捕了。"

"因为什么？"

"你对她说什么了？"

"我问她还好吗。"

"你怎么认识她的？"

"我不认识她。"

"从车里出来。"

"你们是谁？"

"我们是警察。"

我走出车子，环顾四周，那个女人好像彻底消失了。

"驾照？"

我不敢相信自己竟然身处这种情况。我拿出驾照，看着他检查。

"这是哪个国家的驾照？"

"英国。"我说。

"你是英国人？"

"是的。"我说。他用一种奇怪的表情看着我，开始把我的驾照号码抄下来。这时候，我听到自己车的引擎发动了，转身看到另一个人把车开走了。

"他去哪儿？"我大叫。

"警察局。"他泰然自若。我目瞪口呆。他继续默默地做记录，然后把驾照还给了我。

"上摩托车。"

我爬上摩托车后座，他飞快地朝着我车刚刚开走的方向开去。我们呼啸着拐过一个又一个暗影婆娑的街角，扎进了主干道的霓虹海洋里。接着掉头，开上一条岔道，拐了更多的弯，最后到了警察局。我的车温顺地停在外面，车顶上方有一块牌子，写着一条对造访德里警察局的人很有用的建议："没有意见的人很少会错。"

这句话似乎能引出两种截然相反的结论，老实说，我不知道放这句话的人本意是哪一种。我被带到一间破败不堪的办公室，里面散发着灰尘、汗水和印台的气味。有个警察坐在一张桌子后面。他似乎很高兴看到我落在他的网里，抓我的警察向他报告了情况。

"你今晚干什么了？"那位老大问我。"我和朋友吃饭。""女朋友？"他笑了。"就是朋友。"我能看出来他希望我会表现出在道德上处于劣势。我决定表现得冷淡一点。我身上没带多少钱。

"所以你从一个女朋友那里离开以后，觉得能再搭上另一个女朋友？"

我没回答。

"为什么你在街上和一个妇女说了话又不说了呢？大半夜的。"

我们又把事情的细节说了一遍。他问我住在哪儿，想估摸一下我在德里的地位。外国人的底细你是永远也摸不清楚的。

"你喝酒了吗？"他问。"没有。"我撒谎了。"我们要不要去医院检查？""好啊。"这话激怒了他。

"你什么意思，'好啊'？"他气得喊起来。"把你的驾照给我。"

我把驾照递给他，他演了一场把每个细节都检查了一遍的大戏。我不准备让他从坚持自己的意见里获得满足。我环顾四周。实际上，我有点被这个地方迷住了，这里是你能想象到的国家权力中最残破的一个席位。空的电灯插座里有电线露出来，天花板是纸板搭的，上面粗暴地开了洞，让旋转着的风扇能伸出来。墙上写满了电话号码，书写角度古怪错乱，每把椅子后面的墙壁上都是一团团脏兮兮的棕色，因为大家的头一直靠在上面。有人在桌上贴了一张贴纸，上面用拼错了的英语写着"性感火热男孩"。房间角落里是一个神龛，里面供着各种神明的雕像。

这间办公室实际上只是一间巨大储藏室里清理出来的一个角落，被一大堆各种各样的警用装备包围着。路标、交通锥、架子上一排排的扩音喇叭、成堆的鞋子和靴子。还有床和一堆堆的旧文件。

房间里响起了鸟鸣，我意识到是那个警察的手机铃声。他接起电话。"是的。"他严肃地说。然后又一遍，"是的，长官。"我能听到电话另一头的人提高了声音，我意识到他正在被责备。我知道，如果就站在这儿看着他受辱，自己不会有好结果，所以我从开着的后门踱出去，到了外面的院子里。另一个警察正在往外面停着的许多老式小型摩托车把手上挂洗好的湿衣服。事实上，当我的眼睛适应了外面的光线，能够看清整个院子的时候，我发现这里停着一大片腐朽的车辆。废弃的小型摩托车、汽车和机动三轮车，全都又破又扭曲地卡在一起。我游荡进黑暗里，走到楼的一角。这里的树木古老而高大，有蝙蝠从头顶掠过。这片机动车废墟漫无止境，五六十台警车肯定有，还有生锈的交通灯和路障。令人难以置信的是，废墟的尽头还有两架小型飞机，上面一半长满了草。

我走回楼里。回到房间时,那个警察没理我,他正用一根手指在电脑键盘上打字。我坐下来,另一个人进来坐在我旁边,对讲机里不断冒出夜晚的声音。他无精打采地从地板上捡起一张破报纸,试图搞清楚被撕破的那篇文章讲的是什么。

最后,桌子后面的人承认了我的存在。他说:"如果我的人没有从你手上救下那妇女,会出什么事?"

我觉得他已经词穷了。他说:"你希望让每个人都知道你晚上做了什么吗?"我努力顺从他。我叫他"长官",又给他说了一遍事情的经过。他举起我的驾照,叫了坐在我旁边的那个警察。"复印一下。"那人拿了我的驾照,走向房间角落的复印机。那台机器散发着崭新的光芒,和整个房间的破败形成了鲜明的对比。他按了下复印按键,但是那机器一动不动。他转身朝向桌子后面的人。

"没纸了。"

桌子后面的人面前有一整包复印纸。他小心翼翼地从里面拿出一张,递给他的同事,那个警察打开了复印机的纸盒,把纸放进去,关上盒子,按了按钮,印出了一张我驾照的复印件。

老大给了我一支笔。

"签字。"他说。

我在驾照复印件上签了字,也不知道为了什么。他把原件扔在桌子上。

"再也不要回这地方了。"他说。

我拿回自己的驾照,走出房间,然后开了车回家。这一次,我终于顺利地到家了。

家里一整天都没人,房间里很闷。每年的这个时候,房子的砖头吸收了太多热量,到了晚上房间都还被烤着一样。我打开了所有的风扇。

然后我从冰箱里拿出了两个熟芒果。

十四 1984——甘地之死

一个新的商厦里,有个女人拿着麦克风滔滔不绝,声音让人无处躲避:"……七十八个甘地,七十九个甘地,八十个甘地,八十一个甘地……"

你逛进一个店,再走出来,吵闹声还在继续。现在的声音更兴奋,语速也更快了。她用带着浓重口音的英语喊着:"一百四十个甘地,一百四十一个甘地,一百四十二个甘地……"

你好奇,这是在干什么呢?你寻找那个声音。在商场中庭,她站在一个公共讲台上,手臂环绕着一对兴高采烈的夫妇,她数数的声音近乎歇斯底里的激动。

"二百二十七个甘地,二百二十八个甘地,二百二十九个!甘!地!——这就是我们的获胜者!"

那对夫妇两个胖墩墩的孩子因为胜利而开心得满地乱跑。主持人举着一叠纸币给观众看。"大家看看这些甘地!"

原来比赛是这样的,他们要送出一块价值 2500 卢比的锐步手表给今晚这个商厦里带着最多 1000 卢比面值纸币的人——这个面值的纸币上印着圣雄甘地的头像。得奖的夫妇从一个手提包里拿出了二百二十九张纸币(22.9 万卢比),由此展示了对这个国家和其隐士国父的高于所有人的忠诚。[41]

不必有任何惊讶,这是个高度腐败的地方。

腐败的主要来源并非是邪恶或贪婪的个人,而是被毁坏的社会关系。并且，正如我们所见，历史给德里的社会关系施加了巨大的压力。在其最惨淡的岁月里，德里已经成了一个不再相信社会理念的社会，这就是国家、宗教身份和其他替代"社会"的概念会在这里受到如此崇拜的原因。当没有社会意识的时候，你不妨就肆意掠夺，因为你无法危害一个不存在的社会。而且如果你不这样做，别人也会这样做，理由是一样的。

人们常常认为，制止腐败的是有效执法，当然部分情况下是这样的。但能防止腐败的还有内部约束。在德里，这些内部制约已经被严重摧毁。你经常会见到一些上了年纪的官员，看到你的第一句话就是："我从来没从任何人那里拿过任何东西，我本来可以赚个几百万，但我从来没拿过一个卢比。"你看到，需要怎样强迫性的热情，才能守住这一原则。你会好奇他们是否仍在试图说服自己，让自己觉得这是个好主意。

德里的玩世不恭源于它的历史，还有它散发着的一种古老的感觉——让你觉得人类世界的存在就是为了偷窃、毁灭和亵渎所拥有的东西。无论如何，德里都注定是腐败的，只不过到了21世纪初，它的腐败达到了令人眼花缭乱的程度，其原因在于它是首都和联邦政治的所在地。

贾瓦哈拉尔·尼赫鲁于1964年去世，随后他的位置被拉尔·巴哈杜尔·夏斯特里（Lal Bahadur Shastri）继任，那是国大党又一位品格高尚的成员，从自由斗争时期就是尼赫鲁的亲密同事。但夏斯特里仅仅将尼赫鲁的政策坚持了两年，1966年国大党又面临着继任问题。

印度自开国起就是一党统治，但此时到处都出现了裂痕。独立运动高昂的势头已经耗尽，而且到20世纪60年代中期，印度的现实开始陷入失调。尽管经历了二十年的发展，这个国家还是陷入了农业危机，严重依赖从美国（其意识形态上的敌人）进口食品。即使这样,也没能防止同年(1966)在东部比哈尔邦出现的饥荒。物质匮乏的部分原因在于人口的迅速增长——1947 年,印度人口的增长速度是每年 1%(也就是说七十年后人口会翻倍),到了 1966 年,人口增长速度接近每年 2.5%(三十年后人口就会翻倍)——当时,对马尔萨斯人口论的恐惧再次兴起,印度成了国际管理阶层偏爱的研究案例。与此同时,与中国(1962)和巴基斯坦(1965)的战争迫使印度从国外购买武器,这进一步减少了印度本已岌岌可危的外汇储备;当时的通货膨胀率已经高达 15%。部分是由于这些问题,许多地区和社区对统一印度的观念不再抱有幻想:国家在南部安得拉邦和东北地区面临分离主义斗争,与克什米尔地区的关系越来越军事化和无望。在印度南部,到处是示威,甚至自焚,为了抗议政府把对当地来说是外语的北印地语强行规定为官方语言(该政策的目的是逐步淘汰另一种通用语言,即英语,这对不说印地语的南部非常不利)。在《印度斯坦时报》的一篇题为"十九年中最严峻的形势"的文章中,一位高级记者写道:"这个国家的未来是黑暗的,原因有很多,而所有这些原因都可以直接归咎于国大党十九年的统治。"[42]

对于国大党和要求灵活务实的人来说,那是一段危险而不稳定的时期。在手握大权的国大党领导层和被对手称为"辛迪加"(Syndicate)的首席部长们看来,接下去最好的方式是有一个可以从幕后轻易控制的懦弱领导人。这就是 1966 年他们支持尼赫鲁的女儿英迪拉作为国大党候选人的原因。她是个女人,而且年轻(四十八岁),他们以为她会有点儿不愿意,但他们大错特错了。英迪拉·甘地,帕西(Parsi)*政治家和官员费罗兹·甘地(Feroze Gandhi)的寡妇,后来成了 20 世纪最无情的政治斗士之一。

---

* 帕西人是过去信仰琐罗亚斯德教,不愿改信伊斯兰教的波斯人,约公元 8 至 10 世纪迁移到印度。

英迪拉之前在父亲的总理任期内与其密切合作过，但没有迹象表明尼赫鲁曾有任何让她继任的打算——这种王朝式统治的想法会令他的民主和反封建观点显得尴尬。而且他可能根本没考虑过英迪拉会是个可取的候选人——的确，她与自己异常理智、甚至理智到有些拘谨的父亲相比，有着非常不同的特质。比如，她没能在牛津拿到自己的学位。她的政治演讲是实用主义的，充满了口号，而且不曾表现出任何她父亲对宏大理念的关注。实际上，她长期的影响力（一直持续到1984年被刺杀），使印度的政治变成了赤裸和残酷的权力斗争，以至于后独立时期的乌托邦主义完全不见踪影。对于大多数观察者来说，自她执政以来，很难相信政治行动中有任何理由不是出于对权力和金钱的单纯欲望。事实上，在对于一个事件的可能解释中，最怯懦的解释往往会获得最广泛的信任。

新上任的英迪拉·甘地对于印度货币危机的回应是同意世界银行和国际货币基金组织对卢比贬值的要求。卢比对美元汇率原先一直固定在4.76左右，但1966年3月贬值了近60个百分点，变成了7.5。

对很多人，尤其是对那些极左翼人士来说，如此顺从于资本帝国主义是一种冒犯。这种做法似乎使总理发出了与自由市场和自由企业同样的声音。这种声音在当时越来越清晰——一个新兴政党——自由党（Swatantra Party）已经成立。作为对1959年尼赫鲁管控政策的回应，该党旨在推动自由市场。国大党本身在"辛迪加"的影响下也在进一步向自由市场的方向前进。而路人皆知的是，辛迪加和大企业走得很近。

在1967年的选举中可以清楚地看到，对自由市场的热烈追求在选民中间没有什么吸引力。尤其是对执政党不满的年轻人和穷人，纷纷转向了左派（共产主义和社会主义政党）和优先本地区事务的政党（比如旁遮普的阿卡利党［Akali Dal］）。国大党遭遇了惨败。

十四 1984——甘地之死

选举过后,英迪拉·甘地的总理位置虽然勉强保住了,却仍摇摇欲坠。她突然惊人而激进地转向了左派。她决心粉碎党内以商业为导向的右翼——不仅包括辛迪加,也包括其党内的对手莫拉尔吉·德赛(Morarji Desai),并决心向选民发出一项新的民粹主义呼吁。建立了自己的权力基础后,她解除了德赛财政部长的职务,将银行国有化,禁止政党接受献金——该政策是对辛迪加的直接攻击,因为他们的收入正来自企业捐赠。她还对大企业和外国资本提出了更大的限制。

在一场又一场的演讲中,英迪拉·甘地发誓要根除那些在暗中剥削不幸大多数的少数人。她的语言是民粹式的,尽管从她的行动来看,也只停留在言论层面,但却极其有效。她有着与人群沟通的非凡天赋,并且能充分运用那种特殊力量,只有那些在真实生活中见过煽动者的人才会鄙视这种力量。她把之前横在政治家和群众之间的企业主、工会领袖和封建地主从政治中赶了出去,从而改变了印度政治关系的结构。在1971年的竞选活动中,她站在"Garibi Hatao!"(意为"终止贫困")的标语下,直接对群众演讲。她的形象获得了某种光环,原始而令人振奋。她在1971年选举中获得了压倒性的胜利。

她乘胜追击,对巴基斯坦东西两翼之间的战争进行了判断准确的军事干预,并且得到了广泛的拥护。这次干预是作为东巴或"孟加拉国"分裂主义运动的开始,导致了来自西巴基斯坦的可怕报复——可怕的种族灭绝和成千上万起掠夺,再次展示了南亚这些恩断义绝的兄弟姐妹之间的残暴能量。印巴边界两侧的军事行动升级几个月后,巴基斯坦轰炸了印度北部。战争在北部和东部的前线开始了。

大量国际利益也牵涉其中。苏联向印度提供支持,而美国则支持巴基斯坦,因为美国担心印度的胜利可能令苏联在该地区的影响扩大。但战争几天内就结束了。对印度来说,这是一场具有强大象征意味的决定性胜利。印度从巴基斯坦带走了约九万名战俘。

英迪拉·甘地春风得意，她的风格受到膜拜。她的形象无处不在，仿佛她是女神，带来了创造和毁灭的双重爆发，在那些年里为印度的想象注入了巨大的象征性能量，其中一项便是绿色革命。绿色革命始于她的前任，但直到 20 世纪 70 年代初才开始对粮食生产水平产生了真正的影响。基于新的肥料和高产作物，绿色革命改变了在旁遮普和哈里亚纳邦的德里腹地的小麦产量，乃至改变了这些地区的整个经济走向。另一项成就是 1974 年成功的核试验爆炸，虽然说直到 20 世纪 90 年代，核弹头导弹才成为现实的军事武力，但这次核爆将尼赫鲁在 40 年代提出的一系列研究带向最高潮，并使印度成为唯一一个在核五国（中美苏英法）之外拥有这项技术的国家。

那是一段离奇的岁月，庞大的象征符号欢快地漂浮在僵化的现实之上。今天，当人们轻蔑地谈起国家控制和"尼赫鲁印度"被扼杀的能量时，他们回忆起的通常不是尼赫鲁而是她女儿的执政时期。在英迪拉·甘地时期，企业受到限制。经过二十年的一党统治，本已盛行的腐败四处蔓延，成了一种流行病。彼时，"官方"腐败，也就是尼赫鲁时期企业向政党捐款换取影响力的普遍模式遭到禁止，企业转而依靠收买个人，"公文包政治"的时代开始了。政治成了一门生意，而官僚体制为一种特别强烈而原始的企业家精神提供了结构。

颇具讽刺意味但不难预料的是，那段时间是德里在意识形态上最反对大企业的时期，但也正是那段时间，大企业开始被德里吸引，从而为这座首都作为 21 世纪初商业中心的崛起做好了准备。尼赫鲁时期的德里是一个行政中心，由于之前它处于英国的统治下，没有什么进行商业活动的空间，企业的规模很小，大公司都避开这里。然而，在甘地夫人执政期间，情况变了——大公司无法避开德里，因为所有的事都需要政府批准。而英迪拉拢了大批地方邦政府来削弱对手,同时将所有权力集中在自己手里,那些远离德里的人开始觉得被排斥在外。那段时间,数家英殖民时期的商行从加尔各答搬到了德里,以逃离西孟加拉邦的罢工和商业封锁。国大党于1967年在该邦败给了一个社会主义和共产主义的联盟。许多来自其他印度北方邦的公司也迁至德里,以便建立自己的政治关系,从而使公司能进入下一阶段的发展。数家在今天具有全球规模的公司都是在英迪拉·甘地时代于德里起步的。即便留在其他几个商业中心的商人也开始在首都保留住房和公寓,使得后来德里房地产出现了惊人的过高估值。德里的公共生活中充斥着新热情,大家热衷于建立人际关系网和拉生意。

总的来说,德里对有惊人商业想法的人没有吸引力。如我们所见,最好的软件公司都在班加罗尔,也是在英迪拉·甘地时代起步。那些年被德里拉来的人都是因为需要进入政治机构以便开展自己的业务,包括那些寻求控制基本资源(比如房地产、矿产、石油化工)的人、在高度管制领域(如电信或媒体)经营业务的人或主要客户是国家(比如建筑业、重工业)的人。要想获得土地、资源和批准,要想避免关键环节的推迟、各种能想象得到的骚扰甚至是整个生意因为某些子虚乌有的理由被关停的话,这些人需要在政治和官僚体制中拥有强大的庇护人。

大多数人是看不见那些为德里高层官僚所建的飞地的。这些地方都是漂亮的小村庄,街道安静,绿树环绕,远离道路,由警卫岗亭把守。飞地内部,司机们为官员的汽车掸灰,园丁们为植物修剪枝叶和浇水。房子都设计精致,维护良好。不同级别的人住在不同等级的住所里——最壮观的住宅非常大,甚至还用树篱和私人车道把自己和本已与世隔离的其余部分再隔开。

我来拜访的这家人的房子不是这样的。房子在一条街道上,位于一排相似的房子中间。但它是个舒适的地方,车道尽头有个篮球架,让人隐隐想起美国的郊区。米努(Meenu)来开门,对我的迷路表示歉意。其实她没什么可道歉的,这些飞地本来就设计得让第一次来的人根本找不到地方。

我们落座的大客厅里没什么东西,空荡得惊人。你会有一种感觉,觉得这个家庭已经搬了很多次家,而且准备好一旦接到通知,就可以立刻再次搬走。

米努的儿子跑出来看是谁来了。他很开心家里来了个陌生人,特别是一个对现在十岁男孩子的文化一无所知的人。他一样样地拿出一堆他觉得我需要知道的东西:书、玩具和游戏。他躺在沙发上,脚举到墙上,给我讲学校里的故事。米努给他穿上鞋,把他从房间赶走,说:"现在我可以谈谈吗?"他消失了一会儿,但在晚上余下的时间里,他还会继续对我开展这场不太正当的教学活动。

"我上的是德里的贾瓦哈拉尔·尼赫鲁大学,"米努说,"之后我参加了一堆公务员考试。我父亲在体制内做事,所以这些对我来说不完全陌生。我一次就通过了考试,从二十三岁起就开始做公务员。"

米努现在快四十岁了,她有一张优雅而充满思索的脸,很随意地穿着牛仔裤和白T恤,剪了一头短发。

"这是唯一会让我有满足感的工作。"她说。

"公务员对于普通人的生活有很大影响,包括很远地方的人们。"

她的丈夫阿米特(Amit)走进房间。他身材高瘦,一进来,我就感觉到他和妻子关系很亲密。他们都在铁路部门工作,所以就认识了。和妻子不一样,他来自比哈尔邦,他的父亲在那里的政府部门里工作。

1947年以后,在德里日益庞大的移民群体中,并不是所有人都是没有受过教育的穷人。根本不是这样。德里有两所规模庞大的顶尖大学,数家科研型医院,还有舞蹈、戏剧和音乐的国家中心。数不清的研究机构和NGO的总部也在德里。它还是印度新闻业的中心,以及政治和政府机构的中心枢纽。尽管这些对于这座城市的组成非常重要,但它们完全属于都会区,占本地人口多数的旁遮普人完全没有份。

"政府机构非常腐败,这是真的,"米努说,"可以说80%的官员都是腐败的。在体制内干了十五年之后,我很多同僚有十栋房子和很多车子。"

不用说,这些财产不是用公务员的工资买的,因为公务员的年薪很少有超过1.5万美元的。

阿米特也加入谈话。

"那些不去弄钱的人会受到恐吓,特别是在像海关这种高度腐败的部门,我以前就在那儿工作。如果你做的是个肥差,但你不谋私,也不塞钱给周围的人,就会受到很严重的威胁。铁路系统没那么糟,他们骚扰你的方法就是给你调岗。"

"成功",在印度的公务员体系中基本上意味着你所在的位置能为有权势的人提供他们需要的东西,或者,更好的是你有能力制约他们。所以,海关和税务部门是最积极创收的地方。这些部门的高官能大肆敛财上千万美元。然而,这里的竞争也非常激烈,需要非常敏锐。印度的官僚机构一直被列为是亚洲最腐败的,这实在有点太轻描淡写了。由于关乎大量金钱,并有异常复杂、互相竞争的利益需要交涉,腐败的印度官僚绝不是废物。他们拥有的技能和动力成了其在21世纪生活的优良素质。

"当然,有不同层次的赚钱方式,"米努说,"最底层的是'快钱',基本上就是受贿做本来就该你做的事。你实际上没有做错任何事,你只是收了两次钱。比方说,如果是你在决定货运列车的发车顺序(这些火车载的是钱,因为有人在等上面的货物),你可以把本来就是第一位发车的火车排在第一,你还是会拿到5000卢比快钱。因为人们太习惯付钱了。大家已经陷入了一种心态,就是你付了钱车才会开。你刚参加工作的时候,会有前辈告诉你,'你就干你的事,钱怎么都会来的。'当然,如果你让另一列车先发了,你会拿到 20 万卢比。"

人们能够欣赏这种对于市场力量信念的运用。**为什么不让市场来决定列车的运行顺序呢?** 第一发车位是个能被拍卖的商品,让最想要的人得到它,这就是市场资本主义最纯粹的形式。从一片空虚中创造出市场,有能力看出每件东西都有经济价值——这让印度官僚脱颖而出,他们不仅仅是资本主义不停转动的车轮上的轮毂(这是他们通常被刻画成的形象),他们还是一个有天赋的创业阶层,具有深刻的资本主义本能。

"有一次我们被调到费罗兹普(Ferozepur),"阿米特说,"那是北方铁路系统最腐败的地方。我们对上司说:'我们不想去,那里非常腐败。'上司很惊讶。'在费罗兹普,'他说,'你只需要打开你的抽屉,就会有成捆的钱进来。'那是真的。过节的时候,你收到的糖果礼盒里都塞满了现金,所以那是全国最热门的岗位。为了得到这些位置,人们会出很多钱,他们知道自己通过受贿能挣到薪水的十或二十倍。"

"还有一次,我们被调到比卡内尔(Bikaner),"米努说,"我有自由的人事权,也就是说权力非常大。"

"米努是那个地方第一位女性官员,"阿米特补充道,"男人们不知道该如何称呼她,他们叫她先生(Sir)。"

"我们到的时候,所有做小买卖的店主都排着队来献殷勤。干洗店老板说:'请用我们家的服务吧。'于是我就问他要价目表。他觉得很受侮辱:'免费的,夫人。'因为这些人希望结识高级官员,他们会为这个出钱。回报就是他们会在你的私人时间里,带人去你家让你帮忙。'请不要把我妹夫派去那个不太好的职位。'

"比方说,在开往德里的火车站台工作的人能挣到很多钱,都是来自想要上车的乘客的小费和贿赂。而往其他方向站台上工作的人就挣得少得多。大多数官员做的就是让大家在这些岗位之间流转。

这样，为了保住位置，那些在油水足的岗位上的人就不得不走动游说。

"还有一次，我负责新德里火车站。每天会有10万卢比从售票窗口进来，然后在官员之间分掉。"

"你在那些窗口买过票吗？"阿米特说，"你有没有想过为什么买票成了这样的噩梦？都是故意的。印度一半的混乱都是官僚系统故意的策略。因为如果事情都很有效率，就没理由要付钱贿赂了。车站的售票柜台是非正式收入的重要来源。"

"这门生意的关键是车票预定窗口后面的那个人，"米努解释说，"我刚到德里的时候，接到一个内阁部长的电话，希望把这个位置安排给某个特定的人。我非常震惊，这个国家最有权力的人之一会亲自打电话来，就为了新德里车站售票员这个职位，而这个位置月收入可能就只有6000卢比。

"我希望改善车站的工作条件。我觉得工作人员没有获得良好的休息。我把英国人写的火车站规章找出来，看员工休息是什么规定，然后我发现员工每天应该有两次十五分钟的休息。于是我取消了一个男孩子在工作时间为大家送茶水的项目，设了专门的茶室，让大家可以在休息的时候放松。

"但我不知道的是，这样做引起了一个大问题。因为这个送茶水的男孩子真正的工作并不是送茶水，而是拿走所有预售票窗口积累的现金。任何时间都可能有突击检查，如果被抓住有那么多现金，你根本无法解释。所以那个送茶水的男孩子会拿走现金，并且一直保管到当天下班。他是他们生计不可或缺的一部分。我把他的差事取消的时候，他们都气死了。他现在肯定已经回来了。

"这样的事让我很不得人心。我扰乱了车站的整个经济秩序，每个人都觉得我是他们的敌人。有一次警戒调查员来检查。他们的工作是调查腐败，但很明显他们自己非常腐败。他们受贿，还满嘴不干不净，羞辱每个人。工会希望我不让他们进来，被我拒绝了——实际上，看见他们来我很开心。

"火车站的工会规模很大。他们和上层有联系,而且很有权势。他们组织了五百个人包围我,齐声大喊,'Meenu Sharma murdabad!'(米努·夏尔马去死吧!)就因为我让警戒调查员进来了。

"现在,我上任新职位的第一件事就是把自己办公室所有的椅子都弄走,这样就不会有很多人能坐下来。他们喜欢用那种方法恐吓你。一旦有人坐下来,就很难把他们赶走。

"大家还经常打种姓牌。我在车站工作的时候,有个男的曾经每天都来找我,对我说,'我名字叫夏尔马(Sharma)。'我之前以为他是个傻子,每天来告诉我他的名字。对这些事情我是很天真的。过了很久我才意识到,他是来告诉我,他和我来自同一种姓,所以期望从我这里得到特殊待遇。

"但我最终在那儿获得了尊重。因为我一视同仁,没有例外。如果你开了特例,你就能挣到钱,但也会引起怨恨。我根据规定调换大家的岗位,没人能通过付钱来躲过换岗。

"在进铁路系统的最初几年,我有一个非常了不起的老板。他是一个极聪明的人,真的会教我怎么做事。他给我上的一课,就是所有文件必须有很好的论证。你不能就简单地写'驳回申请'几个字。这些都关系着大量的钱,别人随后可以一直回头找事情指责你,质问你为什么拒绝那个申请。对我而言,他是一个很棒的导师,不但工作很勤奋,做的文档也是最优秀的。

"但后来,我发现他极度腐败。他可以为任何事情做很精密的论证,而这些论证永远能为他挣到最多的钱。我和他一起工作的时候,他在为印度的火车站寻找清洁设备。他让我整理出一份市场上所有产品的详细对比。但之后,我只知道有家跨国公司为了拿到合同付了他一大笔钱。他做了大量调研,然后写了一份只有这家客户的设备才符合要求的招标书。当然,这看上去像是公开招标,但只有一家公司和这些条件准则相符。

"他非常聪明,永远不可能被抓住。他工作时间非常长,那时候经常早上6点从办公室打电话给我。"

"大家都赚很多钱,"阿米特说,"他们和罪犯面临着同样的问题,就是要把现金藏在哪儿?几个礼拜前,我们有一个高级别的同事被发现在马桶水箱里藏了100万卢比。"

官僚机构是一台巨大的印钞机,这就是德里的经济体里有那么多现金的原因。在德里市中心的市场里,你看见顾客的钱包里有数千张纸币。大型珠宝店感觉就像银行,而从某方面来说,他们确实就是银行——人们在这里把现金换成黄金,一次上万美元。收银员的桌子很吵,都是点钞机哗啦哗啦不停地点钱的声音。

然而,所有这些现金的最终目的地是房产。比方说,在德里,人们买一处400万美元的房产会付六成的现金,这种情况仍然很常见。但同样的行为,比方说孟买,被取缔的速度远远更快。在德里,数十亿美元的蓬勃房地产市场之所以存在,正是由于需要不断消化大量的现金,所以事情的变化不快。在任何一桩交易中,有两项信息是关键的,一是房产的价格,二是"白钱"和"黑钱"的比例,前者是指公开申报的钱,由支票或银行转账支付,后者就是指现金。

阿米特说:"我父母在巴特那(Patna)的朋友对他们说,'你们家不止有一个公务员,而是有两个!很快,你们就会有数不清的车子和房子!'可惜他们不了解我们。"

他咧开嘴笑了。

"他们在警戒调查部门给了我一个职位,"米努说,"工作是调查腐败。我对好几个高官提出了控告,这可是巨大的侮辱。所以他们很快就把我调走了。他们从来没想到我会那么做。

"被别人看作一个很难搞的低级别官员是件很严重的事。如果前辈讲了笑话你不笑,如果不够腐败,如果你让你的上级在他的老板面前不好看,你就会被看作是难搞,就不会获得升职。

"同时,你还需要很多技巧来玩这个游戏,而且实话说,我没那种技巧。如果别人帮了你一个忙——比方说一个上级官员给了你想要的职位，你要怎样报答？我上司打电话给我说：'我要带家人去你那区的一个度假村旅游。我需要住宿、交通等等。'我甚至没意识到他在要什么。我只是说：'谢谢你告诉我。'但是他期望的是我帮他安排免费的门票和酒店。之后，他为了惩罚我，在很短的时间内给我调了五次岗位，把我的生活弄得非常苦。但问题是，即使我意识到了他想要什么，我也不知道要怎么做。他指望我在邦里有一整个关系网络，认识这些做小生意的人——旅行社、酒店，从那些人那里我可以要求帮忙。但这是一件维护起来非常复杂的事。一旦你接受了那些人的好处，他们来找你做事时你就很难推脱。

"有个生意人一直提出要为我安排一次豪华旅游，"阿米特说，"他会打电话给我说，'让我赞助你们家去一趟果阿吧。还是说你更想去意大利？'如果我接受的话，他会用这个做一辈子的把柄。他希望我推动建一条新铁路到阿萨姆邦的方案。

"这对官员来说是常见的问题。理想的官员能避免和某个特定的商人关系太近，因为如果他这样做了，就意味着他无法为其他人提供方便，看上去就排斥了其他人。"

我问他们，他们认为为什么事情会这样运作。阿米特说："这些年，政客们在脆弱的联合政府中变得更安全。政府太需要它的联合执政伙伴了，所以会保护他们不受任何伤害。他们或许是些软弱可悲的部长，但对执政联盟来说，他们太重要了，不能让他们倒掉。"

米努继续说："我认为应该怪商界，他们总是愿意付钱来获得晋升。每个人都想在快车道上。如果你去负责收入所得税的人办的派对，就会看到，好像德里的整个商业界都出来讨好他们，带他们出去，要什么给什么。"

"派对文化非常重要，"阿米特说，"这些派对给你一种很强烈的感觉：在德里经商和从政，发展关系网络都至关重要。高尔夫——你和谁打高尔夫非常重要。你是和某部的部长打高尔夫还是只是某个下级官员？这决定了你的地位。如今，官员不能像以前一样，只坐在那里做自己的事，再摆摆架子。你得去参加派对和社交。然后你就能为权贵帮忙，这就是最终目的。这种做法太盛行了，很多人去派对甚至都不是为了钱。他们只是希望能待在这个关系网络的中心。"

时不时地，你会觉得这个城市的座右铭是：**我社交，故我在**。大家走到哪儿都带着自己的关系网，会说某某怎样，自己认识某某——仿佛没有这些，自我的存在就会停止一样。脸书（Facebook）完美地进入了这座城市的生活，仿佛只不过是已存在之物在技术上的表现。有时候，你去德里社交界的派对，会觉得自己在玩真人版的脸书。人们朝你走过来，而你几乎没留意到，他们看上去奇怪地甚至过分开心地表示能再次见到你，并且热情地问候你。你甚至没觉得你们是朋友，但对方这样一表示以后，你觉得需要表现出一点好奇心。"你最近怎么样？"你问。但这个时候，他们已经继续往前走了，他们惊讶地看着你，好像在说："你？你还在这儿？"他们已经在扫视寻找下一个邂逅，然后你意识到，刚刚发生的好像不是在现实世界中的一个空间里用真实的身体进行的社交对话，而是某种属于网络上的东西：你被"戳"*了一下。

"德里正在被接管，"米努说，"被懂得如何操纵这一切的承包商接管。官员愿意出卖他们自己，部分原因是越来越多人来自经济条件不太好的背景。他们确实有问题。他们觉得过去受了苦，认为从每个人那里拿回点什么是他们的权利。如果你和他们聊天，他们会告诉你，他们做这些从来都不是为了自己。他们希望改善整个族群的命运。而且这样的人对于地位的标志非常重视——司机、关系网、联络人、邀请函。"

"没人害怕被发现吗？"我问。

"当然有。他们**非常**担心会被发现。被发现了是很丢脸的。但

---

*　原文为 Poke，是脸书上的一个功能。

最近我注意到,这种担心已经不再有威慑力。会不会被发现越来越和你实际做的事情没有关系。这里面有一种宿命论。最近有一名高级官员过来给大家做培训,他问参加的人,做什么样的事可能会让他们被抓住。'接受贿赂',学生们说。'不对。''违反规程。''不对。''接受好处。''不对',讲师说。'你走霉运的时候,会被抓住。'你越来越常听到那种话。还有人最近说,'做错事被抓住就像被车撞了,这可能发生在任何人身上,但被你碰到了,完全是随机的。你无论如何都不可能事先知道。'

"除了厄运,再也没有别的约束了。总之,你对此无能为力。所以你也就继续做下去了。"

英迪拉·甘地的个人崇拜不可避免地引起了愤怒和不满。1975年,她来到阿拉哈巴德高等法院,为自己在1971年选举中受到的渎职指控进行辩护。法院裁定对她的两项指控成立,选举结果无效,她向最高法院提起了上诉。然而,在裁决出来之前,甘地夫人宣布全国进入紧急状态。她在国家广播电台中解释了这个极端的做法。她说,"这没什么可恐慌的。我肯定,你们都意识到存在着一股深流广传的阴谋。自我开始实行某些进步措施来造福普通的印度人民起,这个阴谋就一直在酝酿中。"

作为一个天生的专制者,英迪拉·甘地的势力在紧急状态的专制条件下壮大起来。她把反对者关进监狱,包括两名未来的首相和一名未来的副首相,即莫拉尔吉·德赛、阿塔尔·比哈里·瓦杰帕伊(Atul Bihari Vajpayee)和拉尔·克里希纳·阿德瓦尼(Lal Kishanchand Advani),还有非常杰出的贾耶普拉卡希·纳拉扬(Jayaprakash Narayan)——他长期以来一直通过被自己称为非暴力的全面革命来推动印度政治和社会生活的大规模革新。纳拉扬的入狱尤其引发了众怒,其中也包括国际媒体。他是一个强有力且原则坚定的领导人,一度和尼赫鲁家族走得很近,所以看起来好像甘地夫人把自己的叔叔关进了监狱。但这位总理的狂怒才刚刚开始。她一直不喜欢印度联邦制结构固有的权力分散,当泰米尔纳德邦(Tamil Nadu)和古吉拉特邦的政府任期结束时,她取消了邦政府的选举,直接由德里来管理这两个邦。新闻自由也被废除,宪法进行了重大修改,删除了对总理权力的约束。据国际特赦组织估计,在实行紧急状态的二十个月期间,有十四万人未经审判就被监禁,而且在许多情况下还遭受了酷刑。紧急状态重创了那些直言不讳反对意见的大学。紧急状态还给锡克教徒和激进的印度教团体机会以树立自身崇高的道德地位,许多人在面对英迪拉·甘地的攻击时坚持出于原则的批评。

对于有些人来说,紧急状态似乎并没那么糟。社会生活中出现了一种新建立的紧张秩序,与过去几年的政治分裂形成了明显的对比。商业获得了相对规律的劳动力和资源供给,官僚颁发许可执照的效率也不同寻常地高。很多人认为,印度民主的实验已经结束了,有些人开始歌颂新的独裁统治。比如有个擅长双关语的人,发明了叠句"英迪拉就是印度,印度就是英迪拉"*。

但英迪拉喜爱的长子桑贾伊在紧急状态中的上位是出乎意料的,这也使得这段时期为德里留下了一个尤为暴力的印记。桑贾伊是德里政治坏男孩中的第一人,他是那些热爱"祖国"这一概念却痛恨其现实的危险爱国主义者之一。以指数级增长的大量民众被他视作肮脏和噩梦,让他深受困扰。他渴望的是摧毁和根除,然后强制推行卫生和秩序。1975 年,桑贾伊二十九岁,秃头,微翘的嘴角似乎显示着某种黑暗和令人不安的淫荡。他突然变成了和母亲关系最亲近的顾问,并且确实开始根据个人意志制定主要的社会政策。这是一个信号,表明英迪拉·甘地成功地为自己赢得了何等炫目而非凡的权力,以至于她的儿子,一个本身没有任何政治地位的人,

---

* "英迪拉"(Indira)和"印度"(India)在读音上非常近似。

得以依靠和利用一个非常有权势的小团体对其献媚和依顺。

在德里,他开展了大规模的贫民窟拆除项目,这让德里开发局副局长——满怀雄心壮志的贾格莫汉·马霍特拉(Jagmohan Malhotra)十分高兴。马霍特拉派出推土机拆毁旧德里的贫民窟,造成七十万难民流落到城市的南部和东部(在那个地方,他们将于21世纪初遇到另一波无情的拆迁大潮)。但这轮动荡中还有一个更大的创伤——因为这些人也是桑贾伊在另一个大型男性结扎手术计划中专门针对的对象。这个计划通过公务员系统来执行,比如警察和学校教师,他们不仅自己被要求去做手术,每天还要把规定数量的男性送去做这种手术,否则就会丢掉工作和薪水。这个计划立刻变成了一个残酷和专横的过程,其负担不成比例地落在了最贫穷和最弱势的人身上。

这两个计划使得旧德里贫穷的穆斯林回到了持续的恐惧中,他们开始觉得1947年的清洗总有一天会被完成。同时,紧张的局势升级为社区居民、警察、拆迁车辆和结扎手术小队之间最可怕的战斗。印度这个国家之所以能出现,部分原因就在于人们对英国过分残酷对待平民的愤怒,现在它似乎也扔掉了自己的外衣,展现出了自身种族灭绝的成分——而且从此以后,其病态和残酷的水平冲破了想象力的局限,特别是对穷人。

但桑贾伊·甘地的绝育计划瞄准的绝不仅仅是穷人。这个计划是一个普适计划,对所有已经有三个或以上孩子的男性来说都是强制性的,而且第一批计划对象中就包括那些政府最容易找到的人——自己的雇员。公务员、警察、教师都被迫就范,其方式往往非常粗暴,使得国家和其所有关于私人事务(如生育)的主张全都失去了公信力。

对许多已经接受尼赫鲁理想、并努力去担任国家公仆的中产阶级家庭来说,男性结扎计划的实施代表了另一种对整个国家事业的失望。在印度北部,特别是在那些男人仍然试图从三十年前分治的

十四 1984——甘地之死

（真正和比喻的）阉割中逃离的地方，这种象征性的阉割激起了深深的怨恨，因为这种阉割来自他们避难的国家，他们为之投入生命和力量的国家。

1984年10月31日，英迪拉·甘地总理被她的锡克保镖刺杀，当时她正在政府大厦的私人花园内散步。几名保镖一共对她开了三十枪。保镖随即投降并被捕——一人当场被开枪打死，还有两人被关到提哈监狱，之后被绞死。

在1977年的选举中，甘地夫人已经在选举中下台，新总理是人民党（Janata Party）的莫拉尔吉·德赛。该党当时成立不久，是一个反对紧急状态的联盟。但印度的首个非国大党政府在内讧中迅速崩溃。1980年的选举中，英迪拉·甘地重掌政权，其政治目标不再是帮助穷人，除了自己的权力，她不再有任何宏大设想。然而，维持权力需要一些积极的政治表现。英迪拉需要实现经济增长以维持执政的合理性，于是她的经济政策明显地右转了。她找来了几位企业界的新顾问，解除了对水泥和糖等关键大宗商品的管制，并从世界银行那里获得大笔贷款以提高生产力。

但她自己却屡遭逆境。英迪拉个人力量的主要来源——她的儿子桑贾伊已是议会的一员，但他在选举后不久，因驾驶私人飞机在德里上空盘旋时失事而遇难。她发现自己在各邦四面楚歌，各种迎合种族认同、宗教理想和区域自治希望的政党正到处兴起。印度独立已经过去了一代人的时间，其政治已经从一党联邦制朝着有些人说的一个更加多样化的真正民主制度的方向成长，而英迪拉·甘地却采取强硬策略来维持中央政权。

在所有战场中，没有比旁遮普情况更严重的了。在激进、有组织的阿卡利党领导下，当地对领土和自治的要求一直在增长。为了分化阿卡利党的支持者，英迪拉·甘地支持极端正统派领袖贾奈尔·辛格·宾德兰瓦勒（Jarnail Singh Bhindranwale）煽动民众。

但很快，她就无法控制宾德兰瓦勒的崛起了。他越来越常公开呼吁用武力将旁遮普从印度教徒和德里解放出来，而不久国大党就遭遇了一个重大问题。1981年，一位一直批评宾德兰瓦勒的资深记者遭到暗杀。宾德兰瓦勒被捕，但代价是几个想要保护他的平民的死亡。三个星期后，因缺乏证据，宾德兰瓦勒被释放，整个旁遮普邦一片欢腾。中央政府已经变得令人厌恶而不值得信任。在20世纪80年代的野蛮政治中，政客们无所不用其极，包括政治暗杀。

恐怖主义行为越来越坚持不懈。于是在1984年，甘地夫人决定采取军事行动。宾德兰瓦勒和他的战士们在锡克教的至圣所——阿姆利则的金庙（Golden Temple）避难。他们在那里建造了一个巨大的军火库和防御工事。1984年6月5日晚上，印度军队的几个团突袭了这座寺庙。随后一场大规模战役爆发，导致宾德兰瓦勒和其数百名手下死亡。

拉马钱德拉·古哈写道：

> 金庙离札连瓦拉园（Jallianwala Bagh）有十分钟的步行距离。1919年4月，一名英国准将下令自己的部队向一群没有武装的印度人开火。……该事件*在印度的民族主义神话和记忆中占据了一处神圣的位置；其所激起的集体义愤被圣雄甘地巧妙利用，发动了一场全国性的反殖民统治运动。蓝星行动的意图则不同，它针对的是武装叛乱分子而不是和平集会，后果却是相似的。它在锡克教徒的心中留下了一道集体创伤，使其对印度政府产生了深深的怀疑。德里政权被比作过去的压迫者和亵渎者（如莫卧儿帝国），以及18世纪的阿富汗掠夺者艾哈迈德沙·阿卜达利（Ahmad Shah Abdali）。一名前往旁遮普邦乡村的记者发现了一个"阴沉而疏离的社群"。正如一位上

---

* 该事件被称为"阿姆利则惨案"，又称"札连瓦拉园屠杀"。

了年纪的锡克教徒所说:"我们内在的自我受到了伤害。我们信仰的基础遭到了攻击,整个传统已经被摧毁了。"现在,甚至那些曾经反对宾德兰瓦勒的锡克教徒都开始重新看待他。因为,无论他过去犯了怎样的错误和罪行,是他和他的追随者面对破坏者并以死捍卫了圣洁的神殿。[43]

数周以后,德里就发生了总理遇刺案。

刺杀事件后,整个城市掀起了反锡克的愤怒狂潮,谋杀和破坏击碎了本来就不安的城市心脏。相比伊斯兰教,锡克教在更大程度上是印度教徒的同胞——它的创始人那纳格上师(Guru Nanak)是16世纪印度教内部改革和复兴运动的一分子。直到最近,许多旁遮普的印度教家庭都还会让自己的第一个儿子入锡克教,通常是为了还求子的愿。与1947年的事件类似,1984年爆发的暴力对"家庭"的本质产生了巨大的冲击。点燃锡克教徒战斗精神的,是他们感到印度教徒将锡克教徒视为印度的私生子;反过来,锡克教徒也拒斥被他们描述为"阴柔"的印度国,并大声宣示了自己的原则:男子气概、尚武勇猛。

在一次演讲中,宾德兰瓦勒提出,锡克教徒被归入一个将圣雄甘地视为国父的国家是一种侮辱,因为他的战斗技巧是典型的女性化技巧。他(甘地)的符号是一架旋转的纺车,这是妇女的象征。"那些英勇上师的子孙们,那些以刀为象征的人,能接受一个像圣雄那样的女人做他们的国父吗?"这位好战的领袖问道。"那些是弱者的技巧,不属于一个从未向任何不公低头的民族——这个民族的历史是用烈士的鲜血写成的。"……为了能够称得上骄傲的上师(锡克教的十个公认创始人)的真正后裔,有人认为,所有由于亲近印度教而渗入锡克教特征的腐败,都要被驱除。"印度教"历史的危险不仅仅在于锡克教徒被剥夺了在其中的正当地位，还在于尚武的锡克教徒被改造成了一个软弱的民族："锡克教徒在过去五十年里被软化和训练得能够承受和容忍对其宗教的侮辱和一切形式的压迫，而且在阴险说教和非暴力崇拜的咒语下，变得颇为有耐心、无异议。但这些说教和咒语与他们的上师和先知们清晰的教导背道而驰，上师和先知的教导是——不要在暴君面前任他欺凌，不要接受任何对宗教、自尊和人性尊严的侮辱。"[44]

锡克教男性的特征，包括蓄胡子和佩剑（或者AK-47），自然为他们带来了与印度国的冲突，并最终导致对其女性领导人的刺杀。但对许多印度教徒来说，至高无上的母亲这一观念是不能被逾越的。英迪拉·甘地的死立刻被视为对他们关于印度"家庭"观念的下流攻击。作为愤怒的儿子，跳脚报复是再明白不过的责任。"英迪拉·甘地是我们的母亲，而这些人杀了她。"印度教的人群大喊道。

显然，对于双方来说，1984年的这场危机与未完成的分治有千丝万缕的关系，而分治对印度教和锡克教这对兄弟的男子汉气概提出了很多质疑。那是分治后的第三十七年，许多参与当时暴行的人一生中已是第二次看到这些场景，双方都是如此。用过去这段时间重建生活的锡克教徒发现自己正再次经历掠夺和谋杀。再一次，他们失去了家园和生计。而印度教徒不断想起几十年前从西旁遮普逃离的耻辱，此刻发现自己正在丧心病狂地报复着曾经的难民同胞。1984年11月1日开始的暴力是由偏执的谣言推动的，其中一些显然来自1947年未解决的噩梦——据说，一车又一车死去的印度教徒被从旁遮普运来，在那里，锡克教徒发动了灭绝运动。还有谣言说，锡克武装分子在德里的供水系统里下了毒，城市发生了饮用水危机，人们纷纷到他们认为不受影响的很远的地方去接水。

整整四天时间，暴力肆虐。暴徒在城市里游荡，带着刀枪和一桶桶的煤油，焚烧人、住宅和商店。死亡数目无人知晓，估计在三千到一万之间。然而所有人都清楚，国家机关在试图平息报复方面明显很松懈。事实上，国大党的成员肯定促成了整个事件，他们为印度教复仇者提供武器和酒，并承诺会奖赏他们的杀戮。拥有加油站的国大党议员为行动提供煤油，而且在某些情况下派装有煤油的车辆一起参与突袭。国大党官员拿出锡克家庭的地址清单，有组织地实施袭击。警察非但没有采取行动来遏止印度教暴徒，还进一步散布谣言，煽动他们，说锡克人正企图秘密推翻国家。医院拒绝治疗锡克教徒受害者，警察局也拒绝为针对锡克教徒的犯罪立案。

英迪拉幸存的儿子拉吉夫（Rajiv），在她去世的当晚宣誓就职成为总理，对暴力现象发表了恶名昭彰的冷漠评论："大树倒下，大地震动。"

对德里来说，"锡克暴乱"将"法律"变成了下流的胡言乱语。一位评论员指出在德里西部一个叫作萨特普利（Sultanpuri）的社区，是暴力最激烈的地区之一，在那里一名锡克社区领导人和他的两个儿子被点火焚烧。这三个人叫喊着让人拿水来。一名警察一直在旁观，大声着制止任何人去帮忙，而他用的字句是："如果任何人敢出来干涉法律（kanoon ke khilaf kisi ne hath uthaya，字面意思是'举手违反法律'），他［会］被开枪打死。"印度教暴民已成为法律，煤油的火焰已成为法律。另一个警察用扩音器宣布，任何印度教徒如果被发现窝藏锡克教徒，他们的房子就会被烧掉，因为这样做是非法的。[45]

法律就这样被践踏了。对于德里人来说，日后不管出于何种理由让他们继续遵守法律，法律都不再是道德的，因为法律不再有任何道德内涵了。这种印象在之后又获得了强化——对大屠杀的连续调查未能找到国大党不法行为的重量级证据。到今天，没有人因当年的事情被问责。三十年来，官方一直不以为意。法律没有给出评论。

德里无论如何都是腐败的。但现在，暴乱发出了一条确定的信息，即法律是印度社会生活的堕落成分，人们只能对自己的道德负责任。人必须照顾好自己,因为没有人会照顾你,而且现在没有法律来约束一个人该如何照顾自己。德里住宅区"封闭的院落感"正是从那时开始的。过去的那些温柔不再有了——过去,中产阶级的男孩子会把床拿到街上,在炎热的夜晚里就这么随随便便地睡在露天。这种对外人和街道的信任不复存在了。中产阶级家庭用三公尺高、钉着钢钉的门取代了原来只有大腿那么高的围墙。随后,私人发电机的风靡不仅与德里供电的不稳定有关系,还和一种自力更生的心态相关:一个人干扰另一个人用电的情况是不应该出现的。私人水井也是如此。市政供水中的毒药谣言只流传了一时,但影响却一直延续了下来。

暴动对很多人来说是一个转折点。许多锡克家族 1984 年后永远地离开了德里。但对于那些留下来的人来说,尤其是对于印度教徒来说,德里给人的感觉再也不是原来那样了。我这一代人中有许多在 1984 年的时候还是小孩或者青少年,对他们来说,锡克暴乱是一个根本性的成长经验,揭示了(如看上去的那样)德里社会关系的深刻真相。 流血和杀戮似乎没有随着印度的独立而结束。这一次不能归咎于英国或巴基斯坦,或内部的任何人,这是这座城市永恒的内在本质。

贾斯万特(Jaswant)是德里锡克贵族中的一员,是 1911 年德里建设工程承包商的后裔。他七十出头,给人一种怒气冲冲的感觉——他戴着一顶软帽子,衬衫口袋里放着墨镜。

"20 世纪 70 年代,一股暗潮涌动,认为精英可以为所欲为的意识变成了一种病症。人们被权力弄得头晕目眩。他们向英迪拉·甘地献媚,而国大党确保他们只要献媚就能成功。有太多德里的大企业家是从'紧急状态'起家的,那时候支持英迪拉的人获得了巨大的机遇和偏袒。"

贾斯万特被德里的精英吓坏了,而他自己也是这个群体的一部分。他谨慎地算计着自己的行为,部分原因是为了激怒和冒犯这个阶层。他圈子里的其他人十分厌恶他。"他是个疯子,"他们说,"他做各种疯事。有个派对上,他就那样拉开了裤子,在众人面前往灌木丛里小便。他打扮得很疯,讲话更疯。他还办一些疯狂的派对。"

贾斯万特确实很古怪。他的生活充满了动荡、模糊的关系和巨大的私人悲剧。经历过这一切后,他却比以往更加顽固逆反。但在所有和我聊过德里的人中,他的独特之处在于他愿意谈论暴力和驱逐,而许多人则因为自身阶级而对此讳莫如深。在这方面,他的古怪似乎很有针对性。

"看看德里的这种文化。来自西旁遮普的难民来到德里,成了推手推车的工人。他们展示了惊人的事业心,他们有很棒的故事。但现在他们富得不干不净,根本没有社会意识。他们是种族主义者,完全忘了本。他们曾经是难民,但他们对德里今天数以百万计的难民毫不关心。我们从东北部来德里工作的人每天都遭到骚扰和掠夺。这太恐怖了。我的意思是,我热血沸腾,我不知道要如何阻止自己,不让自己到外面去扔石头。

"如果你想知道德里这座城市的性格,去克什米尔或东北地区吧,看看那里在德里的指令下都发生着什么。印度占领那些领土只是靠军事暴行、恐吓和强奸。如果那里有任何法制的话,那么整个监狱就会装满了犯强奸和伤害罪的印度士兵,包括下这些命令的我自己的家庭成员。但他们受到《武装部队(特别权力)法》(Armed Forces [Special Powers] Act)的保护。当然,这和保障生命权的宪法是对立的,但这些都不再有什么关系了,因为已经没有法治了。这是个彻底无法无天的社会。没人对任何人负责。治理这个国家的人都是违法者。"

通过1984年针对锡克教徒的袭击,贾斯万特对周围的恐惧被具体化了,那次攻击连像他这样的人都没能幸免。德里人一直都在找职位,找关系,让自己和这些残暴的事情绝缘,但1984年的暴徒把所有锡克教徒都当作目标，无论对方多有权势。

"英迪拉·甘地遇刺后，在媒体和政客们的鼓励下，至少有一万五千名锡克教徒在德里被杀。官方数字是三千，但实际被害者远远超过这个数字，而且都是用极尽残忍的方式。

"我们家在帝国酒店旁边拥有的加油站被包围了，他们威胁要烧掉它。经理打电话给我，告诉我情况，我说：'你为什么不打给警察？'经理说：'那些人就是警察！'最后，有人在帝国酒店开枪，这才把人群驱散。

"我和我的孩子独自在家。印度教的朋友为了帮我，来我家陪我住。他们知道我处于什么状态，希望确保我不会做出任何蠢事。我放弃了自残行为。我决定把头发剪掉，而不是等国家养的那伙暴徒来剪。我把我父母的水晶打碎，用碎片割断了头发。那些头发我现在还保留着。

"我对所有人都失去了信心，包括那些试图帮助我的人。我觉得他们的行为太自以为是了。我是德里人，而他们是从外地来的。他们要保护我，他们以为自己是谁？我的家族建造了这座该死的城市，本应该由我来保护他们。

"两年后，我的车在一个交通灯前熄火了，因为天很冷。我后面有一辆摩托车，司机很不高兴。他靠过来把头伸进我开着的车窗说：'你们锡克教徒从来不吸取教训吗？'印度教徒没有一丝悔恨，他们很高兴'给我们上了一课'，然后继续表现出最恐吓人、最残忍的样子。

"还有一次，我走在康诺特广场上，有个女孩子看见我，问能不能和我说句话。我以为她要侮辱我。但她却说：'我能说你戴着包头巾有多帅吗？'她的赞美使我非常感动，你无法想象这对我意味着什么。

"但总体上，我对没人真正站出来反对种族屠杀而感到愤怒。我周围的人都在努力讨好国大党，拒绝对已经发生的事发表任何反

十四 1984——甘地之死

对意见,甚至锡克教徒也是如此。我兄弟是个名流,也是个商人,但他不愿意受这些事影响,他只是和这个城市的肮脏同流合污。

"有一次,在一个前军官家举行的派对上(这个军官后来因为怀疑有个人和他妻子有染而杀了对方),我正在和别人争论,说媒体本来不应该说那个谋杀英迪拉的人是锡克教徒。然后那个军官非常不客气地对我说:'你应该小心自己说的话。你清楚像你这样的人会有什么遭遇。'

"我很了解那些人——前陆军、前海军、部长们和地主们。他们都很暴力,都不是什么正派人,他们把自己受到的良好教育变成了笑话。军火商、承包商、大人物的皮条客,这些人互相贿赂,从别人的血肉里赚钱。军火交易在这个圈子里很受尊敬,因为它能让你致富,还能让你说自己很爱国,在为军队提供供给。他们就是这么说的。他们为自己的所作所为感到骄傲,他们的妻子也是如此。如果不得不和一个将军或者别的什么人上床,她们会去的。

"但他们也非常紧张。他们一直都在逃跑,逃到高尔夫球场或者大桥上。他们逃去伦敦过周末,把钱转移到海峡群岛、瑞士或巴拿马。他们是一群老朽疲弱的精英,所有人都做过心脏搭桥手术,每个人都装着心脏起搏器,还患有糖尿病和关节炎。他们的腐败不仅仅是在赚钱的时候,也深深埋藏在他们的身体和灵魂里。他们非常迷信,手指上戴着各种被认为能够保护自己不受邪恶力量骚扰的宝石。他们还在房间的每个角落里放上小神像。因为他们不知道自己是谁,他们内在的混乱和困惑只能化作偏见和暴力表达出来。"

贾斯万特对印度边缘化群体的浪漫主义情绪激怒了许多同辈,他们觉得他做作、乖张。但是经历过1984年之后,贾斯万特在这些被边缘化的人群中,找到了和同类在一起时感受不到的自在。实际上,他的同类让他充满了最深的绝望。只有在穷人和被压迫的人中间,他才能找到些许对人性乐观的理由。

"1984年发生在德里的是有组织的屠杀,而且我认为这座城市没有能力吸收掉发生过的一切。伤疤并没有愈合。在我心里，就个人来说，伤疤还没有愈合。唯一能让我松一口气的，是我发现那些暴力受害者，尽管他们仍持续遭遇暴力，仍然生活在印度境内。几乎每一个那加兰邦的村庄都遭到过印度军队的掠夺，而且是一而再，再而三的掠夺。他们的村庄被烧毁，于是被重新安置到其他地区，这样一来，他们就被迫侵占别人的领地，于是制造出更多暴力。随后，国家介入，以暴制暴。所以东北部就是一口水深火热的大锅。

"当我遇到那些人，我意识到自己受的苦和他们相比根本不算什么。他们遭受的苦难无法估量，但那是他们的力量、他们的韧性。他们的手被砍断了，村庄被毁了，但他们仍然令高种姓的压迫者蒙羞，因为他们有尊严。他们有能力照顾自己。他们才华横溢。他们是幸存者。即使所有的一切都爆炸了，他们也会活下来，而那些精英们不会。因为当一切都被摧毁，除了尊严和品格，将没有别的东西可以依靠，而这两样东西精英们都没有。

"在东北地区，人们了解自己周围的每样东西，而且什么都吃，不存在食物短缺。他们知道如何在饥荒中活下来，他们了解哪些叶子和水果可以吃。他们能吃狗、吃老鼠，而且他们做的饭菜很美味。他们不会过度烹饪任何东西。而这里的这些印度教风格的人，他们这个不能吃，那个不能吃。如果你问我，我会说他们才是真正生活在饥荒里的人。

"如果这个城市发生了自然灾害，这里很容易变成人间地狱。我知道那样的事会发生。我知道这座城市会变成废墟，倒塌为尘土。当地震来临，水源枯竭，德里人不会互相帮助。他们会互相残杀。"

说这些的时候，贾斯万特相当愉快。

"有一天我坐在自己的车里，在集市上，听着音乐。旁边停着两辆警车，警察们在玩牌。我下车问他们在做什么，他们说自己在保卫一个内阁部长的儿子。'他来买点东西，他是个不负责任、一

无是处的家伙,只知道追女人和喝酒。我们是他的安保团队,三辆警车。'

"那就是我们生活的社会。我们的警察不是在为社会做事,而是保护贪婪的精英,把他们和社会分隔开来。但是保护他们的这些人对他们是完全鄙视的。如果事情一直这样下去,总有一天,保护他们的人会开枪把他们打死。"

十五 印度精英的新帝国主义

> 每个人都想把自己的房子装修成俄罗斯寡头的风格。
> ——德里富豪的室内设计师

1991年，拉吉夫·甘地遭到暗杀。据报道，暗杀是旨在民族解放的反政府组织泰米尔之虎（Liberation Tigers of Tamil Eelam）所为。拉吉夫·甘地之前发表公开声明，反对该组织在斯里兰卡的恐怖主义行动。他被暗杀之时正值印度爆发最大的金融丑闻期间。"博福斯丑闻"（Bofors Scandal）是指有谣言说瑞典博福斯公司通过向国大党的数名成员，包括总理拉吉夫·甘地本人支付大笔回扣，获得了一份数十亿美元的武器合同。丑闻触及了印度政治的核心，不仅因为它涉及的贿赂规模空前——据估计约为4000万美元[46]，还因为它触及了政府的最高层——尼赫鲁王朝。

这些指控的真相从未被确切证实，但回想起来，其引发的震动始终让人觉得离奇。因为拉吉夫·甘地去世几个月后发生的经济自由化大大提高了这种"高价"交易决策的规模和频率。它确实引入了一个全新的资金流动系统，把巨额资金集中在来自政治和商业世界的一小伙互相有联系的交易者手里，为印度创造了一个新的寡头群体。

只要公共行政是以盈利为目的，那么短期来看，经济自由化一定会是灾难。许可证发放制度的结束意味着，公务员失去了对企业的传统制约力。商人希望扩建工厂或者发布新产品的时候，不需要再找他们申请许可证，这对政客和官员来说，意味着大笔收入来源消失了。

公共行政之前本来就是一门生意，就像别的生意一样，而现在，面对困境它找到了创新的方法。若想获得新的收入来源，政客和官员们不再从大量申请人那里收些小钱，而是从少数人那里收取大笔金额。他们不再通过为商人消除障碍来赚钱，取而代之的"挣"钱方法是，他们变成企业家的合作伙伴，接管企业运营的整个职能部门，也就是需要国家权力的部门。

这正是大企业迫切需要这种合作伙伴关系的时候。经济自由化之后的几年里，基础资源的所有权经历了大规模转移：尼赫鲁为国家保留的所谓经济"制高点"转移到了私人手中，包括采矿、石油、天然气以及新经济的燃料——移动电话频段，当然还有最好的基本资源——土地。谁能确保控制这些资源，谁就必将获得无穷的收益。但这个转移的过程没有先例——在印度（就如同时期苏联的东方集团［Soviet Bloc］）这是一场临时的争夺，其结局最终握在政治机构手中。因此，站上顶峰的商人都是那些在政治界有很硬关系的人，这些关系往往在甘地夫人主政时期就开始培育了。由于手中利益已经无法更高——任何能掌握印度新经济的人终将获得全球影响力，政治家们也可以通过大手笔的收费来帮他们实现愿望。突然之间，有些交易的金额水平让"博福斯丑闻"都显得微不足道。21世纪早期的丑闻都是关于企业以低于正常的价格购买上述提及的移动电信频段和矿场，所涉及的金额累计达到了几十甚至几百亿美元。印度的亿万富翁人数迅速增长，其财富从1996年的不到国民收入的1%，增长到了2008年的占国民收入的22%。这些亿万富翁六成的财富来自由政府严格控制的行业——房地产开发、基础设施、建筑、采矿、

十五 印度精英的新帝国主义

电信、水泥和媒体。[47]

难怪大多数德里人认为,在这座进行着不少全球最大金额交易的城市中,最富有的人并不是那些通过公司账户公开其财富的人,而是那些坐着白色古董大使车并拿着1000美元月薪的人。政客避免以自己的名义获得贵重资产,但不知何故,他们的兄弟和儿子似乎突然拥有了绝好的土地和房产,并在数家优质企业里都有投资。在印度板球超级联赛的拍卖中,有那么多政治家族竞拍板球队,这不可疑吗?每次大选的竞选开支都翻倍(反过来又给政治家施加了更多将职位变现的压力),这难道不是标志着政治地位对现任者来说是多么有价值吗?[48]有关政治家个人身价的传言让人觉得不可思议。媒体试图通过追踪他们的消费嗜好(房子、汽车、在昂贵的美国学校上学的孩子)来猜测其富裕水平。那些年里,到处都存在着对所谓"公务员"看似光鲜的生活方式的不满。但从许多方面来说,这种对个人财产和生活方式的兴趣并没有抓住重点。因为这个游戏顶端的人早就超越了以个人致富为目标的层次,他们参与的是比这更宏大的事情,这些事情使他们的企业家合作伙伴比他们自己获益更多。然而,重点也不在于此。这些人是新印度的权力经纪人,他们正在经营的是一个以私有化商业发展为目的和回报的系统,一个拥有与"正常"经济完全不同结构的系统——在那个"正常"经济中,中产阶级靠赚钱购物来改善自己的生活。

来自北方邦的政治家马亚瓦提(Mayawati)说自己是出身贱民的胜利者,她基本上把自己说成是从被压迫者中走出来的胜利者,在该邦担任了四届首席部长。她无疑是所有印度政治家中敛财手段最无情的。马亚瓦提积累了巨大的个人财富——我们之前遇到的萨迪亚·德维,正是在她购买的德里豪宅里度过了童年。但马亚瓦提事业的悖论不仅仅在于"粗鲁的百万富翁政治家说自己是穷人的朋友"。在印度政治中,"赚钱"不再是不诚实的证明,特别是自马亚瓦提这样一名女性开始——她来自被压迫阶级，管理着一个充斥犯罪的国家，树敌众多，如果没有巨额资金的赞助，她不可能保住自己的位置并获得连任。马亚瓦提确实向北方邦的受压迫阶层展示了一种古怪的、狂欢式的奉献方式。她不仅给他们发宣传册和好东西，还为他们的地位塑造尊严。她发起了一个建造象征性建筑和公共雕塑的活动，让自己成为印度政治家中一个罕见的类别——也许在尼赫鲁之后，再没有一个政治家曾表现出对建筑之政治使命的兴趣。诺伊达是一个大型郊区，位于德里与北方邦交界处一条公路的北方邦一侧，在这里她设计了一个令人困惑的精致公园，里面有二十四头巨大的砂岩大象（她所在党的象征），还有十五位贱民名人的雕像，其中就包括她自己。事实上，和许多女性政治家一样，她也为自己精心设计了女神崇拜，在这种崇拜中，她的低种姓和巨大财富成为一个新秩序的积极形象：她的生日成了重大仪式，活动上她把自己展示给手握成千上万钞票的追随者。

但是，除了这种贱民的自豪感和对财富的象征性展示，她还开始对自己的邦进行激进的重建。这场重建的活力不仅取决于她自己的资金有多少，还取决于她与富商们的伙伴关系，特别是一名从工程师转行经商的婆罗门商人。在这段伙伴关系中，她的角色是利用国家机器从农民手中夺取土地，并提供土地开发所需的政治支持。而作为回报，这名商人提供金融投资和商业知识，向国家交付执行良好、信誉优秀的项目，并且很可能还与她分享利润。如果没有对方，这两位伙伴是不可能实现今天这样的成就的。事实上，他们一起打造了一条经济发展的快车道，这个系统异常专制，因为和国家的支持一同到来的是一整套武装支持，但特别的是，这个系统是在一个民主国家内运行的。民主背景肯定给企业增加了许多层次的冲突和不确定性，比如马亚瓦提一直以来的赞助人就极度依赖她在选举中的胜利。2012年她选举落败那天，该公司的股票立刻暴跌。这个系统尽管动荡频仍，但却是印度对公然的专制体制的回应。在经济自

十五　印度精英的新帝国主义

由化后的印度，只有资本是不够的，因为资本流动处处受到法律和官僚限制的阻碍——只有当大企业与强大且有远见的政治参与者建立伙伴关系时，它才能为投资开放足够的出口。

所以，从德里穿越北方邦的边界，给你带来视觉冲击的不只是偶像化的首席部长形象，还有无处不在的建筑公司伙伴的标志。尽管它是一家上市公司，但多数股份仍然掌握在家族手中。这家公司在马亚瓦提上台前就已经是地位稳固的巨头，拥有印度最大的私营电厂和第三大水泥集团。2000年，公司将业务拓展至房地产领域，并在德里周围建造了众多高尔夫球场和以公寓为主的复合建筑。公司拥有资金和专业知识，在马亚瓦提上台时正处于和她合作的高潮阶段。该公司从她那里赢得的第一个合同是建造一条从诺伊达到阿格拉的八车道公路，阿格拉是北方邦最著名景点泰姬陵的所在地。合同要求公司为高速公路投资，但允许其收取三十五年过路费，之后收费权将重归国家。为了提高这笔交易的吸引力，马亚瓦提还把高速公路两边的土地"给"了该公司，将约2400万平方米的土地以每平方米580卢比的价格从农民处强制征收。公司决定在这些土地上发展数个企业，包括私营乡镇企业和一个估计未来二十年将创造270亿美元总收入的私营国际机场。除了以上好处，马亚瓦提还从农民处购得约1000万平方米土地，让这家公司建造了一座私营"运动城"，其中包括印度的F1赛道。由于巨额的税收减免，这些交易让公司的资产负债表好看了许多。

事后农民才意识到，自己向邦政府上交、用以建造必要基础设施的土地最终落到了大企业手中，他们开始抗议，堵住道路，焚烧公司办公室，并试图破坏一级方程式赛事的开幕。抗议遭到了残酷镇压——警察向一群抗议者开枪并杀死了三人，最终没有取得任何效果。这家公司毫不在意地继续扩张，并在矿业、化学品、酒店、水电和食品行业都成立了新企业。

作为法人单位，像这家公司一样的机构都是多变而不透明的。

隶属于其他集团的子集团拥有数十家或数百家公司，有些公司为私人所有，另一些则公开上市，创始家庭的控股权通常分配给许多家庭成员。掩护大量资金免受公众监督对他们的成功来说至关重要。这不仅仅是因为他们不喜欢缴税（虽然这是部分原因），还因为他们的业务需要有大量黑钱用于贿赂、购买土地，等等。许多人要扩张企业的时候不是从银行筹集资金，而是按照在这个"企业纪元"前使用的一种俱乐部式的名誉准则——非正式地相互借款——来筹集资金。在所有这一切背景下，能搞定所有事情的通常是某种金融天才。因为这不仅仅涉及某人知道如何通过复杂的庞大企业系统有效转移数十亿美元的黑钱和来路正当的钱，同时还得使公司不会受到怀疑和调查。

政治和大企业之间的勾结系统蓬勃发展，因为它允许内部人员以极快的速度运作，但它只为少数人留下了空间。实际上，其成功的部分原因正是因为它消除了竞争——特别是跨国公司发现它们几乎无法与根基稳固的地头蛇竞争，后者只要有意地利用政治手段就能把自己排除在外。这个制度由少数政治和商业人士控制，他们把巨大的资本集中在自己手中，并且对整个印度进行了一场可怕的动态变革。在新闻媒体对于"腐败"新精英的想象中，他们是冷漠、自我放纵的人，但他们并非如此。炫耀性消费是他们风格的一部分，但这不应该使他们野心的严肃性遭到贬低。他们将自己运作至这个位置的原因是，这样他们就可以用令人目眩的规模和极危险的速度来经营自己的业务。他们是印度经济的大投资人，并制造出巨大的经济影响。有些政治家曾把从腐败中获得的大笔收益放到在瑞士的银行账户中，因为在20世纪70年代和80年代，印度经济增长缓慢，这些钱无处投资。而现在这些人也把这些资金带回来，投资印度的繁荣。进入印度的大部分国外直接投资根本不是"国外的"，而是非法流入毛里求斯或开曼群岛公司的印度资产，随后又反过来投资印度而已。据估计，2010年，自印度独立以来流出国外的非法资金

十五 印度精英的新帝国主义

现值接近 5000 亿美元[49]。但在 2000 年之后的十年内，小国毛里求斯引人注目地占据了印度外国直接投资的 41% 以上。正如印度财政部长在一份 2012 年发布的报告中指出的，"毛里求斯和新加坡这样的小型经济体不可能是这种巨额投资的来源，显然投资是通过这些地区来躲避税收和/或向税务局隐瞒实际投资人的身份，这些人中很多人实际上很可能是印度居民。"[50] 从这个意义上来说，腐败的精英在经济中成为了高生产力的行动者。政客及其商业伙伴就好像封建式的风险投资人，在特定领域强制收税，再将其快速注入新的商业企业。

即使是对从外部观察着这一切的人来说，他也会感到充满热血，原因就在这里：政治阶级的成员通过这种密室中的发展路径获得了大量资本，然后高效投入到发展迅猛的商业项目中，并绕过政治审批和官方财政程序的所有障碍，而这条路径似乎可能是将印度的混乱能量引导至有意义行动的唯一途径。当我问本书开篇时遇到的拉曼·罗伊——品行无可指摘的印度商业流程外包之父——对印度经济有什么样的预测时，他声称在这个政治和商业的灰色地带发现了巨大的希望，他几乎带着爱国之情对其独特性给予了赞赏。

"在印度，我们很幸运有政治资金这样的意外所得，使得巨额资本得以进入经济体系。这样的资金还蕴含着巨大的能力和前景。公司运营以季度为单位，而政治家拥有五到十年的眼光，这就是两者结合效果那么好的原因。看看这些新的豪华酒店——政治家收购土地，并与企业合作创造出世界一流的产品。这是一个经过检验的模式。现在这个愿景所针对的对象是精英，但之后它将服务大众，因为现在所有的黑钱都回到了企业活动中。我们的官员行政能力超强，所以当政治财富、官僚技能和企业管理能力结合在一起时，就会产生神奇的效果。"

应该清楚的一点是，那些从这个系统中获得回报的人拥有在传统中被认为是"狡诈"的技能，而且他们经常引起"老于世故者"的强烈鄙视。新的亿万富翁中,几乎没有人来自传统的英国化精英团体,对后者来说,这些年来必要的喧嚣已经变得陌生。事实上,新富翁中的很多人是从周边的邦(如北方邦和哈里亚纳邦)搬到德里来的。在那里,他们甚至在1991年前就运作着一种政商紧密结合的关系。英语往往不是他们的第一语言,他们也缺乏高雅的品味。他们在家里装自动扶梯,因为他们在五星级酒店里看到过;他们像封建领主一样在自己周围撒钞票;他们付钱给孟买的演员和洛杉矶的说唱歌手,让他们在婚礼上表演。但现在,也许这些才是"品味"。看起来,老一辈精英对这些人的鄙视也成了他们已经过气的另一标志。赤裸裸地拥抱金钱成为新兴阶层的原则与风格,为他们带来走向成功的能力。这在世界其他地方也是如此,不仅仅是在新印度。

在本书的前几章,我们看到印度常常被天真地拿来和美国做比较。但多数情况下,这种比较只是纯粹意识形态层面的。印度明显是美国的反面——倒是与俄罗斯有更多相似之处。两国都拥有20世纪80年代之前创立的国营资本体系,创造出了精明的新地下企业家阶层,而这些人都是在两国的旧体制(几乎同时)崩溃之后出现的。之后,在两个国家建立的制度中,民主选举的存在并未妨碍寡头阶层的出现,而他们利用政治制度来控制关键资源。在两国的首都——莫斯科和德里,多数人带着愤怒旁观少数人把大国力量用作自己的商业优势。

然而,也许这些地方之间的所有区别,甚至与美国之间的区别,都在逐渐消失中。21世纪早期,商业精英过于强大的问题似乎出现在所有地方的本地新闻里。全球文化正在走向同一,但并没有汇集向我们本该期待的方向。事实上,也许一切都趋向俄罗斯。在我们的想象中,俄罗斯一直是全球资本主义的过去,也许它也是全球资本主义的未来。

十五 印度精英的新帝国主义

米奇·乔普拉（Mickey Chopra）带着羞怯走进酒店安静的酒廊，这里是他约我见面的地点。他戴着黑色头巾，穿着西装，身材结实，肌肉发达，说话有些口齿不清。他只有二十八岁。

他不怎么说话。为了打破冷场，我试着提起一个我们都认识的朋友。聊了一会儿那位朋友后，他终于放松下来。

我问他关于他的生活。

"一直到十几岁，"他说，"我都以为我父亲是在为政府工作。我以前总是问，'为什么我们有这间大房子？'他们告诉我说，'房子是你爷爷造的，后来我们亏了钱，现在你父亲在政府里工作。'"

而真相是，米奇的父亲在整个北方邦、哈里亚纳邦和旁遮普邦经营着业务范围庞大的企业。这个企业帝国主营酒类零售，在北方邦这样的强盗邦，这种业务只有精明、有魅力、性格暴烈的人才能做得好。

"当然，我们也雇了打手。经营这种类型的生意，你不可能没有厉害的左膀右臂——但我父亲总是不让我们见到那些人。他相信纪律。他说，'如果你做坏事，比如酒驾被抓住，我是没办法把你弄出来的。'而很多有权势的人对他们的儿子说，不管什么麻烦，老子都给你搞定。这让我养成了一种不同的心态。当然，后来我发现，不管我做了什么，父亲都能帮我擦屁股。"

米奇的父亲在他的讲述里一直出现，就像某种精神上的试金石。

"公司是我曾祖父1952年建立的。我们家本来是西旁遮普的牧农，他们1947年的时候失去了一切。然后他们在北方邦建立了生意，在那个地方他们得拼命奋斗才能做成大事。

"20世纪80年代我父亲接手的时候，家族负债累累。现在集团的年度营业额是10亿卢比。我父亲拥有渴望成功的惊人意愿，如果他着手做什么事，他就会把事情做成。如果说我希望自己能变成某人的话，那就是他。"

米奇谈起家族生意的时候用的是"我们"。他从小到大都在吸收商业构想和技能,这些是他讲话中很自然的一部分。

"我们的酒类业务达到顶峰的时候,控制了印度19%的酒类零售。那时候,政府把酒类专营店拍卖给出价最高的人。之后为了防止垄断,政府引入了一套抽签系统。但我们的业务还是在增长,因为我们有许多雇员。如果在我们的地区抽签,一百个抽中的人当中会有八十个是我们的人。"

米奇被送去好几所很贵的学校,但他不断被开除。十六岁的时候,他彻底退学了。他去伦敦呆了一两年,寻欢作乐——俱乐部、派对以及任何年轻富二代能想得到的玩法。

回去以后,他被安排负责家里的糖厂。他的心不在此,但紧接着房地产开始繁荣起来。2001年,家里成立了一家房地产公司,仅仅二十一岁、完全没受过培训的米奇被指派去建造北印度最大的商场。

"在英国的时候,我花了很多时间逛商店,学习那些商场是怎么造的。完全没必要浪费时间重学。我比印度的任何一个人都更了解要怎么开一个商场,怎么布置你的品牌。在专业方面,我父亲没有经验,所以所有专业方面的事我都是自学的。因为专业的承包商做得不好,我把计算机系统引进公司,还自学了 Oracle 编程。随后我自学了所有最新的建造技术。我的第一个商场是用预制构件的钢柱造的,之前从来没有一家印度商场用过这种技术。最近,我自学了财务。我在网上阅读财务方面的内容,每次遇到不知道的词,我就去查。六个月前,我什么都不懂,而现在我能和普华永道(Price Waterhouse)开财务会议了。"

米奇的商场以拥有德里最奢华和高科技的夜总会闻名。那是米奇最得意的项目,是他的私人派对区。那里为他和他的朋友准备了喝不尽的香槟,而且他每晚来的时候身边都围绕着保镖,始终是全场的焦点。

"有段时间,我就是德里第一人。有数不清的人要和我做朋友。

女人想要和我睡觉。我对我太太说,'如果我还没结婚,事情会很不一样。'很多人都非常假。"

像德里很多的富家子弟一样,家里为米奇安排了一场盛大的婚礼,以此结束他疯狂的生活。他二十二岁时和青梅竹马的女孩子结了婚,婚礼上有六千位宾客,还有招牌式的宝莱坞明星献舞。米奇仍然热爱派对,在谈话过程中,他随着酒精变得放松风趣,但毫无疑问现在他已经成长为他父亲羽翼丰满的合伙人。他已经准备关掉俱乐部,因为他不再有时间去玩了,而且也不想让别人来管理。他在印度一共运营着五个商场,还有近570公顷的土地正在开发。而这仅仅是开始。他正朝着更大的计划前进。

"我们刚刚租下了28万公顷大的土地,租期是七十五年;我们要开食品加工厂、制糖厂和鲜花种植园。"

他把事实细节说得太清楚,我都不确定自己是不是听错了。我们已经讨论过在印度拿地有多费力,每次从农民那里买地只有两公顷或四公顷。我想象不出他能从哪里获得那样大规模的土地。

"在哪儿?"我问。

"埃塞俄比亚。我父亲有个朋友从埃塞俄比亚总统那儿买了土地做牧场。总统告诉他,还有另一块地出售。我父亲说,'就是它了,这就是我们一直在找的,我们买下来。'我们和鲍里斯·别列佐夫斯基(Boris Berezovsky)[51]一起去的。非洲太棒了。就是这儿了。你嘴上说的数字甚至在你心里都觉得不可思议。信实集团(Reliance)、塔塔集团,所有的印度大公司都在那里设厂,但我们仍然走在前面。我已经决定接下来八年我会亲自管这件事。在符合我的愿景之前,我不会把它交给任何一个CEO。那里会变得不可思议。你应该看看那片地——草木繁茂,一片碧绿,有黑土地,还有河流。"

米奇告诉我,他有一百个从旁遮普来的带着护照的农民,一旦所有的文件签好,就可以马上出发去埃塞俄比亚。

"非洲人做不了这工作。旁遮普农民很好，因为他们习惯种植大面积的土地。他们不怕种两千公顷的地。同时我也会去那里开设技术学院，培训非洲人，这样制糖厂开张的时候他们就能做好准备。"

把旁遮普的农民运到非洲种植园工作是一个"帝国"般的计划，而他说"非洲人"的方式里也带着一些"帝国"意味。我很震惊。我把自己的想法告诉他。

"谢谢。"他说。

"现在那块地上有什么？"我问，并且已经知道他的回答同样会很"帝国主义"。

"什么都没有。"

谈起这些米奇很兴奋，好像完全没有受到最近充斥着头条新闻的经济衰退的影响。尽管约定的时间已经超了，他还是又要了杯啤酒。忽然之间，我觉得他感召力非凡。我能看出来为什么他能把事做成——他已经让我相信，就像他肯定也让其他人相信一样，相信他能做成任何事。我问他是怎么学会像这样思考的。

"我只有二十八岁，"他说，"为什么不呢？"

他变得浮夸起来。

"我们会成为世界排名前五的食品加工商。你知道我要买的第一个公司是哪家吗？亨氏。"

我对他的"为什么不呢？"很感兴趣。28万公顷的埃塞俄比亚土地将被清理，上百名农民将被送到世界的另一端，就是因为这脱口而出的原因。我想知道对他来说这是出于一种什么样的感情。似乎在某个地方，这一切都有点儿像是闹着玩。

"有时候我也奇怪自己为什么要工作，"他说，"我确实问过这个问题。我不需要工作。但我要做什么呢？你不能一年三百六十五天坐在海边的度假村里。所以我会想些疯狂的事。我喜欢想出一些事情，然后觉得太疯狂，脑子一热，想着'我要怎么才能做到？'——再然后，想法又成了'为什么不呢？'"

我想要指出，对像他这样的人来说，生活里有比只是坐在沙滩上更多的可能性。"脑子一热"听上去像他从前那些狂野的时光里留下来的语言，仿佛整件事情就是为了寻求刺激。我问他想怎样花钱。

"现在我开的是一台宝马750i，很适合开长途去我正在卢迪亚纳造的商场。我真正想要的车是阿斯顿马丁DBS，但我以后才会买，等到我更配拥有它的时候。三年前，我父亲想给我买一台好的跑车，但我说'等等'。我给自己定了特定的目标。到四十岁，我想要一艘长五十米的船，还想要一架很好的湾流飞机。我希望自己开它们的时候不会为钱感到心疼。"

米奇说得好像他在存钱想买台摩托车或者冰箱一样，而且显得出奇平淡。这是个想得出用"运土术"来赚钱的人，但他在花钱方面的想法却是最寻常的那种。他的中产阶级词汇似乎和他数十亿美元的资产规模不相称，我好奇他是不是在故意延后买跑车，这样就不至于太快没有东西可买。我好奇他的整个企业是否并不是在无知觉的边缘摇晃，是否他事实上并不是在等待某人告诉他钱的意义，因为他的生活正是围绕着这些钱组织起来的。

他突然变得哲学了起来。

"我不是宗教信徒。我相信精神和灵性。我的基本原则是：离开的总会回来。它会回来，绝对肯定。我的生活方式是吠陀式的。自律。没有偶像崇拜，没有愚蠢的无条件接受。还有，你不能只让别人欺负你，从他们那里受到伤害。你要加倍还回去。"

我不确定最后这一点是不是从基本原则里衍生出来的，但我没有质疑。米奇十分严肃，现在他向我分享他对世界的认识。他给我讲了个故事。

"我最近去一个派对，服务生在拿饮料给大家，他把托盘拿走的时候拿得快了些，所以有个人没拿到饮料。然后那个家伙摇了一瓶苏打水，直接喷在服务生脸上。我去找了派对主人，直接把那人赶出了派对。你得知道什么样的行为举止是正确的。有些人觉得自己有钱就能欺负别人。你必须得知道如何对待正常人。你看，有两种有钱人。一种是已经有钱了很长一段时间的人，他们不在乎你是谁，不管怎么样他们都会对你态度很好。就像我对别人就很亲切。和他们在一起你也许会觉得无聊，因为他们聊的都是自己刚刚从戛纳或者圣特罗佩回来，但他们永远都很和气。但是，那些最近五年才发迹的人，他们跑来一个派对，做的第一件事就是把车钥匙放在桌子上，显示自己有台宾利。他们不知道如何举止得体。"

米奇有点醉了，他在维护对他来说比对我来说更清晰的边界。这不是他第一次说，"人们得知道怎么守规矩"。我再一次觉得他越发热切地反对德里富人的虚无主义，因为他自己也受到了这种虚无主义的攻击。

他和那些恶劣的坏男孩过从甚密，正是那些人使像他这样的人背上了坏名声，而他却对关于约束的寓言故事印象深刻。

"我有个朋友是亿万富翁，"他说，"我问他买车给孩子的话什么车最好，因为我刚有孩子。他建议买丰田 Innova。他能买得起喷气式飞机给孩子，但是他没有。他的孩子得自己赚钱买。他只给他们买了台 Innova。你看，大家说的那些坏孩子，其实都是他们父母的错。完全是父母。他们毁了自己的孩子，而且一旦孩子变坏了，就永远回不了头了。有个家伙今天开辆马鲁蒂 800，明天开辆奔驰 S；他的孩子们才十岁，他就给他们买宝马，孩子们都疯了。这些孩子被毁了。"

米奇这样的人说起德里的时候就像在说某个黄金国，整晚都会有财富涌来，几乎不用你去要。大家说，在这个国家的这个时刻，只有傻到透顶才会出错。所有讨论都是关于"新钱"，但严格来说，德里大多数的财富都不是新的。财富在过去几年中一直在爆炸式增长，小城镇中的力量确实变成了大都市甚至是全球的财富发电站。但这些财富依赖于几十年来建立的影响力、资产和关系，在这个意义上,它们完全是传统的。一个新的外邦精英暴富不应该使人们认为经济在某种程度上已经变得民主。像米奇这样的人一直是有钱的,而他们从来都是从他们的那个角度看世界。他们并不知道,在许许多多人的经验中,德里是一座枯燥难熬的城市。

"你把自己放在德里富豪金字塔的什么位置?"我问,"不会有很多人一年的营业额达到10亿美元吧?"

他谦虚地笑笑,"大多数人不公开他们的财产,因为他们不想被审计。我永远不会让我的公司上市。"

"谁是德里最有权势的人?"

"这都取决于政治。你可以有10亿,但如果你没有关系网,这就没有任何意义。我的家族已经花了两代人的时间打造和经营关系网,我们认识每个人。我们认识每个政党里的人,政府换届的时候从来不会遭殃。"

"那你出门为什么带着保镖?"

"北方邦的警察截获了一些通讯,是关于一个绑架我的计划。他们告诉了我父亲。人们想要钱,他们想到的最简单的方法,就是从有钱的人那里拿。他们自己做不了任何有建设性的事,所以思考方式很短浅。在印度,我们需要更多专业素养,更多企业治理,然后我们会展示给整个世界看。"

米奇有很好的理由感谢印度。

"十四岁起,我就已经意识到印度就是我要待的地方。我热爱这个地方,这就是印度。在其他地方,你也许像钢铁大亨拉克希米·米塔尔那样有钱,但你仍然是个二等公民。这是你的国家。你应该在这里做事。"

米奇告诉我他对美国的厌恶。

"为什么沃尔玛应该进入印度?我无所谓古驰和路易威登——它们没有扰乱任何社会结构,但是别让沃尔玛来。我们已经被奴役了七百年,才刚自由了六十年。再给我们三十年时间,我们会买下沃尔玛。跟你说,有天我在一个派对上,胳膊搂着两个白人,我突然间把他们推开,说:'你们为什么在这里?我们不再需要你们这些家伙了。'"

二十八岁,去过很多地方,比这个星球上的大部分人都富有,米奇对白人的愤恨出人意料地强烈。我问他如果这个世界由印度人统治会有怎样的不同。

"这个世界会更在乎精神和灵性。"他说。但他思考了一会儿,然后说:

"不对。这个世界会和现在完全一样。"

我结束了我们的谈话。米奇付了账,我们出去走到了安静的停车场。

"谢谢。"他说,和我握了手。我真的不知道他为什么要谢我。

他的司机打开了宝马车的后门,米奇坐了进去。大门开了,宝马绝尘而去,后面跟着一辆坐满了保镖的SUV。

米奇住的地方离这里两百米远。

我开车回家,想着我们的对话。我思考着一个很小的细节:我去上厕所的时候,他趁我不在发了一条短信给我们共同的朋友,只为查一下我是否真的认识她。米奇对某些东西很警惕,这一点让人生畏。

我还在开车的时候,收到了一条他的短信,让我不要引用他说的某些内容。我回复说:

"好的,只要你再回答我一个问题。钱对你来说意味着什么?"

他马上就回复了:

"是我辛勤工作的最终产物之一,钱确实意味着很多,我很尊敬它,它为我带来更多艰难的工作,顺带一点点奢侈的享受:)"

如其他政治强人对卫生和生育的关心,桑贾伊·甘地全身心地投入到一个梦想之中——为他的国家开发一款"人民之车"。

十五 印度精英的新帝国主义

桑贾伊热爱汽车和飞机。他对学问没兴趣,没有上过大学。不过,他在英国的劳斯莱斯汽车公司当了三年学徒。1967年,当时二十一岁的他回到印度,把自己想成立一个新汽车公司的想法告诉了母亲——印度的新总理。他把这个公司叫作马鲁蒂汽车有限公司,"马鲁蒂"是日行千里的猴神哈奴曼的绰号。动用了国会政治机器的力量后,他还在临近的哈里亚纳邦获得了120公顷的土地用来建设工厂。名称和土地是他去世前对公司的两大重要贡献,之后与铃木合作还有让印度中产普及了汽车的马鲁蒂革命就是其他人的工作了。

但从长期来看,桑贾伊·甘地将马鲁蒂放在古尔冈的这一决定非常重要。当时德里的商业房地产已经达到饱和。英国人和尼赫鲁都没有在城市中为20世纪70年代开始出现的大量企业分配空间,许多企业是在住宅和酒店内经营的。城市开发的垄断机构——德里开发局,为这种需要做出了一个让步,开发了城市东南部的尼赫鲁广场——一个现在充满了正走向腐朽的商业建筑的大杂院。但对于任何能够从二十年的角度来看待这座城市的人来说,这里必将走向繁荣。

K. P. 辛格(Kushal Pal Singh)就是这样一个人,他是古尔冈非凡崛起的幕后人物。他的父亲是旁遮普的一名军人,在分治时期建立了一家房地产公司,在为到达的难民潮而进行的新街区开发中扮演了重要角色。但在德里开发局成立后,公司的业务大受打击。K. P. 辛格被指派去复兴公司的业务,这家公司后来被称为DLF。1979年,由于无法在德里继续经营下去,他开始在城市南部购买农村土地,位置就在桑贾伊·甘地当时还不存在的工厂附近。他这样描述其中的过程:

> 为了说服这些农民相信我,我什么都做。我花了好几个星期、好几个月和这些家庭在一起。我穿着库尔塔,坐在轻便床上,

喝着肮脏玻璃杯里被苍蝇叮过的牛奶。我还参加婚礼，探望病人。要理解为什么这样做很重要，你有必要了解土地的持有模式。古尔冈的平均地块面积为两公顷，大部分由从不分家的印度教家庭持有。在法律上，为了获得完整的土地所有权，我需要这些家庭的每个成年成员同意。这样的话，一笔交易可能要涉及三十个人。让已婚的女儿们签名往往很棘手，因为男性户主会拒绝和她们分享卖地的收益。所以我会去她们家，秘密付钱给女儿们。意外的是，古尔冈的农民让我以信用销售买地。我会付款给一个农民，然后迅速把这笔钱作为贷款拿回来，并用它来购买更多的土地。公司的良好意图使他们愿意为DLF提供资金。但这也意味着我必须在支付利息方面特别小心。无论发生什么情况，每月3号早上10点整，利息会被当面交给每个农民。我们在古尔冈买了1400公顷土地，超过一半是利用这种赊销购买的，而DLF连一次都没被起诉过。[52]

就算这种说法有点过分浪漫化了，辛格的企业仍然非常了不起。哪怕事情进展顺利，他的投资也需要几十年才能收回成本。当时是20世纪70年代末，只有拥有超乎寻常的想象力，才能窥见未来的回报。古尔冈是一个干燥、交通不便的地方，除了有一些牧民在被炙烤着的土地上游荡，几乎什么都没有。整个村庄大约有八辆汽车，要打电话到德里需要提前一个小时预约。那里有一家小商店，店主就在人行道上晒他的谷子；唯一能吃饭的地方是当地的小饭馆。辛格第一次打电话给德里建筑公司，让他们跋涉到这片偏远的丛林来讨论为富人和成功人士建设公寓楼群的时候，承包商都认为他疯了。直到1994年，那里才开了一家有迪斯科和保龄球馆的娱乐中心。但德里的消费者害怕去古尔冈的荒野，为了让访客觉得安全，娱乐中心的老板只好在小道上沿路安装了私人照明，并提供安全巡视车。然而随着90年代末大量公司的涌入，一切都改变了。我2001年第一次去古尔冈时,这里到处是奇形怪状、令人兴奋的摩天大厦,这些闪闪发光的大厦带着一种不真实感从哈里亚纳乡村的尘土中升起,最终入驻了很多全球最大的经济实体——微软、IBM、爱立信,等等。

古尔冈不只有公司。DLF在那里提出了一种更好的生活方式——一个"新的新加坡",包括封闭社区、高尔夫球场和购物中心。很快,企业的员工也从德里运转不灵的基础设施和政治文化中逃离,把家安在了古尔冈。由于有充裕的现金,印度银行会给任何前来申请贷款的人放款,房价上涨如此之快,使得人人都把储蓄投入房产这一行为显得很合理。古尔冈迅速成为亚洲最大的私营乡镇。这里,规模庞大、戒备森严的公寓大楼蓬勃崛起,在尘土飞扬中俯瞰着一片纯粹的商业地产景观。2007年,K. P. 辛格将其公司在印度证券交易所上市,2008年《福布斯》全球财富榜上他排名第八,拥有300亿美元来源清白的资产。

当然,到了那时,首都还有数家其他的房地产巨头。德里周边的土地成为绝佳的商品,其价值每三到四年就会翻一倍,而在这些土地上简单地加上砖块、混凝土和一点点廉价劳动,其价值就会翻六十倍。因此21世纪初发生了一场绝望的夺地热潮,数十万公顷的农业用地被卖给了开发商。以前通过汽车零件或化学品赚钱的公司现在的大部分利润来自房地产,而德意志银行和摩根士丹利等大银行排着队为他们提供资金。来自加济阿巴德(Ghaziabad)这样了无生气的小镇的小开发商成了重要的房产巨头,他们把自己的儿子送到美国的商学院去学习如何管理数十亿美元的生意。

德里被房地产这种很特别的财富所主宰。房地产是一场争夺,如果没有在政治家、官僚和警察之间用有偿的方式建立起一个广泛的网络,几乎是不可能大规模经营的。暴力往往必不可少。房地产黑手党夺走哈里亚纳邦的乡间别墅,并雇用警察对业主提出伪造的刑事指控,以此来压制他们。在北方邦,他们用暴力威胁强迫农民和部落社区出售土地，雇用当地警察把当地人从土地上赶走，并以极高的利润出售土地。犯罪和暴力行为普遍升级，而历经这一切并获得了新财富的人强大而可怕。他们知道如何挟持国家权力为自己的私利服务，他们有警察和可怕的勒索帮派支持。这样的人打破了当代印度的力量平衡，他们唾弃自由主义的陈词滥调，认为这些不过是一大堆伪善的空话。

　　土地在他们身上引起了显著且近乎宗教般的热情，除此以外没有其他东西能做到。我们已经说过，几个世纪的不稳定性导致这里的人认为对土地的所有权和控制权高于一切——甚至往往高于家庭关系，这就是有这么多家庭因为房产斗争而四分五裂的原因。K. P. 辛格和米奇·乔普拉都来自曾在历史上遭受过损失和打击的旁遮普族，而在他们对土地的极度野心中，有些非常"旁遮普"式的东西。K. P. 辛格二十多年来一点点地建立起了他的古尔冈帝国，其痴迷程度超越了单纯的商业野心。这是一场个人的远征，一辈子的事业。初看上去，他做的可能像是纯粹的收购，但只有回顾时才能发现，工作完成的时候土地已经变成了金钱。其行为本身带着某些荣耀乃至无私的东西，使我们回想起之前在北印度商界中观察到的战士气质。在米奇·乔普拉的计划中也是如此，他计划在非洲购买28万公顷土地，并由旁遮普农民来种植——尽管计划有其商业逻辑，但不该因此被忽视的事实是，这也是一种宏大的战士壮举。21世纪初，来自印度北部的战士驰骋在国外，其狂暴在国外造成的影响和在国内一样的混乱动荡。事实上，非洲对印度土地投机者如此有吸引力有很多原因，其中之一是非洲农村社区对自己居住的土地的主张往往比印度农民更弱，从他们那里更容易夺得土地的完整所有权。在埃塞俄比亚、肯尼亚、乌干达、加纳、苏丹和纳米比亚等地，印度商人在这些国家的政客帮助下，争相收购矿山和（特别是）农业用地。政客们会安排去这些地方的商务旅行，并通知自己的同胞，只有印度能够凭借其绿色革命的经验为自己的国家带来稀缺的技能和知识。虽然有些以前在这些土地上耕种的人理所当然地成了新种植园里的工人，但大多数人并没有进入种植园。这些土地中有许多是极其肥沃的，并在过去养育了非常密集的人口，而现在，这些人口中只有一小部分在同一片土地上还留有一席之地。因此，印度的金钱在非洲农村也加速了农民从乡村的撤离，导致难民涌入城市，贫民窟扩张。

由战士商人出口的技术不仅仅扩展到土地使用，事实证明，他们在家乡获得的政治技能——将政治机构收买为自己商业基础的延伸——在非洲的新战场上也极其有用。印度的"强盗爵士"绝非原始落后而濒临绝种的一类人，他们在21世纪看到了自己光明的未来。在非洲、中亚和其他当代资源战争的主战场上，他们比美国企业更具竞争优势。他们拥有大量不受监管的资金，可以变现用以行贿或私下采购。他们远比美国的首席执行官更知道如何在后殖民国家的政治海洋中游弋。而且，他们有一种没有任何东西可以遏制的战争使命感。

因此，毫不奇怪的，在印度以外的一些国家，当地人害怕好斗的新印度精英，而且他们经常被视为新帝国主义者。一个例子是有关古普塔（Gupta）兄弟的，他们1994年离开了米奇·乔普拉的家乡——北方邦，到南非探索商业机遇。他们的父亲是小镇上的一名商人，他让儿子在武装保镖的护送下上了高中。他在德里建立了一家贸易公司，20世纪80年代起公司由三个儿子继续经营，在印度开始经济自由化的那两年，他们的公司在首都获得了令人鼓舞的商业成功。那段时间里，他们听说如果是在种族隔离时期就生活在南非的印度人，有可能像黑人一样获得特殊的商业特权。他们从未在南非的种族隔离下生活过，因此也没有参与"黑人经济赋权"项目的身份资格，但他们设法获得了同样的资格。在谈到像古普塔兄弟这样咄咄逼人的商人以这种方式赢得商业优势时，一家报纸评论道："对于黑人经济赋权立法的批评认为，它已经越来越服务于一个小精英团体，创造了享受着巨大财富的俄罗斯式寡头，却几乎没有为数百万穷人的困境提供任何帮助。"[53]

三兄弟的父亲从德里给他们汇钱，为业务的早期发展提供资金。一到南非，他们就

迅速与新黑人精英中的新秀进行接触。如今，古普塔家族因其亿万富翁的生活方式和可以随意进出最高级别官员——包括总统雅各布·祖马（Jacob Zuma）的家而闻名。古普塔兄弟生活在撒克逊沃德（Saxonwold）一栋价值5200万兰特（约650万美元）的豪宅里，这里位于约翰内斯堡（Johannesburg）郊区，到处是百年老橡树。（三兄弟在约翰内斯堡还有一栋价值300万美元的房子，曾经是马克·撒切尔［Mark Thatcher］的家。）据称，古普塔家族利用和政治的紧密联系，参与了本来是为黑人而设的契约立法工作……

人们仍然不清楚三兄弟是如何创造了自己所有的财富，尽管他们确实是南非最大的个人电脑分销商之一。不过众所周知的是，古普塔家族与总统二十八岁的儿子杜杜扎内·祖马（Duduzane Zuma）一起，与很多利润丰厚的交易有紧密联系。

三兄弟还是一家财团的成员，该公司持有全球钢铁巨头阿塞洛米塔尔钢铁集团（Arcelor Mittal）超过30亿兰特（约3.8亿美元）*的股份。三人还和一项建造高铁系统的计划有关，该计划的高铁造价为3500亿兰特（约450亿美元），将使用南非国家资金和中国资金。

据说，他们还通过一家包括迪拜世界集团（Dubai World）在内的财团，以97亿兰特参与收购了开普敦维多利亚阿尔弗雷德码头广场（V&A Waterfront, Cape Town），这是该国最有价值

---

* 原书误植为2.8亿美元，但依此报导（2011）当时的汇率，30亿兰特约3.8亿美元。

的一处地产。广场的买家是一家本地集团,该集团拥有一支国有养老基金。不知何故,古普塔兄弟和杜杜扎内·祖马得以作为黑人合作伙伴加入,因为根据法律要求,涉及国有实体的任何交易都必须有黑人参与。三兄弟否认在这场交易中有任何不当行为⋯⋯

古普塔兄弟的生活方式与大多数南非人太不一样了,这对他们没有帮助。去年,他们申请在自己的院子里建造直升机升降坪的新闻被媒体广泛报道。他们成立了一份日报,用以反驳对他们及其与执政党关系持续的负面宣传,但也没起到多大作用。

现在,似乎执政党非洲人国民大会(ANC)中有一些人已经受够了。据称,古普塔家族已经发展到非常强大,甚至可以把内阁部长召集到自己家并授权任命国有企业的高级官员,这让一些人忍无可忍。该党强大的青年联盟本周表示,这三兄弟在"对这个国家进行殖民"。南非的工会联合会(Cosatu)是非国大控制联盟的成员,该组织也表示将因古普塔家族对经济有"掠夺"嫌疑而发起调查。[54]

古普塔帝国由三兄弟通过一系列家族拥有的投资公司直接控制。这个帝国或许是以电脑业务起家,但很快就转而进入了其他部门,特别是那些最受政治控制和约束的部门——铀和煤炭开采、媒体、航空,等等。其业务虽然备受丑闻困扰,但却设法通过一个商业网络维持自己的地位,这个网络里不仅包括南非商人和政治家,还有全世界的印度商业精英,比如钢铁大亨拉克希米·米塔尔(他本人那段时间也不得不面对关于对托尼·布莱尔[Tony Blair]的英国政府有不当政治影响的指控。在米塔尔的"政治献金"丑闻曝光一年后,布莱尔政府不得不就另一系列问题进行回答,内容是关于政府与亿万富翁亨度嘉[Hinduja]兄弟的关系,因为这对兄弟英国入籍申请的处理速度似乎加快了许多）。古普塔家族2013年夏天使用戒备森严的军事基地，供婚礼宾客的喷气式飞机降落，而且还免除了对宾客的签证要求。该事件经公开披露后引起了恐慌，表明民众对该家族对于国家体系和设施的控制程度有诸多忧虑。

虽然古普塔家族的财富确实来自他们在非洲的利益，但他们的家庭风格——提及素食主义和人数众多的大家庭时的虔诚话语，公开赞扬其父的虔诚和其母的单纯，与印度电影明星的友谊，以及在个人和财务方面对板球的投资——都有着北印度的根基。他们公司最初的名字也是如此——撒哈拉控股（Sahara Holdings），以北方邦的萨哈兰普尔（Saharanpur）命名的，但在非洲背景下被赋予了不同的意义。兄弟们喜欢开玩笑说，为了竞争，他们将一切都变成了沙漠。[55]

初见米奇一年多后，我又见了他一次，那天我们一起喝酒。他和一个朋友在一个五星级酒店预定了按摩，按摩之前他和我在酒店见面。

下车之前他似乎刚刚喷了香水，我们握手的时候香水味扑鼻而来。现在他三十岁，看上去比我记忆中更精致优雅。他的西装很漂亮。除了一台iPad和一只iPhone，他什么都没带。

他的朋友和他一起坐下，自顾自地在一个大触摸屏上专心干着什么。米奇点了一瓶库克香槟。服务生招待他的方式很用心，我想这座城市的任何五星级酒店对他都是一样的吧。

我们开始聊非洲。

"埃塞俄比亚的事失败了，"他说，"那边换了政府，新政府的要价是原来的十倍。我们损失了300万美元，不得不把整个项目转到了几内亚。这次我们采取了更多预防措施——现在我们有主权担保。我们已经把设备运出去了，这很重要。我们在南非的炼糖厂是安全的。

"非洲有很多印度人。有些人种玫瑰，有些人种稻子。中国人不如我们了解种植，所以我们有优势。我感觉他们不怎么受欢迎，因为他们保证说会给当地很多就业机会，但最后带了很多自己的人。

"我们的房地产业务在这里增长非常快。我们正在诺伊达建造两处很大的开发项目。其中一处有一座两百四十米高的楼，六层上有一个泳池和餐厅。我们已经在跨过北方邦边界买下了3200公顷的土地，将用来建一座完全私有的城镇。我们获得了市政设施授权，我们会自己建所有的基础设施——垃圾处理和下水道。它将会是一座现代城市，我们会训练人们如何住在一个现代城市，如何给垃圾分类，而不是扔到街上。我们有一个系统，从所有居民那里收费，来支付所有这些服务的费用。"

我之前就知道这个新开发项目，因为米奇的公司似乎把德里所有的广告牌都买下来做广告。电脑生成的图像展示着一个光彩夺目的大都会，到处都是摩天大楼和玻璃幕墙。有传闻说，米奇豪掷了不止10亿美元为他的新城市买地。算上开发成本和其他现在正在投资的项目，你大概就能对他背后有多少资金支持有个概念了。

"我们把建筑设计外包给美国。在印度，我们找不到能做这个工作的人，现在我们在北卡罗来纳有个建筑设计师，他的事务所承担我们项目在这里的一切工作。"

米奇一边说话，一边偷偷地拨了坐在他旁边的朋友的电话。那位朋友的平板手机响了，他把手机放到耳朵旁。那手机的尺寸大概有一本精装书那么大。米奇哈哈大笑起来。

"我就是喜欢看他把那东西放到耳朵旁的样子。那东西太大了，他甚至一只手都拿不了。"

我们聊了些其他事。我问他怎么看德里其他商人的水平。

"大多数人不是很出挑。他们没有大的思考格局。你应该见见我一个制造汽车零部件的朋友，拉凯什。他在往中东和欧洲扩张，他知道如何同中国竞争——我很仰慕他。我最常听说的故事就是人们把产业卖掉,去欧洲生活。他们应付不了这里的生活,太难了,上上下下都得打点,并且要深深地卷入政治。他们只想卖掉父辈的产业然后去欧洲。我说,'你在那里要干什么呢?你要拿这些现金怎么办?'

"人们放弃家族产业,从父母的房子里搬出去,丢掉了自己的价值。我觉得这是可耻的。你为什么要从家里搬出去?你还是不是印度人?"

我上次见米奇的时候他已经和父母一起搬进了一座巨大的农庄,房子是他花了两年建成的。我从来没见过那房子,但是它的规模和豪华引起了各种传闻,我走到哪里都能听到——在里面走动要乘高尔夫车,地下游泳池周围是装在钢辊上的防弹玻璃。房间内部的装潢有贴金、红丝绒和水晶,由一名英国的夜总会设计师设计。

"那些人都是白痴,"他继续说,"因为机会就在现在。现在正是你家族上一代积累的财富能真正爆发的时机。我们正离一场全球食品危机越来越近。气候在变化,很多现有的食品市场正遭遇重大问题。看看澳大利亚,许多食物短缺。下一个能像石油一样让人大赚一笔的东西就是食物。"

他说这些的时候很兴奋,我从上次和他的对话时就有这种感觉:他是为这个灾难纪元而生的商人,他会因为粮食短缺、气候紊乱和各种动荡而高兴。米奇不像美国的精英,那些人长大的时候,还不太相信未来世界将遭受重大灾难;而米奇成熟的年纪使他相信灾难才刚刚开始。

"我们在印度的下一家大企业是家禽企业。我们希望每天能交付五十万只鸡。这些鸡都经过了妥善的包装,而且很卫生。现在的养鸡场非常脏。他们用的刀和案板都很脏。我们只需要告诉大家,他们用的刀比你家马桶的坐垫还脏,人们就会抛弃旧的供应商。这会是我们一个非常重要的产品。"

他似乎比我第一次见到他的时候更精力旺盛了。他管理的众多

十五 印度精英的新帝国主义

项目中的任何一个,其规模都胜过我认识的绝大多数人所管理项目的规模。他工作一定非常努力。

"当然,这些都不是容易的事。我没时间和我的孩子们在一起。我太太一直和我提这事。我每天早上看到他们半小时,然后可能每周和他们一起呆两个晚上。但是我对她说,等他们十九岁了,至少他们会有钱。想想看,如果我们没有钱,而他们在抱怨不能上好的学校或者其他任何事时,我要对他们说什么?'唔,至少我花时间陪你们了?'"

米奇要去按摩了。

"现在是一个伟大的时刻,"他边说边站起来,"印度历史上最伟大的时刻。遍地都是赚钱的机会,到处都能看到稀缺。腐败很严重——你得非常努力地工作——但是这是一派伟大的景象。"

"你希望腐败更少一些吗?"我问。"不希望!"他大笑了很久,愉快地转向他的朋友。我们走出酒店。他和朋友朝休闲中心走去。我们道了别,我就走了。他突然喊我。"对了!"我转过身。"我还是想买亨氏!"

我开车经过德里唯一的宾利和兰博基尼经销商时,突发奇想,停下来走进去要求见一见经理。他不在,于是我被安排去和做公关的女孩子喝咖啡。她们的魅力恰到好处,并且从戴的钻石可以判断出来,她们家境不错。("我开过无数保时捷和法拉利,"一个女孩子说,"都是好车,但当你坐进兰博基尼时,那感觉完全不一样。")对她们来说,德里是一个赚钱无止境的地方,她们自己已经迫不及待地想要表现这里神奇的财富增值能力。

"有人来这里想买一辆宾利的时候,我们不问他现在开什么车。他开宝马并不代表他买得起一辆宾利。我们会问他有没有喷气式飞机或游艇,或者问他是不是拥有一个岛。"

"德里有飞机的人多吗?"我问。女孩子们似乎很生气:"每个人都有一架。而且不只一架——他们有两架、三架、四架。"我们聊着好车和昂贵的生活。有辆兰博基尼被开进了展厅,噪音震耳欲聋,我们不得不停下谈话,直到它停好。我问了一个很无知的问题:在一座交通堵得动也不动的城市,花 3000 万卢比买一辆时速超过三百公里的车到底有什么意义?她们告诉我,晚上在使馆区会有汽车俱乐部的活动,那里的道路又直又宽,而且很空旷。

"你至少得有,比方说,一辆宝马或者奔驰才能加入。他们半夜碰头赛车。总理办公室经常打电话给我们投诉。"

"为什么?"

"因为总理没法儿睡觉。引擎的噪音太大了,吵得他睡不着。所以他打电话给我们投诉,但很明显,我们也爱莫能助。"

我开车离开的时候,忍不住想着总理曼莫汉·辛格在床上辗转反侧的样子,他的头巾已经解掉,白发落在枕头上,而外面路上富家男孩子开着法拉利的喧叫扰乱了他的梦乡。很久以前,正是时任财政部长的曼莫奴·辛格向全球资本主义的风暴打开了窗户,为新寡头精英们奠定了方向。

十六　上师与富人

> 你喜欢这张桌子吗？是我自己设计的。白得发亮。如果有人意外地走进这个房间，他们永远不会看见桌子上的可卡因。
>
> ——一位德里百万富翁

"德里的派对不好玩，兄弟！在孟买，就算大家都吸可卡因，和那些人在一起也很好玩。这里不是那样的。德里的人是疯子，他们去派对只为了自我逃避，因为从根本上来说，他们都太混蛋了。当你进入那种心态，你就会变成一坨闷闷不乐的屎。你去德里的派对，看到这个角落里坐着两个人，那个角落里坐着三个人，外面有四个人在抽烟。没人说话。这里就是这个样子。"

和我聊天的是克里什（Krish），一个退休的毒品贩子，这方面的事他什么都知道。

"我的生意是从果阿（Goa）和默纳利（Manali）开始的，但我很快就进入了这些城市的关系网。不管德里哪里有派对，我一般都在。在德里，没有毒品什么都干不成，所以如果没有我，根本就没有派对。没有我，就没有'时尚周'。时尚周的时候，他们会给我打电话，确保我会来，然后他们就给我在办活动的酒店订一间房。任何要办秀的设计师都会事先给我打电话说，'兄弟，你那天一定要到。'为了时尚周，你在一两天内轻轻松松就需要一两百克。以前我什么东西都弄得到。我很完美。大家都信任我，因为我从来没有搞砸过。我会干完自己的事,然后走开。

"每个人都用,老板!大政治家、大企业家、时尚界、媒体——所有人。但是在德里,你在外面看不到太多,都是在'农舍'里。那些吸很多可卡因的人不出来的。'农舍'地区就是个毒窝。现在我根本不喜欢去那里。德里以前很好玩。2001年以前,我们常常在'农舍'里开锐舞派对。那很好玩,大家想听音乐,派对都是在室外的。没错,各种毒品都有,但是没人抽可卡因。会有摇头丸,但是没有可卡因。大家互相都很友爱,派对上人不会很多,大家完全不在乎别人怎么想,他们只是想跳舞。现在这些派对都停了,没人在乎音乐。大家都穿上自己昂贵的衣服,所以他们需要空调。你不能在封闭的房间里抽摇头丸,知道吗,你得在外面跳舞。你不能在房间里抽,然后就坐在那里。所以可卡因对现在的人来说更方便。

"可卡因已经取代了所有的东西。人们想要可卡因带给他们的那种感觉。为了追到女孩子,为了让别人崇拜,在自己'农舍'开派对的富人们不能开一个没有那种感觉的派对。他们很有钱,但没有可卡因他们感觉不到自己有钱。如果有人要办一个'农舍'派对,他们会花50万卢比在可卡因上。

"而且可卡因对那些要工作的人来说很好。如果你一整个晚上都在抽摇头丸或致幻剂,那么第二天你什么事都做不了。换成可卡因的话,第二天你照常工作。我知道有很多人过着二十四小时不停的日子。就像有个政治家,他两三天不睡觉。他就是过完夜生活,往脸上拍点水,穿上西装,然后在各种会议上精神好得要命的那种人,你能看得出来的。可卡因对那种生活很好。如果是其他毒品,你没办法那样,第二天你浑身都瘫了。所以现在没有周末——每天都是周末。会有人打电话给我,'兄弟,你能给我搞点儿吗?'我心想,'今天是星期一啊!'

"去五星级酒店,厕所总是人很多的,朋友!甚至在酒吧也一样,大家都知道。他们知道如果对一个人说不能在那儿抽,其他十个人

十六　上师与富人

也就不来了。他们不想丢掉生意，所以他们容忍这种事。你得让你的酒吧热闹，所以你不能惹那些毒虫，否则下次他们就不来了，还会告诉其他人都不要来。

"你可能会被抓，但并不是真的被抓。警察拿了钱就会走人。一般只有那些黑人被抓的时候，才是真倒霉了。大多数吸可卡因的人都是互相有关系的。所以就算警察抓了某人，他们也会接到另一个人的电话，说'兄弟，那是我朋友，帮个忙吧'。然后警察就对被抓的人说：'给我们钱，给完就滚吧。'对他们来说，这就像是某种生意。不管什么时候，如果抓到一个政客的儿子，那就是中了大奖。

"德里吸毒的情况比其他城市更严重，因为在德里做事的是那些已经有了钱的人。他们有产业和生意，并靠那些生活，所以他们工不工作都没关系。在孟买，没人坐在家里什么都不做，因为你身边不会有其他人。每个人都在上班。即使是富人，他们仍旧要上班。他们这样那样地乱来，但是第二天早上，你会看到他们坐在办公室里。在德里这儿，有一种皇宫的感觉。德里人会下午给别人打电话说：'哦，你干嘛呢？''没干嘛。''好啊，来喝一杯吧亲爱的。'然后你就去了。你去他们家里，每天晚上你都会看到十个或者十五个人。在孟买没时间做那种事。

"这里的富人是真的操蛋。这些人甚至根本就不付钱给佣人和那些为他们工作的人，但是他们能够随随便便一晚上在毒品上面就花掉5万卢比。特别是男孩子，德里的男孩子花太多钱了——他们去俱乐部、找女人、喝酒、买可卡因。部分原因是德里公共场所的女孩子比孟买的少，男人们疯了似地竞争。德里的女孩子则更受保护，大多数都和父母住。而在孟买，她们像男孩子一样自己在外面租房子。

"我认识一个家伙，住在一栋'农舍'里。我昨天还在他家。他不工作，就自己一个人。进了他家大门以后，你得开一公里才能到他的宫殿。他把自己的房子弄得像伦敦的那种老房子，车子在房子前面排成扇形。他每次买车，花在改装上的钱比车本身还要贵。不管买了什么车，他都会打电话给改装的人，让装上这个那个的。于是他就有了这排兰博基尼、法拉利、玛莎拉蒂和路虎。他还有老爷车。这家伙脑子里想的尽是：'好吧，哪个家伙能给我弄到最好的可卡因？城里有哪些新的女孩子？'他尽做这些事。他的朋友也和他一样。他们所有人都那个样子。他们不需要工作个一百年，就能花那么多钱，而且这些钱仍然花不完。他有一间很大很大的公司，钱都已经赚好了。这座城市里有太多像他这样的人了。他们都足够聪明，哥们儿！有些人上过牛津，做过超级厉害的事。但一旦这些东西进了你的脑子，事情就完了，每件事。

"我见过人们失去一切。失掉朋友、家人。失掉自己。他们变得疯癫，疯得一塌糊涂。人们毁掉一切，也不工作，彻底迷失了。这些哥们儿抽得太多了，一天到晚都处于兴奋状态。他们没办法和人交际，抖得跟傻帽一样，然后就开始喊。就像《猜火车》（*Trainspotting*）里一样，他们都崩溃了。"

这种寡头快乐吗？奇怪的是，快乐并不是他们最引人注目的特质。为了理解其中的原因，我们可能会问另一个问题："你怎么知道自己拥有所拥有的东西？"

在西方社会有一种长期且普遍的资本主义共识，因此这个问题引起的困难较少。与金钱和财产相关的精神问题很久以前就已经解决了——文艺复兴的先辈们在思考利润累积时的那种恐惧精神状态，当代欧洲人已经完全无法与其产生共鸣了。而在现代民主时代，对于有些人有而有些人没有某些东西的原因，出现了受到一致认同的解释——努力工作。比方说，上个世纪美国精英的财富越来越少地来自继承，而越来越多地来自公司薪水和奖金。富人因此可以将自己的特权解释为通过自己的优异表现得来：他们在大学里学习出

十六 上师与富人

色，在工作场所表现出才智和创意，他们发挥出了全部潜能，而他们的升职是因为自己的技能。对他们来说，获得财产、奢华和行动自由的奖赏是恰如其分的。他们不需要在晚上开车回家的时候问自己，他们的豪宅是否真的是"他们的"，自己实际上是不是"盘踞"在财富里的骗子、二道贩子或罪犯。他们对财产的所有权不仅仅是法律上和理论上的，这种财产权也符合他们自己的内在意识以及社会的一般观点。一切都被正当化了。它们"真的"是他们的。

这太荒唐了。如果辛苦工作就会得到财产补偿，那全世界的许多穷人都应当拥有连绵不绝的房子。如果人才总是能得志，那这个星球上就不会震耳欲聋地回响着对于空有一身好本领却壮志难酬的抱怨了。但这不是重点。对于社会的运作来说，在什么是财产的合法基础这一点上达成共识才是最重要的，即使整个都只是妄想。

在经历过像印度市场自由化这样的经济动荡之后，当巨额财富在一片混乱中落到了富人手里，富人无法轻易解释财富是如何或为何到他们那儿的，因为他们比任何人都清楚整件事情是多么专横。他们获得财富靠的是几种要素的结合：运气、关系、暴力和诡计，这些都和个人没有任何关系，其他人也可以做到同样的事情。在某种意义上，财富仍然是外在的，并没有一种"我的"财富的感觉。看看他们的房子和喷气式飞机，他们遭受着一种深刻错觉的折磨，就像一个心理阳痿的男人，哪怕能够看到自己双腿之间的那个东西，也觉得自己没有阴茎一样。他们发现很难"感觉到"富有。他们喜欢对资产进行实物上和法律上的控制，但这并没有转化为一种对所有权的内在安全感。他们完全知道自己在这个穷困的国家缺乏代表性，而且整个社会并不认为他们所拥有的是他们应得的。他们经常被称为盗贼和强盗，而对此的激烈否认并不意味着他们不相信这种说法。"为什么这会发生在我身上？"他们问自己。由于答案并不是他们愿意听到的，他们便沉迷于能让自己分心的东西。但即使是德里无穷无尽的毒品和派对也无法斩断他们的焦虑——他们害怕这些东西可能轻易而迅速地从自己手里被拿走。这也是印度教对于财富的看法：代表金币的女神拉克希米（Lakshmi）一直只是一位访客。人们得在排灯节的时候把她哄骗到家里，而根据印度教宇宙观的伟大奇想，她随时可以离开。每天早上，印度教的商店店主都要向她祈祷：不是今天，拉克希米母亲，今天请不要离开我。

这就是精神导师在商业世界中的地位会像会计和律师一样崇高的原因。富人通过非法途径进入政治机器获得自己的财富，为了保证自己不会失去这些财富，他们向那些能非法进入宇宙机器的人花钱购买服务。上师告诉商人，要做什么来让宇宙中的能量流持续朝他们的方向流动——吃这些食物、开这种颜色的车、选择这个数字结尾的电话号码、和叫这个名字的女人结婚、戴这种宝石的戒指。有擅长财产管理的上师、法律纠纷专家上师，还有在专注和能量方面提供帮助的上师。尽管所有迹象都指向相反的方向，但这个商业阶层仍然深深地恐惧自己会垮台，他们会找上师来帮忙维持自己的地位。上师为这个阶层驱逐了许多妖魔鬼怪——他们试图从印度商业的方程式中抽走积累起来的巨大负面感受。

但在德里商人身上，我们也能瞥见一些别的东西，一些比简单的绝望更自相矛盾的东西，而这些附着在他们所拥有的东西上。我们能看到，他们对于获得和积累的冲动总是伴随着另一种恰恰相反的冲动——一种使他们希望摆脱一切的纯洁、禁欲和不堕落的冲动。在这一点上，他们和文艺复兴时期的欧洲资本家之间的共同点其实比和当代西方资本家更多。

消费主义世界提供了许多种"选择"，但它并不允许富人不选择任何东西——然而，在人类历史上，这种不拥有任何东西的愿望实际上比我们这些消费主义者普遍记得的还要更强大。尤其是在世界的这个角落，放弃物质生活并徘徊着找寻其他东西的冲动非常显著；同样显著的还有权利与金钱、灵性与贫穷之间的有趣关系。当代商业战士通过金钱和财产的积累来记录自己的胜利，但在某些方

十六 上师与富人

面,这使整个经营活动变得沉闷。因为战士一直高度重视禁欲,即精神经济,这种活动使从业者能超越凡俗,实现真正崇高的壮举。有时,这些人(特别是男性)强烈地感受到禁欲主义的驱动力,他们所信仰的印度教不断就精神腐败向他们发出警告。因此,德里的商人们转向上师,不仅是为了帮助自己保住财富,还要帮助自己忍受财富。

"1999年,我的生活改变了。我和一个漂亮且有两个孩子的女人开始了一段婚外情。她和丈夫分居了,而我真的很喜欢她。我就是那一年开始做贸易的。

"我和印度最大的小麦出口商一起进入商界。我们开始交易很多不同的商品,回报非常好,好到每个人都愿意往我们的生意里投钱。全世界最有钱的印度人都投钱给我们,他们会给我们1000万卢比,过六个星期,我们还给他们3000万。我们从所有能拿到资金的人和地方那里获得资金。我把自己的财产和投资变现,然后把钱投进去;我所有的朋友都在做同样的事。

"市场自由化是一个渐进的过程,直到1999年,逐步放宽对进口贸易的限制仍在进行。我和合伙人在政府里认识人,所以我们知道内部消息,知道下一步会放宽哪些限制。那种内部消息和其他内部消息一样,比如所有那些做房地产的家伙都知道新高架的规划地点,然后他们就在那里买土地,而我们会在别人知道某种商品的进口限制将被取消以前就采购该商品。只要限制一解除,我们就卖掉货物,于是很快赚了一大堆钱。等那些大公司开始进口那些商品时,我们已经转向别的东西了。我们赚的钱太多了,多到让人觉得不好意思。

"随后这一切都结束了。因为在印度,有一样东西叫作'嫉妒'。我的合伙人有另一个商业伙伴,他向警察举报了我们。这个国家所有的调查机构马上开始追着我们,问我们是怎样快速赚到那么多钱的。我们还存着大量黑钱，因为我们得行贿。一船小麦价值 4 亿卢比，而通关需要付的贿赂是 500 万卢比。所以他们觉得可疑。

"之后，我所有的银行账户都被冻结了，所有的钱都不能动了。我在银行里有 50 亿卢比，但是我不能用。所以，在经济蓬勃发展时其他人都把钱投到房地产里，我却什么钱也没赚到。整整四年的审讯。我很受挫败——我工作赚了钱，却不能享受自己的工作成果。

"与此同时，我女朋友离开了我，和德里最疯狂的人之一开始交往，那人是内阁部长的儿子。她知道他很暴力，但她也知道他将变得非常富有，因为她的兄弟也在做同一种交易。所以她就去和他在一起了。"

普尼特（Puneet）现在三十四岁，已经十多年没有工作过了。他多数时间待在家里，因为他的朋友都很有钱，而他没有收入。今天知道我要来，他穿了件衬衫和新熨过的裤子，还穿了一双皮鞋。我们一起坐在宽敞的客厅里，客厅的墙上挂着狩猎画和古董版画，上面画着 19 世纪英国旅行者眼中的印度城市。

普尼特能获得不可思议的意外之财，实际上是因为他上的学校是德里最负盛名的学校之一，这所学校是政治和商业精英的首选。他在学校的朋友是这个国家最有权势的人的儿女，他们陶醉在别人不能拿他们怎么样的感觉中。这所学校基本就是权力大鳄的实习所。

"有个人和一个军队家庭联姻，成了一名成功的军火商。他的两个儿子和我在同一所学校。有一天，我们在凯悦的酒吧玩，他的两个儿子和别人打架，而且打得很厉害，于是酒店的保安就和他们打了起来。他们叫来自己的父亲。他冲到酒店（他自己很高大）把保安打了一顿，拿起大花盆往他们身上砸，然后就把自己的儿子带走了。之后，为博得同情，他在报纸上登了一张他的儿子们在医院里缠着绷带的假照片，还对凯悦酒店提起诉讼。

十六 上师与富人

"那种事无时无刻不在发生。每次出了事,男孩们就会互相攀比,看谁的父亲更有权势来进行干预:'我来打给我爸。''不,我来打给我爸。'

"有个家伙是外交部长的儿子,他爸能管护照。有一天,我朋友下了飞机要入关,到了入境处。他的护照在裤子后面的口袋里折成了两半。他把护照放在桌子上,移民官说,'你不能像这样对待你的护照。你在破坏政府财产。'我朋友回答说,'你想看看我怎么对待我的护照吗?'然后他就把护照页撕下来,一页一页地扔在桌子后面那家伙的脸上。

"另一个朋友想要驾驶执照。到了十八岁,每个人都想要驾照。于是他走进了交通局,报了他当警察局局长的叔叔的名字,然后在交通局办公室到处走,从最低级别的人一直找到最高级别的人,最后他遇到了交通局局长,局长立即为他办好了正式驾照。这是一桩不可思议的壮举。通常你得先有临时驾照,之后才会发正式驾照,而正式驾驶执照是十八岁时你能拿到的最酷的东西。但有人当场给警察局局长打了电话,发现这个家伙是瞎说的,于是当着他的面就把驾照给剪了。

"我的朋友们做所有事都是靠关系。要不然你在这个地方还能怎么做事?之前,我遇到一起交通事故,驾照被没收了。我打电话给一个朋友的父亲,他派警察来把事情解决了,还把对方几个人打了一顿。然后我给另外一个在内阁的朋友打了电话,他父亲有个很了不起的助理,当天就把我的驾照拿回来了。否则,我得要上法庭,还会遇上各种各样的麻烦。

"这就是这个国家的精英如此疯狂的原因。他们的快感来自他们能够做别人不能做的事,他们会不惜一切代价为之战斗,捍卫特权。还有一个原因是父母养育孩子的方式。这些父母们崇拜权力,所以孩子们也这样。这就是在我的生活中,失去和失败是重要教训的部分原因。只有当你失去一切,你才开始看到自己曾经干的事有多么疯狂。"

这就是 2000 年普尼特觉得发生在自己身上的情况。而且他觉得这并非一个偶然事件,而是一条精神信息。"有些负能量在攻击我,我无法应对。我觉得自己在被告知'你不能再按照过去的方向前进。至少,在继续老路之前,你必须走另一条路'。为了让我的钱解冻,我越来越深入灵性生活。我开始去拜访上师,请他们帮忙寻找到底出了什么问题,让我无法得到这笔钱。

"我找了一名上师,他是一家大型卫浴设施公司的老板。我有过很多上师,但当我遇到这个家伙时,发生了疯狂的能量交换,现在我已经和他在一起很长时间了。当时他听了我的故事。我向他解释女朋友离开我的原因,当她要我娶她时,我拒绝了,因为我觉得自己不应该在精神道路上分心。他告诉我,我不应该拒绝她。当一个女人要求一个男人与她结婚,随之而来的是宇宙中的女性能量,不应该被拒绝。他告诉我,我的钱只有在我结婚以后才会被解冻。所以,基本上在我拒绝这个女人婚姻请求的那一天,有人给我的生活按下了暂停按钮。

"他催我结婚。在某种程度上,一个长得不错,而且有 50 亿卢比在银行里很快就要解冻的家伙要结婚很容易。我本来可以有那么多漂亮的女人。但像我这样有深度的人的一个问题是,我可以看到一个女人心里的东西,如果我发现她没有正确的态度,我是不会和她上床的。德里社会的一大问题是,如果你和任何一个在这个社交网络里的女人上床,你可能就像有了一个网络摄像头,并开始在网上播放你的性生活,因为一切差不多都是公开的。哥们儿啊,你必须有像色情明星一样的自信。

"这对我和我的兄弟来说很难。他也没有结婚,虽说他上了耶鲁,现在在伦敦,是一个成功的银行家。他在性方面的胃口很贪婪,那方面他也无所畏惧。有时候我会被他吓到。他会在任何地方任何女人那里碰运气。现在他一点也不好看,秃头而且身材很矮。但他对人很好。我们的母亲个性霸道,这是我们难以结婚的原因之一。然后我们的钱被冻结了,不过反正在父亲去世以后,我们的财务状况就不怎么好了。父亲健在的正常家庭所获得的财富增值也没有发生在我们身上。你必须理解,当你生活在德里,无论喜欢与否,你都处于一场激烈的竞争之中,而我们未能参与过去十年里其他所有人都搭上的财富增值浪潮。和其他人相比,我们穷得一塌糊涂。我们之前有另一栋房子和租金收入,还有一处商业房产,现在这两处房产都卖掉了,所以现在我没有任何非劳动所得。这是德里的每个人都想要的东西,非劳动所得。但我们一点都没有。所以对未来的新娘来说,这也是一个问题。"

这时候,普尼特和我正在外面的花园里边谈话边抽烟。他母亲从车道上走过来——她在隔壁参加婚礼,为了这个婚礼,似乎整座城市的宝马和奔驰都出动了。普尼特匆忙把手里的香烟扔到花园墙外。但他的动作不够快。他的母亲朝他大喊;他否认了,但有些漫不经心。

他继续回到见上师的话题。

"上师告诉我,我犯的另一个错误和我叔叔有关。我曾把叔叔告上法庭,而我的上师说,既然我父亲去世了,叔叔就是家庭的首领,而你应该永远和一家之长保持和平的关系。

"这栋房子分给了我父亲和我叔叔。叔叔拥有房子的后面一半,但自从我父亲去世,他就一直想得到整栋房子。他那部分的房子漆成了和我们不一样的颜色,有天晚上,他把整个屋顶都漆上了他的颜色,试图表明我奶奶希望把整栋房子给他。然后他还用自己在警察系统的关系恐吓我,威胁说如果我们不搬出去,就要逮捕我。后来他又对我母亲发出了死亡威胁。你想想,什么人会下作到给我母亲发死亡威胁,而那时候我才十六岁。对一个寡妇,你是在对一个寡妇做这些事。我甚至无法想象接下来会发生什么。

"我叔叔对我的生活产生了非常有害的影响。他的家庭很疯狂。

他的大女儿是一个很好看的女人，又妖媚又火辣，身材高挑，皮肤很好，非常苗条，但也非常高傲。她有很多追求者，所以更加自我膨胀。最大工业家族之一向她提亲，要让儿子娶她——如果她够明智和谦卑的话，本来应该接受这门亲事。结果她和一个来头很大的名媛之子订了婚，随即毁掉了原来的婚约。之前的那家伙疯了，再也没恢复过来。后来她和一个皮革出口商结了婚，那家伙个性很好。她搬进了他在尼扎姆丁的房子，过了一年，她带着所有的家具和他家所有的钻石离开了，并和他离了婚。

"她曾经和一个女人是好朋友。那个女人有一家公司，因为大型诈骗和各种破事儿而臭名远扬。有一次，那女人和她全家都因为诈骗进了监狱，余下的人也跑路了。那个女人赚了很多钱，所以过去爱住在喜来登酒店。她曾经有一辆劳斯莱斯停在酒店外面，成了我们男孩子的地标。后来她去坐牢的时候，劳斯莱斯就停在我们家外面，因为我表姐是她最好的朋友，并负责那家公司所有的文书工作。她为那个女人工作时，遇到了她侄子，并爱上了那个混蛋。有一天我们回家，发现他俩正要结婚。这段婚姻持续了一段时间，她让那家伙像是生活在地狱里。我记得一个仆人告诉我们（他后来离开了他们），有一天她在仆人面前踢了她丈夫。之后她又离婚了。现在她住在我们房子的另一半里。我有了个很讨人喜欢的伴儿。

"她父亲，也就是我叔叔，在没有告诉我或我母亲的情况下，卖了我父亲的一个工厂，而我们家是拥有一半股权的股东。我把他告上法庭，最终用强硬手段拿回了属于我们的那份钱。但当我去见我的上师时，他说我的有些问题就是源于这件事。他说，传统上，在印度教中，任何把家庭首领告上法庭的人都不会受到精神祖先的优待。

"在印度教历法中，有一段时间叫'sharadh'。这段时间里，所有你祖先的灵魂都应该从天上回到凡间，而你应该赢得他们的祝福。有祖先在身边的人会获得惊人的财富。而当你没得到他们的祝福，或惹恼了他们，就会发生相反的情况。你试图做的每件事都会遇到障碍。所以我相信，在我父亲和祖父去世以后，我遇到这么多阻碍的原因是我受到了精神术语中所谓的'祖先的诅咒'，或者叫'pitra dosh'。

"道理是这样的。他们死后，即使是活着的时候爱你的父亲或祖父，如果他们的灵魂没能进入下一个阶段，他们就会不断来骚扰你、打搅你，逼你去做任何能让他们获得解脱的事。在印度，我们有两三个圣地，在那里，你可以让你的祖先获得解脱，不管他们是被凡间的什么挡住了。但只有儿子可以做这个仪式。这就是为什么印度人那么疯狂地要有儿子，因为他们相信，只有自己的儿子为他们进行火葬，并且完成了这个仪式，自己才能获得救赎或转到生命的下一个阶段。所以我今年终于办了这个仪式，来清除我受到的诅咒。我祖父和父亲已经去世大概二十二年了，办完仪式以后，我确实感觉到明显的不同。然后，我去了上师那里，他说，"现在事情已经完成一半了。"我实际上能感觉到我的一条脉完全通了，这种情况很特别。我的意思是，基本上当你正在成为一个（印度教）导师时，你所有的三条脉必须是绝对通畅的——这意味着你没有受到"祖先的诅咒"，你没有祖先方面的问题，或者祖先累积到你身上的罪过，你都已经还清了。在印度教中，"最后一个儿子"（ultimate son）应该是非常吉祥的，他实际上从某个空间释放了自己二十一代的祖先，并使他们获得救赎。那就是一个家庭能拥有的"最后一个儿子"。

"那位做卫浴设施的上师把旧我完全打破，并重塑了我，这是我唯一可以得救的方式。现在情况正在好转。我的诉讼已接近结案，政府免除了我的税款——这是一种认可，表明那笔钱将会返回。但我在这个过程中已完全改变了。有些经验我甚至不能说出来，因为人们会认为我疯了。我的自我已经被打破。我过着禁欲的独身生活。我的富人朋友到我这里来寻求平静。哥们儿，他们崇拜我，他们在某部分想像我一样,过精神和灵性的生活。有钱人很容易被我吸引。有时,他们在商业生活中遇到问题——比如他们从两笔交易中挣了大钱,然后就没有别的进展了——我就会给他们一句名言或一堂课,让他们茅塞顿开。

"老兄你看,在那段创造财富的日子里,德里的每个人都迷失了。我最好的朋友成了一个可卡因瘾君子,整天和妓女在一起。他刚刚给我发了张照片,是他和两个妓女在新加坡的丽思酒店。我所有的朋友都正在经历疯狂的离婚,金钱就是他们所在意的一切。而现在他们意识到,除了钱他们什么都没有,所以他们来找我。"

我请普尼特今晚带我去见他的上师,现在该出门了。我们上了车,出发去旁遮普花园(Punjabi Bagh),那里是西德里的商业飞地之一,也是上师住的地方。路上,普尼特心情很愉快。他观察着我们周围汽车里的人。我们超过了一辆坐着两个警察的摩托车,男警察坐在前面,女警察坐在后面。

"兄弟,那个女警正朝我使眼色!"普尼特说,"她对我有意思。"

一辆白色的宾利豪华轿车加速超过了我们,我们看着它分开了前面的车流。它压低自己,伏在巨大的轮胎上;车尾翅膀形状的"B"看上去像一枚说唱歌手的奖章。宾利和劳斯莱斯过去像是带立柱的乡村豪宅,但那是富人渴望英国贵族风格的年代。现在宾利和劳斯莱斯被弄得像是罪犯开的车,因为21世纪财富的美学是不同的。什么是"品味"已经不再清楚——全世界的富人采用的都是罪犯风。

到了隐修所,那里已挤满等待的人。我们被告知上师睡着了。我们决定排队等待,队伍在偌大的地下室蜿蜒,从楼梯一直排到房子外面。志愿者们给大家发放盛在不锈钢盘子里的米饭和扁豆汤。我们等着。

"他睡觉的时候,"普尼特说,"不能打扰他,因为他实际上处于某种有意识的状态,并且正在处理某人的问题。"

我们坐的地方很热,这个精神避难所吸引了很多蚊子。普尼特

十六 上师与富人

开始变得有些沮丧。

"神一直对我很好,"他说,"我的上师一直对我很好。他们把我从很多危险中救了出来。也许过去十年我的生活里没发生什么好事,但我已经被救了出来,而且摆脱了很多危险。很多!我的意思是,你甚至可能都不会理解有多少。我非常感激。但我已经很久没能碰我的钱了。曾经的好日子已经过去很久了。"

"等你把钱拿回来,你会做什么?"我问。

"我只想和女人睡觉,兄弟。只想把这一切抛到脑后。我做了太久隐士了。你以为我不想要别人想要的东西吗?我仍然喜欢住在豪华的房子里,然后开一辆大车。我喜欢漂亮的女人和她们丰满的臀部。我喜欢有家庭有孩子有各种东西。我已经花了十年来清理我的精神账户,而我的钱还没回来。这让人很累。"

我相信每个经历过清修生活的人都有这样的想法,而且我不完全相信这种想法是真实的。他生命的过去十年是一个"例外状态"吗?或者这也许就是他真正的自己?如果他最深的冲动是"和女人睡觉",难道他不会为此投入比这十年更多的时间吗?——他并非真的缺少时间。如果他愿意,这些年他可以找到其他方式赚钱,而不是选择从德里的繁华中抽离出来。我不知道他是否真想要回自己的钱;或者,是否这些钱只是一个大大的借口;或者他每五分钟提到的这些在银行里的钱,并不只是让他过着自己想过的生活的借口。他未来的自由故事——当他拿回了钱,就会有女人、派对和享乐——也许只是一部虚构的小说,小说写的是一个并不真正喜欢金钱世界的人在这个迷恋积累的时代,挣扎着表现出"正常"反应的故事。

他仿佛能听到这些想法,他说,

"但我不希望物质的东西扼杀我与神之间的联系。我两个都想要,所以我现在有点困惑。因为也许神只是把这些钱放在这里,作为我和他之间的一个障碍。如果你那么大胆地认为自己希望一直在神的身边——那这是一个非常大胆的想法。在地球上的七十亿人里,只有少数人有这样的志向——我想与神同在。很少有人早上醒来说，这是我今天要实现的，对吧？所以我的上师对我说，在那种情况下，那样想的人（也就是你的情况），他说，神会用他的力量尽一切所能来让你气馁，考验你。因为他不希望自己身边有低层次的人。所以如果我走错了路，他会把我踢出去的。"

周围有人小声说上师醒了。盘着腿的人们开始非常缓慢地移动。几个小时后，我们到了上师房间外台阶的最高处，然后被带了进去。

房间很大，我们前面还有很多人。如果说我本期待看到上师的时候会有任何伟大汹涌的感觉，那么我失望了。他看上去确实像是房间里唯一正常的人——其他人都有点奇怪，但我不觉得除此之外他有什么特别的。他卖了一天浴室配件，刚刚回来，还穿着西装和袜子，盘腿坐在一张床上。

人们跪在他面前，每个人都能听到别人正在说的话："我女儿在学校表现不好，而我承受着膝盖疼痛的折磨。"一个女人给上师读一封信，她在哭。对大多数求助者，上师会给他们一个盛着饮用水的不锈钢杯子，这个杯子是他事先放在额头上加持过的。对其他人，他给的是豆蔻种子。

德里商人最喜欢的一句话是："恶有恶报。"在积累财富的过程中，你必须行贿，从体制中偷窃、恐吓别人、制造敌人，并且基本上忘记一切不能帮你累积财富的事情。如果你赚了很多钱，那就"证明"你受到世界的偏爱——世界是站在你这边的，不需要感觉有什么不对。但是有时候，即使是非常大的财富，与这个过程中积累的负面性相比，都可能看起来相形见绌。因此，消除这个负盈余成了商业阶级永恒的焦虑。你必须找到其他东西来把你消极的一面带走，你必须找到可以倾倒这些消极面并且永远不会让它们回来的方法。像慈善捐款就不错——它把你的一些消极面转移给了受你捐赠的人。朝圣为你赚得信用，用来抵消这种消极面。但人们所梦想的当然是一种可以让消极面简单消失的机制。

"那些人身上出现的,是消极面针对他们的表现所做的报应。身体又开始疼痛、孩子在学校表现不好——都是因为消极面。豆蔻的种子能把消极面带走。上师祝福这个人,于是消极面就转移到豆蔻种子上。然后种子被投进到亚穆纳河,里面的鱼会把它们吃掉。"

前提是亚穆纳河里还有鱼。

"因为鱼生活在水里,所以受到土星的保护,于是消极面的循环就在那里终止了。"

但是有许许多多的消极面是世界上所有的豆蔻种子和所有的鱼都吸收不了的,和它们的斗争是一项全职工作。

普尼特问我:"你见到他的时候要问他什么事?"

我感到一阵不安。

"你的意思是?"

"你看,你等了这么些时间来看他。你准备问什么?你为什么在这里?"

普尼特不是这位上师的普通追随者。上师给他特殊待遇,因为他说普尼特拥有大多数人没有的精神品质。这和普尼特银行账户里的1亿美元可能也有关系。我不知道。关键是不知道为什么,在我的想象中,普尼特与我会和上师进行一次私人会面,互相之间平等舒服地聊天。现在我意识到,我只不过是作为众多崇拜者之一来向他下跪的。

这种情况触发了我个性中一种深刻的脆弱。我的想法变得混乱,开始头晕。我不知道该如何在这个人面前为自己说话,尤其是在所有这些人面前。每个人都听得出来我说的话是编出来的。我开始出汗,却不是因为热。

先轮到的是普尼特。床上的人把手放在他头上。虽然他们两个周末一起看了足球,但上师的眼睛里没有一丝认出他来的意思,他问他为什么而来。普尼特告诉他,自己最近经常觉得眼睛刺痛。上师向助手要了一杯装在不锈钢杯子里的水,用杯子碰了碰自己的额头，递给了普尼特。

我觉得自己内心崩溃了。我选择的角色是观察者，而不是被观察者。我陷入了恐慌，发现自己很卑微。我意识到自己什么都不懂。这个房间里的每个人都懂得一些关于生活非常基本的事，而我不懂。他们生活着，而我只是一个偷听者。我窥探生活，这样我就不必真正地去过生活。一阵并不存在的风吹进了我的耳朵，在那一刻，我确信自己已经到了一个年龄，觉得自己从来没有真正做过任何事。我意识到自己需要和这个上师说话。也许这就是整件事的意义。我需要他说一句话，把我从外面舒适的虚空中带走，进入他的世界。我意识到，我会对他绝对真诚的。

普尼特被上师的一个助手带走了。上师把他的手放在我头上，那种感觉很好。我可以感受到他的力量。他看着我的眼睛。

"我能为你做什么？"他温柔地说。

我谦卑地看着他。

"请告诉我，"我说，"我还应该学什么。"

他愣了一秒钟。

"你说什么？"

我觉得重复这个问题很尴尬，但我重复了一遍。他笑了。他说，"你在拿我开玩笑吗？"

"不是！"我说的是真话。

他好奇地看着我。然后他咧开嘴笑了。

"你不应该在这里。"他说。

我不敢相信。他说："走吧，去过你的生活。别再拿我开玩笑。"

他现在大笑起来。

就这样结束了。他看着队伍里的下一个人。我站起来走开了。我备受打击。

我做错了什么？他是怎么看穿我的？

我恍恍惚惚地出了门，走进外面黑暗的夜色里。我看到了普尼特，他弯着腰，拼命流眼泪。现在我明白了为什么这样的见面会带出人内心的软弱。我同情地把手放在他肩上。

"你还好吗？"我问。

"嗯，"他说，"他们把柠檬汁溅到我眼睛里了，哥们儿。"

我忘了自己的事，大笑起来。他对自己的眼睛太认真了。我们走回车子。他点了两支烟，我们站在树下抽了起来。

我问他，我和上师之间到底哪里不对？

"他看穿我了吗？"我问，"他发现我是个假信徒了吗？"

"这很难，"他说，"第一次见面一般不会问那样的问题。得做很多事才能到那种程度。"

除了上师家外面的人群，这条街道很宁静。我们旁边的电动大门开了，一辆宝马敞篷车开了出去。

普尼特说："不管怎么样，从某个层面上来说还是挺吓人的。你必须习惯。这很容易搞砸，因为这不是一个正常的情况。你知道他在看你，你知道如果他想，他可以让你眩晕。你可不想有那种经历。甚至我都把视线转开，只是因为我今天不想被那种能量搞糟。你可能发现我比大多数人眨眼的次数少，那是因为我精神上很干净。但今天我不想进入那种状态。

"通常我是少数几个能做到在精神上完全干净的时候可以盯着他，直到他低下头的人。我是他知道的很少几个能做到这一点的家伙之一。通常，当他看着一个人的眼睛，他可以完全击败他们，让他们不得不转开视线。但在我身上不是这样。有时候，我们对看着交换能量有五分钟，大家会想：'这是在干什么？'然后他不得不对我说：'普尼特。往下看。'"

十七　中产阶级的焦虑

> 现在我们转向这种躁动的节奏
> 很多人因为开车鲁莽而横死街头
> 8%的增长让一些人开雷克萨斯窜来窜去
> 在 South Ex 买劳力士和钻石项链
> 土地开发商努力打造权力关系
> 他们造更多的购物中心
> 国家民兵清空村庄——下一轮出埃及记
> 所以你可以从孟买指数里套现
>
> ——德里·苏丹，说唱艺人

"普通"中产阶级这些年里有什么感觉？

正如我们在本书开头所说的，在德里的语境中，中产阶级并非真是"普通"的，但他们人数很多。在德里，他们的数量有几百万。他们正如任何其他人数相当的群体，本质上存在着无限的经验——快乐的，不快乐的；非凡的，普通的。

但这座城市自身是一股强大的力量，确实为中产阶级的情绪提供了某种类型的一致性。它拥有巨大的能量，无论其效果是什么，这种能量都仿佛具有磁性，所以人们的活力和勤奋都达到了不寻常的程度，直到他们被疲劳压倒——疲劳也是这座城市的显著特点。在其千变万化的转变和转型中，德里也有趣得令人难以置信，人们对自己城市的状况极其关注，无论好坏，总是喋喋不休地反复讨论城市的情绪、发展和事件。但德里对于更无忧无虑的心情不是特别友好。除了在老人身上，人们很少能看到满足自得。除了在小孩身上，纯粹的快乐也很罕见。在本世纪的头十年，自然的处事态度也在减少，随着时间推移，更轻快的心情变得越发少有。

20世纪90年代，中产阶级在他们的生活中看到了许多直接的变化，其中大部分都令人满意。他们中的许多人看到国家控制的结束，因而松了一口气。他们受到了一系列激励，包括新工作、电视频道、大批商品和旅行机会，并且带着一种不断扩大的视野迈入了2000年。他们觉得这是**他们的时刻**，不仅是在本地，而且还是在全球意义上。世界长久以来由西方主导的情况正在终结，同时终结的还有他们国家的耻辱。他们带着帝国式的野心朝外面的世界看去，对每一起印度企业收购西方公司的案例都津津乐道。

但这种节日气氛在这十年的后半段里变得更加阴郁而愤世嫉俗。中产阶级仍然在赚钱，他们是这个国家将穷人手中的资源进行再分配的受益者。但他们的生活也变得风险更高，成本也更高，他们不断增加的资本收入能买到的东西并不如想象的那么多。健康和机遇似乎是以这座城市里同步升级的野蛮为代价。他们还发现，即使拥有更好的车，自己也还是变得更加恐惧和焦虑。他们想知道自己正在创造什么样的社会，于是开始怀念起那些曾经厌恶的东西——街道上的牛以及人行道上卖奇怪商品的小贩。他们的"快速致富"精神反过来刺痛了自己，因为在这个惊人的财富创造阶段，几乎无人在意过未来。在这十年中，GDP增长率多次接近两位数，而当新经济"唾手可得的果实"全都被采光了之后，比方说2012年GDP增长率放缓至5%左右时，大家才开始想要进行长期规划和投资。其原因之一是，繁荣仍然局限于那些受过教育的少数群体，对大量无一技之长的人却几乎没有提供什么机会。而且令人沮丧的是，大多数印度人口的处境几乎没有获得任何改善。整个国家的发展指标比更加贫困的邻国孟加拉国还要低：每千名新生儿中，仍有六十一名儿童会在五岁前死亡（即使在德里也有二十八名儿童会死

十七　中产阶级的焦虑

亡,而中国全国范围内的数字是十五 *)[56]——这一事实本身就足以抵消印度经济成就中过分的自豪感。而且,中产阶级在生活中发现,基础设施仍然很糟糕,自己的孩子几乎不可能获得世界级的教育,官僚制度阻碍了所有的创业冲动——中产阶级意识到,他们的持续崛起比自己曾经相信的更不可靠。

　　这十年中,他们还很不愉快地意识到,自己并不是那个能做主的人。德里的中产阶级渐渐明白,他们新兴的城市社会很大程度上是由一个隐蔽的阴谋集团在管理的,而这个集团的利益和他们的利益非常不同,甚至是敌对的。随着时间的推移,幕后的精英似乎垄断了城市里越来越多的机会和资源,因为即使是非常小的创业契机,例如开一家咖啡馆或书店,其需要的政治关系对于普通人来说都很难,甚至不可能有的。设计师酒吧和时装精品店这样的新消费景观,本来或许说明了资本主义的多样化和异质性,然而却让人有一种奇怪的统一感,实际上是统一的堕落感,因为这些只不过是为同一个腐败圈子获取更多利润的工具。这个十年结束时,尽管有财富流入德里,但这座城市仍然如此破旧、资源不足,许多中产阶级人士为此指责非经选举产生的管理者。他们开始觉得,德里现在就是一个收取私人勒索的地方,对长远发展的关心稀缺到令人阴郁。他们觉得自己的感觉与意见和德里的演变完全不相关,并且他们关于自己城市的许多梦想永远都不会实现。他们觉得自己生活在一种幻想里,而现实是另一种——就连报纸也很少提及经济中比例巨大,但却能隐身在国家和金融机构视线范围外运作的那一部分,因为媒体没有可以独立验证的信息。因此,人们从印度新闻里获得的关于印度商业的图景完全是关于企业的,但这张图景并未提及印度新生力量和

---

* 数据来源是联合国儿童基金会(UNICEF)2011年的估计,同年孟加拉的数字是五十四;2016年印度每千名新生儿中,仍有四十八位儿童会在五岁前死亡,孟加拉的数字是三十八,中国则是十一。

新金钱的大爆发，也就无法解释为什么生活是现在这个样子。这就是社会里充斥着谣言和阴谋论的原因，这似乎是对现实这部小说表示怀疑的最好表达。

中产阶级对未来社会的希望是随着 2010 年英联邦运动会之前的丑闻破灭的。对许多人来说，这些丑闻揭露了一套通常被隐藏起来的机制，解释了他们所见到的景观为什么是现在这种特定形式。运动会约有六十个国家参加，本来是一个能够提高国际声誉的盛会。富裕阶层普遍认同德里的政治管理者信誓旦旦的雄心，政客们把运动会看作是可以获得巨额预算和巨大权力的机会，从而对城市进行深刻变革——建立急需的新交通基础设施，复兴和清理城市，将贫困者从非正式定居点驱逐出去，因为这些定居点所在的土地现在已非常珍贵。对于许多穷人来说，这是一场灾难；但对中产阶级来说，如果收获一定需要牺牲，那买单的最好还是那些本来就很悲惨的人。

但是随着 2010 年的临近，很明显，许多这些所谓的好处将永远不会实现了。即使是通常情况下对权力和金钱非常迷恋的主流媒体，也每天都在对权力关系进行猛烈抨击，指责其卷入对运动会预算的争夺。运动会的预算非常高，而且如事实证明，这一预算具有很大的弹性。因为既然已经同意主办一个大型活动，关键承包商如果在开幕式前几个月突然涨价，那管理者是几乎无法拒绝付款的。据估计，运动会的筹备，包括随之而来的开发项目，最终花掉了公共财政 7000 亿卢比[57]，是最初预算的四十倍——显然，大部分涨价可以归咎于官僚和他们朋友的大笔勒索。这些朋友从事建筑和贸易，收取了高价，交付的产品却达不到标准（一个著名的例子是，为组委会提供的卫生纸每卷要 80 美元）。中产阶级所梦想的稳定坚实、设施齐全的城市从未出现，相反地，最终出现的是一个临时的石膏复制品，而且这复制品和被努力兜售了整整十年的电脑效果图没有丝毫相似处。

"雅典奥运会的时候，"一位参加奥运会的外国官员说，"也曾出现很多腐败,但目的没变,每个人都一心要办一届符合必要要求的奥运会。但在德里,管理者完全愿意牺牲运动会。事实上,目的完全不是运动会本身。

"看看餐饮合同。招标放出后,一家美国公司赢得了标的。这家公司差不多是世界上唯一有能力在德里每天生产八千份膳食,同时还能满足运动员所需品质的公司。但他们拒绝向组委会主席交10%的贿赂。

"主席拖了一会儿。当他们还没有付清款项时,他威胁要重新进行投标。他的顾问说,这会是毁灭性的,因为会损失好几个月的时间,还可能威胁到整个运动会。没有餐饮承办商就没有运动会。他们还警告他说,标的将不可避免地落到同一家公司手里,而那家公司随后会开出更高的价格。但他还是这么做了。他再次发出招标,并对这家公司设置了一些技术性的阻碍。

"七个月过去了。最终,合同又回到了同一家公司。此外,本来提供厨房设备租赁的英国公司现在收回了他们的租赁合约,并说一切都必须购买。不仅如此,由于已经没有足够的时间通过海运运输设备,所以他们不得不用航空运输。他们试了一架747,但飞机太小,所以他们不得不租了一架安−225——世界上最大的运输机。你自己想想这样要多花多少钱。

"人们有四种主要方式从英联邦运动会的合同中赚钱。第一种是把合同给自己或自己的家庭成员。就算这样了,他们也不会在这些合同的合法利润面前止步。他们会哄抬价格,不按规定交货,而且交上来的也是最简单、最粗制滥造的东西——这就是那么多道路和建筑物在运动会刚要举行时就倒塌的原因。

"这些场地的建造标准差得可悲,这些标准全都是垃圾。通常办这些活动会有直接利益,比如旅游和国际声望。然后会有长期利益,主要是留下来的建筑物。而德里运动会不会有长期利益,因为建筑质量大打折扣。例如,因为从中抽成的关系,他们为建筑物框架提供的钢材质量非常差，所以建筑物很快就会开始弯曲变形。于是就要花巨款聘请外国工程顾问对建筑物进行加固。

"赚钱的第二种方式是在一定的范围内对一切东西进行抽成。这就是组委会会议总是感觉像一群匪徒聚在一起的原因：他们的主要目的就是争夺势力范围。许多对外人来说不能理解的停工就是因为势力范围的冲突。比如，一个人拿走所有酒店预订的10%，另一个人则设法确保为访问官员建造的宿舍永远不被批准，这样他们就不得不一直住在酒店里。事实上，整个运动会的形式就是由内部的赚钱结构决定的。

"第三种方式是在给合同的时候受贿。监管单位用这种方式赚了很多钱，于是商人们为了把钱赚回来，不得不虚抬成本或者提供低于标准的商品。

"从运动会中获利的第四种方式很简单，就是偷走所有这些用虚高价格买来的设备。运动会后大部分设备消失了。有些是被德里的警察拿走的，他们把这些家具和电脑放在办公室里。其他情况下，警察可能收了别人的钱，让人把东西拿走。平板电视消失了，世界一流的健身器材也不见了。根本没有物品清单，这也帮了大忙，因为事后没人可以证明有东西不见了。整个英联邦运动会的运营用的都是个人计算机和私人电子邮件地址，没有中央服务器。这不是能力的问题，而是有意采取的策略，以确保没有系统化的信息。另一种被偷走的东西是硬盘。人们早上来上班，然后发现他们所有的数据都没了。我相信这是在故意清除数据痕迹。例如，组委会的预算完全消失了，而这种事发生的原因可能是管理系统中有意设置的缺陷。决策完全是捏造的，钱在缺口消失了。"

关于这些钱去了哪里有无数种传言，但在大多数人的想象中，这些钱被腐败的精英用来加强对社会和资源的掌控。毫无疑问，有些人将之用于资助政治家的竞选活动，有些则将之用于投资新的商业企业。但中产阶级自己可以发现其中的一个主要迹象：每次英联

十七　中产阶级的焦虑

邦运动会发布一部分新预算，德里房价就会进一步超出他们的购买能力。实际上，德里的房地产市场与其他地方不同。德里的房产是数十亿美元腐败资金的出口，这些钱不能存在银行，这就是房价的浮动和价格与建筑的性质或"普通"人的购买力几乎没什么关系的原因。媒体报道说，那些赚钱的人在英联邦运动会筹备期间购买了800万美元的房产，但这只是耸人听闻的冰山一角；大多数资金被投资在更谨慎的交易里——在这里买几处50万美元的公寓，在那里再买几处50万美元的公寓。这种情况带来了金融精英与中产阶级面对面的交锋，并且情况对后者越来越不利。

在本世纪的第一个十年，中产阶级仍然有可能想象自己在德里购置房产。但到了十年结束的时候，即使是非常成功的企业员工也无法做到了。别说是三四千万美元的豪宅，在德里南部新建的三居室公寓，即使是相对普通的也要50万美元，除了拿着最高工资的人以外，房价与所有人的薪水都是不成比例的。此外，考虑到这些物业遭受着所有在德里常见的问题——建设质量差、断电和缺水，和用同样的钱能在伦敦或是纽约买到的房产相比，这似乎大大不值。然而事实还不止如此，为了在德里购买房产，现金首付必须达到五成以上。现在，能拿出100万美元现金的显然不是光鲜企业的公关领导或者电视新闻主播。不是他们！拎着一手提箱钱的人很可能是黑钱商人、罪犯或腐败的公务员。21世纪的头十年中，正是这些人实质性地扩展了他们对印度首都房地产的掌控。如果说这座城市给人的感觉发生了转变——变得更黑暗、更无法无天的话，部分原因正在于此。通常，问餐馆老板谁是他们的房东是一个很有意思的问题——因为这简直就是在询问印度黑钱精英名人录，答案可能会从孟买黑手党的杀手直到在公众面前非常虔诚的政客。从事专业工作的阶层除了搬到古尔冈和诺伊达的新兴郊区外，别无选择。那里的企业氛围意味着房产的报价非常接近实际价格，工薪阶层能通过贷款买房。于是实际上，21世纪初，人们见证了印度的资本从那些

1947年以后获得房产的人手里大量转移到了一个新黑钱精英群体手里，而正是这个群体越来越多地在美学、商业、社会和道德方面为其他人定下了调子。

那些年中，中产阶级的金钱收益分散了评论家的注意力，令他们不再关注自己感受到的逐渐增加的错位、社会的控制机制，以及即使是生活优裕的人中也存在的不满。他们住在一个由寡头控制的社会里，这件事本身是影响他们生活质量的一个重要因素，因为这个事实困扰他们和削弱他们能量的程度出人意料。关于自己住的这个地方，他们不知道该再相信什么，对他们来说，这个地方已经变得令人迷惑、富有威胁性。一切似乎都是梅菲斯特般的魔术师用以掩饰自己黑暗目的而创造的视觉错觉——但这些目的是什么却完全不可捉摸。德里成为一个超现实的所在，因为随着时间的推移，人们失去了信念，不再相信任何东西所声称的本质是真实的。他们并不是通过自己看到和读到的来了解自己的社会，而是通过兴奋的夜晚里自己推测和梦到的东西。中产阶级通过工作让这个社会繁荣了起来，但他们看不到关于这个社会的图景——一幅描绘这个社会是什么样、有什么样的人、如何变成这样、为什么变成这样的图景。这让他们烦躁，并且让他们感觉自己和社会脱了钩。到这十年结束时，开始出现了大规模抗议和请愿的运动，旨在打破精英在暗处对社会的束缚。腐败势力成为中产阶级怨恨的头号对象，不仅因为它吸走了经济中的金钱和资源（当然确实如此），也因为它否定了他们自己对现实的所有感觉——他们行动的世界似乎不是真实的世界，所有人只是在一片空荡荡的地方矩阵式地乱打一气。

但在中产阶级的生活中，这种对寡头的怨恨与他们自己对财富和权力的幻想交替出现，因为他们很难相信还有其他能够实现自由的路线。中产阶级一般并不怀有温和而民主的情绪。"中产阶级的满足感"对他们来说也非常可恶。他们是一个贪婪的阶级，他们在报纸上看到邻居亿万美元财富的故事时，不仅怨恨，而且嫉妒。他们带着一种好奇的乐趣重复着关于天文数字金钱的传奇，在他们的想象中，腐败政治家的力量达到了不同凡响的邪恶程度。他们不相信权力和金钱在社会中会公平分配。他们认为中产阶级的生活总是奴役和幻觉，只有超级富豪才能真正看到整个故事。但是由于财富的浮动不需要智慧和努力工作，也由于人们普遍不相信那些拥有财富的人比其他任何人更有资格获得它，因此也有可能相信，有一天财富会在毫无预告的情况下来到自己的生活中。许多人从社会财富分配中得出的结论是，财富这个词在任何意义上都是完全随机的，这个结论使辛苦工作看起来似乎没有多大意义，并使人们对于小概率、高价值的意外之财充满期望。每个月赚 400 美元的人认为值得思考的问题是：如果财富真的来了，他们要买哪款奔驰车。

我第一次和阿努拉格（Anurag）对话是在一个酒吧里。事后，他打电话给我说："我没办法在酒吧里讲话。如果你想听听我的感受，你得跟着我去一个地方。"

我们安排再见面。他让我在一条主干道一侧接他。尽管晚上霓虹迷蒙，车子开近时我还是很容易就认出了他，高一米八的他漫无目的地踢着路缘。我停了车，他坐进来。他为我指路。但是才几分钟，他就改变主意了。

"停车，"他说，"我来开。"

我们换了位置，他把司机位置的座椅往后调来适应自己的长腿，然后起步了，车速快得要命。

"照你这么开，我们得开一个晚上。"他说。

他把车停在一个破旧的水泥市场外面，我们进去买酒。大概有二十个男人一起挤在柜台上，在空中挥舞着破烂的纸币。已经很晚了，商店要关门了，更多的男人正在匆匆跑下台阶。现在是冬天，所以大多数人戴着羊毛帽。卖酒的店是唯一一家仍然开着的店铺——肮脏的走道两旁都是关了的店铺，朝各个方向延伸出去。

四周，用过的避孕套被丢得满地都是。这个城市有无数没有家的人和很多不能在自己的家里过性生活的人。我从来没在其他地方的街道上见过有那么多性交后的垃圾。

我们带着一瓶朗姆酒和一瓶伏特加从店里出来，然后又在外面停了一下买可乐。阿努拉格随后开着车去了尼赫鲁公园（Nehru Park），这里是使馆区的一大片空地，这时候已经关了。我们爬过栏杆，沿着小道走，头顶上是树和满月，路显得幽暗而神秘。

"在我改吃素以前，"阿努拉格说，"我常常买了烤鸡串，半夜带到这里来吃。就着我的伏特加。"

"自己一个人？"

"对。有时候警察会来，搞些事。但是看门人喜欢我，他会把他们弄走。"

他带我到了他最喜欢的长凳那里。我们把酒瓶和塑料杯子放在上面。天气冷得要命，我坐下的时候抱紧了胳膊。

看门人听到动静，从他的小屋里出来。他看起来大概七十岁，拄着根棍子走路。他醉得已经懵了。他很高兴看到阿努拉格，问我们要不要再拿一把椅子来。我们说不用了。

"我晚点过来喝一杯，"看门人口齿不清地说。他拖着步子回到小屋。阿努拉格倒上了朗姆酒。

"我过去会带威士忌给他。他需要喝酒。他得整夜巡逻公园，如果不喝酒，他会生病的。以前有人殴打他，但我认识这里的警察，并且报了案，现在一切都好了。"

看门人再次出现了，费力地拿着一把椅子，坐到我们旁边。

"我对餐厅不太感兴趣，"阿努拉格说，"在这里更舒服。这里有一条很漂亮的狗会来看我。黑白相间的。我不知道它今晚在哪里。我以前有钱的时候，每天晚上都喂鸡肉给他。我有太多麻烦的时候——家庭、钱、女朋友，它会让我感觉好点儿。"

阿努拉格已经没多少钱了。他在生活上几乎已从他父亲那里

十七 中产阶级的焦虑

独立了。他的父亲靠出租他们楼的几个楼层挣钱。他自己过去经营一家小型制衣厂，但他的合伙人走了，事业也失败了。他对那种沉闷的生意不再感兴趣了。他不想找稳定工作，也不想创业，只想一夜暴富。他已经成为德里许多想在政治资金里分一杯羹的年轻人之一。

"你必须把高价值的黑钱持有人——比如有 5000 亿卢比黑钱的政客和拥有印度储备银行授权、能够吸收大量现金的合法企业匹配起来。大型房地产公司、度假村开发商、钻石商。交易完成后，政客把他的钱转移到那些公司。有些交付给银行，有些投到房地产。他们往银行存款不能超过现金限额，对于大公司来说是每天 70 亿卢比。

"他们收到现金以后，要花六个小时点钞。然后他们把来源干净的钱转给拿黑钱的那一方。他们把这笔钱做成无担保贷款。每当报纸调查政治家的账户时，你会看到账户里满是从房地产公司那里来的无担保贷款。

"转移这么多现金可是个大活。钱放在仓库里，要转移的话你需要一辆卡车。当这些卡车中的一辆开始穿越德里时，每个人都知道。警察从中收了钱，会一路上守卫。他们给卡车司机一个号码，他可以把这个号码给任何警察看，他们会让他通过。德里并不安全，因为总有反对派政治家试图曝光这些钱。孟买更安全些。我不会再做这种事了。但那是一个可以一次赚到很多钱的机会，我必须试试。

"现在，所有政客都把他们的黑钱带回来了，因此存在着很大规模的洗钱活动。对印度来说，这将是件美妙的事情，因为所有的钱都将投资在这里，并将改变一切。接下来的十年，印度将无往不胜。直到现在，我们一直在用自己的钱资助瑞士老年人，现在这些钱要回家了。数十亿美元将流入印度，我们将从我们腐败的政治家那里收获利益。你可以说这是神的旨意。神正在回收这笔钱。人们总是在谈论中国，但它永远无法击败孔雀之国，因为我们的政治家已经腐败了好多年。他们的钱正在建立一个将统治世界的帝国。"

"运作黑钱不是我唯一的业务。我还有另一个业务：我在一家某甘地家族成员拥有的公司工作，他为公司提供大笔贷款，这样就可以把放在瑞士账户里的钱拿回来。现在我正在做一项贷款，对象是一名古吉拉特商人，是个很有来头的人。他需要15万亿卢比来进行业务扩张，我在试着为他安排。"

他从包里翻出一个文件夹，里面都是他和古吉拉特邦一个企业集团之间的信件。他把信给我看。

"我很快会和他们见面签署文件。"

我喜欢阿努拉格，但他并不怎么文雅，思路也不清楚，我很难想象他竟然被允许进入印度的内部交易圈子。这些信看起来是官方文件，但我看不太懂。

"你确定你是说15万亿卢比？"我问。

"看看这些人，"他说，向我展示写着集团子公司名字的信头。采矿、基础设施、大众传媒、航空公司、保险、农业。"看看他们有多大。"

"你是说甘地家族是借出这笔钱的人吗？"

"很明显。"

我试图在脑子里算出这笔钱总数是多少。

阿努拉格拿出他的手机，但上面不够空间输入那么多零。我们终于算出来了——3000亿美元。

"别闹了，阿努拉格。"

他稍微退了一步。

"不是一下子交易。会在很多年里进行，有很多不同的项目。电力、农业。"

"3000亿美元。得了吧！"

"这是甘地家族！你不能想象他们有多大。想想看：北方邦任何一个首席部长五年任期结束以后口袋里都会有5000亿卢比。现

十七　中产阶级的焦虑

在想想国大党。这是国大党党魁！他们从1947年以来就一直在执政！你知道有多少印度企业属于他们吗？你根本不懂。对他们来说，这钱根本不算什么。"

"印度的GDP不过是这个数字的五倍。"

"黑钱比GDP多得多！我告诉过你的。政客们正在把他们的钱带回印度。他们想在印度投资，需要好的合作伙伴，最好的办法就是将黑钱以大额贷款的形式提供给那些正在搞国家建设的公司，并收取每年24%的利息。"

这时候，有人打电话给他，谈话内容是关于提供几亿美元的贷款。阿努拉格信心满满地说他将如何把印度领先的房地产公司之一带进来，为这笔贷款提供一部分融资。他的佣金是1.5%。

这感觉像是一个安排好的电话。我觉得自己在他编造的一个虚构世界里。

阿努拉格的电话打完了。他说：

"原理是这样的。最大的商人不去银行融资。这古吉拉特人的公司有很多项目，他们需要15万亿卢比，也知道唯一能拿到这笔钱的地方就是国大党。他们去找了阿姆巴尼（穆凯什·阿姆巴尼［Mukesh Ambani］，印度商界首富），但阿姆巴尼给不了那么多钱。所以他们来找我们。

"国大党钱太多了，他们必须投资。这对国家来说好极了。这些钱正在帮助印度成长。很快我会为自己赚到钱，也能为国家做点什么。如果我能从我经手的所有交易里赚1%或2%的佣金，我就真发了。我自己需要100亿卢比，如果我做成了交易，赚到这数字不会很难。我有个朋友最近在一笔黑钱交易里就赚了32亿。他给自己买了辆布加迪。我不会那样做的。我会把我的房子装修得非常好。但我需要钱做其他事情。"

在阿努拉格的故事里，将现实和幻想区分开来的那层薄膜微妙而透明，让人永远不知道该如何把两者区分开来，也不清楚他是不是知道。事实上，我发现他的有趣之处在于，他认为社会是如此极端，以至于几乎没什么是不能被确凿断言的。他心中的德里是个令人眼花缭乱的地方，充斥巨大的怪物，而他们的物种和大小在精神的长夜里已经难以辨别。我明白他为什么这么不知所措，为什么只能用想象自己赚很多很多钱这一种方式来重新找到自我。

"我想让一切变得更好。如果我只有 5000 万卢比，我会就过着好日子，然后开一辆宝马。但那样的话，我只是为自己而活，而不能为国家做任何事情。我想让事情有所改变。我想向人们展示应该如何生活。这就是为什么我需要 100 亿。

"德里是个好地方，但这里的人都是混蛋。他们都是炫耀狂。他们不了解生活。他们心灵很肮脏，只想着钱。我希望让他们有'感觉'。金钱已经杀死了他们的'感觉'。这不是神干的，是我们干的，而我们可以改变。如果我有钱，我会去改变人们的灵魂。"

德里痴迷于金钱，金钱是这座城市唯一理解的语言，要让自己脱离其庸俗和对金钱的执着，就需要花很多钱。这是一个自我挫败的奇怪逻辑，显然把众所憎恨之物的扩增普遍化了。

"我住的街上有一场婚礼，他们在我家外面搭了一顶大帐篷。有棵树挡住了路，他们就把它砍了，只为了搭起他们的帐篷。他们砍了一棵长了四十年的树，就为了一个派对。他们什么都不懂。我去问他们：'为什么你们要搞这棵树？'但他们不在乎我的想法。我现在不能和他们斗。这就是为什么我需要钱。我想变得强大，这样当我再遇到那样的人，我就能搞砸他们的幸福！你可以说，我心里现在燃烧着怒火。"

看上去的确如此。因为阿努拉格穿着衬衫坐在那里，显然没有受到这个寒冷 2 月夜晚的影响，而我裹在一件外套里抖得厉害。

看门人回来了，要求喝一杯。阿努拉格给他倒了些朗姆酒。

"所有的乖狗都到哪儿去了？"他问他。

守望者一无所知地摊开双手。

"那条黑白相间的狗非常聪明。"阿努拉格说。

看门人走掉了,消失在公园的黑暗中。

"动物那么纯洁,"阿努拉格说,"那么忠于自己的本性。它们不会变。你不知道我有多爱动物。我过去一直给那只黑白的狗带食物来。过去,如果我晚上醒来发现在下雨,就会开车到这里来,在树上挂上油布,这样它就不会淋湿了。以前冬天我还给它带过外套。

"人类都是混蛋。我已经放弃人类了。每个我信任过的人都伤害了我。我不再有朋友。我女朋友不在乎我。我的父亲是个好人,工作很努力,但他从来不相信我。他从来没有把手放在我的肩膀上说,我理解你。唯一忠诚的是动物,不是人类。是动物的单纯让我一直往前走。动物要的东西很少。它们只是想要钱——"他嘲笑了自己的口误:"我的意思是,它们只要食物。没有别的。"

他给我看他的手机上动物被致残和杀害的照片。有数百张。有一只威武强壮的蜥蜴,它的脚断了,所以不能动了。

"找到那个弄残这只蜥蜴的家伙之后,我打断了他的肋骨和下巴。人们不知道要怎么做人。我知道有户人家的博美把家里人惹生气了,他们就把它从七楼阳台扔了出去。我会设立一个单独的动物警察部门来处理那样的人。我将引入严格的法律,开展宣传活动,教育人们了解动物权利。我会把税收的1%用来照顾动物。"

看门人转回我们身边,醉醺醺地巡视着公园,夸张地用自己的拐杖敲着地面。

"看见他了吗?"阿努拉格说,"他是农村来的,已经照看这个地方二十五年了。他是个真正的人类。不像其他人。"

月亮现在升得很高了。公园一片寂静,城市似乎离我们很远。猫头鹰不时地叫着。我们沉默了一会儿。阿努拉格在思考。

"我有个关于房子的想法,"他说,"房子前面是花园和游泳池,后面是停车场。前面和后面都有遥控门,两扇门之间有一条宽阔的通道,这样你就可以开车直接穿过房子。所以,晚上走出去开着法拉利,直接开到房子里,停在卧室前面,接上你的姑娘,然后开去派对。"

他停下来,我想了想这个画面。"你觉得这个想法怎么样?"他问。

"我不确定,"我说,"你有几个实际的问题。你需要处理尾气的问题。而且法拉利在房子里面会有很大的噪音。"

"并不一定需要是辆法拉利。兰博基尼也可以。"

"也是。"

阿努拉格往我们的塑料杯里又倒了些朗姆酒,然后加上可乐。他继续回到对"德里人"的痛骂里——同样的行为也占据了许多被骂的那些德里人的生活。

"德里的人心灵不美。看看他们如何对待妇女就知道了。在孟买,他们不骚扰妇女,但在这里,一个女人十步以内肯定会受虐待。有一次,我看到有人在公共场合虐待一个女孩。我和那个男人有点认识,我说:'你为什么虐待她,哥们儿? 你在这么多人面前虐待她,她在哭。就这样算了吧。'然后我就走了。回来的时候他还在虐待她。一上来我就扇了他耳光。然后他说:'你不知道我爸是谁。'于是我说,'这一拳是给你爸的。'接着我就把他的肋骨打断了。之后一桩大诉讼就来了。"

阿努拉格深吸了一口气。

"我只是作为一个人帮助了她。我是一个人,如果我看到无辜的人受苦,我必须帮助他们。

"另一次,我和我的表兄弟在曼谷。他们非常有钱,但如果我要求借个10万卢比,他们会让我永远滚蛋。有一天我在外面海滩上骑自行车,回到酒店的时候,我的表弟和一个女孩子在一起。她没穿衣服,而他正在拍她的视频。女孩子在哭。她说她本来应该要结婚了,但现在他说要把她的这个视频发到世界各地。 我对她说,'他不会这样做,不要担心。'我表弟笑了。他说,'我肯定会的。

十七　中产阶级的焦虑

我会确保每个人都看到。'我说，'搞什么，兄弟？你和她的事结束了，现在给她钱，让她走。你想证明什么东西？'然后他开始向她扔钱。1000泰铢，又扔了1000。她只是把钱扔在地板上。我说，'不是每个人都为钱而生，兄弟。'我从他那里抢过来电话，然后把电话语言改成了泰语，让她把视频删了。然后我握了握她的手，她抱了我，哭了。事实上，这是这个故事里最好的部分。"

我觉得阿努拉格似乎是倒拿着望远镜来看待亲密关系的。亲密关系很诱人，但是离他很远，轮廓难以辨别。其他人类只是偶尔路过这个灵魂附近，就如这在曼谷酒店里的女人与他的意外接近，但多数情况下，这些路过的人对他带着敌意，距离遥远。事实上，人类的关系世界对他来说似乎完全被破坏了。它陷入了金钱的泥潭，对待它的最好方式就是根据它所要求的——把它仅仅作为一个关系、晋升和金钱的来源。要寻找纯洁与真正的依恋，你必须到其他物种里找。

他的电话响个不停。

"是我女朋友，"他说，"我不接是因为她以为我在孟买。"

"但是你已经不在孟买好几个星期了。"

"我知道。这就是接电话很尴尬的原因。但她是个婊子。她只想着钱。她不在乎我是什么样的人。她认为我是个失败者。她认为她比我地位高，因为她的家庭很有钱。所以如果她比我更是回事儿，她为什么还要打给我？"

她发来一条短信。

"热烈恭喜你的新恋情。"

他读给我听。

"你有别人了？"我问。

"不是，"他说，"她试图激怒我。"

他回复："是的，我和动物在一起很开心。它们不在乎我口袋里有多少钱。"

她马上打了过来。他接了,开了免提。我好奇如果我不在旁边的话,还会不会发生这些。她说:

"你能不能放下这些态度,像个正常人一样和我说话?"

"你想从我这里要什么?"阿努拉格问,一边转着眼珠看着我。"你想不想和我在一起?"

"我只想好好说话。我不能说我想和你在一起,因为我觉得我现在一点也不了解你。"

"看,你混乱了对吧?"

"我不是混乱。我只是不知道发生了什么。"

"发生的事就是你把我说得很负面。"

"我对你的负面看法就是刚刚你自己造成的,这是你自找的。我是一个非常积极的人。我认为你才是对自己有负面看法的人。"

"你去参加婚礼那件事怎么说?你甚至不让我和你一起进去。这就是你对我正面看法的表达?我开车送你去,因为我在乎你。我在外面坐在车里,从晚上10点到第二天早上6点,等你,因为我不想让你自己回家。你一次都没有出来看看我。你为什么把我留在外面?我不够好?不能让别人看见我和你在一起吗?你为什么不带我进去?"

"因为我对你不确定。"

"你好像在床上对我很确定,但在别人面前你就对我不确定了?"

"你太恶心了。"她说,挂断了电话。

阿努拉格很沮丧,喝了一大口酒。

"她觉得对于她的世界来说,我不够好。她认为她的世界比我的好。所以我对她说,'那你走吧,去和那个世界在一起。你为什么要缠在我身边?'但现在她听说我在和甘地家族合作,她担心我可能会成为有钱人。这就是她打电话给我的原因。她来自德里西部的商人家庭,只知道钱。她爸爸有十七辆奔驰,但她母亲还是离开了他,因为她受不了这些痴迷钱的人。"

十七　中产阶级的焦虑

她又发来一条信息。

"明天一起吃午饭好吗？"

他叹了口气，努力地勉强同意。"好。"他回信说。

"但是你明天不在孟买。"我说。

"我知道，"他说，"明天早上我会取消的。"

一阵长长的沉默。公园里很舒服。城市的窒息感减少了一些。

"你生活里最美的时刻是什么？"我问他。

"我十七岁的时候，放弃了学业去孟买，想做电影明星。我有一个完美的穆斯林女朋友。她每天都给我做早餐。但后来我们遇到了印度教和伊斯兰教冲突的问题，现在她已经和别人结婚了，那些日子很美好，我当时在当模特，每天都健身、练武术，看上去很不错。有一天，我在街上走，一辆大雷克萨斯SUV停在我旁边。车子的后窗摇了下来，里面是桑杰·达特（Sanjay Dutt）。电影明星。他看着我，什么话都没说就向我敬礼。因为我的体格。

"我还是想成为一个演员，但做这个需要钱。你需要很多钱才能进入这个行业。"

的确，阿努拉格的体格令人印象深刻。他还不到三十，高大而强壮。他有一头很厚的黑发。如果不是有些轻微的不自在，他会是一个惊人的美男子，但他的神情里有些苦涩的东西，意味着他有些伤心。他看起来躲躲闪闪而且局促不安。

我们喝了几个小时，可乐喝完了。我们把瓶子集中起来，把剩下的朗姆酒留给了看门人。我们穿过公园往回走，爬过栏杆，这栏杆比我们来的时候更不稳。找到我的车后，阿努拉格自己开了锁，就像这车是他的一样，然后我们就开走了。几分钟后，阿努拉格把车停在路边，让我把乘客边的窗户放下。他吹声口哨，两只狗立刻从树丛里蹦了出来。它们把爪子搭在窗框上，把头伸到车里。阿努拉格向它们伸出手。狗带着兴奋努力表达着感情。他抚摸着它们，它们舔他的手。

"这是我最喜欢的两只。"他说。

他对它们说,他要走了,很快会再来看它们的。我们一边开,他一边在拨一个号码。

"我想打电话给我公司的一个家伙。他四十二岁,为很多国大党政治家管理财产。你可以和他说话。他在印度工作,但他有一个美国电话号码。想象一下。"

他听着电话,但是没有人接。

"他经常不接电话,他有一点糖尿病。"他解释道。

事实是现在已经是凌晨1点多了,可能这也有关系。

他在一个还开着的路边烤肉摊停下车。人行道上放了几把塑料椅子,但阿努拉格不想离开车,因为我们不能在那里喝酒。他闪烁着车灯把服务员叫来——我车上的喇叭坏了。服务员从很多深夜还坐在这里的人手里拿来一张破破烂烂的菜单。阿努拉格为我们点了手抓饼,为他的狗朋友点了烤肉串。

"不要加香料。"他说。

他把窗户摇上去,把两个塑料杯放进车子的杯托儿里,为我们两个倒上了纯的伏特加。他的电话响了,是他的同事回的电话。

"我想介绍一个朋友给你,"阿努拉格对着电话说,"他是英国人。他需要一笔大笔贷款来做生意。"

他把手机塞到我手里。电话另一头的人说话又清楚又快。他什么也没问我,就好像交易已经完成了。

"我们可以在英国为你提供优厚的条款,"他说,"通过另一家公司,我们也可以在世界上任何地方给你提供资金。所以,只要告诉阿努拉格你需要多少钱,我们就会去办。"

"好的。"我说。

阿努拉格拿回了电话,继续说。

"我有好消息,"他说,"我谈成了一家加尔各答的公司。他们做粮食的,需要100亿。是的,已经签了。"

电话结束的时候，服务员过来了，阿努拉格放下了窗户。热乎乎的食物被递进来。我们开始吃。

"所以你知道我为什么把电话给你吗？"阿努拉格说，"我需要你的帮助。你在伦敦有联系人。等我开始赚大钱的时候，我需要到海外扩张。我需要你帮忙跟那些人谈。我们要把印度的这些钱借给全世界。"

我告诉他，我希望他变富了的时候也带我出去。我想看看那会是什么样子。我感觉他以后的日子有一半可能都会被用来想象自己未来的暴利，同时却靠越来越少的租金为生。但另一半我相信他可能是那种不可思议的家伙，打破了一切最小的概率，获得了某种惊人的成就。这种事情在这里是可能发生的。

我们付了钱，出发往阿努拉格家走。当我们在他家外面停车的时候，六只狗跑出来迎接他。他拿出打包的肉，打开铝箔，把肉放在地上。狗开始吃起来，他抚摸着它们。

"看看它们，"他说，"多天真。"

我向他道别。他张开手臂拥抱了我。我回到车里，把司机座椅往前拉，这样我才能够着踏板，然后发动回家。那天晚上，我做了一个很生动的梦，在古尔冈一间公司的办公室里，一大堆死狗在被焚烧。

第二天早上，阿努拉格打电话给我。

"你是真的喜欢我关于那栋房子的想法吗？"他问，"还是你那么说只是不想伤害我？"

"我觉得肯定行不通。"我说。

"行不通，"他说，"大概不行吧。"

抽象画

德里接受的养育从来不完整,同时又用炙烤的土地养育着自己的孤儿。

这座城市被从历史和传统带来的母性安慰中连根拔起,并随着成长逐渐憎恶起自己父亲的形象——政治家、官僚还有那些主宰金钱和市场的犬儒家长,甚至由于危险的改变带来震动和断裂,现实生活中的父母也渐行渐远。

这座城市就像一所孤儿院,在根源和方向的问题上备受困扰。它因痉挛和暴怒而摇晃不止。它哭喊着要宽慰,希望父母温柔地把手放在自己的肩上。

但是,孤儿院偶尔也能培养出异常自由的生命。这样的个体从来没有经受过来自父母权威和期望的腐蚀,他们为自己创造了一个宇宙,用自己的独创性、好奇心和智慧让人目眩神迷。他们不接受他人的定见,并为最死板的体系带来奇妙的各种可能性。

在这个方面,德里也像一座孤儿院。它可以孕育一种人,过去的问题和答案似乎完全约束不了他们;他们能想象出无数种将世界组织起来的方式;他们能超越自己的庸常生活,将目光从身边的具体事物延伸到远方的星辰。正是在这些人中,我发现了德里的乌托邦潜力。

这些璀璨个体的其中之一就是阿努帕姆·密斯拉*(Anupam Mishra),现在我正和他站在一起,看着外面的亚穆纳河。

天很热,我们都带着水。我有一瓶一升装的可口可乐牌的水,是刚刚在一个路边摊买的。阿努帕姆从家里带了一个瓶子,用带子挂在脖子上。他七十岁,一头灰白的头发,穿着一件棕色的库尔塔衫,整件衣服松垮地挂在他瘦长的轮廓上,脚上穿了一双凉皮鞋。

在因为英联邦运动会被拆迁前,我们所在的这片土地是一个充满活力的大型乡镇,有几十万人在这里安家,其中包括我们先前遇到的巴尔斯瓦区的居民。现在盘踞在这里的是两座巨大的体育场和新的德里秘书处大楼,即德里市政府所在地。这座建筑由两个呈一定角度的楔形组成,发光的表面像两个玻璃眼珠一样俯瞰着河流。事实上,整个建筑群完全对对面的河口视而不见。几米开外就是一片亚穆纳河的漫滩,暗示着德里的原始景观:一簇簇草长在水面上,差不多有三米高,鸬鹚在阳光中展开濡湿的翅膀——但对那些占领了这片土地并为自己建造现代堡垒的人来说,这种对自然的联想仿佛是令人厌恶的。每栋建筑物都被高墙环绕,大面积区域被铺上了混凝土铺路砖,就好像有人担心会有植物入侵一样。在这样的天气里,砖块存储了许多热量,露宿街头的人要往地上倒一瓶水才能坐下。

这些建筑和滨水区之间的土地是一个神秘的死亡地带,城市的管理者似乎已经将其指定为垃圾倾倒处。秘书处大楼后面是一个放着退役救护车的垃圾场,这些车被杂乱地堆在路边。还有大量的砖石垃圾——没用过的铺路砖、水泥管段以及从被毁掉的镇子搬来的整堵整堵的墙壁,这些墙互相靠在一起,就像放在架子上的文件一

---

* 真名。——原注

样。几百张生锈的钢椅堆在一块地上，有几层楼高。

我们离城市中心非常近，但这座城市的意识仿佛还没到河边就终止了。德里背对着水，似乎只有漂泊的底层人民才会来到这里。他们生活的迹象无处不在——灌木丛里的寝具、被丢弃的塑料瓶、人类排泄物，还有生火做饭留下的圆形焦痕。

"以前的德里被建造成统治者可以看见河流的样式，"阿努帕姆说，"莫卧儿人热爱亚穆纳河，在岸边建起了红堡。在下游几百公里的地方，他们建造了更多俯视这条河流的宏伟建筑——泰姬陵和阿格拉堡。但英国人不喜欢看这条河，他们来了之后就避开它。我认为这是因为他们发现它让人很不安。欧洲的河流来自平缓的冰川融水，四季恒常。你可以建造墙壁来挡住河水，然后把建筑物建在岸边。但这是一条雨季河。你必须在两侧留出一个巨大的漫滩，以适应雨季期间河水的暴涨，然后每年余下的时间里，这个漫滩都会泥泞而空旷。我猜英国人觉得它很丑。他们觉得这样一条不稳定的河流很吓人。"

我告诉阿努帕姆，我在公民路遇到了一名老妇人，她还记得在20世纪20年代时河水是如何流过她家花园尽头的。当时有座泥墙把河水拦在外面，每个月，园丁都会在墙上挖一个洞，让水流进来灌溉花园，孩子们会在草坪上追逐翻腾跳跃的银色大鱼。她和她的兄弟姐妹从草坪的尽头跳进河里，就这样学会了游泳。

"公民路是英国人在现存莫卧儿城墙外的第一个营地，"阿努帕姆说，"但当他们来建造自己的城市时，他们从河边搬走了，于是这座城市第一次与亚穆纳河没有审美上的联结。这件事比听起来更重要。看着一条河，在河里游泳——这是珍惜它的第一步。塞纳河永远不会像亚穆纳河一样被毁掉，因为整个巴黎的建造就是为了人们能看着塞纳河。德里过去有大量的生活是围绕着河展开的——游泳、宗教节日、水上游戏，但这些都没了。想想宗教沐浴吧，这不只是迷信，而是一种保护水的做法。如果我们的总理每年必须在亚穆纳河沐浴一次,这条河会比现在干净得多。但现在,为了服从现代城市,每个人都对河背过身去,所以它是肮脏和被遗忘的。"

我们走到河边。黑色的河水有一种化学物质带来的活力——从深处爆出的泡沫随着浑浊的河水翻腾。然而,穿越河水的浩瀚能看到的只有镜子般的天空,这个地方有一种河流带来的宁静感,让人感到心满意足。离岸边约二十米的地方有一座湿婆的大型雕像,河水淹到了他的肩膀。白鹭在水面上飞过。

我们头顶上是河的路桥之一。一对年轻夫妇把车停在桥上,现在正朝着河面往下爬。这很不容易。水泥斜坡很陡,有十五米高。丈夫带着一个包裹样子的东西,妻子穿着纱丽和凉鞋。最终,他们爬下来,到了我们站的地方。原来,这个包是一位过世男性祖先的照片,可能是他父亲。照片放在相框里,用花装饰着。他们把照片扔进浑浊的河水里,看着它沉下去,然后开始爬回上面的高速公路。

河边堵塞着其他类似的供品。花环、破了的椰子、赛巴巴上师的照片,一撮撮剃下来的婴儿头发,还有所有用来装这些东西的塑料袋——这些东西像一张漂浮的毯子,拥抱着被河水拍打着的河沿。

"我觉得我不会把自己父亲的照片放在这水里。"我说。

"没人看水,"阿努帕姆说,"他们都是自然而然地做着这一切,看也不看。"

我们朝上游走去。我们经过了一个穆斯林圣徒的坟墓,周围干净得一尘不染,还有用长长的河草束搭的优雅庇荫处。我们穿过流入河里的散发着恶臭的运河。周围没有人,你会以为自己离任何城市都很远,哪怕我们现在走的路与沿原来河岸新建的高架路相平行。

我们为自己计划了一次距离很长的散步,但出发时是一天里最热的时候,很快我们就撤到这条高架的阴影下面。高架路就像头顶上的一个巨大遮阳篷,这里很凉爽,且出奇地安静。上百辆人力三轮车一排排停着,男孩子们正忙着修理。男人们则到河边洗手,然后回到我们旁边吃午饭。洗过的衣物挂在车上。鸟儿在唱歌。塔架上的电缆来自稍微上游一点的横跨过河流的电站。

"你觉得人们为什么总是在这个地方建造城市？"阿努帕姆说。我们注视着流动的河水。"因为这块亚穆纳河西岸边的土地下，有数百公里最丰富的地下水。德里位于亚穆纳河最接近阿拉瓦利山的地方，阿拉瓦利山脚就在我们的西南边。过去，有十七条来自阿拉瓦利的溪流经过这片平原流入亚穆纳河，使这片土地拥有充沛干净的水源。德里历史上第一个千年里的那些城市都从这里取水。每栋大房子的院子里都有一口井，每个地区有五十口左右的井，还有大型的公共井，人们在水边生活，也在水边社交。

"总是有新的入侵和新的城市。但那些王朝都来自平原，而且尽管他们对宗教和政府有不同的观点，对水的渴望却是同样的。每个征服者都继承了上一任的基础设施，并为其添砖加瓦。于是，德里在一千年的时间里发展出了一套持续而复杂的用水系统。这套系统的哲学很简单——如果你用水，你就必须把水还回来。每次他们挖新井的时候，也会建造新的水槽。这些水槽将雨季的雨水收集起来，不让水逃逸到河里，而是慢慢往地下渗透，为水网补水。"

到了莫卧儿帝国时期，德里有八百个这样的水体。有些很小，有些像湖一样大，其中许多和宗教与灵性有联系，因为人是和神一起来保护自己的用水系统的。今天，人们把这些系统称为"传统的"，但这个词有一种居高临下的感觉，也意味着它们已经过时。但它们并没有过时。在整个技术史上，没有任何技术对其有所改进，但当电泵和水坝干涸时，这些系统会在许多世纪里依然存在。

"第一个利用河流补充地下水供应的是莫卧儿人。他们大都市的用水需求比以前这里建造的任何城市都更多，所以他们需要从亚穆纳河取水。但河流的水位低于他们的城墙，无法把它抬到和城市一样的高度。因此，他们来到上游一百二十五公里处，那里河流的海拔高于他们城市的海拔，于是他们从那里建造了一条运河，利用重力把水带到了沙贾汉纳巴德。"

这就是我们在前几章看到过的同一条运河。在夏利马尔花园，吉米的獒沿着它的河岸浑身是劲地奔跑。

"那个系统的优雅之处在于，运河从西边进入被城墙围住的城市，穿过它一直到东边的红堡。因此普通市民先从这条运河中获得了水，而最后取水的是皇帝。即使是在民主社会中，总统通常不会是最后一个获得必要资源的人。但这些人理解水的政治。他们的系统要保证水一路都是干净的，因为皇帝是最终的用户，没人可以污染他要喝的水。这不是民主，但没有关系：他们根据对水的认识建造了他们的系统，而对水的需要是民主的需要。只有心中有民主，你才能认可这种用水系统，否则你会拒绝它。"

我们又出发了。河流蜿蜒着，离我们远去。在我们和河流之间是漫滩的平地，一年中的这个时候，上面种着庄稼。地面很难走，所以我们决定走到路上。我们手脚并用地爬上通往高速公路的陡坡，互相搀扶着保持稳定。水泥斜坡烫得要命。最终，我们爬到了高架上，这里黑色的路面就像一个散热器。我们翻过屏障，面对着飞快的车流穿越了八个车道。

另一边是一条宽度较适合人类，还配有人行道的道路。这条路穿过另一个工业垃圾区，到处是窗户破损的废弃建筑物。这里的每个人都是拾荒者，捡些塑料和纸板出售。一大堆鞋子缠绕在扭曲带刺的铁丝网上。一座老旧的水塔上长满藤蔓，曾经围着它回旋而上的楼梯栏杆都已经掉光了，台阶像烂掉的牙齿一样向外突着。我们经过一间水厂，外面挂着一条横幅写着"水是生命"。沿路的树木都已经干枯死亡。不时地出现一些生锈的瞭望塔，上面的聚光灯早已破损。它们看起来好像是从劳改营里放出来的——我想不出它们在这里是干什么用的。

"英国人最终与德里千年来对水的理解决裂了。他们的统治不同于以前的王国，以前王国的统治不干预人们如何生活。英国人想要完全的统治，把统治延伸到教育、道德等一切东西。当然还有水。

但他们对这里的地貌没有经验，无法理解这里的用水系统。所以，虽然他们并没有准备要摧毁这个系统，却确实毁掉了它。

"英国人没有注意到地下水，但正是地下水的存在让这个地方一千多年来一直有城市。他们只对河流感兴趣。他们从欧洲引进现代方法，用水坝将亚穆纳河拦在了城市北边一个名叫瓦吉拉巴德（Wazirabad）的地方，并将管道接入城市，以此直接将水送到房屋里。然后污水由排水渠收集，排入河流下游。因此，英国人选择不看河流是一件很讽刺的事。过去的王国并不使用河流，但他们喜欢看它。英国人住在河边，却不能忍受看它。

"英国人习惯从水龙头取水，这就是他们希望在这里实施的系统。他们也很喜欢这个垄断系统加强了他们的帝国对这个地方的控制——他们可以让人们依赖他们，他们可以选择给某个社区供水，却不给另一个。但这种做法完全打破了本地的用水习惯，这个城市里许多人抵制水龙头里出来的水，因为这一直被认为是不吉祥的。有一首老歌里唱道：'随便对待我们，随便伤害我们，但不要在我们的房子里放水龙头。把它留在你们的小木屋里，不要带到我们住的地方。'德里人不喜欢管道水的味道，他们习惯了从井里直接取水。打水前，他们会洗干净自己的器皿和绳子，然后把容器直接放到水源里——他们自己可以看到和维护的水源。管道水的水源他们看不到。水源很遥远，他们不知道供应者是谁，水有多干净，或者那些人往里面放了什么化学品。即使是今天，你也会听到水系统里有毒的谣言——人们还没有忘掉英国人带来管道水时引起的无端恐惧。

"但逐渐地，英国人的系统扩展到了所有地方。人们只要打开水龙头，里面自动流出水，于是水的问题似乎'解决了'。德里居民不再需要考虑用水'系统'。渐渐地，那套古老的系统分崩离析了。水道和水库不再需要维护。人们拆毁它们，因为现在这座城市的人口正在增长，而水槽占用了可以被用作开发房地产的土地。人们拆毁这些东西的时候并不觉得伤心，因为人们已经忘记了它们的功能，所以并不尊重它们。出于对一个系统的尊重，你会保存它，以它为荣。如果这种尊重消失了，人们就不会再关心它。英国人来的时候我们有十七条河流和八百个水体，现在几乎什么都没留下。"

我们走过一片奇怪的田园风光，两侧有树木和耕地。在这个有两千万人口的城市里，我们周围一个人都没有。此刻太阳在我们头顶上，热得我们不停喝水。

"我们仍然使用英国的系统，这套系统现在已经变成了一场灾难。它是一场灾难，因为它不再由人们亲手掌握，于是人们失去了把水当作一个'系统'的感觉。现在，人们认为水就只是从水龙头里出来的一种湿的物质，如果你需要更多水，你就打开更多的水龙头。这就是我们现在有那么大问题的原因。德里有水，有很多水。这就是这座城市一开始就建在这里的原因。但水需要一个系统。尽管德里曾经有一个智能科学的系统，但现在这里根本没有。

"我们认为'民主'就是投票，这很滑稽。在投票的意义上，我们是个民主国家，但其他的一切——构成我们实际生活的一切，都在往相反的方向走。用水系统以前完全是民主的，每个人都了解这个系统，每个人也都在维护这个系统。现在则是集中供水，只有少数人知道系统是如何工作的，其他人只是对阀门和管道有一个模糊的感觉。甚至管理这个系统的人对于水在这座城市是怎么运作的也没有深入了解。

"失去水槽以后，德里开始遭受严重的洪水。在我们自己的时代，曾经能够吸收雨季雨水的一切都消失了。水槽没了，德里所有的农田也没了。但雨季还在。整个城市现在有一块坚硬的表层，所以这种突如其来的水流无处可去。德里每年都被洪水淹没。这完全是个现代现象。

"但是我们也开始出现严重缺水的问题。这个曾因丰富的水资源而吸引了来自整个大陆的征服者的地方，现在出现了水危机。河水很快就无法满足城市的用水需求了——德里现在的人口是英国人建造这个系统时的五十倍，而亚穆纳河的流量没有变。所以德里开始从其他地方取水。现在我们的管道从恒河（Ganges River）、帕吉拉蒂河（Bhagirathi River）和雷努卡湖（Renuka Lake）取水。我们之所以可以这样做，是因为和先辈相比，我们已经获得了一些小小的技术力量。但这完全是一个不成熟的解决方案。首先，因为我们快要耗尽这些资源了，而且已经没有其他可以用重力原理引入德里的水资源了。你能想象我们不得不用电来把水抬高然后供给城市吗？第二，因为这种办法根本没有注意到和水有关的更广泛的经济体。数以千计的农民已经在抗议德里夺走了他们的水，他们试图破坏阻挡河流传统流向的水坝——但又怎么样呢？德里想要水，德里是强大的。德里正在使其周围数百公里变得干旱，也制造了更多的难民。他们离开那些土地来到德里，来到这里以后，他们需要更多水，于是德里夺走的水就更多，就这样恶性循环下去。

"不仅如此，我们还没有能力处理这么大量的污水。我们的污水系统是为了处理一条河的水量而建的。现在进入这个系统的水量是以前的三倍之多。这就是我们的污水处理厂每年处理的污水比例越来越小的原因。大多数污水现在直接排入河道。这是一种有毒的混合，污水里都是工业废水，而德里的污水规模巨大。当你把这一切都倒入一个流域会发生什么？看看亚穆纳河现在的水位有多高。现在是夏天，我们离雨季还有一个月。亚穆纳河是一条季节性河流，以前每年的这个时候，它只是一条涓涓细流。但现在你看到在那儿流动的不仅有亚穆纳河，还有恒河、巴吉拉蒂河和雷努卡湖。我们从这些地方取水，但是用完之后却把水都倒进一个流域。这就是河的水位之所以这么高的原因，这就是很快我们就会有一场灾难性洪水的原因。河水将冲破它的堤岸。"

我们不再向北走，而是停下来吃午饭。阿努帕姆带了一些扁豆汤、烙饼和煮熟的蔬菜，我们坐在一棵树下吃了起来。周围的景色令人振奋，到处都有鸟儿在唱歌。阿努帕姆继续说道：

"你认为我们的中产阶级愿意为目前缺水的情况付出代价吗？当然不。他们希望自己的生活和任何环境情况都无关。这就是他们期望从资本主义中获得的奖励！他们希望随时打开水龙头都有水。然而，市政供水是配给的，每天只供应几小时。那中产阶级怎么办呢？他们记得自己脚下就有丰富的水——需要的时候，他们的历史学得很好！过去三十年，他们都挖了私人水井，这样就能根据自己的需要尽可能多地抽水。每个中产阶级的家里都有这样一口井，虽然说这么做是违法的。这些水完全不在监控中，所以城市的水务管理局当然不知道他们需要建设多少污水处理设施。所有这些额外的水也都流入了亚穆纳河，又进一步提高了水位。

"但是，现在当然没有人记得支配了德里水管理一千年的基本知识——如果从地上取水，就必须再补回去。人们正在把水从地下抽出来，用在浴室、洗衣机和游泳池，但他们连一个用来补充地下水的水槽都没造。所以德里的地下水正在干涸。但他们想都不想这些！只要水龙头里还有水，就继续抽！

"这样的结果是，德里的许多地区现在完全干涸了。城市的许多部分已经彻底用完了地下水，用水只能靠水车。有一个新的五星级酒店没有水，它的用水需求——浴室、洗衣房、游泳池、桑拿——全都是由卡车供应，超过上百辆的卡车晚上排着队来送水。虽然有一种方法能摆脱困难，但奇怪的是这个城市对此无动于衷。即使在没有水的地区，房地产价格还在上涨。

"这些由卡车送来的水从哪里来？它来自经营水的企业家，这些人买一块土地，从地下抽水然后送到城市各处。根据法律，拥有一块土地也意味着拥有下面的水。但水是液体！如果你用一台泵在一块土地上开始抽水，你并不是简单地从你自己的土地抽水。你抽的是所有地方的水。哪怕你的地只有手帕大小，你也可以抽出几公里范围内的水，每个人的地下水位都在下降。这些卡车并不是一个神奇的解决方案。甚至那些卖水的商人都越来越缺水，所以他们得到离城市越来越远的地方去找水。人们愿意为水付多少钱？如果没有了油，我们可以相应地调整自己的生活方式。但如果我们用完了水，那就没有生命了。

"你看到他们在古尔冈和诺伊达造的这些新水上公园吗？几千升水从岩石里泵出来，就是让人们可以在游泳池和水滑梯里到处玩水？ 我喜欢这个词，'水上公园'，但我用的是它的另一个意思*——'停车场'里'停放'的意思。每次见到一个政客，我就说：'你可以分配土地让人们停放车。如果你想让你的城市有未来，你还需要分配土地给我们停放水。德里那些伟大的统治者被记住是因为他们建造的水槽和湖泊，这些工程收集雨水并补充地下水。你也可以是一位伟大的统治者。'但他们不知道我在说什么，因为他们已经忘记了德里的水来自哪里。他们已经忘记了，在德里的历史里，有许多因为用完了水而撤空的城市。

"我们经常认为，最近几个世纪出现了很多新知识，但这是因为我们不再承认过去的知识。我把现代时光看作是一段关于遗忘的悠久历史。即使是国王也不知道过去住在这个地方的每个人都知道的事情。"

可能看起来令人吃惊，在这个非常关心人身安全和生存的地方，水作为最重要的物质资源会被如此忽视。阿努帕姆的看法是，一个失败的政府系统被中产阶级绕了过去，这个阶级自己建立了微型系统，并因此将政府的系统更快地推向崩溃。这似乎是关于世界末日的启示——这的确是启示。它产生了一种致命的、短视的掠夺心态：当水正在枯竭，而没有人做任何事来补充，理性的策略就是抢在所有人前面尽可能多地把水拿走。

对一些人来说，这可能会引出一个问题：德里何时会"长大"？

---

* 英语中的"公园"（park）还有"停车场"和"停放"的意思。——译注

政治何时会最终制服这些反社会、不顺从的能量,并将其引向一个符合所有人长远利益的客观体系?

这个问题被看作是一个游客的问题,在德里很少有人会问——这说明西方城市的历史和像德里这样"新兴"城市的未来之间有某些差异。因为这个问题并不来自对这个城市的发展有任何了解,而是来自一种输入的记忆,这种记忆是关于其他城市的演变史。然而在我们的时代,这种记忆正在飞速变化,从普遍变得狭隘。

最好的例子是纽约——过去一个世纪的代表性标志。不知怎的,我们仍然记得,那座城市是在秩序和混乱的宏大斗争中崛起的。我们的头脑里闪烁着各种图像——崛起的年代里那些诡计多端的敛财大亨、帮派和腐败的政治家,满是瘦骨嶙峋的无依无靠者的贫民窟。重拳从天而降——顽强的市长们与这些流氓力量展开较量,遏制匪帮,打破政治家和商业大亨之间的舒适联盟,确保穷人的生活条件,建立起最雄心勃勃的城市基础设施。当权力集中的当局一眼望去看到的是一座被征服的城市,当它掌握住城市的各种能量并将其引导至无人不知、独一无二的光荣城市成就(因为这是我们共享的全球神话),此时的主题就不再是战斗,而是抒情与讴歌。

我们也没有忘记这一路上发生的大规模破坏。我们知道"成就"下面是什么——为了建造高速公路和公园,社区是如何被毁掉的;语言如何消失得了无痕迹;这么多的生活又是如何被埋葬的:街道上自发的能量、动物、各种民俗、倦怠与恶行。无论从哪个方面来说,纽约在某种意义上变少了,总有纽约人哀悼神秘感的逝去、视野的萎缩和生活的理性化。伟大的电影诗人如斯科塞斯(Scorsese)和科波拉(Coppola),为那座更古老、更阴郁的大都市创作了挽歌,那是一座在聚光灯下被遗忘的城市。通过他们,这个世界上许多从来没有去过纽约的人成了纽约公民。比如说,"教父"系列电影栩栩如生地再现了典型的纽约氛围——来回往复:是逝去世界那种黑暗的宏伟缔造了现代城市,但这种黑暗的宏伟同样从本质上注定了,逝去的世界必将逝去。这些电影表达了21世纪进程的冷酷无情——以宁静而富有生产力的大都市之名，丢掉了人类的伟大和多样性。在现代城市的传说中，统一、集中的行政权力具有战胜所有其他事物的绝对必然性。随之而来的是各种恐惧，恐惧人类最终将失去所有活力，并且除了自己的控制机制之外，不再了解或爱任何东西——然而这些从来不足以制止这种单向的扩张。

这样的历史让很多西方人（而且不仅仅是西方人）明白，今天"不成熟的"城市的未来将追随西方过去的路线而发展。其中的逻辑是：**在变成现在这样之前，我们曾和他们一样**，因为现代性无情且不可避免地朝着一个明显的方向移动，**他们也会变得像我们一样**。这只是时间问题。但是正如投资顾问乐于指出的，过去并非未来的指南。并且，有很多理由怀疑德里将走上另一条路线，一条由其他遥远的城市在不一样的年代里画出的路线。世界上的新兴之处更有可能走上的是不同的道路，创造出不同的现实。在这样的地方，"正规"将很可能永远无法打败"非正规"，甚至无法与之对抗。那些城市在很大比例上将继续由不为城市当局所了解，或互相之间也不了解的社群自行管理。他们将继续建设既巧妙又不为人知的建筑和社会系统。在"全球化"的控制下，他们将继续保持陌生和野性。

在我描写的这个地方，连想象集权管理这样的概念都很难，然而创造了巴黎和纽约的正是这一概念。我们必须记住，早在集权成为政治原则之前的几个世纪，西方就已经做好了准备。因为关于它的所有想象都来自犹太—基督教对神的看法：善良、全能、全知，还有最重要的——独一。因此，这种政府的模式在出现前已经为基督教社会所熟悉——它是对普遍存在的灵性假定的一种世俗阐释，接受这样的权威并不需要任何形而上意义上的转向。我所在的地方却并非如此，甚至很多最西方化的市民都认为，西方国家单一的视角过于迂腐而令人疲惫，他们在印度大量更加矛盾的当权机构中得到了解脱。

但也许，这些神学考量是无关紧要的，重要的是另一项更加基本的事实，即新德里进入西方全球化地带的时刻，正值国家权力普遍式微之时，甚至在西方也是如此。纽约的崛起恰逢中央集权在所有富裕国家中日益盛行，但现在，有迹象表明这种情况已经结束了。穷困的西方行政主管部门越来越无法从企业和金融精英们那里获得收入，在这个跨国时代，这些人轻易地就在策略上比他们更胜一筹。行政主管部门越来越多地交出早先的职能，并与他们在拥有更大权力和盈余的年代里的投资日益背离。这是这个时代的要旨。在德里事情似乎确实在朝反方向发展。当代德里的故事中，各个群体逐渐背离其与中央集权的传统关系。无论在哪个社会阶层，几乎没有人相信政府能解决自己的问题。穷人与国家之间有着最直接和必然的关系，但在城市中，很多人已经与行政管理者对抗了多年，并且对管理者的期待只是"不要管他们"，让他们自己建设自己的街道、房屋和社群。中产阶级和国家所做的事情之间几乎没有关系——他们不希望为国家付出，也不期待从国家那里得到什么。理想情况下，他们会把自己与这个国家的宽阔洪流隔绝开来，并以尽可能私有化的方式存在。于是，他们跑去各种"公司城市"，付钱给公司让其提供道路、公园和人身安全。同时，许多非常富有的人控制了政治家和政治程序以服务于自己的目的，而不是反过来。他们已经设计了一套商业系统，其速度和效率源于其绕过并制服了国家的掌控权和独立性。

有些人会问，这些富人是怎么了？难道他们不能用自己非凡的影响力建立机构和基础设施，将德里动荡的能量组织起来，从而更好地滋养未来吗？事实上，在寡头时代很多人觉得只有超级富豪才拥有建造持久而重要之物所需的权力和活力。但这个问题的背后同样是20世纪的纽约。人们记得音乐厅、图书馆、博物馆、大学、公共住房和其他所有由纽约"镀金时代"精英建造的东西，他们想知道德里的新贵什么时候会担当起这样的角色。但那些不顾一切的资本家对扶持自己城市和社会的惊人冲动不可能再次出现在德里富人身上。部分原因在于，这些富人是由一群去地域化的精英组成的——就像当今所有地方的富人一样。

如果说20世纪早期的纽约贵族用自己的金钱建造了图书馆和歌剧院，那是因为他们对于"成功"的概念里有一点至关重要，即他们的城市要和欧洲最伟大的城市相媲美，甚至超过它们。纽约不仅是他们获得收入的地方，还是他们生活的剧场，是他们到来的签名。他们将创造一个"新世界"，超越旧世界。他们不会把自己的儿子送到世界的另一头，在发霉的牛津或剑桥学习，他们会建起崭新的、更优越的美国学府。他们全神贯注于弥补自己在基础设施和人口水平上的"落后"，因为这是他们对自己的怠慢。

但与一个世纪前的美国精英相比，今天的全球精英对所在地区乃至所在国家的投资都要小得多。德里之于它的超级富豪，不像纽约之于其早年的主人，并不具有头等的重要性——它只是他们积累收入的地方，他们几乎没有什么意愿要把它变成一件城市杰作。他们没有这样的需求，因为他们已经习惯把全世界现有的资源当作自己的。他们并不需要为自己建造伟大的大学，因为这些大学已经为他们建好了——在美国。

这样的感觉并不局限于德里，它适用于所有地方的精英。德里的精英和巴黎、莫斯科、圣保罗的精英一样，他们都在伦敦有房子，孩子在美国受教育，到圣特罗佩度假，在洛桑就医，并把钱放在海外。大量私人财富回头投入一个地方（"我们的地方"）的需求和关注的情况，不再有了。这里没有，其他地方也没有。

或许，我们也可以不仅在空间的意义上，还可以在时间的意义上谈论变化。建设伟大的工程需要对未来有极大的信心，而信心在任何地方都在减少。虽然资本主义的投资和回报周期一直都压制着所谓的永恒，但不知何故，其最残酷的阶段（比如美国奴隶制时期或者欧洲帝国主义时期）反而对未来保持了更慷慨的态度，为世界提供了学校、医院、博物馆、图书馆、大学、公园、公共场所，并持续塑造着今天仍然存在的重要系统。但在欧洲和美国现在所建立的文化机构或学府中，很少在建立时便会考虑和想象其能持续（比方说）两千五百年。在这方面，当代德里再次符合了一般情况。

有些地方的历史断裂的程度较轻，而若是这些地方的某些机构得以蓬勃发展几百年，则它们往往能够逐渐获得全球性的重要意义，部分原因是其包含的时间幅度罕见地广阔。即使在德里这种具有侵略性的现代城市，有资源和野心的人还是会把孩子送到往往已经发展了四个世纪（哈佛），甚至八个世纪（牛津和剑桥）的大学。这种做法不只是为了"品牌"，而是出于一种认识，认为个体发展的一些方面需要沉浸到比大多数现代生活还要宏大得多的时间流里。学习是其中的一个方面——我们在直觉上就知道，古老的学术机构所拥有的东西不是一夜间就能获得的。但对自己的时代，我们也知道，运用前人成果所得到的成就，远胜于自己去为未来奠基。从这个意义上来说，德里的短视行为及其不断加速的发展——每个人都试图在整个资源耗尽前拿走任何拿得走的东西，不只是德里的问题。确实，这个问题的后果在德里这样的地方表现得最为明显。在这里，前现代的机构被暴露无遗，于是无法阻挡 21 世纪景观的视野。但这是一个全球体系的问题。只有当我们恢复对于"永恒"的感觉，并不再受制于已被所有人接受的当代思想和情感进程，这个问题才有可能被避免。

如果从全球角度看，德里是个有意思的城市，不过这并不是因为它是一个正在迈向成熟的城市案例。它的有趣之处在于，它已经成熟了，不过它的成熟看上去一点也不像我们在过去被引导、期待的成熟全球城市的样子。这座城市的公共空间破碎不堪，穷人们密集地住在全世界最宽阔而人口最稀疏的区域旁，那些区域里的阶层奋力想把自己从这个城市的可悲状况里拉出来，进入一个更加可靠并自给自足的世界，那里有私人电力供应和私人安保——这不是世界历史的倒退，而是世界的未来。

看着当代德里就是在看全球21世纪症状最显眼、最前卫的形式。19世纪和20世纪资本主义的中心仍将在一段时间里继续其势头，但从这些中心本身，我们无法理解从德里那儿了解到的东西——21世纪是一种多么奇怪和令人不安的现实，而我们都朝着这种现实迈进。

阿努帕姆和我，沿着其河岸行走的河流是极其宏大的。这条河源于世界屋脊喜马拉雅山，它向着东南奔腾了一千多公里，经过德里和阿格拉，汇入和它并行的姐妹河，即另一条源于喜马拉雅的伟大河流——恒河。在剩下的路程里，恒河带着它穿越印度次大陆，最终流入孟加拉湾。

这两条河流之间肥沃的冲积平原孕育了古老的吠陀文化，产生了《摩诃婆罗多》这样的成就。据说，处于这首史诗中心地位的古鲁格舍德拉战役就发生在德里北部几百公里处的亚穆纳河岸边。两条河流交汇的地方就在阿拉哈巴德外，那里有壮丽动人的自然景色：亚穆纳河的黑色河水与恒河明亮的河水奔跑着互相追逐，两股独立的水流并行地在盆地流过几公里后，其色调终于融合到一起。每十二年，数以千万计的人会聚集在这个地方参加大壶节（Kumbh Mela），全世界最大的宗教集会之一，其核心活动就包括在这两条神圣河流的交汇处进行浸入仪式，从而使灵魂获得净化。

两者之中，亚穆纳河拥有更细腻美丽的传说。"亚穆纳河"这个名字与"Yami"同源。根据《梨俱吠陀》记载，亚马（Yama）和亚米（Yami）是太阳神生下的双胞胎，也是第一批凡人。亚米对她的哥哥充满了欲望，并试图说服他一起生孩子来繁衍地球的人口。亚马非常恐惧，他宁愿选择死也不愿意乱伦。由于他没有后代，所以无法从死者的世界中被解放出来。他成了死神，管理着所有凡人的寿命。在某些描写中，他是一个可怕的、报复心强的人物；在另一些描写中，他是一个悲剧人物，永远哭泣着执行自己痛苦的任务——将生者的性命夺走。

亚米也哭泣——为了曾唾弃她，并且现在再也见不到的哥哥——这些充满了兄妹情的眼泪就变成了流淌的亚穆纳河。这条河的河水生于悲伤，拥有吸收世界上罪恶和悲伤的力量，神和凡人在河水里游泳洁净自己的厄运，于是河水变得比欢快的恒河更暗沉。亚米的悲伤仍在继续，因为她爱上了克利希那神。他在她身边出生，儿童时代在她的河水里玩耍，在她树木繁茂的岸边谈情说爱，在她身边宣讲其伟大的哲学论述（《薄伽梵歌》[*Bhagavad Gita*] 重述了这些论述）。但最终，克利希那神抛下了她，继续往别处舞蹈。因此，亚穆纳河讲述的是女性的哀愁——关于对爱情、满足和完美男性的未获满足的欲望。

阿努帕姆和我已经走了很长的路，白天的暑气已经消退。我们沿着高架的路线，视线里常常很久都看不见河流。我们头顶上正在建造一座天桥：起重机将巨大的混凝土段举起放入位。

"我们现在在城市北部，"阿努帕姆说，"你会看到瓦吉拉巴德，英国人在那里用水坝拦住了河流。"

我们翻越了路边的障碍，朝着河走去。岸边有一座都是棚屋的镇子，还有几块农田。我们来到一条又宽又臭的水渠边。

"这是流入这条河的最大一根污水排水管。所有德里北部的污水都从这里来。这条水渠的承载量非常大。要我说这有六七米深。"

这条水渠里的水都像奔腾的焦油，接触河岸的地方，植被都枯萎了。阿努帕姆和我都因为烟雾咳嗽起来。这种气味很特别，不是单纯的人类排泄物，虽说这是它的底色。里面还有一股浓重的蔬菜味和冲鼻的化学品味道。

"你想听一些关于这个排水渠的事吗？莫卧儿人建的运河现在汇到这条排水渠中。那条运河从一百多公里的地方带来水晶般清澈的水,也是莫卧儿皇帝曾经在他的宫殿喝的水。而现代水务管理人员想不出该拿这些水怎么办,所以他们就把这水排到这个水渠里,这样水就可以流回亚穆纳河。最近我和水务委员会开会,把这件事告诉他们,委员会的负责人说'这不可能'。我坚持说是这样的,他让工作人员去查,结果他们回来对他说,'这是真的,长官'。这太疯狂了,因为我们在这里迫切需要的不是水,而是干净的水。然而有了干净的水,我们却在没有任何人使用之前就把它和污水混到了一起。"

我想起18世纪诗人米尔的一句诗:"我哭泣的眼睛像一条运河,我被毁坏的心脏像这座城市德里。"

我们爬上一堵墙,低头看着污水流入河水,两条水流的大小相当。在下游,黑色的亚穆纳河与浅色的恒河交汇处,两条河流会互相提防地纠缠一段;而这里的亚穆纳河是浅色的,城市的污水是黑色的——这两种颜色在我们脚下并行流过。

"那边,另一边,你可以看到大坝。从这里的上游,你可以看到所有输送干净水进入城市的管道,水会在城市里进行处理并分配出去。来自城市的污水回到河水中,大多未经处理。这是第一条污水渠——如你所见,离大坝的南面只有几百米。朝南走,还有更多这样的水渠把污水送入河流。污水里有许多固体废物,这就是水位不断上升的另一个原因。这条河越来越淤塞了。"

人在这里呼吸很困难,我们走回路上。

"现在你明白为什么河是这样的了吧。"他说,又爬回去翻过了栏杆。我们已经走了好几个小时,他还是像出发时那样灵活有力气。"这就是德里送到河里的破烂,这就是从这里开始向南所有城市看到的河的样子。马图拉(Mathura)的河水被污染了,那里是克利希那神的出生地,每个人都像他那样去河里洗澡。阿格拉的河水也被污染了,那里的泰姬陵建在这条河的河岸上。只有阿格拉再向南,在昌巴尔河(Chambal River)汇入亚穆纳河的地方,河水才又变得干净。昌巴尔河是另一条巨大的河流,冲走了所有从德里来的污水。"

阿努帕姆能看出,我被刚才的景象惊呆了,他笑起来。

"你不用觉得沮丧,"他说,"人类在地球上的时间很短,不到十万年。而他们在这个地方只有几千年。他们自己的生命非常短。确实,我们通过技术聚集了力量,非常迅速地破坏了这条河。这样的事在我们的有生之年发生了,这让人很难过。这本不应该发生。但这种破坏不会持续很久。这座城市在和这条河流作战,但这条河流已经在这里几百万年了,德里不可能赢得这场战斗。当德里不复存在时,亚穆纳河仍会流淌,而且它会再一次变得清澈。看到这种破坏确实心痛,但从来没有让我沮丧。这条河以后会受到照顾的。当然这不会发生在我有生之年,但我没有自大到去想象一切都必须在我还活着的这么短时间内发生。会发生的,那就够了。历史很长,我们只是其中的一小部分。"

对于世界的大部分人口来说,21世纪是一个越发贫困和迷失的时期,几乎没有为他们的境况提供任何力量和灵感来源。许多人用如此惊人的力量抓住21世纪的原因恰恰在于,他们被自己在20世纪的悲惨遭遇用导弹般的力量射入了21世纪。他们在20世纪的经历不同于欧美人,制造的并不是乡愁。今天全球资本主义被来自许多地方的战士攻占,对这些人来说,过去已被切断,因此,为了找到一个家,他们就必须征服未来。

本书讲述的故事中,一个拥有炫目财富和复杂文化的地方被殖民政权接管,财富和文化遭到动摇并被推翻,巨大的权力斗争导致了一场种族灭绝的灾难。还有一个后殖民政府着手开始一个大规模的经济工程项目,却最终让自己疲惫不堪,并让路给了充满活力的自由市场反弹力量。这个故事只要稍加变化,正是这个世界的近代史。今天,在两百多个独立国家中,大约有一百四十个是1900年后成立的,多数是从二战后的西欧帝国中独立出来的——比如印度,或者是 1989 年之后从苏联集团中独立出来的。这些国家大多会在本书的篇章中找到某些属于自己的历史。我的故事是德里的故事,也是全球大多数人的故事。这并不是一个非凡的故事。这是我们这个时代最普通的故事。

直到最近,完全成熟的市场社会仍然主要存在于美国和西欧这些地区,这些地区一开始就在现代资本主义的发明中发挥了最大作用。而在过去几个世纪,这些地区已经能够在社会和其动荡的后裔之间达成某种和解。他们克服了推广唯物主义和贪婪时的道德反感,发展出一套哲学基础,让人感到市场社会是一种正确而有意义的存在。

他们建立了超市场的社会机制来缓解市场本身造成的某些对人类更可怕的摧残。例如他们对市场支配设置了限制,以确保穷人和病人的福祉,或是保留了闲暇时间和文化的完整性。虽然当资本主义发展的波涛横扫他们的人民时,他们都经历了巨大的社会暴力和痛苦(维克多·雨果和查尔斯·狄更斯为这些尝试提供了不朽的寓言故事),但这些社会继续"拥抱"资本主义,继续相信其良性的潜力,继续觉得它总是会朝向新的和更好的结局。

20 世纪末突然被领进全球资本主义的亿万富翁们从来没有达到过上述历史情况。事实上,他们中的大多数人在 20 世纪大部分时间里被告知,全球资本主义是万恶之源,他们永远不应该屈从于它。这不是他们要塑造或管理的系统——这个系统是外国人创造的,那些传统上被认为是无情、没有灵性的帝国主义者。而 20 世纪末的富翁们对于这个系统是什么,要怎么用,能为他们做什么,则有着完全不同的感觉。他们往往带着巨大的兴奋和热情进入这个系统,同时也带着极大的忧虑担心这个系统只会带来不幸,担心它会破坏太多东西,担心它会让他们像那些西方人——那些人的贪婪和缺乏价值曾是这个系统如此重要的道德保证。事实是,在资本主义面前,他们选择了比西方人更完全地投入和否定自己；事实是，他们带着非常不同的宗教和哲学历史来到了资本主义面前。这一系列事实使得用西方的过去来解读他们的未来不再可能。很明显，他们会找到非常不同的方式将资本主义容纳到他们的社会结构中，这样他们就将改变资本主义制度本身的性质。

除了这一切以外，许多地方将其社会中还未被很好处理的巨大历史创伤遗产带到了全球面前。许多创伤已经对经济身份产生了深刻的影响，影响着对陌生人和合同的信任和怀疑，影响着对于财富和贫穷、私人和公共财产的概念。因此，有充分的理由相信，这些遗产将大量涌入全球系统的运行中。

我们已经习惯于承担犹太大屠杀的全球性力量，在大屠杀发生的那一刻，这种力量就开始塑造世界的政治、经济和文化。但许多其他事件，比如印巴分治，也是"全球性的"事件，只不过在很长一段时间内影响大多局限于其发生的地方，并且其内部轮廓对于世界的其他地方来说依然是模糊晦涩的。除了印巴分治……还有如巴西军事独裁统治这类事件对农村生活造成破坏，并带来城市化冲击。……许多最基本的事实仍然含糊不清，所以不可能说清它会对那些幸存者和他们的后代产生什么样的影响，而这些人现在正与资本主义非常不同的经济稀缺性和丰富性发生密切的互动。随着这些旧日的事件在全球空间里姗姗来迟地引爆，它们将成为世界历史的一部分。像犹太大屠杀一样，到处都有学校把这些作为"我们的"历史来教授。整个世界将继承它们所带来的震撼。

全球资本主义范围的急剧扩张会深刻地将其改变。很显然，事情会变得疯狂得多。许多进入全球资本主义的新中心已经准备好了战争，而不是和平参与，其中许多中心对"社会"概念的信仰严重受损。并且，当世界上许多最紧迫的问题需要全球社会集体行动的时候，这些战士将发挥什么样的作用是完全不确定的。很明显，这个"全球社会"的建立，将需要世界各国人民和不同文化之间有巨大的共情。只有这样,大批的新来者才能感受到是在投资这个系统本身,才能感受到这不是一场赢家通吃的骗局(其中唯一合理的目标就是加入剥削者的小团体,而不是成为被剥削的大众)。

但同样明显的是,这个系统的经验和哲学基础将随着这些新成员的到来被大大拓宽,这些新成员还没有失去其对资本主义的陌生感。单单这一点就一定会产生出激进的新见解和远见。这确实可能引起世界文明一次划时代的繁荣——无论如何,文明的创新和精致化是系统实现其乌托邦潜力,而非带来末日灾难的前提。

还剩最后一处阿努帕姆想带我去看的地方。我们继续从瓦吉拉巴德大坝的位置往上游走,视野里看不见水了。阿努帕姆问人们怎么去他正在寻找的地方,每个人都指向不同的方向。要找到这条大河竟然这么难,实在是很奇怪。

"我已经二十年没来这里了,"他说,"每样东西都变了。上一次我来的时候,这些都不存在。"我们走到一条繁忙的路上,这条路应该会通往他要去的地方。坑坑洼洼的道路正在重铺。一辆水车在往一台水泥搅拌机里注水——像所有运水的卡车那样,这辆车也是每一个角落都在漏水,搞得路面都被淹了。我们到了路的尽头,翻过一堵墙。一个男孩子正在焚烧一个泡沫床垫,好从里面的弹簧回收钢丝。泡沫的火焰烧得很旺,使整个地方都弥漫着有毒的黑色烟雾。阿努帕姆用手帕捂住了嘴。

我们站在一块类似荒地的地方,这里正在建一排砖瓦房。建设工作似乎已经被遗弃了几个月,金色的草有三米高,兴高采烈地从未完成的长方形结构里冒出来。晾衣绳挂在树木之间,地上都是没用过的砖块。

"这里整个区域都是漫滩,"阿努帕姆,"所有这些房子到了雨季都会被洪水淹掉。这就是在此之前没有人在这里建房子的原因。但土地已经变得太有价值了,人们甚至在这种一年中有部分时间不适合住人的地方造房子。"

我们能看到远处的河。我们穿过坚硬的土地。几段古老的石柱躺在那里，一半埋在地下。又经过了几座小型寺庙，然后，亚穆纳河出现在我们面前——蔚蓝、宁静、气势恢宏。

看着它，我惊讶地喘不过气来。

"是的，"阿努帕姆带着理解说，"谁都无法相信这条河能是这样的。"

这不是我们溯流而上一整天看到的那条浑浊的黑色沟渠，这是那条原始的河流，清澈而丰饶。

从任何意义上来说，我们都站在德里"之前"，在这条河流与城市相遇"之前"，在这座城市还没有出现"之前"。

男孩子们在水中开心地扑腾，成群结队的黑水鸡滑过水面，划艇泊在河岸边，那里你能看到往下两米深的水。河的中间有一片金色的芦苇。对岸肯定有几公里之遥。亮蓝色的翠鸟在树上尖着嗓子叽叽喳喳地叫着，树木带着一股渴望倾俯在水面上。一名妇女在用一个塑料筒打水。

我们在台阶上坐下来，看着河水。附近有一群男人在一棵菩提树下玩牌。其中有一位是裸体的娑度（sadhu）*。

"我不知道他们为什么要造这些寺庙，"阿努帕姆，"这是纯粹的侵略：某些商人认为自己需要在亚穆纳河旁边有一个神龛，于是给了某个官员一点钱，获得许可在这里建庙。如果神会喜欢来逛这种丑陋的东西，我会很惊讶的。"

他接着补充说，"不过这些庙也会不复存在的。河水会做这件事的。"

我们所在之处是一个河口，由于水面的关系，这里的声音听上去很清晰。鸟儿的叫声传到很远的地方。

---

* 印度教圣人，尤指离群索居的苦行僧。

视野是开阔的，令人有一种解脱感。我意识到，这座人口稠密的城市其内在的情感和故事让我自己有多疲累。我已经忘记了"广阔"的感觉。在这个大都市里，每件东西都是巨大的，从某种程度上来说，这使得人们很少有机会看到超越街对面范围以外的东西。一切都被挡住了。你的眼睛忘记了要怎样聚焦于"无穷"。

"我很高兴你能看到这个地方，"阿努帕姆说，"现在你明白德里为什么要建在这儿了。这是地球上一处美丽的地方。"

致谢

与出现在本书中的人谈话是我生命中最棒的经历之一。为了保护他们的隐私,我隐去了他们的真名,因此我的致谢词也必须保持匿名;尽管如此,我真诚地感谢他们中的每一个人,感谢他们讲述自己经历时的坦率和热情。

我也感谢我的父母,与其说是因为他们与我分享了自己的故事,不如说是为了他们当初生活的勇气。

《资本之都》的成书归功于与许多朋友和熟人进行的讨论,他们给了我灵感。以下是一份必定不完整的名单:

Moushmi Basu, Gautam Bhan, Gautam Bhatia, Shalini Bhutani, Arani Bose, Eisha Chopra, Taru Dalmia, William Dalrymple, Puru Das, Veena Das, Sapna Desai, Ashish Dhawan, Raseel Gujral, Satish Gujral, Pankaj Vir Gupta, Deepti Kapoor, Raghu Karnad, Bharti Kher, Martand Khosla, Romi Khosla, Nadine Kreisberger, Siddhartha Lokanandi, Diya Mehra, Pratap Bhanu Mehta, Anurag Mishra, Rajat Mitra, Geetika Narang, Reena Nath, Nandan Nilekani, Ritesh Pandey, Basharat Peer, Gary Reid, Pradip Saha, Vivek Sahni,

Aditi Saraf, Chiki Sarkar, Jonathan Shainin, Abhishek Sharan, Sher Singh, Ayesha Sood, Jyoti Thottam, Madhu Trehan 和 Ashutosh Varshney。

在用印地语进行采访时,米合尔·潘迪亚(Mihir Pandya)的表现远远超出了一名称职口译的范畴。

迪帕克·梅塔(Deepak Mehta)和阿希斯·南迪(Ashis Nandy)是我的导师,他们用智慧启迪了我的灵感。我还从以下几位有远见的建议和慷慨的贡献中获益匪浅:阿西什·马哈金(Ashish Mahajan)、坎塔·穆塔里(Kanta Murali)、阿伊莎·普努瓦伊(Ayesha Punvani)和阿南德·维韦克·塔内加(Anand Vivek Taneja)。我尤其感谢最后一位。

感谢布里戈帕迪·辛格(Bhrigupati Singh)和普雷纳·辛格(Prerna Singh)在智识或其他方面的陪伴,一如既往地,他们是一切的基础。

没有我了不起的女儿阿玛莉娅(Amália),我根本无法写出《资本之都》。谢谢你,谢谢你,我的爱。

注释

1. Vivek Narayanan, 'In the Early Days of the Delhi Metro', 2005, in Sudeep Sen (ed), *The HarperCollins Book of English Poetry* (HarperCollins India, 2012), p. 528.
2. Mike Davis, *Late Victorian Holocausts: El Niño Famines and the Making of the Third World* (Verso, 2002), pp. 9–21.
3. Jawaharlal Nehru, *Soviet Russia: Some Random Sketches and Impressions* (1928), p. 3.
4. *New York Times*, 29 June 1991.
5. 1000万美元对加里·温特来说确实不算什么钱，他当时是美国收入最高的经理人之一。认识拉曼·罗伊的后一年，他向前妻劳纳支付了2000万美元作为离婚费。2000年，他成为金融服务巨头Conseco的主席和首席执行官，成为全美为数不多的年薪过亿的高管。加入这家公司后，他首先做的几件事中，就包括将Conseco所有的后台运营工作全都外包给了印度。
6. 采访过后几个月，曼尼什·阿若拉和帕科·拉巴纳因未公布的原因分道扬镳。
7. *The Hindu*, 12 April 2011.
8. Akash Kapur, 'How India Became America', *New York Times*, 9 March 2012.
9. 引自'Clinton Urges Indian High-Tech Leaders to Help Poor', *Washington Post*, 25 March 2000.
10. 'Obama's Passage to India: What He Needs to Do', *Time*, 2 November 2010.
11. 'The Prize is India', *Newsweek*, 20 November 2009.
12. 例如克利希那·索布蒂（Krishna Sobti）1966年的小说《可恶！米洛》（*Mitro Marjani*，自印地语译成的英译本名为 *To Hell With You Mitro*）。书中刻画了一名颇有感官欲望的女性，其对于性的贪婪给丈夫家造成了许多破坏。正是她的婆婆站在了她的一边，面对家中男性成员（包括她儿子）的攻击，以女性的团结维护她。

13. Partha Chatterjee, 'The Nationalist Resolution of the Women's Question', in Kumkum Sangari and Sudesh Vaid (eds), *Recasting Women: Essays in Indian Colonial History* (Rutgers University Press, 1990), pp. 237–9.
14. 感谢阿南德·维韦·坦哈（Anand Vivek Taneja）翻译此段。
15. 选辑自艾玛·罗伯茨两本书中对德里的描写，见 *Scenes and Characteristics of Hindostan with Sketches of Anglo-Indian Society* (1835) 和 *Views in India, China and on the Shores of the Red Sea* (1835); 拼写已改为现代英语。
16. 感谢巴沙拉特·皮尔（Basharat Peer）推荐并翻译这首诗。
17. 1857 年的信件引自 Ralph Russell and Khurshidul Islam (eds), *Ghalib 1797–1869: Life and Letters* (Oxford University Press India, 1997), p. 148.
18. 1861 年的信件引自 Russell & Islam, *Ghalib*, p. 252.
19. 引自 Malvika Singh and Rudrangshu Mukherjee, *New Delhi: Making of a Capital* (Lustre Press, 2009), p.22.
20. Guido Gozzano, *Journey Toward the Cradle of Mankind*, translated by David Uarinelli, 1913 (reprinted Marlboro Press, 1996).
21. 引自 Singh & Mukherjee, *New Delhi*, p. 22.
22. Khushwant Singh, 'My Father the Builder' in Maya Dayal (ed), *Celebrating Delhi* (Penguin, 2010), pp. 2–11.
23. 感谢巴沙拉特·皮尔英译了欧贝罗伊上校的诗歌。
24. Urvashi Butalia, *The Other Side of Silence* (Penguin, 1998), p. 3; 后文中的历史性概括同样参考自此书。
25. 见 Pavan K. Varma, *Krishna: The Playful Divine* (Penguin India, 1995), pp. 61, 206 and note 19.
26. Veena Das, *Life and Words: Violence and the Descent into the Ordinary* (University of California Press, 2007), p. 23.
27. Das, *Life and Words*, p. 29.
28. 'What Makes Delhiites Kill?', *Hindustan Times*, 10 January 2010.
29. 'Confession of Vikas Before Cops', *Times of India*, 29 May 2008.
30. 为保护隐私，此处由两段独立的采访改编而成。
31. 引自 Marshall Berman, *All That is Solid Melts into Air: The Experience of Modernity* (Verso, 1983), p. 88.
32. 随着商业连锁咖啡店的出现，印度咖啡屋的收入减少。2011 年，该店宣布无法支付房租，并将歇业。《印度斯坦时报》的报道中，该店的历史被少算了十多年："四十二年后，太阳终将于印度咖啡屋落下。" *Hindustan Times*, 14 July 2011.
33. Philip Bowring, 'Maoists Who Menace India', *New York Times*, 17 April 2006.
34. *Delhi Human Development Report*, Oxford University Press New Delhi, 2006.
35. 'Parents of Nithari Kids Claim to Have Seen Dr Amit Kumar at the Infamous D-5 House of Pandher', *Midday*, 11 February 2008.
36. 引自 N. 兰加拉哈恩医生（Dr N. Rangarajan），teesutalk.blogspot.in.

37. 引自 'Inside Nithari Killer's Mind: "Would Watch Girls Come In, Even I Felt the Urge"', *The Indian Express*, 12 October 2009.
38. 引自 'Nithari Murder: SC Upholds Death Sentence for Koli', *The Indian Express*, 16 February 2011.
39. 'Portrait of Evil', *India Today*, 22 January 2007; 关于尼萨里案的大部分细节都出自这篇文章。
40. 引自 'Portrait of Evil', *India Today*, 22 January 2007.
41. 感谢拉古·卡纳德（Raghu Karnad）提供这段轶事。
42. S. Mulgaokar, 'The Grimmest Situation in 19 Years', *Hindustan Times*, 3 November 1966, quoted in Ramachandra Guha, *India After Gandhi: The History of the World's Largest Democracy* (Pan Macmillan Delhi, 2008), p. 415.
43. Guha, *India After Gandhi*, p. 569.
44. Das, *Life and Words*, pp. 113–4.
45. Das, *Life and Words*, p. 168.
46. 'Key Players in Bofors Scandal', *India Today*, 28 April 2009.
47. Michael Walton and Aditi Gandhi, 'Where Do India's Billionaires Get Their Wealth?', *Economic and Political Weekly*, 6 October 2012, pp. 10–14.
48. 'Lok Sabha Polls to Cost More than US Presidential Election', *Mint*, 1 March 2009.
49. Dev Kar, 'The Drivers and Dynamics of Illicit Financial Flows from India: 1948–2008' (Global Financial Integrity, Washington DC, 2010).
50. Pranab Mukherjee, 'Black Money: White Paper' (Ministry of Finance, New Delhi, 2012).
51. 谈话发生于2010年，当时俄罗斯寡头鲍里斯·别列佐夫斯基正流亡于英格兰。2013年3月，他被发现死于英国伯克郡（Berkshire）的家中，死因可能为自杀。
52. 摘自DLF企业网站（2010）。
53. 'Guptas in Spotlight over South African Dealings', *The National*, 19 March 2011.
54. 'Guptas', *The National*.
55. 'The Gupta Interview: A Peek Behind the Sahara Curtain into the "Gupta Desert"', *Business Day*, 4 March 2011.
56. 'The State of the World's Children' (United Nations Children's Fund, 2013); 'Delhi Development Report' (Planning Commission, Government of India, 2013).
57. 'Sprinting to Disaster', *India Today*, 25 September 2010.

许可声明

我们已经尽可能地找到了版权持有者,并获得了使用版权资料的许可。出版社对任何错误或遗漏表示歉意,并会对告知在新版中应该进行的修正之处表示感谢。

题记出自《蒙哥马利城兴衰记》(*The Rise and Fall of the City of Mahagonny*),作者为库尔特·魏尔(Kurt Weill)和贝托尔特·布莱希特(Berthold Brecht),© Kurt Weill & Berthold Brecht, Bloomsbury Methuen Drama。

库什万特·辛格(Khushwant Singh)撰写的《我的建筑师父亲》("My Father the Builder"),摘引自《赞颂德里》(*Celebrating Delhi*)一书,已获得出版方企鹅印度(Penguin Books India)和编者马拉·达亚尔(Mala Dayal)的许可。

对瓦什·布塔利雅(Urvashi Butalia)著的《沉默的彼面:印度分裂的呼号》(*The Other Side of Silence : Voices from the Partition of India*)一书之引用,同样获得了出版社企鹅印度与编者马拉·达亚尔的许可。

引自微依那·达斯(Veena Das)的《生命与言辞:暴力与坠

入其中的日常》(*Life and Words: Violence and the Descent into the Ordinary*),由加州大学出版社(University of California Press)出版,© 2007 Regents of the University of California。

引用的《甘地之后的印度:世界最大民主国家的历史》(*India After Gandhi: The History of the World's Largest Democracy*)一书,作者为拉马钱德拉·古哈(Ramachandra Guha),由 Pan Macmillan 于 2007 年出版。

第十七章题记引用并改编自说唱艺人德里·苏丹,并得到其善意的许可。

印度和德里的地图为原书插图,获得了绘制者杰米·惠特(Jamie Whyte)的许可。

索引

（按汉语拼音顺序排列，页码见本书边码）

A

阿尔蒂［假名］（Aarti）99-110

阿卡利党（Akali Dal party）332-33

阿拉丁·汗（Allauddin Khan）29-30

阿兰达蒂·洛伊（Arundhati Roy）42

阿米尔·胡斯劳（Amir Khusrau）158

阿米特［假名］（Amit）99-110, 320-28

阿米特·库玛尔（Amit Kumar）280

阿尼尔［假名］（Anil）143-48

阿努拉格［假名］（Anurag）407-20

阿努帕姆·密斯拉（Anupam Mishra）422-33, 441-43, 446-48

阿塔尔·比哈里·瓦杰帕伊（Atul Bihari Vajpayee）329

埃比尼泽·霍华德（Ebenezer Howard）167

埃德温·勒琴斯（Edwin Lutyens）167

艾玛·罗伯茨（Emma Roberts）151-54, 195

B

巴尔斯瓦定居点（Bhalswa Colony）236-52

　　安置工人（resettlement of workers to）237-39, 243-45

　　布局设计（layout of）239-40

　　毒品和酒（drugs and alcohol in）247

　　交通不便（inaccessibility of）251-52

　　垃圾包围（trash surrounding）236

　　缺少饮用水（lack of drinking water）240

　　失业的男性（unemployed males in）246-47

　　学校不足（lack of schooling）241

　　淹水（flooding in）240

　　政府宣布其非法（declared illegal by government）247-50

巴哈杜尔沙·扎法尔（Bahadur Shah Zafar）149

巴基斯坦（Pakistan）186-88, 313, 316

巴捷特［假名］（Baljeet）288-92

波西米亚和亚文化（bohemian and alternative culture）39-43, 81-84

博福斯丑闻（Bofors scandal）344

《薄伽梵歌》（Bhagavad Gita）441

包办婚姻（arranged marriages）118-19

暴力（violence）:

　　城市暴力和全球化（urban, and globalisation）43-44

　　性暴力（sexual）43-44, 138-40, 142-48, 189-90

　　印巴分治期间（during Partition）189-91, 194

　　英迪拉·甘地遭暗杀后出现的反锡克的暴力行为（anti-Sikh violence following Gandhi's assassination）334-42

　　在德里极度激进的男子气概和暴力（hyper-aggressive masculinity and

violence in Delhi）202-6

鲍里斯·别列佐夫斯基（Boris Berezovsky）356

班加罗尔（Bangalore）318

比尔·克林顿（Bill Clinton）93-94

碧安卡·贾格尔（Bianca Jagger）42

《不扩散核武器条约》（Nuclear Non-Proliferation Treaty）94

C

查尔斯·狄更斯（Charles Dickens）444

城市暴力（urban violence）43-4

城市抗议（urban protests）272

传家宝（heirlooms）48

创意（creativity）82

重置工人（resettlement of working people）237-39

D

DLF集团（DLF）3, 64, 362, 364

达达艾·纳奥罗吉（Dadabhai Naoroji）51

大壶节（Kumbh Mela）440

大屠杀（holocaust）193-94, 445

戴夫·安南（Dev Anand）177

德里（Delhi）：
  1857年的暴动和英国的报复（rebellion against and reprisal by Britain, 1857）154-56
  1991年的自由化（liberalisation of 1991 and）36-37
  暴力行为（violence in），见"暴力"
  波西米亚和亚文化（bohemian and alternative culture in）39-43, 81-84
  法律制度（legal system in）158-59
  房地产财富（real estate wealth in）364-73，另见"房地产市场"
  德里家庭承受的压力（families, stresses on）115-33
  道路与要道（roads and thoroughfares of）17-27
  同性恋景象（gay scene）82, 90
  隔离的城市（as segregated city）16-17
  甘地时期商人迁至德里（business migration to, during Gandhi's time）317-18
  国防区（Defence Colony）177-85
  官僚（bureaucracy of）319-28
  供水系统（water system of）426-33
  咖啡馆（cafés in）80-81
  加速的变化（accelerated change in）47-48
  精英在德里的"农舍"（"farmhouse" estates of elites in）1-16
  开车进城（driving in）17-21
  历史（history of）149-56
  漫步（walking in）17-18
  莫卧儿帝国（Mughal dynasty and）150-51
  穆斯林的经历（Muslims' experience in）157-63
  强奸和性暴力（rape and sexual violence in）43-44, 138-40, 142-48
  企业资本主义对德里的影响（corporate capitalism, impact of）77-81
  全球化（globalisation and）37, 39-46, 436, 443-46
  全球化以前的生活（pre-globalisation life in）37-39
  新德里（New Delhi）150, 165-74
  新德里的房地产开发商（building

索引   413

contractors as aristocracy of New Delhi) 168-72
新德里的建筑（architecture of New Delhi）167-68
沙贾汗纳巴德［旧德里］（Shahjahanabad [Old Delhi]）150-53, 155, 167-68
社交生活（social life of）16-17
商场（malls in）117-18
印巴分治的难民（Partition refugees in）192-95
印度神话（Hindu mythology in）195-200
医疗体系（hospital care in）96-114
英国决定迁都至德里（British decision to move capital to）165-67
污水系统（sewage system of）430-31, 441-42
与纽约发展的比较（New York's development compared）434-37
亚穆纳河（Yamuna River and）423-31, 439-43, 446-48
纳迪尔沙汗的洗劫（Nadir Shah's sacking of）151
诗歌和文学中的德里（in poetry and literature）151-54
语言（languages in）173-77
作为一个成熟的城市，世界未来的模范（as mature city, exemplifying world's future）433-39
德里开发局（Delhi Development Authority [DDA]）72, 288-89, 362
德里地铁（Delhi Metro）40
《德里地铁的最初岁月》［诗］("In the Early Days of the Delhi Metro")40

地下水（groundwater）5-6, 425-26, 428, 431-32
电影（cinema）176-77
独立运动（independence movement）52
毒品（drugs）：
　巴尔斯瓦定居点的毒品（in Bhalswa Colony）247
　精英和毒品（elites and）375-78
多元文化主义（multiculturalism）41

E
俄国（Russia）316, 353, 445
　尼赫鲁的访问（Nehru visit to）51-52

F
《访问》杂志（Interview）89
法里达巴德（Faridabad）273
法里德·扎卡瑞亚（Fareed Zakaria）94-95
法律制度（legal system）158-59
房地产市场（property market/ real estate market）362-73
　2000年代后期德里房价的高涨（price increases in Delhi properties in late 2000s）404-5
　K. P. 辛格的房地产公司（of K. P. Singh）362-66
　德里开发局（Delhi Development Authority [DDA]）72, 288-89, 362
　对巴捷特［假名］的访谈（Baljeet interviews）288-91, 302-3
　黑钱（black money）325
　乔普拉［假名］的房地产事业（of Chopra）353-61, 365-66, 370-73
　在非洲和中亚的帝国主义式的扩张（imperialist expansion in Africa and

Central Asia）367-68

战士精神（warrior ethos and）366-67

非洲（Africa）366-67

费边社会主义者（Fabian Socialists）50

弗里德里希·恩格斯（Fredrich Engels）258

《福布斯》杂志（Forbes）364

富人（rich）344-96，另见"精英／贵族"

G

工厂工人（factory workers）265-66, 271

工人宿舍缺乏（lack of worker housing）273

工业化，欧洲19世纪（industrialisation, European in 19th century）270

公共行政（public administration）345-47

公文包政治（briefcase politics）317

《共产党宣言》（The Communist Manifesto）258

古尔冈（Gurgaon）3-4

 缺乏工人宿舍（lack of worker housing）273

 肾脏偷窃（kidney-stealing scheme）280

 K. P. 辛格／DLF对古尔冈的开发（Singh/DLF's development of）362-64

 业务流程外包公司（business process outsourcing [BPO] firms）64,68-69

古普塔兄弟（Gupta brothers）367-70

关系网（networking）327

光之山钻石（Koh-i-Noor diamond）151

国内生产总值（Gross Domestic Product [GDP]）399

国民大会党［国大党］（Congress Party）56, 313-15, 318, 336-37

国防区（Defence Colony）177-85

国际货币基金组织（International Monetary Fund [IMF]）56, 58, 315

官僚（bureaucracy）319-28

顾特卜塔（Qutab Minar）4

寡头（oligarchy），见"精英／贵族"

H

哈丁爵士（Lord Hardinge）166

海关（customs services）320-21

和平行动（Salwa Judum）260

黑钱（black money）：

 德里房地产市场和黑钱（property market in Delhi and）325

 对阿努拉格［假名］所做的采访（Anurag interview）408-11

 商人和政客的黑钱（of businessmen and politicians）350-52, 405

亨度嘉兄弟（Hinduja brothers）369

恒河（Ganges River）430, 440

婚姻（marriage）118-20

 包办婚姻（arranged）118-19

 媒人和网络婚姻中介（matchmakers and online agencies）119-20

 婆媳冲突（conflicts between wives and mother-in-laws）136-38

 萨克温德［假名］的婚姻（of Sukhvinder）116-32

霍米·巴巴（Homi Bhabha）54

I

IT／信息技术产业（information technology [IT] firms）62

J

"9·11"恐怖袭击事件（9/11 terrorist

attack）41, 162
饥荒（famine）313
加尔各答（Calcutta/ Kolkata）29, 166
加里·韦特（Gary Wendt）64-66
驾驶（driving）17-21
 公车、摩托车、三轮车（by buses, scooters and rickshaws）21
 汽车（by car）17-21
 交通事故死亡（road deaths and）21
 特权（privilege and）20-21
家庭承受的压力（families, stresses on）115-33
基础设施的无常（impermanence of infrastructure）23-24
杰西卡·拉尔（Jessica Lal）204
交通事故造成的死亡（road deaths）21
《教父》电影（Godfather）434
酒（alcohol）81, 247
酒吧（bars）81
建筑工人（construction workers）265-66, 276
金庙遭印度军队突袭（Golden Temple, Indian army storming of）333-34
金属生意（metal business）295-98
金钱（money）221
精神／灵性（spiritualism）：
 精神导师／上师（advisers/ gurus）380-81
 女性历史性的精神纯净（women's historical spiritual purity）140-41
 普尼特［假名］（Puneet）381-96
 全球资本主义对中产阶级造成的精神影响（spiritual impacts of global capitalism on middle classes）95-96
 西方社会中与金钱和财产相关的精神问题（Western societies reconciliation of spiritual problems with money and property）379
精英／贵族（elite/ aristocracy）344-96
 "农舍"资产（"farmhouse" estate of）1-16
 仆人（servants of）263
 房地产财富（real estate wealth）362-73
 毒品和派对（drugs and party of）375-78
 对乔普拉［假名］的采访（Chopra interview）353-61
 金钱财富上的精神问题（spiritual problems with money and wealth）378-96
私人城镇（private township of）3-4
 新德里的房地产开发商（building contractors of New Delhi as）168-72
 政商关系（business-politician partnership and）347-53
 中产阶级对精英的不满（middle class resentment of）399-407
 英国化（Anglicisation of）172-74
 与中央政权的关系（centralised authority, relation to）436-38
简柏特（Genpact）67
紧急状态（Emergency/ national emergency）328-30
经济自由化，1991年（liberalisation of 1991）36-37
 比较自由化前后的医疗（health care before and after, compared）110-14
 对农民的冲击（farmers, impact on）261

工人的谈判力量遭厂主攻击（workers' bargaining power, assault by industrialists on）266

曼莫汉·辛格宣告自由化（Singh's announcement of）49-50

战士精神（warrior ethos and）212

自由化产生的新印度寡头（new Indian oligarchy generated by）344-45

自由化以后基本资源的私有化（privatization of basic resources after）345

贾奈尔·辛格·宾德兰瓦勒（Jarnail Singh Bhindranwale）332-34

贾格莫汉·马霍特拉（Jagmohan Malhotra）330

贾哈娜拉［假名］（Jahanara）240-41, 244-45, 248-51

贾斯万特［假名］（Jaswant）338-43

贾耶普拉卡希·纳拉扬（Jayaprakash Narayan）329

贾瓦哈拉尔·尼赫鲁（Jawaharlal Nehru）50-55, 58-59, 98, 313, 317

    独立演说（Independence speech of）58, 61

    教育背景（educational background of）50

    经济计划（economic programs of）52-55

    访问苏联（visit to USSR of）51-52

K

K. P. 辛格（Kushal Pal Singh）362-66

咖啡/咖啡因（coffee/caffeine）80-81

咖啡馆（cafés）80-81

卡尔·马克思（Karl Marx）258

卡拉奇（Karachi）188

卡瓦里（qawwali）158, 206-8

柯曾爵士（Curzon）164

克里什［假名］（Krish [fictitious name]）378-78

克里希那（Krishna）199-200, 440-40

孔雀宝座（Peacock throne）151

L

拉迪亚德·吉卜林（Rudyard Kipling）138

拉尔·巴哈杜尔·夏斯特里（Lal Bahadur Shastri）313

拉尔·克里希纳·阿德瓦尼（Lal Kishanchand Advani）329

拉胡尔·卡普尔［假名］（Rahul Kapoor）212-13

拉吉夫·甘地（Rajiv Gandhi）56, 336, 344-45

拉杰·卡普尔［假名］（Raj Kapoor）177

拉凯什［假名］（Rakesh）6-16

拉克什米女神（Lakshmi）380

拉克希米·米塔尔（Lakshmi Mittal）143, 369

拉马钱德拉·古哈（Ramachandra Guha）94, 333-34

拉曼·罗伊（Raman Roy）60-62, 64-69, 351-52

    创立 Quatrro 公司（Quatrro founded by）67-68

    创立 Spectramind 公司（Spectramind founded by）67

    就职 GECIS（at GECIS）64-67

    就职美国运通（at American Express）61-62

拉梅什［假名］（Ramesh）79-80

索引

拉纳·达斯古普塔（Rana Dasgupta）：
    搬至德里（moves to Delhi）35-36
    家族历史（family history of）29-35
    警察嫖娼（police prostitution sting and）307-10
    试图拜访父亲的故乡（attempts to visit father's home）46-48
拉瓦纳（Ravana）196-98
兰吉特[假名]（Ranjit）294, 299-304
兰吉特·辛格（Ranjit Singh）169-71
劳动力（labor force）268-77
劳工阶级（working classes）236-86，另见"穷人和劳工阶级"
雷努卡湖（Renuka lake）430
《梨俱吠陀》（*Rig Veda*）440
立交桥（flyovers）23
脸书（Facebook）327
粮食短缺（food deficits）313
琳帕·哈尔达（Rimpa Haldar）282
铃木（Suzuki）10-13, 362
卢比贬值（devaluation, rupee of）315
罗摩（Rama）196-200
《罗摩衍那》（*Ramayana*）197
旅游业（travel business）302
绿色革命（Green Revolution）261, 317
宿街头者（street dwellers）21-22

M

马丁·斯科塞斯（Martin Scorses）434
马杜·柯达（Madhu Koda）305-6
马鲁蒂铃木（Maruti Suziki）10
马鲁蒂汽车有限公司（Maruti Motors, Ltd.）362
马努·沙玛（Manu Sharma）204
玛雅瓦蒂（Mayawati）347-49

曼莫汉·辛格（Manmohan Singh）49-50, 57-59, 260, 374
曼尼什·阿若拉（Manish Arora）84-90
媒人（matchmakers）119
美国（United States）316, 353
    从美国进口食物（food imports from）313
    业务流程外包（business process outsourcing [BPO]）61-67
    印美伙伴关系（Indo-U.S. partnership）93-95
美国化（Americanization）93-96
美国运通（American Express）61-62
蒙巴顿公爵（Lord Mountbatten）50
孟加拉（Bangladesh）186-87, 316, 399
孟买（Mumbai/ Bombay）16-17
孟买电影（Bombay cinema）176-77
米尔·塔基·米尔（Mir Taqi Mir）153, 442
米尔扎·迦利布（Mirza Ghalib）155-57, 160-61
米哈伊尔·加里宁（Mikhail Kalinin）52
米纳克什[假名]（Meenakshi）237-57
米努[假名]（Meenu）319-28
米奇·乔普拉（Mickey Chopra）7, 15, 353-61, 365-366, 370-73
缅甸（Burma）186-87
名声（reputation）210-12
《摩诃婆罗多》（*Mahabharata*）150, 192, 440
莫拉尔吉·德赛（Morarji Desai）315, 329, 331-32
莫宁德·辛·潘德赫尔（Moninder Singh Pandher）278-85
莫卧儿（Mughals）151-51
穆罕默德，先知（Mohammad, Prophet）4-5
穆罕默德·阿里·真纳（Mohammed Ali

Jinnah）187-88

穆斯林（Muslims）29, 155, 157-63, 184-85, 188-95

N

那纳格上师（Guru Nanak）334

纳迪尔沙汗（Nadir Shah）151

男性的阉割和激进的行为（emasculation of men, and hyper-aggressive behavior）200-206

男性结扎手术计划（male vasectomy program in）330-31

南非（South Africa）367

尼赫鲁的独立演说（Independence speech of Nehru）58, 61

尼赫鲁广场（Nehru Place）362

尼萨里谋杀案（Nithari murders）277-86

尼扎姆丁·欧里亚（Nizamuddin Auliya）157-58

纽约（New York）41, 434-37

《纽约时报》（New York Times）58-59, 93

农村社区的金融安全网（security net for rural communities）271

农业（agriculture）260-62, 271
    1960年代的粮食短缺和饥荒（food deficits and famine in 1960s）313
    改良种子（patented seeds）261-62
    绿色革命（Green Revolution）261, 317
    自由化的影响（impact of liberalisation）261

诺伊达（Noida）273, 277

女性（women）：
    传统角色（traditional role of）140-42
    婆媳冲突（conflicts between wives and mother-in-laws）136-38

    强奸和性攻击（rape and sexual aggression against）43-44, 138-40, 142-48, 189-90
    印巴分治与女性遭绑架和遣返（Partition, and abduction and return of）200-202
    职业女性（professional）134-36

O

欧克拉（Okhla）273

欧贝罗伊上校［假名］（Colobel Oberoi）179-85

P

帕吉勒提河（Bhagirathi River）430

帕科·拉巴纳（Paco Rabanne）86

排灯节（Diwali festival）196

旁遮普语（Punjabi）174, 176

毗湿奴（Vishnu）196, 199

贫民窟（slums）：
    巴尔斯瓦定居点（Bhalswa Colony）236-52
    扩张增加（growth of）274
    拆除（demolitions of）274-76, 330

婆媳冲突（conflicts between wives and mother-in-laws）136-38

仆人（servants）262-65

普拉桑塔·钱德拉·马哈拉诺比斯（Prasanta Chandra Mahalanobis）53

普拉塔普［假名］（Pratap）295-98

普尼特［假名］（Puneet）381-96

Q

Quatrro公司（Quatrro）60, 67-68

企业/公司（corporations）：

日本企业和印度产业的发展（Japanese, and development of Indian industry）10

企业文化的影响（corporate culture, impact of）41, 77-81

私人城镇（private townships and）3-4, 436

医院（hospital）96-114

业务流程外包（business process outsourcing [BPO]）60-69

企业家精神（entrepreneurship）：

业务流程外包（business process outsourcing [BPO] and）62-64

战士精神（warrior ethos）212-13

器官偷窃（organ stealing）279-81

强奸（rape）：

印巴分治期间（during Partition）189-190

在德里（in Delhi）43-44, 138-40, 142-48

乔杜里·拉赫马特·阿里（Choudhary Rahmat Ali）187

乔治六世国王（George VI, King）50

乔治五世国王（George V, King）166

穷人和劳工阶级（poor and working class）236-86

2000年以来的全球化中，从穷人和劳工阶级手中转移的财富和资源（transfer of wealth and resources from, in globalization of 2000s）37-38

巴尔斯瓦定居点的穷人（in Bhalswa Colony）236-52

城市的抗议（urban protests）272

结扎手术计划（vasectomy program and）330-31

露宿街头者（street dwellers）21-22

尼萨里谋杀案（Nithari murders and）277-86

农村社区的金融安全网（security net for rural communities）271

农业经济（agricultural economics and）260-62, 271

贫民窟的增加和拆除（growth and demolition of slum and squatter settlements）274-76, 330

平均年收入（average annual salary of）258

欠缺谈判力量（lack of bargaining power）266-67

缺少住房（lack of housing）273-74

与中央集权的关系（relation to centralized authority）436

征收农地（rural land seizures and）259-60

作为工厂工人（as factory workers）265-66, 271

作为建筑工人（as construction workers）265-66, 276

作为廉价劳动力来源（as cheap labour source）262-68

作为仆人（as servants）262-65

全球资本主义/全球化（global capitalism/globalisation）37, 39-46, 59, 95-96, 150, 436, 443-46

剥削廉价劳工（cheap labour exploitation and）267-68

城市暴力（urban violence and）43-44

对工厂工人的冲击（factory workers, impact on）266

对中产阶级的精神影响（spiritual impact on middle class of）95-96

美国化（Americanization）93-96

日常生活的紧绷（intensity of daily life and）44-45

早年的能量和乌托邦理想（energy and utopianism in early years of）39-43

全印医学科学学院（All-India Institute of Medical Sciences）98

R

《热门新闻报》（Tehelka）204

人民党（Janata Party）332

S

Spectramind 公司（Spectramind）67

撒哈拉控股（Sahara holdings）370

萨迪亚·维（Sadia Dehlvi）157, 158-63

萨克温德［假名］（Sukhvinder）116-32

萨茹阿斯瓦蒂［假名］（Saraswati）240, 242-44

萨维特里·金达尔（Savitri Jindal）143

桑贾伊·甘地（Sanjay Gandhi）274, 330-32, 361-62

沙贾汗（Shah Jahan）150-51

沙贾汉纳巴德［旧德里］（Shahjahanabad [Old Delhi]）150-53, 155, 167-68

商场（malls）95, 117-18

商业家族/商业家庭（business families）：
案例（examples of）6-16, 213-24, 227-34

家族的利益（advantages of）224-27

目标的连续性（continuity if purpose in）225-26

为了商业及家族发展所需的关系（relationships necessary for commerce, development of）9-11

战士精神（warrior ethos）212-13, 224-27

上师（guru）380-81

《十九年中最严峻的形势》［马尔高卡］("Grimmest Situation in 19 Years" [Mulgaokar]）314

《时代》周刊（Time）94

世界银行（World Bank）315

水（water）260-61
德里的水系统（Delhi water system）426-33

非法的井（illegal well）180, 431

伊勒杜密什建造水井和水槽（Iltutmish's construction of wells and tanks）5

水箱的运送（tanker deliveries of）24-25, 432

地下水（groundwater）5-6, 425-56, 428, 431-32

水槽（water tanks）5, 426, 431-33

水上公园（water parks）432

税务（tax services）320-21

私人城镇（private townships）3-4

私有化基本资源（privatization of basic resources）345-46

苏丹伊勒杜密什（Sultan Iltutmish）4-5, 158

苏菲派（Sufism）157-59

苏联（Soviet Union）51-52, 316, 353, 445

苏伦德·库利（Surender Koli）281-85

贪污腐败（corruption）312-13, 317-18
博福斯丑闻（Bofors scandal）344

官员的贪腐（bureaucratic）320-28

政商关系和贪腐（business-politician partnerships and）347-53

索引

中产阶级对贪腐的不满（middle-class resentment of）406

T

《土地征收法》，1894年（Land Acquisition Act of 1984）259, 275
土地侵占（land appropriation）259-60
土地黑手党（land mafias）259
同性恋景象（gay scene）82, 90
陀思妥耶夫斯基（Fyodor Dostoevsky）225-26
泰米尔伊拉姆猛虎，简称"泰米尔之虎"（Liberation Tigers of Talem Eelam）344
特权（privilege）20-21
特朗贝原子能研究所（Atomic Energy Establishment, Trombay）54
通用电气（General Electric [GE]）82, 90
通用电气金融国际服务集团（GE Capital International Services [GECIS]）64-68
塔塔基础研究院（Tata Institute of Fundamental Research）54

W

乌尔都语（Urdu）153, 156, 159-60, 174, 176-77
五年计划（Five-year Plans in）53-55
文化（culture）：
　　与印巴分治（Partition and）191-95
　　与英国化（Anglicisation and）172-74
　　与语言（language and）
污水系统（sewage system）403-31, 441-42
网络婚姻中介（matchmakers and online agencies）119-20
沃尔格林公司（Walgreens）67
威普罗公司（Wipro）67

维卡斯·亚达夫（Vikas Yadav）204-5
维沙·亚达夫（Vishal Yadav）204
维诺德·达姆（Vinod Dham）93
维诺德·科斯拉（Vinod Khosla）93

X

希巴尼［假名］（Shibani）99-110
希姆兰［假名］（Simran）227-64
悉达多［假名］（Siddhartha）99-110
悉多（Sita）197-98
锡克人/锡克教徒（Sikhs）29, 157, 188-89, 192, 194-95, 201-2, 332-38, 340
　　宾德兰瓦勒领导的暴动和英迪拉·甘地的回应（Bhindranwale-led uprising and Ghandi response）332-34
　　贾斯万特［假名］的访谈（Jaswant [fictitious name] interviews）338-43
　　英迪拉·甘地遭刺杀后反锡克的暴力（anti-Sikh violence following Gandhi's assassination）334-42
辛迪加（Syndicate）314-16
新德里（New Delhi）150, 165-74
　　房地产开发商成为新贵族（building contractors as new aristocracy of）168-72
　　建筑（architecture of）167-68
　　英国决定建造新德里（British decision to build）165-61
信息权力法（Right of Information Act）271
信用（credit）9
性犯罪（sexual crimes）：
　　在德里（in Delhi）43-44, 138-40, 142-48
　　印巴分治期间（during Partition）189-90

Y

亿万富翁（billionaires）304-5
业务流程外包（business process outsourcing [BPO]）60-69
    GECIS 公司（GECIS and）64-67
    Quatrro 公司（Quatrro and）67-68
    古尔冈作为外包业务的总部（Gurgaon as home of）64, 68-69
    企业家精神（entrepreneurship and）62-64
    拉曼·罗伊（Raman Roy and）60-62, 64-69
    美国运通（American Express and）61-62
    提供中产阶级机会（opportunities for middle classes offered by）72-74
亚马（Yama）440
亚米（Yami）440
亚穆纳河（Yamuna River and）423-31, 439-43, 446-48
伊斯兰（Islam）191, 194
印巴分治，1947 年（Partition of 1947）3, 29-30, 186-208, 335, 445
    伴随的暴力（violence accompanying）189-91
    男性的阉割（emasculation of men and）200-206
    欧贝罗伊上校［假名］的访谈（Colobel Oberoi interview）181-82, 184-85
    难民（refugees）192-95
    被绑架的妇女及其遣返（abduction and return of women）200-202
印地语（Hindi）175-76, 313-14
印孚瑟斯（Infosys）62, 94
印度（India）：

    1960 年代失能的政府（dysfunctional government in, 1960s）313-14
    1970 年代和 1980 年代的孤立主义（isolationism of, in 1970s and 1980s）55-56
    1991 年的自由化（liberalisation of 1991 and），见"经济自由化，1991 年"
    GDP 增长速度减缓（GDP growth in, slowing of）
    宾德兰瓦勒领导的暴动和英迪拉·甘地的回应（Bhindranwale-led uprising and Ghandi response）332-34
    发展指标（development indicators）399
    國際貨幣基金組織的借款（IMF loan to）56-57
    核试验（nuclear test of）317
    经济自由化后的农业（agriculture, post-liberalisation）260-62
    绿色革命（Green Revolution in）261, 317
    毛派武装团体与"和平行动"的回应（Maoist insurgency and Salwa Judum response）260
    美国化（Americanization of）93-96
    男性结扎手术计划（male vasectomy program in）330-31
    尼赫鲁统治期间（under Nehru）50-55
    侵占农村土地（rural land appropriation in）259-60
    人口增长（population growth in）313
    五年计划（Five-year Plans in）53-55
    乡下的问题（problems of countryside）258-71
    曼莫汉·辛格的经济改革（Singh's economic reforms）49-50, 57-59

业务流程外包（business process outsourcing [BPO]）60-69

印度的组成（constitution of）52

印度掀起的战争（wars fought by）313, 316

英迪拉·甘地的统治（under Indira Gandhi）137-38, 290, 314-18, 328-34

英迪拉·甘地宣布国家进入紧急状态（national emergency declared by Gandhi in）328-30

英迪拉·甘地遭刺杀后反锡克的暴力（anti-Sikh violence following Gandhi's assassination）334-42

英属印度帝国（British Indian Empire and）186-87

中央计划经济（centrally planned economy of）49-50, 53

印度人（Hindus）29-30, 155, 157, 184-85, 188-95, 201-2, 303-4, 334-38, 340

印度乡下的问题（countryside/ rural India, problems of）258-71

印度国民大会（Indian National Congress）51

《印度的贫困和去英国统治》[达达艾·纳奥罗吉]（Poverty and Un-British Rule in India [Dadabhai Naoroji]）51

《印度是如何变成美国的》[卡普尔]（"How India Became America" [Kapur]）93

印度教（Hinduism）137, 334-35, 381, 388-89

印度理工学院（Indian Institute of Technology）54

《印度斯坦时报》（Hindustan Times）202-3, 314

印度斯坦语（Hindustani）174, 176

印度管理学院（Indian Institute of Management）54

印美核协议, 2008年（Indo-US nuclear deal, 2008）94-95

医疗体系：

　　企业医院（corporate hospitals and）96-114

　　医疗自由化（liberalisation and）110-14

医院（hospitals）96-114

艺术圈（art scene）42-43

"鱼苗"品牌（Fish Fry）85

英国（England/ Great Britain）：

　　藐视英国的法律制度（disdain for legal system of）158-59

　　德里"西帕依"于1857年的叛变和英国的反应（Delhi sepoy rebellion and British response, 1857）154-56

　　在德里的水系统（water practices of, in Delhi）427-29

英国东印度公司（British East India Company）154-55

英语（English language）173-74, 176, 314

英迪拉·甘地（Indira Gandhi）137-38, 290, 314-18, 328-34

　　1971年的选举（1971 elections）316, 328

　　1977年大选落败而丧失政权（loos of power, in 1977 election）331-32

　　1980年重新当选（reelected, in 1980）332

　　成就（achievements of）316-17

　　刺杀（assassination of）331, 334

　　民粹主义（populism of）316

　　宣布国家进入紧急状态（national emergency declared by）328-30

专制统治（autocratic rule of）328-31
转向左派（leftward turn of）315-16
英属印度帝国（British Indian Empire）186-87
英联邦运动会，2010年（Commonwealth Games, 2010）23, 223, 275, 400-404
语言（languages）173-77
 旁遮普语（Punjabi）174, 176
 乌尔都语（Urdu）153, 156, 159-60, 174, 176-77
 印地语（Hindi）175-76, 313-14
 印度斯坦语（Hindustani）174, 176
 英语（English）173-74, 314
银行（banks）289-90

Z

中产阶级（bourgeoisie/ middle class）77-148, 397-420
 1990年代至2012年中产阶级的心情（moods of, from 1990s to 2012）397-407
 波西米亚文化和年轻人的理想（bohemian culture and ideals of young people of）39-43, 81-84
 对阿努拉格［假名］的访谈（Anurag interview）407-20
 家庭的压力（families, stress on）115-33
 经济自由化以后女性不断变化的角色（women's evolving role, post-liberalisation）134-48
 精英对社会的控制（elite control of society and）399-407
 企业文化的影响（impact of corporate culture）77-81
 穷人的困境（plight of poor and）272-73
 全球化主义之前的社群生活（pre-globalism community life）37-40
 全球资本主义的精神影响（spiritual impacts of global capitalism）95-96
 业务流程外包提供的机会（business process outsourcing [BPO], opportunities provided by）72-74
 与中央集权的关系（relation of centralised authority）436
 医疗体系（health care system and）96-114
 与仆人的关系（relation to servants）262-65
 中产阶级的不满（discontent of）115-16, 398-407
中国（China）266, 267, 313, 399
自由党（Swatantra Party）315
战士精神［商人的］（warrior ethos of business people）212-13, 224-27, 366-67
政治/政客（politics/ politicians）305-6, 345-53
 个人财富（personal wealth of）346-47
 私有化（privatization and）345-46
 政商关系（business-politician partnerships）347-53
资本主义（capitalism）：
 企业（corporate）77-81
 全球（global），见"全球资本主义/全球化"
资源的所有权（ownership of resources）41
殖民主义（colonialism）140, 200, 259